発達科学ハンドブック **3**

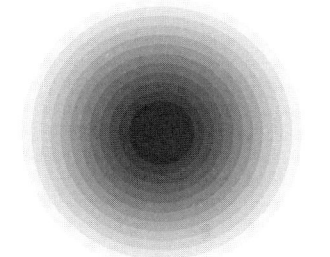

時間と人間

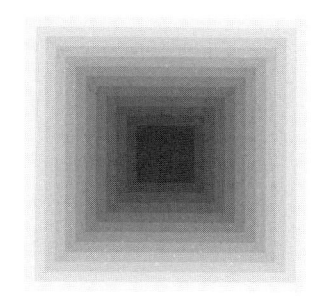

日本発達心理学会［編］／子安増生・白井利明［責任編集］

新曜社

『発達科学ハンドブック』発刊にあたって

　日本発達心理学会は発足以来，すでに20年以上を経て，会員数も当初の400名台から約10倍の4,200名台に至るまでになりました。会員も当初の研究者中心であったのが，有能な実践家，臨床家の方々の参加も得て，その研究活動も基礎研究から実践研究まで大きく展望を広げてきたところです。今や学会員は研究・実践において社会的責務も大いに高まってきているのが現状であります。

　それだけに，それらの諸研究を遂行するうえで基盤となる諸理論の吟味，あるいは先行諸研究の概念化を行うことの重要性がますます求められていると同時に，広範になってきた諸領域の展望を行うことの難しさも痛感されるところであります。

　そこで，学会としては2007年に理事長諮問の検討会（後に，出版企画委員会に昇格）を設けて，学会員に寄与し得る発達心理学研究の展望をどう行えばよいか吟味を重ねてきました。その結果，1989年の学会発足の記念として多数の有志で編纂した福村出版刊『発達心理学ハンドブック』を基盤に，それ以降のおよそ20年間における発達心理学研究の動向を中心に展望すること，しかし，単に情報の追加をするのではなく，この間の発達心理学研究の発展を反映した新たな発想を提起すべく，『発達科学ハンドブック』として，新構想のもとに新たに編纂し直すことになりました。

　新名称に込められた意図には，学会設立の大きな要因ともなった隣接諸領域との積極的交流を通しての「発達学」構築への気運と模索が，この20年において世界的展開を見せ始め，「発達科学」として統合化され始めているということがあります（第1巻序章参照）。当学会としても，発達心理学を「発達科学」の重要な位置を占めるものとしてその方向性を明示していくことで総合科学である「発達科学」への貢献を目指していきたいとの願いを本書の新構想に込めており，それが以下のような本ハンドブックの構成の特徴となって現れています。

(1) 本ハンドブックを，当学会が責任をもって編集にあたることで，日本および世界の発達心理学，発達科学領域の研究と実践の動向を展望するだけでなく，新たな動向を創造していくことを目指した経常的な学会活動へと転化させる媒体として位置づける。

(2) 上記の意図を実行に移すために，本ハンドブックは複数巻で構成することとし，総論の2巻を頭に据えて，3巻以降は進化し続ける米国の *Handbook of*

Child Psychology（Wiley 刊）のようなテーマ領域ごとに展望する巻として，今後の研究動向の進展に基づき随時追加していくことができる構成とした．
　具体的には，総論の2巻においては，〈理論・方法論概説〉（第1巻）と〈研究法概説〉（第2巻）から成っており，発達心理学および発達心理学に影響を及ぼした隣接諸領域の理論的，方法論的基盤をもとに発達科学への道筋について概説を行うことに焦点を絞った．
　3巻以降のテーマ領域ごとの展望巻では，今回は比較的広範なテーマを扱う4領域を選択，〈発達研究における時間の扱い方〉（第3巻），〈発達の認知的，情動的，生物学的（生命科学的，脳科学的）側面〉（第4巻），〈発達の社会・文化的側面〉（第5巻），〈発達を支援する発達臨床・障害科学論，保育・教育論〉（第6巻）から構成されている．

(3) 今後はおよそ10年ごとに既存巻の構成・内容を改訂していくとともに，経常的に新企画巻を追加していくことで，定期的展望を意欲的に進めることとする．
(4) さらに，本ハンドブックの内容から，詳細な展開が必要と思われるジャンルについて単行本発刊を企画・提案していく．
(5) そのため，毎年の年次大会において出版企画委員会主催の展望シンポジウムを企画したり，機関誌『発達心理学研究』の特集テーマを機関誌編集委員会と共同提案しながら，各ジャンルについての経常的な研究動向の展望を通して，それらを10年ごとの改訂，あるいは適当な時期に新領域についてハンドブック化していくといった方法論をとっていく．

　以上のような当学会の意図と経常的，将来的なハンドブック発展計画を含む本ハンドブック構成について深甚なご理解をいただき，出版をお引き受けくださった新曜社の塩浦暲社長，編集実務をご担当いただいた田中由美子さんには心からの御礼を申し上げる次第です．

2011年2月吉日

　　　　　　　　　　　　　　　　　　　　　日本発達心理学会
　　　　　　　　　　　　　　　　　　　　　日本発達心理学会出版企画委員会

目　次

『発達科学ハンドブック』発刊にあたって　i

序　章　心の発達と時間　1 ──────────────── 子安増生

第 1 節　時間測定の歴史と時間認識の発達　2
第 2 節　社会の時間としての標準時と暦　8
第 3 節　個人の属性としての年齢　13

第Ⅰ部　発達心理学における時間の意味

第 1 章　心の発達と進化　18 ──────────────── 竹下秀子

第 1 節　発達する身体と心の時間的再編　18
第 2 節　時間とかかわる心の発達進化　21
第 3 節　自己の発達──自己を投影する心的時空間の拡張　26

第 2 章　心の発達と歴史　34 ─────────────── サトウタツヤ

第 1 節　心の発達を扱う歴史　34
第 2 節　心の発達の歴史性　38
第 3 節　時間・空間・文化──新しい方法論にむけて　43

第 3 章　縦断的発達研究　49 ──────────────── 岡林秀樹

第 1 節　発達的変化を捉えるためのデータ収集法　49
第 2 節　発達研究に特有な加齢変化の捉え方　55
第 3 節　長期縦断研究の実施例　58
第 4 節　おわりに　64

第Ⅱ部　各発達期における時間

第 4 章　赤ちゃんの時間　68 ─────────────────── 明和政子

　第 1 節　発達初期の時間　68
　第 2 節　時間推移にともなう身体，行動の発達　70
　第 3 節　物理的時間の知覚　74
　第 4 節　自己意識と時間　77
　第 5 節　まとめ　80

第 5 章　子どもの時間　84 ─────────────────── 藤村宣之

　第 1 節　児童の時間認知の発達　84
　第 2 節　児童の時間的見通しの発達　88
　第 3 節　子どもの時間的展望　93

第 6 章　青年の時間　98 ──────────────────── 中間玲子

　第 1 節　青年期における自己意識の変化　98
　第 2 節　自己への否定的感情と理想自己の問題──自己形成の視点から　101
　第 3 節　生き方の問題への直面　105

第 7 章　大人の時間　113 ─────────────────── 榎本博明

　第 1 節　個人の発達と時間意識　113
　第 2 節　成人期の発達と時間的展望　117
　第 3 節　時間様相と自己物語の書き換えの起こる時　122

第 8 章　高齢者の時間　130 ────────────────── 長田由紀子

　第 1 節　老年前期　130
　第 2 節　老年後期　134
　第 3 節　超高齢期　139

第Ⅲ部　時間体験の生態学

第 9 章　家族の時間　144 ──────────────── 永久ひさ子

　第 1 節　複数役割と家族の時間　145
　第 2 節　夫婦の時間の非対称性　146
　第 3 節　人生の中の親子の時間　149
　第 4 節　夫と妻の時間的展望　153

第 10 章　学校の時間　157 ──────────────── 馬場久志

　第 1 節　人生における学校の時間　157
　第 2 節　学校という生活の時間　161
　第 3 節　社会の中の学校と時間　165
　第 4 節　世代をつなぐ学校　168

第 11 章　社会の時間　174 ──────────────── 細江達郎

　第 1 節　人生と歴史性と現在　174
　第 2 節　ライフコース研究　176
　第 3 節　団塊の世代の長期追跡調査　179
　第 4 節　個人史・状況・時代史の出会い　191

第Ⅳ部　時間の発達的意味

第 12 章　自己と時間　196 ──────────────── 白井利明

　第 1 節　自分がなぜ同じとわかるのか　197
　第 2 節　語りは自己をどう構築するか　200
　第 3 節　時間の流れはどう生じるか　202
　第 4 節　世代的関係はなぜ人生を立ち上げるか　205

第 13 章　身体と時間　209　――――――――――――――――松村京子

　第 1 節　地球の自転と生体の概日リズム　209
　第 2 節　睡眠と覚醒　210
　第 3 節　生物時計　214
　第 4 節　睡眠・覚醒リズム障害　217
　第 5 節　発達障害児と睡眠　218

第 14 章　情動と時間　223　――――――――――――――――加藤義信

　第 1 節　リズムを媒介とする「情動と時間」の関係　224
　第 2 節　情動による時間持続体験の変容　229

第 15 章　発達障害と時間　241　―――――――――――――――熊谷高幸

　第 1 節　発達障害者の時間世界　241
　第 2 節　同時並行的世界と時間的参照系　242
　第 3 節　発達障害の概念と自閉症　243
　第 4 節　時間認知に関する発達障害の事例　246
　第 5 節　発達障害と時間認知の特性　250

第 V 部　時間認識の発達

第 16 章　時間概念の発達　258　――――――――――――松田文子・岡崎善弘

　第 1 節　ピアジェによる先駆的研究　259
　第 2 節　時間と距離と速さの関係概念の発達　260
　第 3 節　「時間＝終了時刻－開始時刻」の知識と
　　　　　「時間＝距離／速さ」の知識の発達　263

第 17 章　自伝的記憶の発達　274　――――――――――――――清水寛之

　第 1 節　自伝的記憶の定義・機能・構造　275

第 2 節　自伝的記憶の発生と生涯発達　281
第 3 節　自伝的記憶の発達と社会・文化　286

第 18 章　時間的展望の発達　293 ———————————— 都筑　学

第 1 節　時間的展望の仕組み　294
第 2 節　時間的展望の発達　297
第 3 節　現代社会における時間的展望研究の意義と課題　300

人名索引　307

事項索引　315

編者・執筆者紹介　323

装丁　桂川　潤

序章
心の発達と時間

子安増生

　人間は，時間と共に生まれ，成長し，老い，死んでいく。過去・現在・未来の3つの相は，人間が生きていくうえでたえず重要なものである。すなわち，人間は時間と共に在り，時間抜きに人間は存在しえない。この意味において，発達心理学においても時間はきわめて重要なテーマである。

　発達研究では，グラフの横軸に時間を，縦軸に発達指標をとるような分析が一般的に行われている。そのようにしてとらえられた時間の進行に沿った発達的変化の事実自体は，もちろん重要なものである。しかし，時間と共に何が変わるのかだけでなく，推移する時間をどのように人間がとらえているかについての考察は，これまで必ずしも十分に行われているとはいいがたい。たとえば，予期，期待，見通し，反省，後悔といった心の働きにより，心理学的な未来や過去が構成され行動に影響を与えるが，それらの過程の全体像が発達心理学において体系的に提示されることはなかった。本書は，さまざまな分野の専門家による19の章から，時間と人間の関係を包括的にとらえようとするものである。

　心理学における時間の取り扱いは，進化心理学における何百万年という単位から，歴史心理学の何千年・何百年という単位，人間の生涯にわたる何十年・何年という単位，日常生活における月・日や近代的な概念である時・分・秒の単位，そして最もミクロなレヴェルでは実験装置で計測されるミリ秒単位まで，実にさまざまな時間のオーダーがある。加えて，心理学では，物理的時間のみならず，心理的時間が重要となる。それは，たとえば，時間とその経過をどのように認識するかをはじめ，どのように他者の時間を推測したり時間を他者と共有したりするのか，社会的時間と個人的時間がどのように影響し合うのか，といった問題までが含まれる。このような時間のオーダーと心理的時間の多様性と複雑性は，時間と人間について幅広く考えることを求めるものである。本章は，まず「時間」という観点から見た発達論の導入を行うものである。

第1節　時間測定の歴史と時間認識の発達

1　機械時計と人間生活

　時間（time）は，私たちが住むこの世界を構成する重要な要素であると同時に，世界についての私たちの認識を考えるうえでも基本的に重要な概念である。この時間についての人間の認識について考察する場合には，その測定法とあわせて考えることが重要である。

　一般に，時間の測定は，何らかの物体がつくり出す周期的変化に基づき「時計（timekeeping device）」を構成することによって行われる。古代世界においては，時間の測定のために日照の方位の一日の周期的変化に基づく日時計（sun dial）が主として用いられた。古代エジプトではすでに日時計が利用されていたと考えられ，古代エジプトの代表的な建造物である方尖塔型のオベリスクは日時計の役割も果たしていたと推定されている。しかし，日時計は曇天や夜間には利用できないという欠点があり，それを補うために水時計（water clock）や砂時計（sand clock）なども利用された。わが国の時刻制度は，大化の改新後，天智天皇（626～672）が667年に大津に遷都し，漏刻（水時計）を設置したことに始まるとされる。日本の時刻制度発祥の地として，大津市神宮町の近江神宮に時計館宝物館が設置されている。

　一定の周期で時間を正確かつ長期にわたり刻み続けることができるようになったのは，西欧では機械時計（mechanical clock）が実用化された14世紀以降のことである。ここで時計の代表格である機械時計の歴史を簡単にたどってみよう（藤井，1989）。イタリアのガリレオ・ガリレイ（Galilei, G.：1564-1642）が，振り子の重りをつるすヒモの長さが同じであれば，揺れ方の大小に関係なく振り子が一往復する時間は同じであるとする「振り子の等時性」を発見し，オランダのクリスチャン・ホイヘンス（Huygens, C.：1629-1695）がこの原理を応用して振り子時計（掛け時計）を発明した。さらに，等時性をもって伸縮するバネによって一定周期で回転往復振動をするゼンマイ仕掛けの「テンプ」と，そのテンプのスピードを制御する「脱進機」が発明され（図1），持ち運びのできる時計が完成し，機械時計は広まっていったのである。

　初期の機械時計には文字盤はなく，毎時の時鐘を鳴らすだけであったが，16世紀には15分刻みで鐘を打つようになった。たとえば，フランスの作家シャルル・ペロー（Perrault, C.：1628-1703）が民話から題材をとった「シンデレラ（仏語

でサンドリヨン）」の物語において，お城の舞踏会に出かけたシンデレラは，真夜中の 12 時を過ぎると魔法がとけて元のみすぼらしい姿に戻ると魔法使いに言われたので，最初の夜は「11 時 45 分」の鐘の音とともに急いで城を抜け出したが，当時実際にそのような 15 分刻みの時刻判断が可能であったのである（角山，1984）。「分」と「秒」の概念は，すで

図1　テンプ（左）と脱進機（右上）の模式図

に 14 世紀に数学者たちが考えていたが，分針が実用化されたのは 17 世紀中頃以降，秒針が使われはじめたのは 18 世紀はじめころからだと言われている（Rifkin, 1987/1989）。

2 「時計の聖地」スイス・ヌーシャテル

　西欧近代においてスイスが時計産業の中心地になったが，その要因の一つは，宗教改革後のフランスにおいてプロテスタント・カルヴァン主義のユグノー派が宗教弾圧を受け，17 世紀後半にユグノー派の多くの手工業職人などがカルヴァン主義の拠点であるジュネーヴを中心に，隣国スイスに移民となって逃れたからとされる。彼らは，スイスとフランスの国境にあるジュラ山脈の東側（スイス側）の各地に，後に「時計の聖地」と呼ばれる町や村を起こしていった。

　ナポレオンやマリー・アントワネットも愛用した時計を作った時計職人のルイ・ブレゲ（Breguet, A. L.：1747-1823）は，ジュラ山脈の東にあるスイス・ヌーシャテル出身であり，「時計の歴史を 200 年早めた」天才と言われている。時計の世界では「ピアジェ」ブランドは大変有名だが，その創設者ジョルジュ・エデュアール・ピアジェ（Piaget, G. E.：1855-1931）もまたヌーシャテル地方の出身である。

　それでは，ヌーシャテルはなぜ「時計の聖地」になったのだろうか。18 世紀には，スイスは時計の精度の面でまだまだイギリスやフランスの後塵を拝しており，その状況を打破するために，1790 年にジュネーヴ天文台で時計のコンクールを開いた。さらに 1859 年には，時計業界の要請により新たな天文台が設置されたが，その場所がどこかというと「ヌーシャテル」だったのである。ヌーシャテル天文台は 1860 年から長い期間，最高の精度をもつ時計のコンクールを開催する「時計の聖地」であったが，100 年余り後の 1968 年を最後に，ヌーシャテル天文台での時計のコンクールは取りやめになった。日本の時計がスイスの時計を押しのけてコンクールの上位を独占するようになったことが，開催取りやめの

理由であったとされている。

さて，ルイ・ブレゲと並び称されるヌーシャテル生まれのもう一人の天才こそ，発達心理学に多大の貢献を行ったジャン・ピアジェ（Piaget, J.：1896-1980）である。ピアジェは時間（Piaget, 1946a/1969）および運動と速度（Piaget, 1946b/1970）の認知発達に関する心理学的研究も行っているが，これをヌーシャテルの時計作りの伝統の産物に含めて考えるのはうがちすぎであろうか。

3 ピアジェの速度認知研究とその展開

ピアジェは，運動する物体の時間と距離の概念的分離の研究を行い，たとえば2つの自動車を異なる位置から同時に走らせ同じ停止位置で同時に止まった場合や，後ろの位置からスタートした車が前の車を追い抜いて同時に停止した場合にどちらが速く走ったかなどの問題を子どもに与え，速度認知の発達過程を調べた。その結果，幼児は単位時間当たりの走行距離でなく，停止位置の前後関係で物体の速い遅いを判断する傾向が強いことが示された。そして，時間と距離の概念が分離され，速度の概念を操作的に理解できるのは，7～8歳以降であることを明らかにした。

私はこの研究方法に関していささか疑問を感ずることがあったので，実験的に検討してみた（子安，1987）。横道にそれることになるが，私のこの古い研究の要点をごく簡単に紹介しておきたい。ピアジェのものを含む先行研究の方法に対する私の疑問点は，次の3つである。

①速さの判断を行うための観察時間がきわめて短いこと。
②速さの判断を2つの物体の相対的速度判断に限定していること。
③速さの判断を求めるのに，移動時間と移動距離を交絡させていること。

子安（1987）の実験の対象児は，幼稚園の5歳児（平均5歳5カ月）と6歳児（平均6歳4カ月）各12人（男女6人ずつ）であった。材料は，電動式のNゲージ（軌間9ミリ）の電車2輌を用い，交流／直流トランス兼速度制御ユニットのLED（発光ダイオード）インディケータで速度を3段階——分速にして約13メートル，25メートル，40メートル——に操作した。疑問点①については，先行研究の直線走路から図2のような円環走路（ループ）に変更して長時間の観察を可能にした。

疑問点②については，短い方のループを用い，1輌の電車を3段階の速度で走らせて見せ，それぞれを「普通電車」「急行電車」「特急電車」と名づけたあと，3種類の速さを3回ずつ，計9回をランダム順に提示して，それぞれどの速さ

（どの種類の電車）かを当てさせる方法を導入した。その結果，9問中の平均正答数は，5歳児 8.08，6歳児 7.17となり，幼児でも速さの弁別がかなり正確であることがわかった。なお，学齢差は有意ではなかった。

疑問点③については，2種類の複線ループAとBを用意し（図2参照），2つの課題を導入した。実験者操作課題では，それぞれのループにおいて2輛の電車を同一位置から同時発進，同時停止する方法で移動時間を統制し，どちらの電車が速いかを判断させた。すなわち，各電車は3段階の速さのどれかで走り，9通りの組み合わせについて，どちらが速いかを「外」，「中」，「同じ」のどれかで答えさせるものであった。平均正答数の結果は，複線ループAで5歳児 6.92，6歳児 6.58（有意差なし），複線ループBで5歳児 6.25，6歳児 7.67（5％水準で有意）となった。すなわち，幼児は幼児なりに速度を正確に認知しているが，幼児期にその正確さを向上させる余地はあるということである。

この研究では，もう一つ新しい課題を導入した。それは，2つの複線ループのそれぞれで片方の電車（標準刺激）を分速25メートルの速さで走らせ，もう片方の電車（比較刺激）の速度制御ユニットを子ども自身に操作させて，「同じ速さ」にさせる被験者調節課題である。子どもが「同じになった」と言ったときのインディケータの目盛を記録した。なお，標準刺激のインディケータは，子どもの目に触れないように隠しておいた。正答率の結果は，複線ループAで5歳児 41.7％，6歳児 66.7％（有意差なし），複線ループBで5歳児 33.3％，6歳児 50.0％（有意差なし）となった。また，学齢を込みにした場合の複線ループAと複線ループBの正答率の差も有意ではなかった。

この課題では，特に5歳児に特徴的な行動が見られた。それは，直線部では2輛の電車を同一の速度で走行させるが，カーブでは外側の電車の速度を上げて内側の電車と並走させようとするものである。すなわち，角速度（ラディアン毎秒）を一定にしようとする行動である。等速直線運動の場合の同一速度のみを「同じ速度」と定義してよいかどうかは状況による。たとえば，競技場のトラックを6人の横隊の列が行進するとき，同じ歩調で歩くということは，カーブではトラックの内側の者がよりゆっくり，外側の者がより速めに歩いて調節することである。

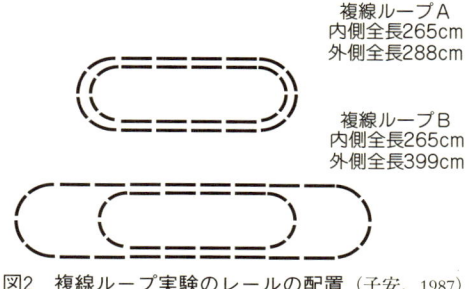

複線ループA
内側全長265cm
外側全長288cm

複線ループB
内側全長265cm
外側全長399cm

図2　複線ループ実験のレールの配置（子安，1987）

上記の5歳児の行動は，幼児なりの調節能力を表していると解釈できるかもしれないのである。

4 ミリ秒のリアリティ

話を時間測定の歴史と時間認識の発達に戻そう。20世紀には，機械時計に代わる新たな時計が登場した。すなわち，水晶に電圧をかけると一定の周期で規則的に振動するという原理を利用した「クォーツ時計」，原子が特定の周波数の電磁波を吸収あるいは放射する性質を利用した「原子時計」，その原子時計の日付・時刻情報のデジタル信号を電波信号に変換して送信する「電波時計」等が利用される新しい時代が到来したのである。

これらの時計は，時間に狂いがなく正確に測れるだけでなく，ごく短い時間を精確・精密に測ることを可能にした。現在では，陸上競技・水泳・スケートなどのスピードを争うスポーツの公式記録や，心理学の反応時間の実験などにおいて，時間はミリ秒（1,000分の1秒）の精度で計測されているし，コンピュータではマイクロ秒（100万分の1秒）あるいはナノ秒（10億分の1秒）単位の演算処理が問題とされている。

ミリ秒などという単位は，人間の認識にとってほとんどリアリティを感じさせないものであるが，ビデオ技術は新たなリアリティを人間に突きつけている。たとえば，2010年のバンクーバー冬季オリンピックのスピードスケート女子・パシュート競技で起こったことはその好例である。パシュート競技とは，2チームが3人1組で縦に並び，半周ずれた位置から同時にスタートし，1周400メートルのリンクを女子は6周2,400メートル走って，最後尾（3人目）の選手が先にゴールした方が勝ちという一風変わったルールのスポーツである。バンクーバー・オリンピックで決勝まで進んだ日本女子チームは，ドイツ女子チームと対戦し，大健闘したのであるが，わずか0.02秒差で敗れてしまった。その差は，距離にすると「26.25センチメートル」の違いだが，スピードを争う競技では「0.02秒差」という方が，よりリアリティが感じられる。短い時間のことを比喩的に「瞬きする間に」というが，0.02秒（20ミリ秒）では瞬きすらできない。そんな微少な時間にもリアリティが感じられる時代に，私たちは生きているのである。

5 ミリ秒が明らかにする心の世界

ミリ秒の精度で計測される反応時間（reaction time）の研究は，心理学の発展に

重要な貢献を行ってきた。反応時間の測定は，19世紀に活躍したオランダの生理学者（眼科医）のドンデルス（Donders, F. C.：1818-1889）にまで遡ることができる。ドンデルスは，反応時間の研究に減算法（subtraction method）というものを導入した。たとえば，「青いライトが点灯したらボタンを押す」課題では「反応時間＝感覚＋運動」であるが，「青いライトが点灯したらボタンを押すが，赤いライトが点灯してもボタンを押さない」という課題では「反応時間＝感覚＋弁別判断＋運動」である。後者の反応時間から前者の反応時間を減じることによって，ライトが赤か青かを弁別するのに要する時間が推定できるのではないかとドンデルスは考えたのである。

　ドンデルスの減算法は，近代心理学の創始者とされるヴント（Wundt, W.：1832-1920）の実験室（ドイツ・ライプツィヒ大学）でも用いられた。最初のころヴントは，反応時間の測定を科学的心理学の発展にとって大変重要な方法として大いに期待し，遠路アメリカから来た弟子のジェームズ・キャッテル（Cattell, J. M.：1860-1944）の学位論文でも反応時間測定による研究を行わせた。キャッテルは，この学位論文の研究の最中の1884年に，アメリカにいる両親に送った手紙の中で，「私たちは，たとえば色が赤か青かを区別するような最も単純な精神的行為に要する時間を測定しようとしています。この時間は1秒の100分の1にもならないものなので，どんなに大変な作業か想像がつくでしょう」と誇らしげに書いている（Benjamin, 2007, p.42）。

　しかしながら，この10ミリ秒ほどの間に心の中で何が起こっているのかを特定するのは容易なことではなかった。研究内容によって，個人個人によって，また実験中の状況の変化によって反応時間は大きく変動するので，使いものになるデータが得られないという結論に至り，ヴントはついに反応時間の研究を放棄してしまったのである（Hergenhahn, 2001）。

　いったんは頓挫したドンデルスのアイディアが甦ったのは，1960年代以後の認知心理学の興隆と軌を一にしている。アメリカの心理学者マイケル・ポズナー（Posner, 1978）は，文字マッチング課題で反応時間を測定するいくつかの実験を行った。その最も単純な課題は，形態的マッチ条件であり，提示された2文字が同じかどうかを判断するものである。音韻マッチ条件は，提示された2文字が同じ発音かどうかを判断するものである。規則マッチ条件は，提示された2文字がある規則（たとえば両方とも母音であること）にあてはまるかどうかを判断するものである。後の課題ほど反応時間が長くなり，減算法でそれぞれの認知過程に必要な余分の処理時間が計算される。

ドンデルスの減算法は，アナロジー推理の思考過程を実験的に検討したアメリカの心理学者ロバート・スタンバーグ（Sternberg, 1977）のコンポーネント分析法でも応用されている。スタンバーグの用いた4項型アナロジー推理は，たとえばA：B：：C：（D1, D2, D3, D4）という形式をとる。一例をあげると，「弁護士：顧客：：医師：（看護師，患者，薬品，来客）」という問題で「患者」を選択させるものである。スタンバーグは，AからDのすべての要素を符号化するエンコーディング，AとBの関係を推測するインファレンス，AとCの関係を推測するマッピング，AとBの関係をCと何かに移すアプリケーションなどのコンポーネントを仮定し，それぞれのコンポーネントの処理に必要な時間を推定する研究をおこなったのである。

　認知心理学の反応時間研究は，人間の情報処理過程のモデルを次々に提案し検証してきた。その中でも重要なものの一つに，アメリカの神経生理学者ベンジャミン・リベット（Libet, B.：1916-2007）の発見がある（Libet, 2004/2005）。リベットの研究では，たとえば手首を動かすという行為を行おうと決めた瞬間を報告させる実験において，実際の手首の運動の約200ミリ秒前に動かす意図をもったという報告がなされるが，脳内の補足運動野という部位の準備電位を計測すると，実際の運動の約550ミリ秒前に開始されていることが明らかになった。行為を行うことを意識する前からその行為の準備運動が始まっているということは，人間の「自由意思に基づく行為」という概念を否定するものとなる。しかし，開始された行為を継続するか，変更するか，中止するかは意識的に制御される過程であると述べて，リベットは自由意志の介在の可能性を否定しなかった。ミリ秒単位の計測が可能になったことにより，かえって心の時間の謎は深まり，さらなる解明を必要としていると言えよう。

第2節　社会の時間としての標準時と暦

　前節では，時間測定の歴史を振り返り，ミリ秒単位の時間計測が人間の行動と心の理解に与える影響についてみた。この節では，そもそも時間というものがもつ社会的意味について考えてみよう。人間が自分一人きりで住んでいて，まったく誰とも接触せず，テレビも見ないというのであれば，時計というものが必要になる場面は，たとえばスパゲッティが茹であがるのを待つときくらいで，基本的にはないであろう。時間というものは，人間が社会生活をすることで初めて意味のある概念なのである。そのことを，近代社会において時計や暦というものがど

のように取り扱われてきたかをたどることによって再考しよう。

1　フランス革命の時間改革

時間についての認識は，近代科学および技術の進歩と，それを支える市民社会の形成とに密接に結びつきながら大きな変化を遂げてきた。その最初の重要な変革は，18世紀末のフランス革命政府による度量衡（測定単位）の統一と新しい暦の採用である。度量衡の統一とは，10進法を採用し——フランス語の数詞の基本は60進法である——，「メートル」の定義と測定を行い，長さだけでなく面積・体積・質量・温度などに関してメートル法による単位系を整備するものであった。その基礎となるメートルの単位は，1793年にフランス共和国政府によって，「パリを通過する子午線の北極から赤道までの長さの1,000万分の1」という定義のもとに採用された。子午線（meridian）とは，地球上の子の方角（北）から午の方角（南）に伸びる同一経度の地点を結んだ仮想的な線のことであり，経線とも呼ばれる。他方暦については，キリスト紀元のかわりに共和国成立の日（1792年9月22日）を紀元とし，1カ月を30日に分けて「葡萄月」「霧月」などの新しい月名をつけた革命暦が制定された。この改革の結果，メートル法による度量衡の統一には成功したが，革命暦の方は国民の間ですこぶる不評であり，13年後にナポレオンによって廃止されてしまった。なぜなら，10進法に合わせて1週は10日，1日は10時間，1時間は100分，1分は100秒とし，日曜日（キリスト教では安息日）を廃止するなど，人為的かつ強引な改革だったからである。これらの一連の改革は，国家の統一性と国民の意識改革の両方の観点から進められたのであるが，その作業に多くの科学者が参与した（田村，1989）。

フランス革命はブルボン王朝に対する戦いであると同時に，キリスト教会に対する戦いでもあった。教会の解釈では，時間は神に属するものであり，時間を商行為につなげて考えることは神への冒瀆にほかならなかった。こういう考え方は，時間をおくと借金返済の利子が増えることとか時間給で報酬を支払うことの否定につながり，当然商人たちの時間観念と真向から対立した（Rifkin, 1987/1989）。フランス革命では，革命暦の導入は失敗に終わったが，国民の時間意識の改革には一定の成功をおさめ，そのことがその後の商業の発展だけでなく，近代科学の発展にもつながっていったと考えられる。

2　地球を一つにする時間

フランス革命の度量衡改革は，現在の国際単位系（仏：système international

d'unités，英：international system of units，略称はフランス語に基づきSI）に発展していった。国際単位系では，長さのメートル（m），質量のキログラム（kg），時間の秒（s）などを基本単位として定めている。ただし，アメリカ合衆国のように，国として国際単位系を採用していても，ヤード・ポンド法など固有の単位系が慣用的に併存している国もある。

さて，秒が国際単位となったということと，今が何時であるか（標準時）ということはまったく別の問題である。標準時も，最初は国や地域ごとにばらばらであったが，やがてグリニッジ標準時（Greenwich Mean Time：GMT）によって基準が統一されていった。このグリニッジ標準時とはいったい何かというと，イギリスのロンドン東部にあるグリニッジ天文台での「平均太陽時」のことである。地球は楕円軌道を描いて公転しているため，太陽がグリニッジの子午線を通過する時刻は，季節により変動し，正午とは多少前後する。この一定でない太陽の運行を平均し，常に正午にグリニッジ子午線を通過するような仮想的な平均的太陽運行に基づいてグリニッジ標準時は定義されている。

グリニッジ標準時が定まっていった経過は，以下のようである。南北の位置をあらわす緯度（latitude）は太陽または星の高さで知ることができるが，東西の位置をあらわす経度（longitude）はこの方法では知りえないので，経度測定が可能になった時期は緯度よりもずっと遅れた。航行中に経度（すなわち現在地）が正確にわからないために生じた海難事故は数知れず，そのため1714年にイギリス議会は高い精度で経度を測定する方法の発見に懸賞金を出すことを決議した。経度測定の問題を解決するには，2地点間を船が進む時間を正確に測定する信頼性の高い機械時計が不可欠であり，1761年にイギリスの時計職人ジョン・ハリソン（Harrison, J.：1693-1776）が作ったクロノメーターによってはじめて経度測定の問題が解決された（角山，1984）。

イギリスが海洋国家として発展するとともに，イギリスの船ではグリニッジ子午線（経度0度と定められた）からの現在地の経度差を計算するために，航行用の時計をグリニッジ標準時に合わせるようになった。やがてグリニッジ標準時は，世界中で基準時刻として使われるようになった。現在では，グリニッジ標準時を受け継いだ協定世界時（Universal Time, Coordinated：UTC）が用いられ，UTCとの時差を補正したものがその国や地域の時間表記法である。

3 鉄道網の発達と時間意識革命

19世紀の鉄道網の発達は，人間の時間意識をさらに変化させた。それまでは，

場所が違えば日の出と日没の時期が異なるのだから，土地によって「時刻」が違うのはあたりまえであった．しかし，言うまでもなく，このことは鉄道の運行上不便きわまりないことである．そこで，1848 年にイギリスの鉄道会社がグリニッジ標準時で鉄道の運行時間を統一しはじめた．その結果，1880 年には鉄道の時刻表だけでなく，あらゆる面でイギリス全土がグリニッジ標準時に従うことになったのである（角山，1984）．

　現在わが国は，世界に冠たる鉄道王国であり，新幹線から地方鉄道まで，あらゆる列車がかなり厳密な定時運行体制で走っている．このことは，世界全体を見渡してみても驚くべきことであるだろう．たとえば，イギリスは斜陽化した鉄道王国であり，レールの総延長距離の長さを除くと昔日(せきじつ)の面影はなく，また最もきちんとしていそうなドイツの鉄道でさえ，列車運行の遅れは日常的である．しかし，日本の鉄道の厳密な定時運行体制を仮に「日本人の几帳面な国民性」に結びつけて考えるとしたら，少し歴史を振り返ってみれば，そのことの誤りがすぐに明らかになる．

　日本初の鉄道路線が新橋－横浜間で開通したのは，明治維新から日の浅い1872 年（明治 5 年）であった．イギリスのマンチェスター－リヴァプール間で世界初の旅客鉄道の運行が開始されたのが 1830 年であるから，明治政府の文明開化に対する力の入れ方がわかる．日本の鉄道はイギリスの鉄道システムと人材を取り入れて出発したが，最初のうちはイギリスのお雇い外国人から日本人の悠長さにあきれられるほど，運行状況の乱れはひどいものであった．20 世紀に入っても，20 分程度の遅れはいっこう平気であった（中村，2001）．しかし，軍事輸送の観点から 1906 年の鉄道国有法により主要路線が国有化され，1920 年代の新たな資本投資と新技術の導入（全線複線化，自動連結器など）と鉄道関係者の血のにじむような努力により，1930 年代には世界のトップクラスとなる分秒単位の運行時間管理が可能になったとされる（竹村，2001）．すなわち，几帳面な国民性が鉄道の定時運行をもたらしたというのでなく，むしろ鉄道の定時運行が几帳面な国民性の形成に寄与したと言えるかもしれないのである．

　なお，鉄道運行の基礎となる標準時に関しては，多少の曲折の後，1884 年にアメリカのワシントン D. C. で開催された国際子午線会議にわが国も参加し，1888 年にグリニッジ標準時を基準にすることが定められ，東経 135 度（明石市などを通過）の子午線時刻が全国標準時となった（中村，2001）．

4　紀年法と暦法

　前述のように，フランス革命における暦改革は失敗に終わったが，暦そのものはその後どうなっていったのだろうか。暦と言っても実はいろいろな意味があるが，重要なのは「年」の出発点をいつの時点に定めるかという紀年法と，1年を月・週（曜）・日に分ける暦法の2つである。

　現在世界の多くの国で使われている暦は，キリスト教世界で1582年に定められたグレゴリオ暦である。これは，紀年法としてキリスト紀元（Anno Domini）——わが国では「西暦」と呼んでいる——を用い，暦法として地球が太陽の周りを回る周期をもとにして作られた太陽暦（solar calendar）を採用している。月の満ち欠けの周期を1カ月とする太陰暦（lunar calendar）は，1年が365日よりも少ないので，月と季節がずれていくという問題が生ずる。このずれは太陽暦でも生ずるが，その補正の方法を定めたのがグレゴリオ暦である。この暦法は，柔軟性をもっているために，現在まで生き残ってきたとされる（佐藤，2009）。たとえば，キリスト紀元と言いながら，イエス・キリストの誕生は紀元0年でなく紀元前4年頃とも6年頃とも言われているのに，そこを無理に訂正はしないし，インド，アラビア経由の数字体系を表記に用いている。

　周知のように，わが国は元号と西暦を併用する国である。元号がいつから始まったかというと，先に天智天皇のところで出てきた「大化」が最初であり，645年のことである。実際には，この時点では天智天皇はまだ即位せず，叔父の孝徳天皇を擁する体制をとっていた。興味深いことに，日本という国はその出発点からして二重権力構造だったのである。その後今日に至るまで，形式上は天皇家が万系一世で，天皇が崩御するか，瑞祥（縁起のよいできごと）があったりすると元号が改められた。政治の実権を掌握した北条・鎌倉，足利・室町，徳川・江戸の各幕府も，その開府の年に新たな元号を定めようとしなかったのは，二重権力構造維持の一端である。

　わが国がグレゴリオ暦と西暦の考え方を取り入れるようになったのは，維新からまだ日も浅い明治6年（1873年）のことであり，そのときに太陰暦を廃して太陽暦を採用することになった。新暦の導入は，当時参議であった大隈重信（1838-1922）の主導によるもので，その理由は，旧暦のままでは明治6年は閏月を含めて13カ月となり，月給制をとりはじめた官吏の給与を年に13回支給しなければならなくなるが，新暦を導入すると12カ月分ですむという姑息な事情もあったらしい（佐藤，2009）。もちろん，前年に開通した鉄道の影響もあったことだろう。

第3節　個人の属性としての年齢

1　年齢意識の誕生

　発達心理学にとって年齢（age）という概念は不可欠のものと言ってよい。年齢は，性別と並んで，個人を識別する最も重要な人口学的変数（demographic factor）である。しかしながら，時間の経過と完全に連動しながら刻々と変化する年齢というものを個人が自身の重要な属性として意識するという現象は近代の産物であるということを，アメリカの歴史学者ハワード・チューダコフ（Chudacoff, 1989/1994）が明らかにしている。

　チューダコフによれば，アメリカ人の年齢意識は19世紀まではそれほど強いものではなかったが，19世紀半ば以後の学校教育の普及と軌を一にして，年齢意識が高まっていったという。学校教育は，6歳で小学校入学というように就学年齢の標準化を行うものであり，年齢の近い者を集めて学級集団を構成する。そのことは，結婚するカップルの年齢差も近づける結果となった。19世紀までは夫が妻より8歳以上年長というカップルがめずらしくなかったが，学校教育の普及以後は，年齢差が2歳以内のカップルの割合が高くなっていった。

　チューダコフは，バースデーカードの変遷から，アメリカ人の年齢意識の歴史的変遷を分析した。個人が利用する近代的郵便制度も，クリスマスカードのようなグリーティングカードを個人的に贈る習慣も19世紀半ば以後に定着していった。しかし，単なる「お誕生日おめでとう」でなく，年齢ごとに表現を変えたバースデーカードが登場するのは20世紀になってからのことである。

　このような年齢意識の変化には，アメリカの発達心理学の創始者スタンレー・ホール（Hall, G. S.：1844-1924）らの児童期，青年期，老年期の研究も大きな影響を与えたとチューダコフは評価している（ホールについては本書 p.35 参照）。

2　数え年から満年齢へ

　昔の常識は今の非常識ということはよくあることであるが，年齢の数え方における「数え年」から「満年齢」への移行にもこのことはあてはまる。

　数え年とは，個人が生まれた年を1歳とし，元日（1月1日）を迎えるごとに年齢が1歳ずつ増えるものである。したがって，12月31日に生まれた人は翌1月1日には2歳となるのに，1月1日に生まれた人が2歳になるのは翌年の1月1日である。この年齢の数え方は，日本だけでなく，中国，韓国でも行われたた

め，「数え年」にあたる英語は「東アジア年齢計算法（East Asian age reckoning）」という表現になる。他方満年齢は，言うまでもなく，生まれた日を0歳とし，誕生日を迎えるごとに年齢が1歳ずつ増えていくものである。

若い人が数え年のことを理解できないとしても，それは当然のことである。第二次世界大戦後の1949年に，年齢の数え方を数え年から満年齢に変更する「年齢のとなえ方に関する法律」が制定され（施行は1950年1月1日），数え年は公的に用いられなくなって久しいからである。

先の12月31日生まれと1月1日生まれの例のように，数え年に不合理な側面があったことは事実である。特に，結婚圧力の強かった時代に女性にとって年齢が高く計算される数え年は不評であり，たとえば12月生まれの女児の出生日を年明けに生まれたものとするという不正な出生届も行われた。

しかし，数え年の考え方について擁護できる点もある。第一は，満年齢では生まれたときは0歳であるが，数え年では1歳であるという違いにある。妊娠期間からすでに人間としての生命の営みは始まっており，母胎内の10カ月間を1歳分にカウントする数え年の方がより生命尊重的であると言えよう。

もう一つ重要なことは，数え年の背景にあった考え方である。すなわち，年齢というものは個人に帰属されるというよりも個人が属する共同体に帰属されるものであり，正月にみんなが一斉に年をとると考えることによって，一年の無事を共同体として祝うという発想である。本章で述べてきたように，時間というものが本来社会的な性質をもっているということを考えると，このような発想をあながち時代遅れというわけにはいかない。

発達の時間を考えることは，人間の社会や歴史を考えることであるということに思いを致すべきである。

引用文献

Benjamin, L. T. (2007). *A brief history of modern psychology*. Oxford, UK: Blackwell Publishing.
Chudacoff, H. P. (1994). 年齢意識の社会学（工藤政司・藤田永祐，訳）．東京：法政大学出版局．(Chudacoff, H. P. (1989). *How old are you? Age consciousness in American culture*. Princeton, NJ: Princeton University Press.)
藤井保憲．(1989)．*時間とは何だろうか*．東京：岩波書店．
Hergenhahn, B. R. (2001). *An introduction to the history of psychology* (4th ed.). Belmont, CA: Wadsworth.
子安増生．(1987)．幼児の速度認知の発達に関する実験的研究．愛知教育大学研究報告〔教育科学〕，**36**，139-147．
Libet, B. (2005)．マインド・タイム：脳と意識の時間（下條信輔，訳）．東京：岩波書店．(Libet, B. (2004). *Mind time: The temporal factor in consciousness*. Cambridge, MA: Harvard University

Press.)

中村尚史．(2001)．近代日本における鉄道と時間意識．橋本毅彦・栗山茂久（編著），*遅刻の誕生：近代日本における時間意識の形成*（pp.17-45）．東京：三元社．

Piaget, J. (1946a). *Le développement de la notion de temps chez l'enfant*. Paris: Presses Universitaires de France. (英訳；Piaget, J. (1969). *The child's conception of time*. London: Routledge & Kegan Paul.)

Piaget, J. (1946b). *Les notions de mouvement et de vitesse chez l'enfant*. Paris: Presses Universitaires de France. (英訳；Piaget, J. (1970). *The child's conception of movement and speed*. London: Routledge & Kegan Paul.)

Posner, M. I. (1978). *Chronometric explorations of mind*. Hillsdale, NJ: Lawrence Erlbaum Associates.

Rifkin, J. (1989)．*タイムウォーズ：時間意識の第四の革命*（松田 銑，訳）．東京：早川書房．(Rifkin, J. (1987). *Time wars: The primary conflict in human history*. New York: Henry Holt & Company.)

佐藤正幸．(2009)．*世界史における時間*．東京：山川出版社．

Sternberg, R. J. (1977). *Intelligence, information processing, and analogical reasoning: The componential analysis of human abilities*. Hillsdale, NJ: Erlbaum.

竹村民郎．(2001)．1920年代における鉄道の時間革命：自動連結器取替に関連して．橋本毅彦・栗山茂久（編著），*遅刻の誕生：近代日本における時間意識の形成*（pp.47-76）．東京：三元社．

田村三郎．(1989)．*フランス革命と数学者たち：デカルトからガウスまで*．東京：講談社（ブルーバックス）．

角山 栄．(1984)．*時計の社会史*．東京：中央公論社（中公新書）．

第Ⅰ部
発達心理学における時間の意味

第1章
心の発達と進化

竹下秀子

　身体の形態や個体としての行動，社会生活のあり方など，人間は他の霊長類と多くの特徴を共有している。人間を含む霊長類の心は，長い寿命，長い乳幼児期と親の懇切な世話という霊長類特有の生活史を得て発達してきた。さらに，各時代，属する社会文化に生まれて発達する一人ひとりの人間の周囲の環境とかかわる活動の中から，時間とかかわる人間特有の心が生みだされてきた。本稿ではそのような認識の基礎となる，人間の心の発達の霊長類的基盤と種独自性について考えたい。

第1節　発達する身体と心の時間的再編

1　赤ちゃんのあおむけ

　生まれたばかりの赤ちゃんの表情はおとなの心を強く惹く。覗き込んだ顔にほのかな微笑が浮かぶのを見るのは，父母ならずとも嬉しいものである。近年の研究によれば，ニホンザルやアカゲザルなどマカカ属のサルにも，チンパンジーや人間と同様，新生児微笑や新生児模倣が出現する（Ferrari et al., 2006；川上ほか, 2003；Mizuno et al., 2006；Myowa-Yamakoshi et al., 2004）。さらにアカゲザルでは，出生間もない頃から母親が赤ちゃんの顔を自分の方に向けようとし，リップスマッキング（口唇をパクパク音をたてて開閉すること）によって注意を惹こうとするらしい（Ferrari et al., 2009）。赤ちゃんの方もリップスマッキングによって応答するという。ただし，移動運動の開始に生後の数カ月間を要するチンパンジーや人間とは違い，アカゲザルの赤ちゃんは生後2週間ほどで四足歩行が自在となる。周囲を探索しはじめ，母親と離れている頻度が多くなってくると，母親の働きかけに対する赤ちゃんの応答は急減する。
　チンパンジー母子の生後3カ月間の相互交渉を観察した研究によれば，身体接

触の度合いが少ないほど，アイコンタクトの頻度が多い（Bard et al., 2005）。互いの身体を密着させない姿勢での相互交渉は，母子のアイコンタクトを誘発しやすいといえる。人間でも，生後1カ月以降，抱かれているよりもソファにあおむけにされているほうが，養育者と赤ちゃんの対面コミュニケーションの持続する時間が長い（Lavelli & Fogel, 2002）。大型類人猿にも見られる，身体を密着させた「抱き支え」と身体を離した「あおむけでの対面コミュニケーション」の相補性が，人間の新生児の大型化と姿勢運動機能の発達遅滞を契機として，人間において後者をいっそう増大させるかたちで現れた（Falk, 2004；Matsuzawa, 2007；Parker, 2000；竹下，1999, 2001, 2009；竹下・板倉，2002；Takeshita et al., 2009）。生後2〜3カ月は，チンパンジーでは寝返りが可能となり，母親の身体を支えにつかまり立ちをし，四足立ちや匍匐前進の始まる時期である。他方，人間では通常，4〜5カ月までは寝返りをしたり，上体を挙上した安定したうつぶせの姿勢をとったりすることはできない。しかし「人知りそめし」と形容されるような，相手に向けた「社会的微笑」がこの頃までに出現する（田中・田中，1981）。チンパンジーでは，寝返りの獲得とともに現れるアクティブな笑顔が，人間の発達では，いまだ「ねたきり」の時期に現れる。そして，養育者は赤ちゃんの姿勢を抱き支え，添い寝をし，あるいは，あおむけにした赤ちゃんの正面から，あやしのコミュニケーションを熱心に行う。

　人間の赤ちゃんは，身体を支えたり移動させたりする能力の発達が遅くなったぶん，養育者からのあやしかけを積極的に受け入れ，自ら能動的にそのやりとりを開始し維持するに適した姿勢と社会的能力を早くから発達させる。

2　媒介（教育）されて育つ自己

　出生直後からの日常的な対面コミュニケーションを通じて得る養育者からの積極的なフィードバックによって，赤ちゃんは感情の機能的な意味を知り，赤ちゃんの知覚は感情によって価値づけられる（二重符号化：dual coding；Greenspan & Shanker, 2004）。同時に，事物・事象への赤ちゃんの知覚や赤ちゃんの自己への感覚そのものを受けとめて表象して表出する養育者は，赤ちゃんにとっては自己を映し出す鏡となるという考え方がある（Fonagy et al., 2007；Gergely, 2007；Gergely & Watson, 1999）。これによると，赤ちゃんが自身の内面の知覚に付随させる一次的表象に対して，フィードバックされるのは養育者による二次的表象（second-order representation）であり，両者の適度なずれの覚知とその調整が赤ちゃんの自他認知の発達プロセスに含まれる。養育者は誇張的な表現によって，それが養育者自

身の感情でなく,「鏡面」に映し出された赤ちゃん自身の感情であり,しかも赤ちゃんに向けて示されているということを,赤ちゃんにわかりやすいようにフィードバックする。

　人間の子は出生直後から,自身の内面を無防備に表出しつつも,養育者とのコミュニケーションに媒介されて自己を育てていく。このプロセスにはミラーニューロンシステムの発達初期からの形成も関与するのだろう（Lepage & Hugo, 2007）。マカカ属のサルも人間以外の大型類人猿も,子の育ちが母親の行為に媒介されること自体に大きな違いはなく,共通の神経基盤を見出すことが可能かもしれない。しかし,とりわけ人間が,積極的に教育し,教育されようとする資質において抜きんでていることは確かだろう（Csibra & Gergely, 2006）。

3　受け渡しされる物と他者と共有する心

　前項では,発達初期の対面コミュニケーションを通じて,人間の子がすでに自他理解にかかわる教育を受けている可能性を述べた。さらに,人間では,赤ちゃんがあおむけで「物を持たされて持つ」「持っているものを引っ張られて引き返す」など,養育者と子の間で繰り返される相互行為に物が早くからとりいれられる（竹下, 1999, 2001）。養育者は,自分の手から赤ちゃんの手へと物を渡す行動を積極的に行う。赤ちゃんはその行為を受けとり,物を渡してくれた養育者に注意を向けたり,物とかかわる自身の活動を開始したりする。さらに,9カ月頃から,「相手が指さしをしたり,視線を向けたりした方向を見る」,いわゆる共同注意や三項関係にかかわる行動が始まる（やまだ, 1987）。チンパンジーでは,手に持ったものを他者に見せたり,手渡したりするという行動は母子間でもめったに見られない（Tomonaga et al., 2004）。しかし,母親から子への提示・受け渡しが出現することは確かである（Hirata, 2009 ; Ueno & Matsuzawa, 2004）。人間では9カ月頃から見られる指さし理解や視線理解であるが,チンパンジーの個体発達では,通常3～4歳頃までに可能になる（Tomasello et al., 2001）。チンパンジーの3～4歳といえば,そろそろ離乳する時期である。母親の圧倒的な庇護のもとにある生活から自立に向かう時期までに,チンパンジーの子は他者との共同注意の能力を身につけるのだろう。おそらくそれ以降の長い日常生活で経験するさまざまな物とのかかわりや他者とのかかわりを通じて,チンパンジーの女性は自ら子育てをする時期までに,わが子に向けた物の受け渡し,自分と子と物の三項を関係づける行動を主導することができるまでになるのだろう。

　チンパンジーの大人は他者から強く要求される状況であれば,相手が望むもの

を手渡すことができる（Yamamoto et al., 2009）。他者理解という観点からすると，他者の必要を感じ，それに応える能力がありうる。チンパンジーの母親が数十年の生活経験，子との相互行為の繰り返しを経て，ある局面で，物を他者，しかし他でもないわが子にこそ自発的に渡すようになるのだとしたら，人間では，「物を介して他者とかかわる」行動が，発達の著しく早期に出現するといえる。養育者に主導されつつも，視線や表情，発声によって他者との相互行為を持続する能力を身につけてきた人間の赤ちゃんは，生後10カ月をすぎる頃には，身近な養育者だけではなく，初対面の相手にも「ちょうだい」と促されて物を渡すことができる。さらに，請われなくても，1歳半の人間の子は，他者が物を落とした状況でそれを拾ってその人物に渡すこともできる（Warneken & Tomasello, 2006）。類似の状況で1〜2歳児は，他者の知識や感情を理解した情報提供を指さしによって行うこともできる（Liszkowski et al., 2008；Tanojiri et al., in preparation）。人間の子は他者の心の状態を理解し，共有するだけではなく，他者の状況に積極的にかかわろうとする。チンパンジーには見られにくいこれらの行動の発達には，母子コミュニケーションのみならず，協力を特徴とする人間の社会文化環境で育つ意義も想定できる（Moll & Tomasello, 2007）。

第2節　時間とかかわる心の発達進化

1　定位操作と移動運動の発達

物を他者に渡すことができるようになる時期には，物同士を関係づけることもできるようになる。「置く」「入れる」「積む」などで，他者に「渡す」も含めて，物をそれ以外と関係づけて位置を定めて操作するので，「定位操作」と呼ぶ（林・松沢，2003；竹下，1999, 2001）。

人間の赤ちゃんは，出生以降，相互行為や共同注意によって他者との社会的空間を構築するとともに，自他の身体の存在する物理的空間についての知識を拡げていく。さらに，生後10カ月頃に定位操作を獲得することを契機に，操作の継起性（繰り返し入れる－積む）や可逆性（入れたら出す－積んで積み直す），順序性（先にコレで叩く－壊れないようにコレを後に積む）を制御しつつ，活動を展開できるようになる。定位操作獲得以前の物の操作は，「とる」「いじくる」というように一過的であるか，持続しても循環的になりやすい。しかし，定位操作によって，物は他のものに関係づけられ，新たなユニットが構成されうるのであり，分節化された操作の継起性，順序性の制御や構成物の出現と変化（空だった器にたくさ

んの積木が入った-そこになかった「塔」ができた)によって,物の操作が多様に持続的に展開する可能性が格段に拡がる。そこに産出される手操作の階層性は発話との同型性も指摘できる (Greenfield, 1991;竹下, 1999, 2001)。さらに,順序性や部分-全体関係を含む階層構造は,出来事の知覚や記憶にも通底する (Zacks & Swallow, 2007)。

　人間の赤ちゃんは定位操作によって環境に主導的に働きかけ,自らの遊び・学び・生活の領域を自己身体の存在する空間に造りはじめる。自らの行為によって創出される時間を実体験するようになる。同じ時期,這行(しゃこう)がかなり自在になり,自らの身体を移動させるにおいても環境に対して主導的にかかわることが可能になる。目指す場所に移動して自己身体をその場に定位したうえで,物に対しては定位操作を行う。姿勢運動と物の操作の発達における興味深い符合である。このように,人間の赤ちゃんの生活は移動運動や定位操作を獲得する生後10カ月頃から,自分が,「何を」どのように,「どこで」するか,についての認識の基礎となる行動で埋められていくようになる。「時間にメタファーとして貸し出す」ほどに意味の豊かに存在する空間 (Premack & Premack, 2003/2005) を,人間の赤ちゃんは自らの行為によって自己身体の存在する現実世界にこの頃から拓きはじめるのだろう。そして,1歳半~2歳になると,日常生活における赤ちゃんの未来志向的(順序的,計画的,時間的)な行動が身近な養育者から数多く報告されるようになる (Benson, 1994)。以下で,未来志向的な行動について,とくに物の操作に着目して人間とチンパンジーで比較してみよう。

2　物の操作におけるプランニング(計画)

　物同士を関係づける定位操作の発達を人間とチンパンジーで比較すると,「置く」「入れる」などは,ともに1歳前に出現し,初出時期は変わらない(林・松沢, 2003; Hayashi & Matsuzawa, 2003)。チンパンジーでは,いったん,出現の頻度は減るが,再び1歳半頃に増加する。他方,生後10カ月すぎに定位操作を獲得した人間の赤ちゃんは,1歳台には積木を利用して「高い塔」や「長い汽車」を作り上げる。2歳台には,「運転台のあるトラック」など,縦横を組み合わせた2次元の構成も可能になる(田中・田中, 1986)。

　チンパンジーも,人間の社会文化環境で飼育され,積木をおもちゃとして与えられると,積木遊びに興味を示し,高く積み上げる行動が自発する。2個目を積む行動は,2歳台に初出する (Hayashi, 2007b)。積み上げる技術は経験や加齢とともに発達し,4歳のチンパンジーの積む技術は人間の1歳半ばから後半に比肩す

る（竹下，1999, 2001；Takeshita, 2001）。目前にある積木をすべて積み上げるという意図をもち，壊れても置き方を変えるなど行為を調整して積み続けることができる。2面に突起のある立方体など，積み方によっては積み続けられない積木を混ぜ合わせて提示されても，「それらを最後に使用する」「積む前に向きを変える」などができる（Hayashi & Takeshita, 2009b）。一連の研究から，年少のチンパンジーも「積む」という目的に照らして素材の物理的な特性に配慮したアクションプランをもつ可能性が示唆された。

　「入れる」行動の例もあげよう。9個の入れ子カップを重ねる行動を比較してみると，個人差はあるものの，2〜3歳の人間の子とチンパンジーの大人は徐々にゴールに近づいていく（Hayashi, 2007a；Hayashi & Takeshita, 2009a）。このとき，まったくランダムに次のカップと操作が選ばれているわけではないらしい。9個の入れ子を完成するためには，場にあるユニット数を減らす必要と，ユニットを形成する隣接カップの大きさの違いを最少にする必要がある。完成できないチンパンジーの若い個体は，後者をうまく達成できない。「一方をもう一方に入れてつくった器のユニット」を（に）より大きい（より小さい）器に（を）入れる操作の中で，隣接する2個の隙間がもっとも小さい器を選ばなければ完成には近づいていけない。その要因も加味したアクションプランを，2〜3歳の人間の子と大人のチンパンジーは多少なりとも採用している可能性がある。

　チンパンジーの積木積みや入れ子操作に現れる物をあつかう能力は，野生では多様な道具使用の獲得に結実している。採食という明確な目的のために強く動機づけられて，状況に柔軟に即した道具使用が，適切な物体と操作の選択と組み合わせにおいて多様に出現し，世代間で継承される（Whiten et al., 1999）。

3　物の操作におけるエマージェンス（創発）

　チンパンジーの道具使用は，一つの目的のために多様な物体が，また，一つの物体が多様な目的のために使用されるという柔軟性に重要な特徴がある。ただし，野生で観察される道具使用は一つの物体のみが使用されることが多い。その中で，西アフリカのボッソウで観察されているナッツ割りは，台石の上にナッツ（アブラヤシの種子）を置きハンマー石で叩くという，入れ子操作のユニット（部品集積）型と対応する再帰的な操作を含むものである（Biro et al., 2003；Inoue-Nakamura & Matsuzawa, 1997；Matsuzawa, 1994）。さらに，台石の下に楔石（台石の向きを調整する）を置いて安定させたうえで，その台石の上にナッツを置きハンマー石で叩く，という例も観察されている。この行動をすべてのチンパンジーが

獲得するわけではない。前者については，3歳半頃からできるようになるが，3歳以上の個体の4分の1はできないままである。後者については数名のメンバーにのみ確認されている。ナッツ割りは初心者の人間の子にとっても容易な課題ではない。マノン族の子にナッツ割りをしてもらったところ，同様のナッツ割りを3歳の子はできず，5歳の子は一連の操作をすべて右手で行った（松沢, 2000）。チンパンジーの大人と同様の左右の手の機能分化をともなうナッツ割りを行うのは7歳以上だった。楔石の使用をした人間の子は11歳だった。楔石使用のナッツ割りでは，一連の操作に埋め込まれている物体同士の関係が，「台石を支える楔石を置く」「その台石にナッツを置く」「そのナッツをハンマー石で叩く」となり，少なくとも機能と順序における3つの関係性を制御しなければこの行為を遂行できない。しかも，石もナッツも，いつも作業に理想的な静止状態を保つとは限らない。

　色積木積み模倣課題（Hayashi et al., 2009）は，チンパンジーが色と順序における3つの関係性をどのように認知，分解・再構成しうるか，という点で興味深い。下から順に積まれた色積木の構成を，モデルを見ながら模倣し再産出するもので，人間の子では，2～3歳で2個の色積木をモデルと同じ順に積むことができはじめる。3歳半で実験参加者の全員が2個と3個の模倣ができるようになり，4個についても可能な場合が半数を越えた。チンパンジーの大人では，2個なら可能だが，3個になると俄然困難になった。2個体のチンパンジーについて，彼女らがなぜ失敗するのかを分析したところ，どちらもモデルの一番上の積木の色に着目していることがわかった。2個の場合は，上の積木に着目して，その色の積木をもう一方に積み重ねればよい。つまり，2つの関係性を認知，再構成できればよい。3個になると，一人はその色を2番目の積木として積んでしまい模倣に失敗した。もう一人は，その色を最後に積むが，2番目の積木の色には注意を向けずに失敗した。用いる物体の数は楔石を含まないナッツ割りと同様の3つだが，ナッツ割りのように機能的には自明でない「モデルの積木の色」に着目しなければならないことの困難があるだろう。同時に，機能的に自明ではないからこそ空間的理解が必要となってくる。とりわけ3個の場合には，「上」「下」に続いて「中」という順序性を，モデルを参照しつつ操作しなければならないことの困難もある。

　興味深いのは，自由積木遊び場面では，年少のチンパンジーでも，「赤」「青」「赤」「青」と2色が交互になるように積み上げる行動が観察されたことである。そこに出現した交互配色の偶然を自ら繰り返し，継起回数は偶然のレベルを超え

た。つまり，活動の継起の中での交互配色への気づきと，それを維持しようとする動機がこのチンパンジーにはあったといえよう。このように，実践の中では，当初は予期もしない着想が生まれ，改訂されつつ行為が持続し，達成に近づいていくことがある。創発である。

　人間的な知性の柔軟性の背景には計画と創発，両者の生産的な拮抗がある（Keller, 2004）。チンパンジーの楔石使用者は，ナッツ割り中に偶然に台石を支える楔石の役割を発見し，その機能を利用することができた個体だと考えられている（松沢哲郎，私信）。単に試行錯誤的な行為の継起ではない。環境からのフィードバックを受けつつ活動を持続する中で，状況や何らかの美意識に適合する行為が創発する。それを活かす能力が，人間を含む大型類人猿に共通する技術的知性の柔軟さを生んでいる。

4　イメージの想起と表出

　並べることは積むことよりも難しい（Poti et al., 2009；竹下，2001, 2003）。立方体の積木ならば上の一面にもう一つを積み重ね，さらにその積木の上の一面に積み重ねることを繰り返して高く積んでいけるが，並べ置くには4つの面から一つを選択せねばならない。この方向にずっと並べる，という意図がなければ，あるいは，できあがりの一直線が行為の結果として表象されていなければ並べ続けることはできにくいのではないか。人間では1歳後半に可能になるが，積木を一直線に並べることができるチンパンジーはこれまで2個体だけしか知られていない（竹下，2001, 2003）。4歳だった彼女らは，部屋の床と壁が接する地点の直角のコーナーを利用する，積木を持たないほうの片腕を床において「積木を堰き止める」役割をふりあてる，などを行って積木を並べようとした。しかし，そもそもこの観察場面には，並べるモデルを人間が提示し，同じ空間で両者が自由に遊ぶという社会的文脈があった。人間の並べる様子を熱心に見つめていた彼女たちは，「同じように並べたい」と思ったのだろうか。積む技術は充分にもっていながら，場の積木を両手で中央にかき寄せるなど，「積まない」行動を出現させた。水を飲む，ナッツを食べる，あるいは，9個のカップを重ねきる，と同様に，「まっすぐ並べる」というイメージがもてていればこそ，試行錯誤的な積木操作がある期間の観察中継続して出現し，同じ空間にあるさまざまな物理的手がかりを利用して並べる行動を発見できたのだろう。ついには，まっすぐ長く並べる技術を習得した。ご褒美の食物を得るということなしに，新たな「造形」に到達した。

　描画にも目を向けてみよう。チンパンジーと1〜3歳の人間の子を対象として

描画を比較したところ，単純な図形を描くモデルが提示されると，人間の子は1歳台で，不完全ながらも模倣らしき線を描く。しかし，チンパンジーにはモデル図形の自発的な再産出はなかった（齋藤，2008）。ただし，モデル図形の上に描線を重ねることは可能で，描線自体も精細なものだった。さらに，部位に欠損のある顔のイラストを提示し，欠損部位を補う描画をするかどうかを両者で比較したところ，人間の子は早い時期から不完全ながらも補完しようとするが，チンパンジーは，存在する部位に描線を重ねるだけで，「そこにないもの」を描出することはなかった。つまり，人間の子はそこにあるものからそこにないものをイメージし，たとえ技術は拙いながらも，意欲的に表出しようとする。縦線からは線路，横線からは電車，十字の線からはバスを想起して描出する（齋藤，2008）。その意欲をうけとめ，描出過程に寄り添う大人の存在が人間の子の日常生活にある（人間の子の描画については，山形，2000）。

　ところで，色積木積み模倣課題や描画模倣課題と同様，前述したチンパンジーの積木並べは，そこにあるもの，見たものを引き続いてそこに再現しようとするものだった。これとは異なり，チンパンジーが粘土から器のような形を作り出し，さらにその「器」に粘土の小片を出し入れしたという例も報告されている（中川，2001）。チンパンジーが器の形状を作り出す手指をもっていることは確かである。さらに，そこに出現した形を器に見立て，それを行為で示したとも理解できる。人間の子も偶然のなぐりがきを何かに見立てて表象を描くことがある。広くとらえれば，いずれも，セレンディピティ（serendipity：思ってみなかったことを偶然に発見すること）に通じるものである。眼鏡を変えて世界を見る「発見する心」（井山・金森，2000）の萌芽がそこにある。野性チンパンジーには，木切れを人形に見立てて遊ぶらしい行動の報告がある（Kahlenberg & Wrangham, 2010；Matsuzawa, 1997）。その他にも見立てやふりにかかわる興味深い例が報告されている（松沢ほか，2010）。そこにあるものからそこにないものをイメージして持続する行為であり，人間の子の見立て遊びや，既存の描線に触発されて産出される表象描画に通じるものである。イメージや見立て遊びを生みだす素材はリアルな生活経験の中にあるという点も，人間とチンパンジー，両者に共通する特徴だろう。

第3節　自己の発達――自己を投影する心的時空間の拡張

　前節までに，直近の未来に向けた行為の計画をもつ，行為を継起させ活動を持続させることでそこに必要となる方策が創発する，さらに，イメージの保持，想

起によって現実世界の再構成を図ったりする可能性が，人間の子と同様チンパンジーに見られることを述べた。いずれも，「現在－ここ・このとき」ではない意識上のある地点に意識を拡張するものである。

　さらに，過去への意識の拡張を示すものとして，人間の子では単純な物の操作についての延滞模倣（以前に見た他者の行為をまねて再現すること）が9カ月ですでに見られる（Carver & Bauer, 1999）。人間の社会文化環境に接触して飼育されている，人間以外の大型類人猿も，偶然レベル以上に，あるいは2歳半の人間の子を凌駕するほどに延滞模倣を出現させる（Bjorklund & Pellegrini, 2002/2008；Tomasello et al., 1993）。過去のある出来事について「何を」知っているかを示す延滞模倣に対して，「何を」に加えて，「どこで」「いつ」自分が経験したのかを思い出すのがエピソード記憶である。人間の子では，4歳頃から可能になる（Perner & Ruffman, 1995）。興味深いことに，昨日のことを思い出して語れるようになるとほぼ同じ時期から，明日に自分が何をするかも語れるようになる（Busby & Suddendorf, 2005）。

　過去を思い出すこと，未来に思いを巡らすこと，他者の心を理解すること，さらに，ある種のナビゲーション（メンタルマップをもつことなど）も，ともに自己の視点を，「現在－ここ・このとき」，から他の地点にシフトさせることにかかわるものである（Buckner & Caroll, 2007）。「現在－ここ・このとき」，にある自己の視点を他の地点にシフトさせるとは，自己のかかわる心の時空間を拡張するということである。近年の脳機能イメージング研究から，上記のような心的活動に共通の脳領域が携わっていることがわかってきた。前頭連合野や頭頂連合野の内側部にあるデフォルト・モード・ネットワーク（default mode network：DMN）と呼ばれる領域である（Raichle et al., 2001）。注意が外部に向かわないときに活動的になり，健常な成人では自己にかかわる内的思考過程にかかわっていると考えられている。自閉症や統合失調症，アルツハイマー病との関連でもさかんに研究されており，最近では，チンパンジーのほか，ニホンザルや人間の新生児でもDMNが確認された（Buckner et al., 2008；Doria et al., 2010；Kojima et al., 2009；Rilling et al., 2007）。今後は，DMNも含め，脳内の大規模ネットワークの機能や形成プロセスについての研究がますます活発に展開されるだろう（Bressler & Menon, 2010）。行動レベルでの発達研究も，環境の中で総体として発達する個人，という視点がますます重要になってくる。発達における諸機能の連関，環境との相互作用をとらえる視点である。

　人間は，物理的世界の制約をものともせずに，現在をはさんで自分にかかわる

過去と未来を心的に行き来することができる。胎児期からはじまる生態学的自己，遅くとも出生直後からはじまる対人的自己，0歳期からの呼名や自己鏡映像に対する反応の中にその育ちを確認できる概念的自己，これらに加えて得られる時間的拡大自己（以上の自己の分類については，Neisser, 1995）は，心的時間旅行の主体であるとともに，旅行記の演出者である。主演する自己を客体としてとらえられるようになることで，過去，現在，未来，さらには，架空の世界に棲む自己を表象でき，現実生活の主体たる自己と共存させることができる。そのような自己を他者もとらえているはずである。そこで，他者の視点に立って他者のふるまいを理解できるとともに，他者の目に映る自己を見る目もできてくる。このような自他認識の発達とも連関するが，4歳頃は自制心の発達も指摘される時期である（田中・田中，1986）。心の理論や日常生活場面での道順の想起など，社会的環境としての他者の心や物理的空間の事物についての認識もこの頃から複眼的になっていく。

さて人間の子の4～5歳頃に特徴的に見られるこのような発達の質的転換を人間以外の種にもとらえることはできるだろうか。心の理論を最初にとりあげた論文の共著者でもあるプレマックは，これまでの比較認知研究を総覧して，人間の知性の独自性は領域一般性にあり，刺激や状況を選ばずに出現する柔軟性に大きな特徴があると指摘する（Premack, 2010）。人間の知性は，特定の自然や社会文化に適応するためだけに発揮されるのではない。領域特殊的な複数の知性が幾層にも「織り込まれ」て，人間生活の幅広い範囲に活用される。子らの現在を導き，未来を支援する教育しかり，コミュニケーションや思考を豊かにする言語しかり，である。虚構の世界を拓く遊びや，美に挑戦する芸術もある。実際のところ，人間の子に見出せるようなタイプの発達の機能連関・領域連関は人間以外の種には見出しにくい。

ただし，本稿で述べてきたように，これまでの比較発達研究からは，人間独自の知性の個体発達がいかに進化してきたのか，人間独自の発達連関へといかに祖先種の発達が再編されてきたかについての理解を進めるために素材となる知見が数多く提供されている。たとえば，「何を」「どこで」「いつ」行ったかについてのWWW記憶や，直近ではない未来への計画も，ある程度可能なことがアメリカカケスで示されてきたが（総説として，佐藤，2010），人間以外の大型類人猿でもこのような「心的時間旅行」の能力が明らかにされている（Dufour & Sterck, 2008；Martin-Ordas et al., 2010；Mulcahy & Call, 2006；Osbath, 2009；Osvath & Osvath, 2008）。これらが，タルビングの指摘するような，自己感（autonoetic consciousness；Tulving,

2005）の付随するものかどうかについては，議論が分かれる。注目されるのは，WWW 記憶のうち，「いつ」を思い出すことがアカゲザルではできないのに対し，チンパンジーやボノボではそれが可能なことである（Hampton et al., 2005；Martin-Ordas et al., 2010）。さらに，この研究のチンパンジーのデータによると，7歳以上18歳未満の個体の成績がよい，つまり，パフォーマンスは加齢に沿って逆U字型を示す。チンパンジーの自己鏡映像認知が4歳半〜8歳に出現し，大人では見られにくくなる（Povinelli et al., 1993）こととの関連や，人間のエピソード記憶の発達との対比において大変興味深い（Martin-Ordas et al., 2010）。

おわりに

霊長類に限らず，多様な動物と比較することによって，人間の心の発達進化において何が独自かを探ることができる。視野を広く，対象の特性を深くとらえる努力をし，その多様性の中に価値を見つけだす姿勢が必要だろう。人間の心は，現在地球上に存在する 1,000 万種を超える生物の進化の，たった一つの結果に過ぎない。しかも，その発達進化は現代においてもおそらく停止したわけではないだろう。自然と社会文化のダイナミクスが私たちの心を未来に向けてさらに新たな姿へと育んでいく。

引用文献

Bard, K. A., Myowa-Yamakoshi, M., Tomonaga, M., Tanaka, M., Costall, A., & Matsuzawa, T.（2005）. Group differences in the mutual gaze of chimpanzees（*Pan troglodytes*）. *Developmental Psychology*, **41**, 616–624.

Benson, J. B.（1994）. The origins of future orientation in the everyday lives of infants and toddlers. In M. M. Haith, J. B. Benson, R. J. Roberts Jr., & B. F. Pennington（Eds.）, *The development of future-oriented processes*（pp.375–407）. Chicago: University of Chicago Press.

Biro, D., Inoue-Nakamura, N., Tonooka, R., Yamakoshi, G., Sousa, C., & Matsuzawa, T.（2003）. Cultural innovation and transmission of tool use in wild chimpanzees: Evidence from field experiments. *Animal Cognition*, **6**, 213–223.

Bjorklund, D. F., & Pellegrini, D.（2008）. 進化発達心理学：ヒトの本性の起源（無藤　隆，監訳）．東京：新曜社．（Bjorklund, D. F., & Pellegrini, D.（2002）. *The origins of human nature: Evolutionary developmental psychology*. Washington, D.C.: American Psychological Association.）

Bressler, S. L., & Menon, V.（2010）. Large-scale brain networks in cognition: Emerging methods and principles. *Trends in Cognitive Sciences*, **14**, 277–290.

Buckner, R. L., Andrews-Hanna, J. R., & Schacter, D. L.（2008）. The brain's default network: Anatomy, function, and relevance to disease. *Annals of the New York Academy of Sciences*, **1124**, 1–38.

Buckner, R. L., & Carroll, D. C.（2007）. Self-projection and the brain. *Trends in Cognitive Sciences*, **11**, 49–

Busby, J., & Suddendorf, T.（2005）. Recalling yesterday and predicting tomorrow. *Cognitive Development*, **20**, 362–372.

Carver, L. J., & Bauer, P. J.（1999）. When the event is more than the sum of its parts: Nine-month-olds' long-term ordered recall. *Memory*, **7**, 147–174.

Csibra, G., & Gergely, G.（2006）. Social learning and social cognition: The case of pedagogy. In Y. Munakata & M. H. Johnson（Eds.）, *Processes of change in brain and cognitive development: Attention and performance, XXI*（pp.249–274）. Oxford, UK: Oxford University Press.

Doria, V., Beckmann, C. F., Arichi, T., Merchant, N., Groppo, M., Turkheimer, F. E., Counsell, S. J., et al.（2010）. Emergence of resting state networks in the preterm human brain. *Proceedings of the National Academy of Sciences*, **107**, 20015–20020.

Dufour, V., & Sterck, E. H. M.（2008）. Chimpanzees fail to plan in an exchange task but succeed in a tool-using procedure. *Behavioral Processes*, **79**, 19–27.

Falk, D.（2004）. Prelinguistic evolution in early hominins: Whence motherese? *Behavioral and Barin Sciences*, **27**, 491–541.

Ferrari, P. F., Paukner, A., Ionica, C., & Suomi, S. J.（2009）. Reciprocal face-to-face communication between rhesus macaque mothers and their newborn infants. *Current Biology*, **9**, R1768–R1772.

Ferrari, P. F., Visalberghi, E., Paukner, A., Fogassi, L., Ruggiero, A., & Suomi, S. J.（2006）. Neonatal imitation in rhesus macaques. *PLoS Biology*, **4**（9）: e302. doi:10.1371/journal.pbio.0040302

Fonagy, P., Gergely, G., & Target, M.（2007）. The parent-infant dyad and the construction of the subjective self. *Journal of Child Psychology and Psychiatry*, **48**, 288–328.

Gergely, G.（2007）. The social construction of the subjective self: The role of affect-mirroring, markedness, and ostensive communication in self development. In L. Mayes, P. Fonagy, & M. Target（Eds.）, *Developmental science and psychoanalysis*（pp.45–82）. London: Karnac.

Gergely, G., & Watson, J. S.（1999）. Early social-emotional development: Contingency perception and the social-biofeedback model. In P. Rochat（Ed.）, *Early social cognition: Understanding others in the first months of life*（pp.101–137）. Hillsdale, NJ: Lawrence Erlbaum Associates.

Greenfield, P. M.（1991）. Language, tools, and brain: The ontogeny and phylogeny of hierarchically organized sequential behavior. *Behavioral and Brain Sciences*, **14**, 531–551.

Greenspan, S. I., & Shanker, S. G.（2004）. *The first idea: How symbols, language, and intelligence evolved from our primate ancestors to modern humans*. Cambridge, MA: Da Capo Press.

Hampton, R. R., Hampstead, B. M., & Murray, E. A.（2005）. Rhesus monkeys（*Macaca mulatta*）demonstrate robust memory for what and where, but not when, in an open-field test of memory. *Learning and Motivation*, **36**, 245–259.

Hayashi, M.（2007a）. A new notation system of object manipulation in the nesting-cup task for chimpanzees and humans. *Cortex*, **43**, 308–318.

Hayashi, M.（2007b）. Stacking blocks by chimpanzees: Developmental processes and physical understanding. *Animal Cognition*, **10**, 89–103.

林　美里・松沢哲郎．（2003）．定位操作の発達：ヒトとの比較．友永雅己・田中正之・松沢哲郎（編），チンパンジーの認知と行動の発達（pp.134–140）．京都：京都大学学術出版会．

Hayashi, M., & Matsuzawa, T.（2003）. Cognitive development in object manipulation by infant chimpanzees. *Animal Cognition*, **6**, 225–233.

Hayashi, M., Sekine, S., Tanaka, M., & Takeshita, T.（2009）. Copying a model of colored blocks by chimpanzees and humans. *Interaction Studies*, **10**, 130–149.

Hayashi, M., & Takeshita, H.（2009a）. Comparative study on the development of manipulative skills in chimpanzees and humans. In L. T. Pelligrino (Ed.), *Handbook of motor skills: Development, impairment and therapy* (pp.223-336). New York: Nova Science Publishers.

Hayashi, M., & Takeshita, H. (2009b). Stacking of irregularly shaped blocks in chimpanzees (*Pan troglodytes*) and young humans (*Homo sapiens*). *Animal Cognition*, 12, 49-58.

Hirata, S. (2009). Chimpanzee social intelligence: Selfishness, altruism, and the mother-infant bond. *Primates*, 50, 3-11.

Inoue-Nakamura, N., & Matsuzawa, T. (1997). Development of stone tool-use by wild chimpanzees (*Pan troglodytes*). *Journal of Comparative Psychology*, 111, 159-173.

井山弘幸・金森　修．(2000)．現代科学論：科学をとらえ直そう．東京：新曜社．

Kahlenberg, S. M., & Wrangham, R. W. (2010). Sex differences in chimpanzees' use of sticks as play objects resemble those of children. *Current Biology*, 20, R1067-R1068.

川上清文・友永雅己・高井清子・水野友有・鈴木樹理．(2003)．ニホンザル新生児における自発的微笑．友永雅己・田中正之・松沢哲郎（編），チンパンジーの認知と行動の発達 (pp.322-326)．京都：京都大学学術出版会．

Keller, J. D. (2004). Human cognitive ecology: An instructive framework for comparative primatology. *American Journal of Primatology*, 62, 229-241.

Kojima, T., Onoe, H., Hikosaka, K., Tsutsui, K., Tsukada, H., & Watanabe, M. (2009). Default mode of brain activity demonstrated by PET imaging in awake monkeys: Higher rest-related than working memory-related activity in medial cortical areas. *Journal of Neuroscience*, 29, 14464-14471.

Lavelli, M., & Fogel, A. (2002). Developmental change in mother-infant face-to-face communication: Birth to 3 months. *Developmental Psychology*, 38, 288-305.

Lepage, J-F., & Hugo, T. (2007). The mirror neuron system: Grasping others' actions from birth? *Developmental Science*, 10, 513-523.

Liszkowski, U., Carpenter, M., & Tomasello, M. (2008). Twelve-month-olds communicate helpfully and appropriately for knowledgeable and ignorant partners. *Cognition*, 108, 732-739.

Martin-Ordas, G., Haun, D., Colmenares, F., & Call, J. (2010). Keeping track of time: Evidence for episodic-like memory in great apes. *Animal Cognition*, 13, 331-340.

Matsuzawa, T. (1994). Field experiments on use of stone tools by chimpanzees in the wild. In R. W. Wrangham, W. C. McGrew, F. B. M. de Waal, & P. Heltne (Eds.), *Chimpanzee cultures* (pp.351-370). Cambridge, MA: Harvard University Press.

Matsuzawa, T. (1997). The death of an infant chimpanzee at Bossou, Guinea. *Pan Africa News*, 4, 4-6.

松沢哲郎．(2000)．チンパンジーの心．東京：岩波書店（岩波現代文庫）．

Matsuzawa, T. (2007). Comparative cognitive development. *Developmental Science*, 10, 97-103.

松沢哲郎・上野有理・松野　響・林　美里．(2010)．まねとふり．松沢哲郎（編），人間とは何か：チンパンジー研究から見えてきたこと (pp.46-47)．東京：岩波書店．

Mizuno, Y., Takeshita, H., & Matsuzawa, T. (2006). Behavior of infant chimpanzees during the night in the first four months of life: Neonatal smiling and sucking in relation to arousal levels. *Infancy*, 9, 215-234.

Moll, H., & Tomasello, M. (2007). Cooperation and human cognition: The Vygotskian intelligence hypothesis. *Philosophical Transactions of the Royal Society B*, 362, 639-648.

Mulcahy, N. J., & Call, J. (2006). Apes save tools for future use. *Science*, 312, 1038-1040.

Myowa-Yamakoshi, M., Tomonaga, M., Tanaka, M., & Matsuzawa, T. (2004). Imitation in neonatal chimpanzees (*Pan troglodytes*). *Developmental Science*, 7, 437-442.

中川織江．(2001)．粘土造形の心理学的・行動学的研究：ヒト幼児およびチンパンジーの粘土遊び．東京：風間書房．

Neisser, U. (1995). Criteria for an ecological self. In P. Rochat (Ed.), *The self in infancy: Theory and research. Advances in psychology, 112* (pp.17-34). Amsterdam: Elsevier Science.

Osvath, M. (2009). Spontaneous planning for future stone throwing by a male chimpanzee. *Current Biology,* **19**, R190-R191.

Osvath, M., & Osvath, H. (2008). Chimpanzee (*Pan troglodytes*) and orangutan (*Pongo abelii*) forethought: Self-control and preexperience in the face of future tool use. *Animal Cognition,* **11**, 661-674.

Parker, S. T. (2000). *Homo erectus* infancy and childhood: The turning point in the evolution of hominid behavioral ontogeny. In S. T. Parker, J. Langer, & M. L. McKinney (Eds.), *Biology, bodies and behavior: The evolution of human development* (pp.279-318). Santa Fe, NM: School of American Research Press.

Perner, J., & Ruffman, T. (1995). Episodic memory and autonoetic consciousness: Developmental evidence and a theory of childhood amnesia. *Journal of Experimental Child Psychology,* **59**, 516-548.

Poti, P., Hayashi, M., & Matsuzawa, T. (2009). Spatial construction skills of chimpanzees (*Pan troglodytes*) and young human children. *Developmental Science,* **12**, 536-548.

Povinelli, D. J., Rulf, A. B., Landau, K. R., & Bierschwale, D. T. (1993). Self-recognition in chimpanzees (*Pan troglodytes*): Distribution, ontogeny, and patterns of emergence. *Journal of Comparative Psychology,* **107**, 347-372.

Premack, D. (2010). Why humans are unique: Three theories. *Perspectives on Psychological Science,* **5**, 22-32.

Premack, D., & Premack, A. (2005). 心の発生と進化：チンパンジー，赤ちゃん，ヒト（長谷川寿一，監修・鈴木光太郎，訳）．東京：新曜社．(Premack, D., & Premack, A. (2003). *Original intelligence: Unlocking the mystery of who we are.* New York: McGraw-Hill.)

Raichle, M. E., MacLeod, A. M., Snyder, A. Z., Powers, W. J., Gusnard, D. A., Gordon L., Shulman, G. L., et al. (2001). A default mode of brain function. *Proceedings of the National Academy of Sciences,* **98**, 676-682.

Rilling, J. K., Barks, S. K., Parr, L. A., Preuss, T. M., Faber, T. L., Pagnoni, G., Bremner, J. D., & Votaw, J. R. (2007). A comparison of resting-state brain activity in humans and chimpanzees. *Proceedings of the National Academy of Sciences,* **104**, 17146-17151.

齋藤亜矢．(2008)．絵筆をもったチンパンジー：描くことの起源を探る．小泉英明（編），脳科学と芸術（pp.33-52）．東京：工作舎．

佐藤暢哉．(2010)．ヒト以外の動物のエピソード的（episodic-like）記憶：WWW 記憶と心的時間旅行．動物心理学研究，**60**, 105-117.

竹下秀子．(1999)．心とことばの初期発達：霊長類の比較行動発達学．東京：東京大学出版会．

竹下秀子．(2001)．赤ちゃんの手とまなざし：ことばを生みだす進化の道すじ．東京：岩波書店．

Takeshita, H. (2001). Development of combinatory manipulation in chimpanzee infants (*Pan troglodytes*). *Animal Cognition,* **4**, 335-345.

竹下秀子．(2003)．物による探索：行為生成の基盤をさぐる．発達，**93**, 102-110.

竹下秀子．(2009)．あおむけで他者，自己，物とかかわる赤ちゃん：子育ちと子育ての比較行動発達学．発達心理学研究，**20**, 29-41.

竹下秀子・板倉昭二．(2002)．人間の赤ちゃんを生みだしたもの，人間の赤ちゃんが生みだすもの：発育・発達の時間的再編と行動進化．ベビーサイエンス，**2**, 20-30.

Takeshita, H., Myowa-Yamakoshi, M., & Hirata, S. (2009). The supine position of postnatal human infants: Implications for the development of cognitive intelligence. *Interaction Studies,* **10**, 252-269.

田中昌人・田中杉恵．(1981)．子どもの発達と診断 1 乳児期前半．東京：大月書店．

田中昌人・田中杉恵．(1986)．子どもの発達と診断 4 幼児期Ⅱ．東京：大月書店．

Tanojiri, N., Myowa-Yamakoshi, M., Ueno, A., & Takeshita, H.（in preparation）. Helping the puzzled and imitating the happy: Emotional expression affects the helping behavior of 18-23-month-olds.

Tomasello, M., Hare, B., & Fogleman, T.（2001）. The ontogeny of gaze following in chimpanzees, *Pan troglodytes*, and rhesus macaques, *Macaca mulatta*. *Animal Behaviour*, **61**, 335-343.

Tomasello, M., Savage-Rumbaugh, S., & Kruger, A. C.（1993）. Imitative learning of actions on objects by children, chimpanzees, and enculturated chimpanzees. *Child Development*, **64**, 1688-1705.

Tomonaga, M., Tanaka, M., Matsuzawa, T., Myowa-Yamakoshi, M., Kosugi, D., Mizuno, Y., Okamoto, S. et al.（2004）. Development of social cognition in infant chimpanzees（*Pan troglodytes*）: Face recognition, smiling, gaze, and the lack of triadic interactions. *Japanese Psychological Research*, **46**, 227-235.

Tulving, E.（2005）. Episodic memory and autonoesis: Uniquely human? In H. S. Terrace & J. Metcalfe（Eds.）, *The missing link in cognition: Origins of self-reflective consciousness*（pp.3-56）. Oxford, UK: Oxford University Press.

Ueno, A., & Matsuzawa, T.（2004）. Food transfer between chimpanzee mothers and their infants. *Primates*, **45**, 231-239.

Warneken, F., & Tomasello, M.（2006）. Altruistic helping in human infants and young chimpanzees. *Science*, **311**, 1301-1303.

Whiten, A., Goodall, J., McGrew, W. C., Nishida, T., Reynolds, V., Sugiyama, Y., Tutin, C. E. G., et al.（1999）. Cultures in chimpanzees. *Nature*, **399**, 682-685.

やまだようこ．（1987）．ことばの前のことば：ことばが生まれるすじみち1．東京：新曜社．

山形恭子．（2000）．初期描画発達における表象活動の研究．東京：風間書房．

Yamamoto, S., Humle, T., & Tanaka, M.（2009）. Chimpanzees help each other upon request. *PLoS ONE* **4**（10）: e7416. doi:10.1371/journal.pone.0007416

Zacks, J. M., & Swallow, K.（2007）. Event Segmentation. *Current Directions in Psychological Science*, **16**, 80-84.

参考文献

Gómez, J. C.（2005）．霊長類のこころ：適応戦略としての認知発達と進化（長谷川眞理子，訳）．東京：新曜社．（Gómez, J. C.（2004）．*Apes, monkeys, children, and the growth of mind.* Cambridge, MA: Harvard University Press.）

濱田 穣．（2007）．なぜヒトの脳だけが大きくなったのか．東京：講談社（ブルーバックス）．

板倉昭二．（2007）．心を発見する心の発達．京都：京都大学学術出版会．

Matsuzawa, T., Tomonaga, M., & Tanaka, M.（Eds.）.（2006）. *Cognitive development in chimpanzees.* Tokyo: Springer-Verlag Tokyo.

Mithen, S.（1998）．心の先史時代（松浦俊輔・牧野美佐緒，訳）．東京：青土社．（Mithen, S.（1996）. *The prehistory of the mind: A search for the origins of art, religion, science.* London: Thames & Hudson.

明和政子．（2006）．心が芽ばえるとき：コミュニケーションの誕生と進化．東京：NTT出版．

中村徳子．（2004）．赤ちゃんがヒトになるとき．京都：昭和堂．

第2章
心の発達と歴史

サトウタツヤ

第1節　心の発達を扱う歴史

1　発達（心理学）の成立史

　進化論で有名なイギリスのダーウィン（Darwin, C.）はヴィーグル号に乗船して世界を巡りさまざまな動植物を観察し，進化論の着想を得たのだが，『種の起源』や『人間の由来』を公刊するはるか以前から，彼は自らの子ども（長男ウィリアム）の観察日誌をつけており，それを「乳児の日記的素描」として『マインド（*Mind*）』誌に発表した（1877年）。『*Mind*』はイギリスのベイン（Bain, A.）によって，心理学領域の問題を主題化した初めての学術誌として1876年に創刊されたものである。この論文の冒頭でダーウィンは，同じ『*Mind*』に掲載されたフランスの哲学者テーヌ（Taine, M.）の論文（1876）に触発され，37年前につけていた日誌を読み返してみて論文化したと述べている（Darwin, 1877）。ダーウィンは「赤ちゃんの自然史（natural history）」を描く動機で観察をしていたと思われるが，子ども観察とその記録自体は彼の中で学問たりえなかったのである。37年という時間を経て，かつ，テーヌの学術論文という補助線（足場）があって初めて，ダーウィンの観察記録が論文として表現され，児童研究，ひいては発達研究を駆動していくことになったのである。
　さて，ダーウィンの論文が発表されると当時新興の学問として形成されつつあった心理学およびその周りにいる多くの人に影響を与えた[1]。
　ドイツの生理学者プライヤー（Preyer, W. T.）は自分の子どもを出生後1,000日

---

[1]　一般に近代心理学の成立は1879年とされるが，フェヒナー（Fechner, G. T.）による『精神物理学要綱』の出版（1860年），『民族心理学と言語学』誌の発刊（1860年），『マインド（*Mind*）』誌の発刊（1876年）などを通じて新しい心理学が形成される機が熟していたと考えられる。

間にわたって組織的に観察していた。プライヤーの観察は，同一の子どもを長期にわたって観察する，病児や障害児と健常児を比較する，動物行動と人間行動を比較する，多くの人に観察記録をつけるよう求めることで多くの子どものデータを集める，いわゆる未開国とドイツの子どもを比較する，などさまざまな工夫がこらされている。こうした観察をもとに出版されたプライヤーの主著『児童の精神』(1882)は児童心理学の始まりを告げる著として歴史に名をとどめている（村田，1992）。

アメリカのホール (Hall, G. S.) はアメリカに児童研究運動 (Child Study Movement) を起こし，児童研究を進めた。ホールはダーウィンの影響を受け，系統発生に見られる進化を個体発生に見ることが可能ではないかと考えた。これは種に見られる進化を人間の誕生以後の発達に当てはめようとしたものといえ，ヘッケル (Haeckel, E.) の発生反復説と同型である。そして，彼は自らの心理学を発生心理学 (genetic psychology) と称していた。"genetic"を「遺伝」と訳すと，genetic psychology の意味はわからない。ホールは『教育学セミナー (*Pedagogical Seminary*)』という雑誌を創刊した（1891年）が，後に『発生心理学雑誌』と改名している。ここに，教育と発生（発達）の不可分な結びつきを見てとることもできよう。

ホールは1880年から児童研究を開始したが，子どもの知識内容を調べることで学校教育に役立てようとするものであった。そして，心理学者や教師や親などがその立場や観察場所に応じた子どもの様子を報告することから成りたっていた。さらに彼は，1904年に『青年期』，1922年に『老年期』をそれぞれ出版しているが，ホールの意図はその出版時にはほとんど理解されず，逆にいえば先駆的なものであった。青年期や老年期が心理学のテーマとして認められるようになったのは，はるかに後のことである。

ホールは後にクラーク大学の学長に転出し，クラーク大学は発達研究の一大拠点となるが，ホールの去ったジョンズ・ホプキンス大学に着任したのがボールドウィン (Baldwin, J. M.) である（1909年）。彼もまた自らの子ども（姉妹2人）を観察し，子どもの模倣や遊びに注目して発達研究を行った。そして，発達の基本的メカニズムとして，有機体が環境に順応して変化する調節と環境の影響を有機体が組み込む同化を重視する学説を示すことになった。また，論理性の発達については段階説をとり，前論理期－論理期－超論理期の三段階を唱えた。（発達心理学に限らず）段階説の一つの前提は，発達の漸次性と非可逆性にある。建造物を造るように土台から作りあげていき発達が成立するという考え方が，20世紀初頭に欧米で誕生し，それが学説のレベルに高められたのである。

ちなみに，ボールドウィンはこの後，メキシコに住んだあとさらにフランスで過ごすことになり，クラパレード（Claparède, E.）と親交を結ぶことになった。このクラパレードこそピアジェの師の一人であり，ピアジェの研究はボールドウィンの影響を受けている（Piaget, 1976/1978）。

　ボールドウィン以後のジョンズ・ホプキンス大学にはワトソン（Watson, J. B.）が着任した。彼はその行動主義宣言（1913年）で知られるが，彼は1917年から病院において生後直後から200日ぐらいまでの子どもたちを継続的に観察し，子どもの行動レパートリーが生後直後から本能的に発現するものなのかそれとも学習されるのか，という点に焦点をあてて研究を進めた。彼の研究動機は基本的にはプライヤーの日誌的研究を追試・確認するのが目的であり，その時点では児童研究もしくは児童心理学の研究を志向していたわけである。ただし，彼の興味は感情に向けられることになり，感情的反応を恐怖，怒り，愛，という3つのタイプに分けて考えたうえで，恐怖という感情を条件づけできることを実験的に示すに至る（Watson, 1924）[2]。このことは，単なる児童研究にとどまらず，行動療法へとつながっていく。つまり，恐怖が条件づけできるなら消去も可能であろうという考えを導き，行動療法の開発の黎明となったのである。

2　日本における development 概念の導入と展開

　現在の発達心理学に相当する英語は developmental psychology だが，この概念がもとから日本にあったわけでもない。ある契機で導入され咀嚼され受容され定着していったのである。田中（1988）によると，まず前提として江戸時代においては発達ではなく「發達」という語が在野の相学（相貌学：引用者注）で使われていた。幸いに至るという意味であり「よにいで」という読みをともない，成人して栄昌高名に至る相貌のあり方を追求する考えとして使われていたという（田中，1988, p.106）。

　田中の関心は発達という概念の受容過程にあるが，それと同時に，development が現在の日本語において，開発と発達というように，ある意味で真逆の意味として理解されるに至った経緯は何なのかを理解することにある（開発は他動詞となり，発達は自動詞となる）。以下，本項の内容は主として田中の膨大かつ緻密な文献群に大きく依拠していることを付記して謝意を表する。

---

[2]　このアルバート坊やの実験は倫理的問題があるともされるのだが，発達における環境重視説に加担するだけでなく，恐怖感情を条件づけできる（つまり消去もできる）ということを示したことになり，行動療法への道筋をつけることになった。

蘭学の文脈では，明治初年において development が発達と訳されていた例もあるが，その意味は現在の開発に近い。蘭学はオランダの書物の翻訳を通して西洋の思想その他を日本で理解する試みであるが，神田孝平が翻訳（英語をオランダ語から重訳）した『経済小学』(1867・慶応3年)と内田正雄が翻訳した『和蘭学制』(1869・明治2年)に development と発達の対応関係が現れる。特に後者の「小学條例」第23章の中に次のような文章がある。

一　学校の教授は肝要なる学術講習によりて童蒙の知識才力を発達し，教授を為を篤くする事に導くを要す

　ここでの発達の原語は ontwikkeling であり元の英語は development であった。この時点において，発達という語は自動詞ではなく他動詞であり，児童の能力開発という意味で使われていることがわかる（田中，1995, p.24）。
　そして，日本の文明開化期において，development という概念について理解し，発達という翻訳語との関係を構築したのは，スマイルズ(Smiles, S.)の『西国立志編』の訳者として名高い中村正直である。中村は『西国立志編』の草稿（明治3年10月まで）で「發達」を用いたが，develop や development の対訳には用いていないし，develop や development が現れる5カ所のうち4カ所は訳されていない（田中，1988, p.106）。ミル(Mill, J. S.)の『自由之理』（明治4-5年）において「發達」は使われているが develop や development の訳ではなく，他の特定の語の訳でもない（田中，1988, pp.107-108）。一方，development は発生として訳されている。spiritual development は心智の発生，と訳されている（田中，1988, p.110）。つまり，中村正直にあって，development は『西国立志編』では訳出されず「發達」の語は意訳にあてられていた。『自由之理』になると対訳から翻訳にすすみ development の内容を生成において捉えた。development を生成の内容において，「發生」「發出」「發達」と対応させていたのである（田中，1988, pp.111-112）。
　1879（明治12）年に出版された『英華和訳字典』は津田仙・柳澤信大・大井鎌吉が編んだものであり中村も校閲に関与しているが，develop や development の訳に「發生」「發出」「發達」はない。中村が各章を毎月翻訳発行したスマイルズの『西洋品行論』（最後は1880（明治13）年2月）において，草稿が「發達」であったのに印刷は「發達」となっていた。ここにおいて「達」から「達」への変容がおきている。ただし development の訳ではなかった。development は「發生」「發出」と訳されていた（田中，1988, p.116）。ここに至って概念としての development

が日本の社会に広まっていく契機が形成された。

3 日本の発達心理学

日本の発達心理学は，日本心理学の祖・元良勇次郎によって始まったと言える（佐藤，2002）。

彼はアメリカのジョンズ・ホプキンス大学在学中にホールに師事していたので，実験研究のみならず児童研究運動についても学んでいた。元良は1888（明治21）年に帰国した帝国大学（後に東京帝国大学，現在の東京大学）で精神物理学の授業を担当するなど日本に近代心理学を導入するのであるが，一方で彼は1890（明治23）年に日本教育研究会を設立し，この会がもとになり「日本児童学会」が成立した（1902年）。こうした中，元良の指導する（東京）帝国大学でも児童心理学を専攻する学生が現れていく。塚原政次は，東京帝大を卒業後，大学院入学のときの題目を児童心理学とした。また，1901（明治34）年には公費による海外留学を行っているがその際の名目も「児童心理学」であった。帰国後は広島高等師範学校・広島文理科大学（現・広島大学）で教鞭をとる。

広島高等師範学校には同じく東京帝大卒の久保良英も教授として参加するが，彼はクラーク大学に留学してホールのもとで研究を行い，クラーク大学出身のターマン（Terman, L. M.）がフランスのビネー（Binet, A.）による知能検査をスタンフォード＝ビネー検査として翻案するとそれを日本に紹介した。また『児童問題研究』という学術雑誌を17年にわたり発刊して多くの論文を執筆し日本の発達研究を牽引した。つまり，日本の発達心理学はその初期において，①児童心理学という名称であり，②ホールの心理学（アメリカ化した近代心理学）の影響を大きく受けていた，のである。

第2節　心の発達の歴史性

1 概念がもつ時間負荷性

以上，発達心理学という考えそのものが，特定の時期に現れたという意味で時間に組み込まれた考え方であることを見てきた。

歴史は単にいつ何が起きたということを覚えるものではない。心理学の歴史を考える際に重要なことは，心的概念そのものも，たとえば，性格や知能でさえも，時間や場所と相関しているということに自覚的になることである。私たちはややもすると性格や知能が概念であることを忘れ，時空をこえて存在していたと錯覚

してしまうのだが，それは正しいのだろうか。

　たとえば，自己（self）という語は，今日ではきわめて一般的な語であるが，この語が今日的な意味で使用されるようになったのは，17世紀のイギリスであるという（Danziger, 1997/2005）。他の世紀ではない17世紀，他の場所ではないイギリス，に生まれたということに自覚的になることが重要である。『オックスフォード英語辞典』によれば自己（self）という語は，イギリスの経験主義者，ジョン・ロック（Locke, J.）が1689年に発行した『*An essay concerning human understanding*』（この書は人間知性論とも人間悟性論とも訳されるが，現在の日本語で筆者なりに訳せば「人がものを理解することに関するエッセイ」である）以前にはほとんどみられないという。17世紀のイギリスは革命の時代であり（清教徒革命・名誉革命），階級・家柄・職業などの社会的・身分的な地位は流動的となり，人格の同一性が揺らぎ始めた時期である。そこでロックは自己の意識の連続性を，人格の同一性の基礎においたのである。ロックは，個人の心はタブラ・ラサ（白紙）であると考えていた経験主義者であり，さまざまな経験が自己意識を作ると考えていたことになる。

　19世紀末に近代心理学が成立すると，ウィリアム・ジェームズ（James, W.）は，主体としての自己を純粋自己と経験自己に分けた。前者は「I」であり，純粋自己たる「I」によって知られる自己の側面（客体としての自己）が経験自己であり「me」である。そして後者については，①物質的自己（自分の身体，財産），②社会的自己（周囲の他者が自分に対してもつ印象）③精神的自己（内的な意識や心的傾向）に分けられるとした（図2-1）。

　20世紀半ば以降，エリクソン（Erikson, E. H.）が発達的観点を入れた自己論を構築した。精神分析の影響を受けた彼は，人生をいくつかの時期にわけその時々に課題があると考え，その課題を克服することが発達だと考えた。そして，青年期においては自己同一性（アイデンティティ）の確立こそが課題だとした。アイ

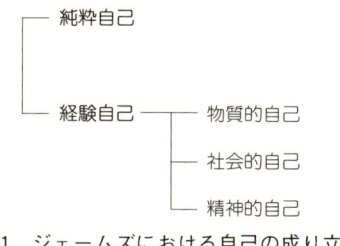

図2-1　ジェームズにおける自己の成り立ち

表 2-1 心理学における自己の考え方の変化

17C	ロックの自己	社会が変化しても同一である感覚の源泉としての自己
19C	ジェームズの自己	社会から見られるものとしての自己
20C	エリクソンの自己	社会で作られるものとしての自己
21C	ハーマンスの自己	さまざまなポジションの総体としての自己

デンティティという語は，心理学の範囲だけにとどまらず，広く社会科学や人文科学にも広まっていった。

21世紀になって注目されている自己理論の一つに対話的自己理論がある。オランダの心理学者ハーマンス（Hermans, H.）が提唱したもので，自己を複数の「～としての自己」によって構成されるものとして考える。父母に対しては「子としての私」，恋人には「彼女・彼氏としての私」，海外に出れば「日本人としての私」というように私たちは相手ごとに異なるポジションをとっている。そして，複数のIポジションの集まりが自己だと考えるのである。エリクソンのアイデンティティが，確立するものであったのに対して，ハーマンスの対話的自己は常に流動的で変幻自在である。複数の自己が分裂するのではなく統合を保つというので関係的な自己と言う場合もある。

このように，自己は概念によって記述されるものであり，その内容も変容していくものである。心的概念を用いて記述できることが実体性や普遍性をもつということは，概念自体がもつ構成的な性質——つまり各概念の歴史的文化的性質——を考えた場合には，はなはだ脆弱なものにならざるをえないと思われる。さらに言えば，記憶や行動についても概念が示す内容は時代によって変化してきたし，変化していくと言えるのである。

2　非時間性神話——心理学に固有の時間軽視，特に相関係数

次に，心理学なる立場がどのように「心の発達」を考えるのか，時間との関連でその内容について見ていこう。

発達心理学を除けば，心理学は時間を扱うことはほとんどないと言ってよい（例外は時間認知の研究）。多くの研究において実験を行う際には，独立変数操作と従属変数の観測という手続きがあり，これらの2つの出来事が同時に起きないこと（時間差があること）を，因果関係推定の手がかりにしている。その意味で心理学実験は時間が不可分に組み込まれているのであり，結果的に時間を研究対象にすることは不可能なのである。反応時間を用いて認知プロセスを研究する場

表 2-2 段階説のありかた

心理機能段階による記述	月・年齢段階による記述
ボールドウィン（1909）論理性の発達	仮想例
前論理期　＊歳頃 論理期　＊＋x 歳頃 超論理期　＊＋x＋y 歳頃	幼年期　＊歳頃　　　　自我の芽生え 少年期　＊＋x 歳頃　　仲間集団 青年期　＊＋x＋y 歳頃　異性関係

合も，反応時間の差を手がかりに認知プロセスをモデル化しており，いわば時間を媒介にして心理プロセスをモデル構築するわけであるから，時間について扱うことは難しい。心理学実験のパラダイムの基本は，出来事の生起における時間の先後関係を手がかりに因果関係を追究するという立場だから，時間そのものを対象とすることは論外なのである。

調査研究で用いられる相関という考え方も同様に時間を扱うことはできない。異なる2時点の調査の関連を見ることはあるが，この場合も時間の存在が前提とならざるをえない。イギリスのゴルトン（Galton, F.）の初期の研究に見られるように，親世代，子世代の身長の関連などでさえ，同一平面上の2変数間の関係として把握されてしまっている。

心理学における発達研究は，時間を外在的なものとしてその存在を前提とせざるをえない。心理学は人間の普遍性を記述する志向があるため，機能を中心に時間的秩序を記述すれば心理段階説になり，生物学的制約を前提にして月齢・年齢に注目すれば，月齢・年齢による変化・変容の平均像は記述できても，一人の人間全体としての発達を説明しづらくなる（表2-2）。

ただし，時間的展望の研究は，時間を考慮にいれる発達研究においてさらに稀少性のある，外在的時間を前提としない研究として成り立っているように思える。つまり，時間的展望における時間はクロックタイム（クロックタイムについては後述）である必要はなく，生きられる時間として表象される可能性が高いということである。この意味でまったく新しいパラダイムを構築する可能性がある。また，近代西欧の時間概念に基づいた時間概念を「線形進歩モデル」として名づけて批判し，ナラティヴとしての時間概念を重視した「生成的ライフサイクルモデル」を提示したやまだらの考え方（やまだ，2010；Yamada & Kato, 2006）もクロックタイムに基づく時間を批判する重要な考え方である。

3 文化歴史的負荷性——時間を考慮に入れた方法論の展開

心理学における普遍志向を支えたのがワトソンの行動主義やピアジェの構造主義であると言っても言いすぎではないと思われるが，その一方で，歴史や文化の中における発達を考えたのが旧ソビエトの心理学者ヴィゴツキー（Vygotsky, L. S.）である。彼は個人が外界と相互作用するときの記号の働きに注目し，歴史・文化が記号の働きに強く影響するとした。

ヴィゴツキーはドイツのゲシュタルト心理学者ケーラー（Köhler, W.）が報告したチンパンジーの洞察学習の研究を重視した。チンパンジーは手を伸ばしても届かないバナナを手に入れるために，箱を積み上げてバナナを手に入れた。こうした行動は見通しに基づく道具の使用と考えることができる。このことにヒントを得たヴィゴツキーは，人間の高次精神機能は道具や言語・記号によって媒介されて成立すると考えたのである。また，旧ソビエト国内の民族研究を行ったことも重要な契機であったろう。彼が障害児研究に取り組んでいたことも，最近では再び光が当てられはじめている（たとえば，岡花，2008）。

ヴィゴツキーは，モスクワ大学およびシャニャフスキー人文大学を卒業後，障害をもつ子どもの発達に関する研究を行い，1924年にモスクワの心理学研究所に招聘され，あわせて教育人民委員部の欠陥学研究部門の研究指導員となった。1929年に実験・欠陥学研究所が設立されるとヴィゴツキーはその研究員となっている。

種間比較，民族比較，そして健常児と障害児の比較といったように，比較の方法がヴィゴツキーの発達事象に対する理解を深めたと言うことが可能である。比較は異なるカテゴリーが前提であるが，ヴィゴツキーはそうした独立したカテゴリーの比較から出発して，その境界を取り払うような認識に至っている。ヴィゴツキーは，発達の最近接領域という概念において，今はできないが将来できる行動レパートリーという考えを提唱した。これはビネーの知能検査が「現在・目の前にいる子が・できること」に徹頭徹尾こだわったこととは好対照をなしている（ビネーが目の前の子どもの現在の能力の把握にこだわったのには，それなりの理由があるがここでは割愛する。『IQを問う』（サトウ，2006）を参照されたい）。

なお，ヴィゴツキーの考え方は時間を外在的なものとして見ているというよりは，時空相関（クロノトポス）の考え方に近いと思われるが，少なくとも，時間が発生するという感覚はもっていなかったように思われる。

人間のライフ（命・生活・人生）がなければ時間が存在しないという考え方はクロノトポスという言葉で表現できる（Sato & Valsiner, 2010）。人のライフはある

時間ある空間においてのみ成立すること，他の時間や空間では別のあり方がありえるとすることを重視する立場である。

時間が外在的に存在することを前提にするのではなく（外在的時間），発生する時間という考え方を大事にするにはどうすればいいだろうか。

第3節　時間・空間・文化——新しい方法論にむけて

1　時間を外在的尺度として利用する発達心理学

時間が人間の人生とともにある。そうであれば，個々の人生とともに質的に異なる時間があるということをどのように考えるべきか。

まず，時間について考えを整理したい。ギリシャ語の χρονος に語源をもつクロノス（chronos）と καιρος に語源をもつカイロス（kairos）である。前者は私たちが普通の意味で時間と言っていることに相当し，クロックタイム，カレンダータイムと呼ぶことができる。クロノス，クロックタイムは，時間に対して単位（ユニット）を設定することで，計測を可能にすると考えている（ちなみに，あらゆる計測＝量的表現はユニットを前提としている）。後者，カイロスは「立ち上がる時間＝発生する時間＝クロノジェネシス」である。時間を単位化してその繰り返しとして計測することはできず，ある瞬間に時間がたちあがる，好機のような時間の瞬間のことをカイロスと呼ぶ。二度と同じ時は現れず非可逆である。

さて，これまでの発達心理学は生物学的な制約を強く受ける変容を主として扱ってきた。（乳歯から永久歯への）歯の生え替わりのメカニズム自体の研究は心理学になりえないが，（ピアジェの認知研究に見られるように）時間とともにおきる現象，たとえば保存概念の成立のメカニズムは発達研究の対象として扱うことができたのである。また，発達心理学においては，観察対象を人間という種のサンプルとしてとりあげ，観察・記述・理論化を行ってきた。ときに他の種を観察することもあるがそれは心理学にとっては比較のためであった。ダーウィンに遡れば，彼が自分の子どもを対象に観察を行ったときの意識は「赤ちゃんの自然史」というものであった。このような研究パラダイムにおいては，外在的な時間を措定せざるをえなかったし，ある子ども（人）の一生というスケールが他の人の一生にもパラフレーズ可能だという前提にたっていた。誕生を起点とする時間は「自分の子ども以外に当てはめることが可能である」という前提がなければ，発達研究が成り立たないことは明らかである。さらに，観察結果の一般性・普遍性を担保するため，特定の親子の観察は，特定の親子の研究であってはならず，人

間が親を含む周囲とともに変容する時間スケールは共通尺度としてのクロックタイムを前提にせざるをえなかった。日誌の記述は，何年何月どこどこにいる誰々の親子の行動，というスタイルであるが，心理学の研究の俎上に載せればそのような具体的な時空間をはぎ取るしかないのである。

　繰り返しになるが，発達心理学では，個人におきる変化（成長・加齢などと呼ばれる現象のすべて）を月齢・年齢という時間（クロックタイム）を尺度におくことで記述する。時間を外在的なものとすることで，同年齢における発達の類似と差異を描くのである。その際，児童心理学から始まった発達心理学は，どうしても，生物学的メカニズムに影響される現象を捉え，それを年齢の関数として描くことが多かったと言える。そして，平均が真の値の推定値であり，そこからのズレは誤差として扱われていた。

　しかし，このように「年齢を外部尺度として扱う」あり方は，より生物学的制約の小さい行動，つまり社会的な行動に関してはあてはまらないのではないだろうか。

2　変容とともにある時間という考え方

　発達心理学の研究において，人間の一生のうち生物学的制約の多い時期についてのみ，変容・変化に焦点が当てられていたことは，決して偶然ではない。人生の初期であればあるほど，外在的時間を共通スケールとして扱うことには実用上・研究上の意味があったからである。一方で，生物学的制約の少ない時期（青年期～中年期）の研究は非常に大ざっぱな時期区分ですまされていた。中年期などは10年単位の記述がなされることさえあった。心理学的にみて記述すべき変容が少ないと思われていたことの証左である。生物学的制約の少ない時期における変容は，身体や心理的機能の変化を必ずしもともなわない。心理学的ライフの研究にはふさわしい時期である。こうした変化を捉えるための新しい枠組みが必要である。

　そもそも，同じ生物学的年齢の人が同じようなライフコースをたどる，というのは人の人生を品質管理的に扱おうとする近代社会の要請にすぎないのではあるまいか。占いを信じる，化粧をする，仕事を得る，結婚をする，ということの時期的制約は現代の日本では緩やかになっている。こうしたことについて検討していくことが重要となる。クロックタイムを前提とした発達心理学とは異なる枠組みが必要となるゆえんである。

　そもそも，私たちはクロックタイムに従って行動しているわけではない。

なるほど，制度的なものは確かにクロックタイムが優勢である。時間の管理が権力の最も重要な使命の一つだからである。政府は予算の年度を決定し，多くの制度はその年度に縛られ，そこで生きる人も年度という制度に縛られて行動せざるをえない。

　しかし，生活時間というものはそうではない。たとえば田植えの時期はカレンダー上の同じ日に始まるということはありえない。天候その他の状況によって適切な時期は毎年異なる。「機が熟する」のはクロックタイム上の出来事ではなく，カイロス的な時間における出来事である。

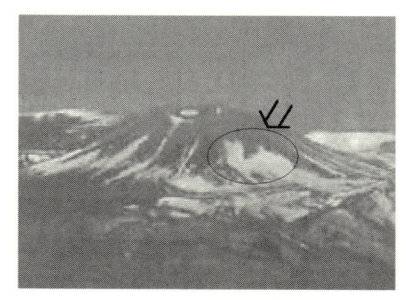

図2-2　種まきウサギ（福島県吾妻富士）

　図2-2は，福島県の吾妻富士である。画面右中腹にウサギのようなものが見える。地元では種まきウサギと呼ばれている。雪がウサギのような形に残る頃が米作りの始まりを告げるサイン（記号）なのであり，「時は今！」なのである。

　さて，ここまでクロックタイムを批判してきたが，さらに言えば，人間の発達を考えるときに，外在的，包括的かつ一次元的な時間を設定する必要は，必ずしもないはずである。一次元性をもちかつ測定可能な時間（クロックタイム）は，人間生活の必要に応じて「発明」されたものだと考えるのが妥当であり，発達現象の必要条件でも十分条件でもない。クロックタイムに対して「生きられる（た）時間」を考えるべきである。生きるということは変容することであり（安定は変容の一形態），変容の契機を捉えることができれば，生きられた時間を捉えたことになる。

　カイロス的な時間は変容と同じ意味（等価）である。発生という初源の変化が生じないところに時間は必要ない。

　「永遠の愛に時間は不要」であるとか大きな出来事の経験（特に悲惨な出来事）に遭遇した人が，「時間が止まったまま」であると述べることがある。こうした表現の意味を真剣に捉えれば，外在するクロックタイムではなく，変容／時間を考察する意義はおのずと理解されるだろう。

　では，変容を捉えるにはどうするか。つまり，生物学的制約の少ない領域において，さまざまなことが変容しているとして，その変容を捉えようとするにはどうすればいいだろうか。

3 複線径路・等至性モデル——クロックタイム的時間概念をこえて

クロックタイムを横軸にとり，縦軸に指標（知能，道徳性，なんでもよい）をとって，時間的経緯（維持・変遷）を見る見方（図2-3）は，時間を外在的に措定するものであり，発生する時間（クロノジェネシス）という考えに則（のっと）っていない。したがって，こうした考え方を乗り越えてクロノジェネシス的に思考するためには何が重要かを考えてみたい。

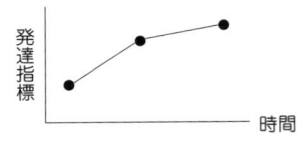

図2-3 心理学における発達指標の扱い方

　個性記述科学において，すべての人のすべての経験をすべて異なるものだと言ってしまうと，共感や理解は可能でも法則の追究が不可能になる。実は，言語を用いることですでに共通の尺度を用いているのであり，共通性を追求することは可能である。言語を用いた記述や言語を媒介にした理解がクロックタイム的時間に浸食されないためには何が必要なのだろうか。そして，そのうえでどのような一般化の可能性があるのだろうか。私たちは複線径路・等至性モデルという方法論を提唱している（サトウ，2009；Sato et al., 2007；サトウほか，2006 など）。この手法では，ある経験（等至点）に至るまでには複数の可能な径路がありうることや，複数の選択肢がある場合（分岐点）に，ある選択を促進する力や妨害する力が何なのかを記述することを目的とする。また，等至点以降の未来展望の広がりについても扱うことができる。

　図2-4は複線径路・等至性モデル（Trajectory Equifinality Model：TEM（テム））の模式図（サトウ，印刷中）の一つであり，大学院入学を等至点とした仮想例である。

　B（大学入学）からG（大学院入学）には多様な径路がありうるし（大学院入学をしない選択もある），社会人になってから大学院という径路の人もいる。そしてGにおいてさまざまな未来展望をもちながら生活していくであろう。ここで→は非可逆的時間を表しており，決してカレンダータイムではない。何歳のときに何をする，ということが見渡せる図ではないのである。大学からすぐに大学院に行くのも，社会人経験を経てから大学院に行くのも，等至点として同じ経験だと見なすのであり，そのうえで，そこに至る径路の多様性を描くものである。これまでの発達心理学では「何歳の何パーセントが……」というような語り方を好んでいたが，TEMの方法では，たとえ何歳であっても中学校で学ぶという経験を等価として仮定し，そこまでの径路が多様でありうること，あるいは多くの人が中学に通うべきときに通えなかったライフのあり方（妨害要因）などをも描いていくのである。発達初期であれば生物学的な制約が大きい行動や機能もあるだろ

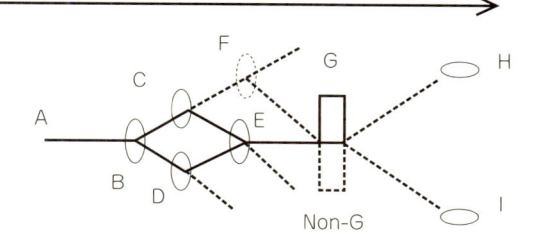

B＝大学入学；C＝インターン；D＝怠学
E＝大学卒業；F＝就職
G＝大学院入学；NonG＝大学院入学せず
H＝最善の見通し；I＝最悪の見通し

図2-4　複線径路・等至性モデル（TEM）の模式図

う。しかし，社会生活においては，恋愛ということを例にとるまでもなく，年齢だけでは語れないものなのである。個人が恋愛の態勢に入るということ，具体的にどのような行為を行うかということもまた，時空によって規定されている面がある。初めてのデート，であるとか，結婚，ということへの多様性と促進要因・妨害要因を描いていくには，時間を捨象してはならない。それが TEM の考え方である。「何歳の何パーセントが……」というような書き方はそれ自体が規範的な意味をもつことになり，発達の初期であれば正常と異常の線引きに利用されたこともあったし，青年期以降については，行動の斉一性への圧力として働いたようにも思える。時間をクロックタイムとして扱いランダムサンプリングを理想とするような方法ではなく，生きられた時間を前提として人間理解をするために経験そのものに焦点をあててサンプリングを行うのが歴史的構造化サンプリングである（Valsiner & Sato, 2006）。

　本稿では，海外と日本における発達心理学史を検討しつつ，時間のあり方について考え，歴史的構造化サンプリングや複線径路・等至性モデルについて紹介を行った。複線径路・等至性モデルそのものについてもさらに説明すべきであるが，残念ながら紙幅が尽きた。興味のある方は拙著（サトウ，2009）などを参考にしてほしい。

引用文献

Baldwin, J. M.（1909）. *Darwin and the humanities*. Baltimore: Review Publishing.
Danziger, K.（2005）. 心を名づけること（上・下）（河野哲也，監訳）．東京：勁草書房．（Danziger, K.（1997）. *Naming the mind : How psychology found its language.* London: Sage Publication.）

Darwin, C. R. (1877). A biographical sketch of an infant. *Mind*, **2**, 285-294.
　ダーウィンのこの論文はヨーク大学"Classics in the History of Psychology"内の以下のページ　http://psychclassics.yorku.ca/Darwin/infant.htm,「チャイルドリサーチネット」内の以下のページ　http://www2.crn.or.jp/blog/lab/01/02/2.html で読むことができる。

村田孝次．(1992)．発達心理学史．東京：培風館．

岡花祈一郎．(2008)．ヴィゴツキーの『高次精神機能の発達史』に関する再検討：欠陥学研究の位置づけをめぐって．幼年教育研究年報（広島大学），**30**, 85-91．

Piaget, J. (1978). *Behavior and evolution* (D. Nicholson-Smith, Trans.). New York: Random House. (original work published 1976).

佐藤達哉．(2002)．日本における心理学の受容と展開．京都：北大路書房．

サトウタツヤ（編著）．(2009)．TEM ではじめる質的研究：時間とプロセスを扱う研究をめざして．東京：誠信書房．

サトウタツヤ．(印刷中)．複線径路・等至性モデル．茂呂雄二ほか（編）．ワードマップ社会・文化・活動の心理学．東京：新曜社．

サトウタツヤ・安田裕子・木戸彩恵・高田沙織・ヤーン＝ヴァルシナー．(2006)．複線径路・等至性モデル：人生径路の多様性を描く質的心理学の新しい方法論を目指して．質的心理学研究，**5**, 255-275．

Sato, T., & Valsiner, J. (2010). Time in life and life in time: Between experiencing and accounting. *Ritsumeikan Journal of Human Sciences*, **20**, 79-92. (http://www.ritsumeihuman.com/publication/files/ningen20/p079-092.pdf)

Sato, T., Yasuda, Y., Kido, A., Arakawa, A., Mizoguchi, H., & Valsiner, J. (2007). Sampling reconsidered: Personal histories-in-the-making as cultural constructions. In J. Valsiner & A. Rosa (Eds.), *The Cambridge handbook of sociocultural psychology* (pp.82-106). Cambridge, UK: Cambridge University Press.

田中昌人．(1988)．文明開化期における発達の概念の導入について：Hepburn, J. C. と中村正直の場合．京都大学教育学部紀要，**34**, 93-126．

田中昌人．(1995)．蘭学における発達の概念の導入について（3）：内田正雄『和蘭學制』（1869・明治2年）まで．京都大学教育学部紀要，**41**, 1-34．

Valsiner, J., & Sato, T. (2006). Historically Structured Sampling (HSS): How can psychology's methodology become tuned in to the reality of the historical nature of cultural psychology? In J. Straub, C. Kölbl, D. Weidemann, & B. Zielke (Eds.), *Pursuit of meaning: Advances in cultural and cross-cultural psychology* (pp.215-251). Bielefeld: Transcript Verlag.

Watson, J. B. (1924). *Behaviorism*. New York: W.W. Norton.

やまだようこ．(2010)．時間の流れは不可逆的か？　質的心理学研究，**9**, 43-65．

Yamada, Y., & Kato, Y. (2006). Images of circular time and spatial repetition: The generative life cycle model. *Culture and Psychology*, **12**, 143-160.

第3章
縦断的発達研究

岡林秀樹

　発達研究において，重要な視点は，「加齢にともなう人間の行動変化を正確に捉え」，そして，「この行動変化のパターンに個人差をもたらす要因を明らかにする」ということである。しかしながら，これらの視点は見失われがちである。その理由は，これらの視点の前提となる「時間」に対する2つの考え方が，いずれも直感的には理解しにくいものだからである。その一つは，「時間」は，決して1つの単純な性質からなるものではなく，年齢，コーホート，および，測定の時期という3つの側面から捉えられるべきである，という考え方であり，もう一つは，人間行動の加齢変化を研究する際には，時間（年齢）は，独立変数ではなく，従属変数として扱われなければならない，という考え方である。

　生涯発達心理学の分野においては，20世紀後半に2回の大きなパラダイム転換が生じており，それぞれが，上記の2つの考え方の根拠となっている。第1回目のパラダイム転換は，1960年代に，K・ワーナー・シャイエ（Schaie, 1965）による「年齢-コーホート-時代モデル」の導入によって引き起こされた。第2回目のパラダイム転換については，それが1980年代に生じたということを，シャイエが，イベント・ヒストリー・アナリシスを用いて認知能力の低下のリスク要因を検討した論文（Schaie, 1989）の中で指摘している。

　本章においては，これらの2つの考え方について解説したあとに，現代における長期縦断研究の実例と問題点について考えていきたい。

第1節　発達的変化を捉えるためのデータ収集法

　この節においては，第1回目のパラダイム転換の意味と，この考え方がもたらしたデータ収集法における，横断研究，縦断研究，さらには系列研究への発展について解説する（岡林，2006；Schaie, 2010；Schaie & Willis, 2002/2006 を参照）。

1 横断研究と縦断研究

　人間の発達を研究する場合，人間の行動の加齢変化を測定し，それに影響を及ぼす要因を明らかにすることが重要である。ここで，まず，加齢変化（age change）と年齢差（age difference）を区別しなくてはならない。加齢変化と年齢差は，発達の研究でよくみられる2つの調査デザインに対応している。横断デザイン（cross-sectional design）は，同一時点で年齢の異なるさまざまな人々の集団を比較することによって，年齢差を測定するものである。縦断デザイン（longitudinal design）は，同一個人を2回以上の異なる時点で観測するもので，加齢変化を測定できる。横断デザインは，安価で簡便に実施できるため，多用されるが，そこで測定された年齢差は，必ずしも加齢変化を反映するものではない。たとえば，当初，知能は，横断研究の結果によって，成人期以降低下すると思われていたが，縦断研究の結果によって，老年期まで維持されることが明らかになってきたのである（Schaie, 1996, 2005）。

　このような両デザインによる差異の主な原因は，コーホート効果（cohort effects）である。コーホートとは，同じ年（あるいは，何年かの範囲内）に，同一のイベント（出生，入学，卒業など）を経験した人々のことである。特に，「出生」というイベントを同じ年に経験した集団のことを，「出生コーホート」といい，通常，コーホートというときには，この出生コーホートを指す（本稿でも，以下，コーホートというのは，出生コーホートのことである）。通常，縦断デザインの調査対象者は，すべて同じコーホートに属しているが，横断デザインの調査対象者は，それぞれが異なる年齢集団を代表するいくつかの異なるコーホートに属している。結果として，横断研究から見出された年齢差は，加齢によるものかもしれないし，コーホート差によるものかもしれない。前述の知能の例で，横断研究において，成人期以降，知能が急激に低下するようにみえたのは，新しいコーホートの方が，古いコーホートよりも，教育を受ける機会に恵まれていたというコーホート効果のためであると解釈される。このような場合に，横断研究で得られた年齢差を加齢変化とみなしてしまうのは，重大な過ちである。つまり，横断研究においてみられるコーホート差は，乳幼児期における数カ月から2, 3年という月齢差・年齢差を扱う場合には，比較的小さいが，成人期における十年から数十年にわたる年齢差を扱う場合には，無視できないほど大きくなってしまうことがあるからである。

　このように，人間の行動の加齢変化を測定するためには，縦断研究が必要となるのだが，縦断研究も，測定の時期（time of measurement）の影響を受ける。すな

わち，縦断研究で見出された変化は，真の発達的変化（純粋な加齢変化）に起因するものではなく，調査時点間に，加齢とはかかわりなく偶然生じたイベントや社会変動の影響によるものかもしれないのである。たとえば，ある国の人々の戦争に対する態度について縦断調査が行われたとしよう。そこで，調査時点間に戦争が勃発し，人々の態度に大きな変化が生じたとしたら，それは純粋な加齢変化ではなく，測定の時期の効果なのかもしれないのである。

2　第1回目のパラダイム転換──年齢 – コーホート – 時代モデル

　ここまでの問題を整理してみると，かつては，異なる年齢の個人の集団（横断データ）の比較によって，同一の個人の加齢変化（縦断データ）の予測と理解が可能であると考えられていたが，このような推論は，非常にまれな条件（コーホート差が無視できるほど小さい場合）以外では不適切である，ということが明らかになってきた。このような認識が生じたとき，第1回目のパラダイム転換が生じたのである（Schaie, 1965, 2010）。「年齢 – コーホート – 時代モデル」は，年齢に関連した行動変化は，3つの時間的な性質の影響に分割することができるということを明らかにした。このことは，以下のような式で表される。

$$B = f(A, C, P)$$

　ここで，「行動 B (Behavior)」は，「コーホート C (Cohort)」のメンバーとしてその環境に入ってきた個人が「生活年齢 A (Age)」になった「時代 P (Period)」（あるいは，「測定の時期」）に観測されたものである。年齢，コーホート，時代の関係は，体積，圧力，温度という物理的な変数の関係と同じように，3つ目の変数は，常に，他の2つの変数の関数として説明される。しかしながら，これらの3つの変数のそれぞれに，科学的な関心が向けられる場合，それぞれの変数の独自の影響を推定する必要が生じてくる。特に，発達研究者にとっては，加齢にともなう変化（個人内変化）を，コーホート効果（個人間差）と区別することが重要な課題になるのである。

3　系列研究

　さて，「年齢 – コーホート – 時代モデル」で提起された問題を，実際のデータ収集に際して，どのように扱ったらよいのだろうか。真の発達的変化を検討するためには，横断研究よりも縦断研究が望ましいが，縦断研究においても，加齢効

果に測定の時期の効果が交絡してしまい，純粋な発達的変化を取り出すことは難しい。これらの問題を解消するために考案されたのが，系列デザイン（sequential design）である。その中でも，最も理想的なのが，「シャイエの最も効率的なデザイン（Schaie's most efficient design）」である。それは，同じ年齢範囲の人々に対して，2時点以上の測定時点で実施された2つ以上の横断研究からなる横断系列（cross-sectional sequence）と，2つ以上のコーホートに実施された縦断研究からなる縦断系列（longitudinal sequence）を組み合わせた調査デザインである。具体的には，研究者は，まず横断研究を始める，次に，一定期間後に，これらの調査対象者に再テストを実施し，そうすることによって，いくつかのコーホートの縦断データを得る（縦断系列）。それと同時に，最初の横断研究とあわせると，1つの横断系列が形成されるような新しい標本を抽出し，その調査対象者群にテストを実施する。古くからの調査対象者には再テストを実施し（繰り返しの標本として，縦断データに加えられる），新しい調査対象者には初めてのテストを実施する（新しく抽出された独立した標本として，横断データに加えられる）というプロセスが，5年あるいは10年ごとに何度も繰り返されるのである（図3-1）。このようにして，収集されたデータは，いくつかの方法で分析することができるが，発達心理学者が最も関心をもつ分析方法は，加齢変化をコーホート効果に対比させるコーホート系列分析（cohort-sequential analysis）である。そのためには，複数（少なくとも2つ）のコーホートが必要であり，それぞれのコーホートに対して少なくとも2時点での縦断調査を実施しなくてはならない。たとえば，1920年生まれの古いコーホートと1930年生まれの新しいコーホートそれぞれの60歳から70歳にかけての知

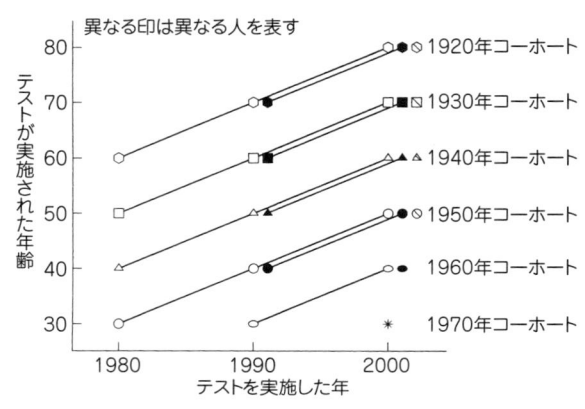

図3-1　シャイエの最も効率的なデザイン（Schaie & Willis, 2002, p.118 より引用）

能検査の得点の変化を調査したときに,コーホートが新しくなっていくことによる成績水準の向上と対比させつつ,両コーホートともに60歳から70歳にかけて知能の低下がみられるかどうかを検証するのである。伝統的な縦断研究では,1つのコーホートしか調査されていないので,観測された変化が,そのとき研究された特定のコーホートを超えて一般化しうるものかどうかがわからないのである。

なお,この「シャイエの最も効率的なデザイン」において,各時点で独立した標本を新たに抽出し,それに対して調査を行う理由は何だろうか。縦断研究の問題点として,測定を繰り返す中で,死亡,引越,病気,拒否などの原因による標本からの調査対象者の脱落を避けることができない,ということがある。また,繰り返し検査を受けることによる練習効果も避けることができない。このため,縦断研究に残っている標本(繰り返しの標本)を,独立した標本と比較することによって,脱落の影響や練習効果の大きさを評価し,さらに,これらの影響を補正することによって,純粋な加齢変化を推定することが重要になってくるのである。

このように,人間の真の発達的変化を明らかにするには,コーホート効果や測定の時期の影響が加齢変化と絡み合っているので,これらを解きほぐすのに,十分な情報量を備えたデータを収集することが重要である。データの解析法ばかりに目を奪われることなく,時間的・金銭的コストがかかる問題だが,これらの問題をしっかりと見据えて研究に取り組む姿勢が大切である。

4 変化の測定に特有の問題

人間の心理的特性を測定する際に常に考慮しなければならないのは,測定の妥当性(validity)と信頼性(reliability)の問題である。これらは,通常の測定においても問題となるものではあるが,変化の測定においては,さらに留意すべき点が追加される。

まず,妥当性の問題であるが,心理学者が関心を向けているのは,多くの場合,直接観測される行動やテスト得点ではなく,その背後にあると仮定される「不安」や「知能」のような潜在的構成概念(latent construct)である。そこで問題となるのは,異なる発達段階の人々の心理的性質を測定しようとする場合,ある一群の測定指標(観測変数)が,児童期,青年期,老年期という幅広い年齢範囲にわたって,ある潜在的構成概念(潜在変数)を等しく適切に代表しているか,ということである。たとえば,同じ知能検査を用いていても,知能の構成概念が,若者と高齢者で異なってしまっていることがある。つまり,異なる発達段階の

人々でも，同じ一群の測定指標（観察方法や検査）によって等価の構成概念が測定できているということが，確証的因子分析（confirmatory factor analysis）という方法によって保証された場合のみ，そこで得られた得点を比較することができるのである。逆に，観測可能な特性（観測変数）と潜在的構成概念（潜在変数）との関係が年齢によって変化してしまっている場合は，異なる年齢集団における得点の差は，異質なものを比較した意味のないものになってしまうのである。

次に，信頼性の問題であるが，変化得点についてよく言われる批判の一つは，2時点で行われたテストの測定誤差は倍増し，その結果，変化得点の信頼性は，1時点で測定された得点の信頼性よりも低下するというものである。2時点間の変化に関して，よく知られているのが，平均への回帰（regression to the mean）という現象である。すなわち，2時点の縦断調査を実施した場合，初回調査における極端に高い得点は，その調査対象者の真の得点よりも高く，初回調査における極端に低い得点は，その調査対象者の真の得点よりも低くなる，という傾向がある。その結果，初回調査における極端に高い得点は2回目の調査で低下し，初回調査における極端に低い得点は2回目の調査で上昇し，それぞれが全体の平均値に近づく，というのである。これが，平均への回帰という現象であり，その原因は，極端に高い（あるいは，極端に低い）得点には，大きな測定誤差が含まれている可能性が高いため，と考えられている。平均への回帰の有無は，時間逆転法（time-reversal method）によって確認できる。この問題を和らげ，より正確に変化を捉えるためには，測定指標の信頼性を高めるとともに，測定時点の数を増やすことが必要である。つまり，測定された得点は，真の得点についてランダムに変動するので，変化を2時点間の得点の差ではなく，3時点以上での発達曲線（後述の加齢関数）として捉えた方が，測定誤差の影響が和らげられるのである。これらのことから，現在では，2時点の差ではなく，3時点以上の測定時点における個人の変化のパターンを捉えるアプローチが望ましいと考えられている。

5　知見の一般化可能性

研究された知見が広く適用されるかどうかは，用いられる標本の代表性に大きく依存する。その理由は，標本において見出された変数間の関係を確率的事象として捉え，母集団で生じる変数間の関係を推定するという推測統計の基本的な考え方に基づくものである。さらに，縦断研究においては，初回調査時点の標本抽出における代表性の確保だけでなく，繰り返される調査において調査対象者の脱落を防ぎ，標本の代表性を維持することが重要な課題となってくる。一般に，社

会経済的地位の低い調査対象者は，縦断研究の標本から脱落する傾向が大きい。代表標本からの歪みをできるだけ防ぎ，さらには，独立した標本との比較によって歪みの程度を評価することが，得られた知見を客観的に解釈するうえで重要である。

　人間発達の研究における代表性の問題を考える際には，母集団の性質が時間とともに変化してしまうという事実や，年齢の異なる標本を構成したときはそれぞれの標本が異なる母集団に属しているという事実にも注意を払わなければならない。コーホートが新しくなっていくことによる教育水準，職業的地位，所得などの変化は，心理学者が関心をもつすべての行動に影響を及ぼす。このため，これらの特徴をいくつかの年齢群において正確につり合わせたとしても，そのことは同時に，これらの下位標本のそれぞれのコーホートに対する代表性を歪ませてしまう。このような問題を完全に解決する方法はないが，われわれは，調査の結果を報告するうえで，対象となった標本の人口統計学的特徴や健康状態について正確に記述し，その標本が，さまざまな特徴をもった母集団に関連している程度を，読者が客観的に判断するために必要な情報を提供しなければならない。

第2節　発達研究に特有な加齢変化の捉え方

　シャイエ（Schaie, 1989）が指摘していた第2のパラダイム転換については，バルテスほか（Baltes et al., 1988）が丁寧に解説している。バルテスらは，発達の定義として，「でたらめでも，短期的でも，瞬間的でもない，そして，年齢に関連している，いかなる変化も，"発達的なもの"と考える」という非常に幅広い立場をとっている。彼らは「発達心理学は，生涯にわたる行動の個人内変化（intra-individual change）および，そのような個人内変化の個人間差（interindividual differences）を，記述し，説明し，さらには，それらの修正（最適化）を取り扱う学問である」と定義している。彼らの定義は，柔軟なものであり，まだわからないことの多い生涯発達という研究分野において，その対象領域を，いたずらに狭めすぎないためにも重要なものであり，われわれが研究を進めていくうえで，実用的かつ論理的な考え方である。ここでは，彼らの発達研究の捉え方を学びながら，発達研究における第2回目のパラダイム転換の意味について考えていきたい。

1　記述

　一人ひとりの人間は，年をとるごとに心身のさまざまな特性が変化するわけだ

が，一人ひとりの人間のそれぞれの特性における変化を，個人内変化と呼ぶ。発達心理学の第一の関心は，一人ひとりの人間が，時間とともにどのように変化していくのか，という，この個人内変化に向けられている。

　それでは，「個人内変化の個人間差」とはどういうことであろうか。たとえば，A君は，小学校1年生から6年生まで，算数の学力が，毎年毎年，どんどん上昇したが，1年生のときにA君と同じくらいの学力があったB君は，6年生になっても，1年生のときとまったく同じレベルだったとしよう。つまり，1年生のときには，2人の学力には個人差はなかったが，6年生のときには，大きな個人差が生じてしまったのである。この原因は，A君とB君における，この6年間の個人内変化のパターンの違いである。A君は，1年生から6年生まで順調に算数の学力が伸びたのだが，B君は1年生から6年生まで変化しなかったのである。このような個人内変化パターンの違いのことを，バルテスらは「個人内変化の個人間差」という言葉で表現している。つまり，発達心理学的研究の第一歩は，加齢にともなう個人内変化と，その個人内変化の個人間差を正確に記述することなのである。

2　記述から，説明，そして，修正（最適化）へ

　上記のように，「(加齢にともなう)個人内変化のパターン」および「個人内変化のパターンの個人間差」を正確に記述することが発達研究の出発点になる。しかしながら，発達的アプローチの課題は，変化のコースをありのままに記述することに留まるものではない。「なぜ，発達が生じるのか」「変化の原因は何か」という問題，すなわち，発達の決定因やメカニズムを追究することも発達心理学の目的なのである。行動の加齢変化の記述を超えて，因果関係を見出そうとする，このような試みを説明的研究と呼ぶ。

　さらに，発達心理学は，修正（最適化）という課題にも取り組む。これは，結果として得られた状態が望ましいものではなかった場合に，それを修正していくような試み（治療や矯正教育）や，前もって後に望ましい結果を生み出すような介入（教育や予防）を目指したものである。この修正（最適化）を行うためには，その前提として，説明的研究によって個人内変化の個人間差が，どのようなメカニズムで生じていたのかが充分に解明されていなければならない。修正（最適化）という課題は，説明的研究によって生み出された知識を，実際に生活している人間に適用し，生活のために最適な状況をデザインすることであり，そうすることによって，研究という営為が，最終的には，実際に生きている人間の，そし

て，社会の役に立つということになるのである。

　加齢にともない，どのような変化が生じているのか（記述），それはどこから生じ，なぜもたらされるのか（説明），そして，どのようにすれば，それを修正（最適化）できるのか，ということについての知識を集積し，体系化することが発達心理学の目的である。したがって，発達心理学的な研究方法論は，個人内変化の系列，および，これらの変化パターンの個人間差の記述を可能にするだけではなく，説明や修正の原理の追究にも役立つものなのである。

3　加齢関数による説明

　行動の加齢変化の，記述，説明，修正（最適化）は，それぞれ理論的な関数式で表すことができる。

　まず，記述は $B=f(A)$ であらわされる。この式は，行動 B（Behavior）は年齢 A（Age）の関数である，ということを意味している。しかしながら，この式は，年齢が行動の変化の原因である，ということを主張しているわけではない。そうではなく，その後に行われる説明的研究において，年齢と関連のある行動変化の原因が追究されるのである。これらの原因は，①遺伝的変数，②過去の環境的変数，③現在の環境的変数，④遺伝的変数と環境的変数の相互作用と仮定されることが多い。

　たとえば，発達の先行要因を，遺伝（H），過去の環境（E_{pa}），現在の環境（E_{pr}）という3つのカテゴリーに分類した場合，加齢にともなう行動変化は，以下のような関数で表される。

$$B_A = f(H, E_{pa}, E_{pr})$$

　この式は，「加齢にともなう行動変化」（あるいは「加齢関数」）（B_A）は，遺伝的要因と，現在および過去の環境的要因によって説明されるということを示している。ここでは，年齢が従属変数の一部として取り扱われている，ということに注意してほしい。つまり，年齢は「加齢関数」（B_A）の中に含まれ，従属変数として取り扱われているのである。このことは，ある意味において，発達研究におけるパラダイム転換（Schaie, 1989）であり，現在，統計解析のソフトウェアの進歩によって汎用されているイベント・ヒストリー・アナリシスや潜在成長曲線分析は，実は，この考え方に基づいて，年齢（あるいは加齢関数）を従属変数として扱っているのである。発達現象を説明的に研究する際には，年齢は独立変数で

はなく従属変数として扱われる,という考え方を自覚的に捉えておくことは重要である。言い換えれば,人間の行動の「変化」という事象の中には,時間（年齢,あるいは加齢）という概念が含まれており,その変化の原因を明らかにしようとするならば,（時間を包含した）「変化」は,結果（従属変数）として扱われることになるのである。

　修正（最適化）という立場は,加齢関数を説明するというレベルを,さらに一歩前進させたものである。それは,以下のような式で表される。

$$\text{Change in } B_A = f(H, E_{pa}, E_{pr})$$

　$\text{Change in } B_A$ は,「加齢関数における変化」を意味している。ここでは,短期間の分析的・実験的デザインによって,ある特定の加齢関数を説明することだけが目標とされているわけではない。それは,個人および生態環境に対して,計画された介入を,よりしっかりと長期間継続することによって,個人の発達を修正し,最適化することを目的としているのである。ここでの目標は,単に,これまでに生じてきた加齢変化のパターンを説明するということではなく,これから生じるであろう望ましい加齢変化を作り出すことなのである。日常的な言葉を用いれば,発達に障害や問題のある人に対しては治療や臨床的介入,健常な人に対しては予防や教育,というかかわり方をすることであり,その人のこれまでの発達パターンを修正し,より望ましい発達パターンへ改めようとする試みなのである。

第3節　長期縦断研究の実施例

　国内外で行われているすべての縦断研究を網羅することは,不可能であるため,この節では,筆者の研究領域である,成人期以降における長期縦断研究の実例をいくつか紹介し,そこでの問題点について考えたい。

1　世界の長期縦断研究

　シャイエとホォファー（Schaie & Hofer, 2001）が世界の縦断研究をまとめた表を掲載した（表3-1）。その中でも,代表的な2つについて内容の概略を紹介する。

　シアトル縦断研究：シアトル縦断研究は1956年に開始されてから,7年ごとの調査間隔で,「シャイエの最も効率的なデザイン」に基づいたデータ収集を50年以上実践しており,縦断データだけでなく,各測定時点において,常に新しい参

加者を独立した標本として追加し続けてきた（Schaie, 1996, 2005, 2010）。その全体像をまとめた『成人の知能への発達的影響：シアトル縦断研究』（Schaie, 2005）は，縦断研究を実践するうえでの教科書といってもよいだろう。シアトル縦断研究では，成人の認知発達における加齢およびコーホートのトレンドが観察し続けられてきた。そこでは，縦断研究における研究方法論の開発，認知能力の加齢変化における個人差の原因の解明，および，縦断研究の文脈の中での認知的介入の効果評価（介入研究については，Willis, 2010 を参照）が行われてきた。この調査は，オリジナルの縦断研究の参加者だけではなく，参加者の子ども世代の家族メンバーの縦断調査や孫世代の家族メンバーの調査へと拡張されてきている。近年では，認知構造の縦断的な因子的不変性や死亡に対する認知的リスク要因についての知見も提出されている。

ベルリン加齢研究：70 歳以上の高齢者に対する学際的研究の標本には，かつての西ベルリンで抽出された 516 名の個人が含まれている（Baltes & Mayer, 1999）。これらの研究参加者は，1990 年に 14 セッションにも及ぶ集中的な測定に参加した。横断的な知見としては，感覚的機能・感覚運動的機能は，年齢に関連した認知機能の低下のほとんどを説明することが明らかになった。ここでは，「補償をともなう選択的最適化（selective optimization with compensation：SOC）理論」の実証的な検討も行われている（Freund & Baltes, 1998）。ほぼ 2 年ごとに追跡研究が続けられており，2009 年までに，19 年間にわたる 8 回の調査が完了している。

2　わが国の長期縦断研究

わが国において，これまで高齢者に対する代表的な研究機関であった東京都老人総合研究所（2009 年度より，東京都健康長寿医療センター研究所）と国立長寿医療センター（2010 年度より，国立長寿医療研究センター）研究所における大規模縦断研究を表 3-2 にまとめた。その概略を以下に紹介する。

東京都老人総合研究所「全国高齢者の生活と健康に関する長期縦断研究」：東京都老人総合研究所とミシガン大学は，1987 年より 3 年ごとに高齢者の全国調査を共同で実施しており，2002 年の第 6 回調査と 2006 年の第 7 回目調査のみが 4 年間隔で行われた（2006 年までの追跡期間は 19 年）（小林，2002）。この調査では，高齢者の身体的・精神的健康，家族，家族以外の社会関係，経済状態など高齢者の保有する資源や生活の状況がさまざまな側面から調べられている（たとえば，小林ほか，2005；岡林ほか，1997；Okabayashi et al., 2004；Sugisawa et al., 1994）。なお，第 4 回調査までのデータは，東京大学社会科学研究所附属社会調査・データアー

表 3-1 心理学的加齢に関する縦断研究（Schaie & Hofer, 2001, p.64 を邦訳し，実施国名を加えた）

研究名	開始年	初回調査時の被験者数	初回調査時の年齢	2000年時点までの追跡年数	調査間隔	調査回数	標本のタイプ	実施国
Australian Longitudinal study of aging	1992	1,447	70～85+	8.0	変動	6	地域住民と介護施設入居者の層化標本	オーストラリア
Asset and Health Dynamics Among the Oldest Old	1994	7,447	70+	4.0	2	3	HRSでスクリーニングされた標本，メディケア登録者，少数民族のオーバーサンプル	アメリカ
Baltimore Longitudinal Study of Aging	1958	260	20～96	42.0	2		自主的参加者の標本	アメリカ
Berkeley Older Generation Study	1968	94	59～79	14.0	14	2	Berkeley Growth and Guidance Studies の参加者	アメリカ
Berlin Aging Study	1990	516	70～100+	6.0	2	4	自主的参加者標本かつての西ベルリン	ドイツ
The Betula Project	1988	3,000+	35～80	10.0	5	3	層化	スウェーデン
Canberra Longitudinal Study	1991	897	70～93	10.5	3.5	4	地域標本（選挙人名簿），介護施設，超高齢者のオーバーサンプル	オーストラリア
Einstein Aging Studies	1980	488	70～90	20.0	1	20	自主的参加者の標本	アメリカ
Gender Study of Unlike-Sex DZ Twins	1995	498	69～81	4.0	4	2	スウェーデンで1906年から1925年の間に生まれた異性の双子	スウェーデン
Groningen Longitudinal Aging Study	1993	753	57～99	2.0	1	3	身体的障害を抱えた患者集団	オランダ
The Gerontological and Geriatric Population Studies in Gothenburg	1971	1,000	70	29.0	変動	12	代表標本：Gothenburg	スウェーデン
Health and Retirement Study	1992	12,600	50～60	6.0	2	4	全国標本，少数民族のオーバーサンプル	アメリカ
Interdisciplinary Longitudinal Study of Adult Development	1996	1,384	45, 65	4.0	4	2	かつての東ドイツと西ドイツ	ドイツ
The Kungsholmen Project	1987	327	75+	12.0	4	4	StockholmのKungsholmen地区からの集団	スウェーデン
Long Beach Longitudinal Study	1978	509	55～87	21.0	変動	4	Health Maintenance Organizationからの募集	アメリカ

(表 3-1 の続き)

研究名	開始年	初回調査時の被験者数	初回調査時の年齢	2000年時点までの追跡年数	調査間隔	調査回数	標本のタイプ	実施国
Longitudinal Aging Study Amsterdam	1991	3,107	55〜85	6.0	3	3	都市と田舎の市政登録簿	オランダ
Lund 80+ Study	1988		80+	10.0	5	3	80歳以上のLundの人々	スウェーデン
Maastricht Aging Study	1992	2,000	24〜81	6.0	3	3	Network Family Practicesの登録者からの募集	オランダ
Manchester and Newcastle Longitudinal Studies of Aging	1982	6,400	49〜96	14.0	変動	4	地域の自主的参加者の標本	イギリス
McArthur Studies of Successful Aging	1988	1,192	70〜79	2.5	2.5	2	高齢者の疫学研究のために設定された母集団の3コーホートから選ばれた	アメリカ
Normative Aging Study	1963	2,032	25〜75		5	3	退役軍人	アメリカ
Nordic Research on Aging	1989	1,204	75	5.0	5	2	市の代表標本	デンマーク スウェーデン フィンランド
The Nun Study	1991	678	75〜103	9.0	1.5	7	Notre Damの修道女のアメリカ人メンバー	アメリカ
Octogenarian Twin Study	1990	702	80+	6.0	2	4	スウェーデンの双子の登録簿	スウェーデン
Seattle Longitudinal Study	1956	5,000+	22〜95	42.0	7	7	Health Maintenance Organization	アメリカ
The Swedish Adoption/Twin Study of Aging	1984	1,500	40〜84	6.0	3	3	スウェーデンの双子の登録簿	スウェーデン
The Victoria Longitudinal Study	1986	484	55〜86	12.0	3	5	地域の自主的参加者	カナダ

カイブ研究センターのデータアーカイブおよびミシガン大学のICPSRのデータアーカイブで公開されており，研究メンバー以外の利用も可能である。

東京都老人総合研究所「小金井研究」：東京都老人総合研究所で行われてきた歴史的な老化の縦断研究である。対象者は69歳から71歳の東京都小金井市に在住する477人で，1976年に調査が開始され，1991年まで15年間，5年ごとに追跡調査が行われた（柴田，2001）。会場を設定しての集団検診調査とともに，会場に来られない人たちには訪問調査でデータを収集した。調査内容は医学的検査だけではなく，生活調査，社会生活状況，人格発達など高齢者の社会的側面にも重点がおかれている（たとえば，下仲・中里，1999）。1991年から開始されるTMIG-LISAの先駆的研究である。

東京都老人総合研究所「中年からの老化予防に関する長期追跡研究」：東京都老人総合研究所では，1991年から2001年にかけて，（Tokyo Metropolitan Institute of Gerontology-Longitudinal Interdisciplinary Study on Aging：TMIG-LISA）という長期縦断研究が，医学・心理学・社会学という3つの研究グループによる学際的研究として実施された（Shibata et al., 1997）。各研究グループが，それぞれ，地域に居住する高齢者の大規模代表標本を研究対象としている。その中でも，心理学グループは，ライフイベントの精神的健康に対する影響などを検討しており（東京都老人総合研究所，2000），多くの成果が挙げられている（たとえば，中里ほか，2000；下仲ほか，1995, 1996）。

表3-2 心理学的加齢に関するわが国の縦断研究

研究名	開始年	初回調査時の被験者数	初回調査時の年齢	継続の有無	調査間隔	標本のタイプ	実施主体
全国高齢者の生活と健康に関する長期縦断研究	1987	2,200	60歳以上	継続中	3年	全国の高齢者から無作為抽出	東京都老人総合研究所 ミシガン大学
小金井研究	1976	477	69～71歳	1991年終了	5年	小金井市の住民	東京都老人総合研究所
中年からの老化予防に関する長期追跡研究（TMIG-LISA）	1991	3,097	50～74歳	2001年終了	1年	東京都板橋区の地域住民から無作為抽出（心理学班）	東京都老人総合研究所
老化に関する長期縦断疫学研究（NILS-LSA）	1997	2,267	40～79歳	継続中	2年	愛知県大府市東浦町住民から	国立長寿医療センター研究所

国立長寿医療センター研究所「老化に関する長期縦断疫学研究」：国立長寿医療センター研究所は，1997年より，40歳から79歳までの男女を対象に，年間を通して詳細な老化に関する検査を実施している（老化に関する長期縦断研究（National Institute for Longevity Sciences-Longitudinal Study of Aging：NILS-LSA）；下方，2010）。2001年4月に2,267名の基礎集団が完成し，以後は2年ごとに検査が繰り返し実施されている。検査および調査は，ほとんどすべて施設内に設けられた専用の検査センターで行われており，頭部MRI検査，心臓および頸動脈超音波断層検査，骨密度測定，腹部CT検査などの医学検査のみならず，詳細な生活調査，栄養調査，運動機能調査，心理検査など学際的な調査・検査が実施されている（福川ほか，2005；下方・安藤，2008）。

3　長期縦断研究を行ううえでの問題点

　人間の生涯にわたる発達を研究するのは，これまで述べてきたように，データ収集や分析などに多くの問題があり，簡単ではない。このような問題が生じるのは，人間の発達が，実験室のような閉鎖系（closed system）で生じているのではなく，条件統制の難しい開放系（open system）で生じているからである（Ray, 2003/2003）。現実の社会・文化の中で生きていくうえで，人はさまざまな条件に曝されているが，これらの要因は常に交絡しあっている。発達研究は，このような交絡しあう多様な条件を，事前に統制する実験的デザイン（experimental design）ではなく，調査デザインや統計手法によって事後に解きほぐし，それぞれの影響を明らかにしようとする準実験的デザイン（quasi-experimental design）によって初めて成り立つものなのである。この開放系という条件の中で，人間の発達を捉えるには，「シャイエの最も効率的なデザイン」による調査計画に基づき，大規模な代表標本を長期間にわたって追跡することが望ましい。しかしながら，これには，莫大な金銭的・時間的・人的コストがかかり，一研究者（あるいは一研究機関）が，このような調査を実施し続け，独創的な研究成果を産出し続けることは難しい。

　このような中で，大規模な縦断研究を長期間実施し続けるには，研究という活動に対する社会全体からの支援が必須なものとなる。社会が研究を支援する必要性は，すべての研究で収集されたデータやそこから得られた知見は，決して一部の研究者の財産ではなく，科学的学問の成果として，さらなる学問的発展，そして最終的には人類の幸福のために活用されるものだからである。このような認識が社会全体で広く共有され，研究者が，個人や組織，そして世代を超えて，人類

の幸福のために連帯していくことが，生涯発達に関する研究が発展していくうえで，欠かすことができないのである。

第4節　おわりに

　私たち発達研究者は，「加齢にともなう人間の行動の変化を正確に捉え，この行動の変化のパターンに個人差をもたらす原因を明らかにする」という発達研究の視点を自覚し，20世紀後半に生じた2つのパラダイムの転換の意味について認識を深めたうえで，発達研究に取り組む必要があるだろう。2008年にベルリンで開かれた国際心理学会において，筆者も聴衆の一人として参加していた「発達研究のための統計的応用の進歩」というシンポジウムで，統計学者のラムが「老化する母集団の中で加齢する個人：心理学と人口統計学を結びつける必要性」を発表する中で，母集団における変化と個人の加齢変化を結びつける統計的解析を試みており（Ram, 2008），司会のヘルツォーク（Herzog, C.）は，「このような統計学の発展が，生涯発達研究における第3のパラダイム転換を引き起こすだろう」と述べていた。生涯発達研究という学問の中で，20世紀後半から現在にかけて，2度の大きなパラダイムの転換が起こっており，今また新しい転換が起ころうとしているのである。われわれは，このような考え方の変化に対して，敏感でなくてはならない。なぜならば，これらの変化は，単なる統計技法の発展ではなく，「発達」という概念に対する，われわれの捉え方や考え方に，大きな影響を及ぼすものであるからである。技術の進歩に振り回されるのではなく，その根底にある考え方をしっかりと掴んだうえで，進みゆく技術を使いこなしていく姿勢が，これからの研究者には，ますます必要になってくるだろう。

　今後，わが国においても，一人ひとりの研究者の独創性が，開かれた公正な研究体制の中で育まれ，数多くの学術的な成果として結実していくことを望みたい。そのためには，研究という活動の「公共性」に対する認識が社会に幅広く共有されることが必要である。そのような社会的土壌が整備される中で，人間の生涯にわたる発達という難題に取り組もうとする研究者が数多く育ち，われわれ人類がよりよく発達し，よりよく生きていくための条件の解明が進んでいくのではないだろうか。

引用文献 ···

Baltes, P. B., & Mayer, K. U.（1999）. *The Berlin aging study: Aging from 70 to 100*. New York: Cambridge

University Press.

Baltes, P. B., Reese, H. W., & Nesselroade, J. R.（1988）．*Life-span developmental psychology: Introduction to research methods*. Hillsdale, NJ: Lawrence Erlbaum Associates.

Freund, A. M., & Baltes, P. B.（1998）．Selection, optimization, and compensation as strategies of life management: Correlations with subjective indicators of successful aging. *Psychology and Aging*, **13**, 531–543.

福川康之・西田裕紀子・中西千織・坪井さとみ・新野直明・安藤富士子・下方浩史．（2005）．友人との死別が成人期の抑うつに及ぼす影響：年齢および家族サポートの調節効果．心理学研究，**76**, 10–17.

小林江里香．（2002）．全国高齢者の生活と健康に関する長期縦断プロジェクトの概要．中央調査報，**541**, 1–5.

小林江里香・杉原陽子・深谷太郎・秋山弘子・Jersey Liang．（2005）．配偶者の有無と子どもとの距離が高齢者の友人・近隣ネットワークの構造・機能に及ぼす効果．老年社会科学，**26**, 438–450.

中里克治・下仲順子・河合千恵子・石原　治・権藤恭之・稲垣宏樹．（2000）．中高年期における職業生活からの完全な引退と失業への心理的適応プロセス．老年社会科学，**22**, 37–45.

岡林秀樹．（2006）．発達研究における問題点と縦断データの解析方法．パーソナリティ研究，**15**, 76–86.

Okabayashi, H., Liang, J., Krause, N., Akiyama, H., & Sugisawa, H.（2004）．Mental health among older adults in Japan: Do sources of social support and negative interaction make a difference? *Social Science and Medicine*, **59**, 2259–2270.

岡林秀樹・杉澤秀博・矢冨直美・中谷陽明・高梨　薫・深谷太郎・柴田　博．（1997）．配偶者との死別が高齢者の健康に及ぼす影響と社会的支援の緩衝効果．心理学研究，**68**, 147–154.

Ram, N.（2008）．Placing aging individuals within an aging (and dying) population: A need to connect psychology and demography. *International Journal of Psychology*, **43**, Issue 3/4, 392.

Ray, W. J.（2003）．エンサイクロペディア心理学研究方法論（岡田圭二，訳）．京都：北大路書房．（Ray, W. J.（2003）．*Methods toward a science of behavior and experience*（7th ed.）．Belmont, CA: Wadsworth/Thomson Learning.）

Schaie, K. W.（1965）．A general model for the study of developmental problems. *Psychological Bulletin*, **64**, 92–107.

Schaie, K. W.（1989）．The hazards of cognitive aging. *Gerontologist*, **29**, 484–493.

Schaie, K. W.（1996）．*Intellectual development in adulthood: The Seattle longitudinal study*. New York: Cambridge University Press.

Schaie, K. W.（2005）．*Developmental influences on adult intelligence: The Seattle longitudinal study*. New York: Oxford University Press.

Schaie, K. W.（2010）．Adult cognitive development from a lifespan developmental perspective. 明星大学心理学年報，**28**, 21–35.

Schaie, K. W., & Hofer, S. M.（2001）．Longitudinal studies in aging research. In J. E. Birren & K. W. Schaie（Eds.），*Handbook of psychology of aging*（5th ed., pp.53–77）．San Diego, CA: Academic Press.

Schaie, K. W., & Willis, S. L.（Eds.）．（2006）．成人発達とエイジング（第5版）．（岡林秀樹，訳）．東京：ブレーン出版．（Schaie, K. W., & Willis, S. L.（Eds.）．（2002）．*Adult development and aging*（5th ed.）．Upper Saddle River, NJ: Prentice-Hall.）

柴田　博．（2001）．小金井研究のもたらしたもの．日本老年医学会雑誌，**38**, 99–101.

Shibata, H., Suzuki, T., & Shimonaka, Y. (1997). Overview of a new longitudinal interdisciplinary study on aging (TMIG-LISA, 1991-2001). In B. Vellas, J. L. Albarede, & P. J. Garry (Eds.), *Longitudinal interdisciplinary study on aging* (2nd ed., pp.7-20). (*Facts, research, and intervention in geriatrics; 1997*). Paris: Serdi Publisher.

下方浩史.（2010）．加齢研究の方法：横断的研究と縦断的研究．大内尉義・秋山弘子（編），*新老年学*（第3版，pp.333-346）．東京：東京大学出版会．

下方浩史・安藤富士子．（2008）．長期縦断疫学で分かったこと．*日本老年医学会雑誌*，**45**，563-570.

下仲順子・中里克治．（1999）．老年期における人格の縦断研究：人格の安定性と変化及び生存との関係について．*教育心理学研究*，**47**，293-304.

下仲順子・中里克治・河合千恵子・佐藤眞一・石原　治・権藤恭之．（1995）．中高年期におけるライフイベントとその影響に関する心理学的研究．*老年社会科学*，**17**，40-56.

下仲順子・中里克治・河合千恵子・佐藤眞一・石原　治・権藤恭之．（1996）．中高年期に体験するストレスフル・ライフイベントと精神的健康．*老年精神医学雑誌*，**7**，1221-1230.

Sugisawa, H., Liang, J., & Liu, X. (1994). Social networks, social support, and mortality among older people in Japan. *Journal of Gerontology: Social Sciences*, **49**, S3-13.

東京都老人総合研究所．（2000）．中年からの老化予防に関する心理学的調査：ライフイベントと精神的健康に関する縦断研究　長期プロジェクト研究報告書「中年からの老化予防総合的長期追跡研究」．東京都老人総合研究所心理学部門（未公刊）．

Willis, S. L. (2010). Cognitive plasticity: Findings from cognitive training studies. *明星大学心理学年報*，**28**，37-49.

第Ⅱ部
各発達期における時間

第4章
赤ちゃんの時間

明和政子

第1節　発達初期の時間

1　発達の起源をたどる

　ここ数十年の発達心理学の歩みにおいて飛躍的に進展した領域のひとつは，発達初期の知覚，認知能力の発見である。生後数日の新生児が他者の表情を模倣する能力，母親の母国語をその他の言語と区別する能力など，計測技術の進歩とも相まって現在でも驚くべき能力が次々と発見されている。

　なぜヒトは，高次な知覚，認知能力を備えて生まれてくる必要があるのだろうか。発達初期の知覚，認知機能の神経系基盤はどのようなもので，加齢とともにどのように変化するのか。残念ながら，新生児期の有能性の発見とは対照的に，これらの問題についてはいまだ解明が進んでいない。多くの発達心理学者は，「生得的」という便利な表現を使うことで，これら未解決問題をブラックボックス化してきた。

　生得性とは，外界刺激がトリガー（引き金）となって，誕生後に何らかの能力が自動的，反射的に起動し始めることを意味する。たしかに誕生時は，生理学的な点で劇的な変化が起こる瞬間ではある。しかし，ヒトの知覚，認知機能の発達の起源を誕生時に見出す必然性はどこにあるのだろうか。こうした疑問は，最近の医療技術の進歩とともにいっそう膨らみつつある。従来の胎児のイメージがしだいに覆されつつあるからである。2000年以降，胎児の身体を三次元立体的に映し出し，それをほぼリアルタイム動画として出力する「四次元」超音波画像診断装置（四次元エコー）の開発，普及が飛躍的に進んだことで，胎児期の身体，行動の発達的特徴が明らかになってきた（図4-1）。

　時間の推移とともに，ヒトの身体，行動はいつ頃，どのように機能し始め，ど

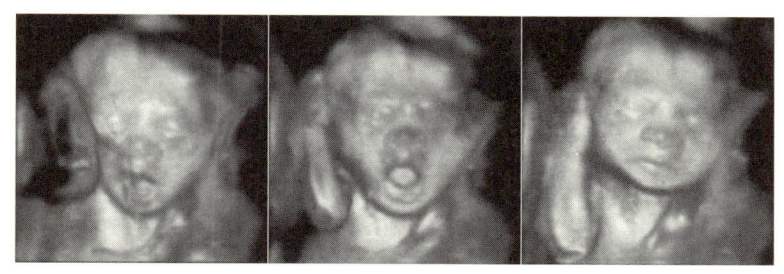

図4-1 四次元エコーで映し出したヒト胎児の「あくび」（妊娠26週）（明和, 2006）

のように変化していくのだろうか。本章の前半では，最新の胎児，新生児の身体，行動発達に関する知見を概観する。さらに，誕生前後の時間の流れにおいて起こる身体，行動の変化，およびこの時期の発達的連続性について考察する（第2節）。

2 時間の知覚

　ヒトの個体発生を時間との関係において捉える場合，考慮すべき点がもうひとつある。それは，個体内に芽生える時間の知覚とその発達，つまり，ヒトはいつ頃，どのようなプロセスをたどって時間を知覚，認知するようになるのか，という問題である。

　時間知覚の例をあげよう。ある音と音との間に1秒あるいは0.5秒の時間間隔を挿入する。これらの差異に乳児が気づくかどうかを調べる（たとえば，馴化－脱馴化法[1]や脳機能計測[2]などがある）ことで，物理的時間に対する感受性が検証できる。より抽象的，表象的なレベルの時間知覚の例としては，現在という限定された時間を超え，過去や未来の自分を想起する能力の獲得などがある（時間的

---

[1] 乳児は，特定の刺激Aを初めて知覚したときにはそれに対して明確な反応を示すが，それが繰り返し提示されると飽きが生じ，しだいに反応が弱くなる（馴化）。この時点で新たな刺激Bを呈示する。乳児が，刺激Bを刺激Aと異なるものとして知覚すれば，注意は回復する（脱馴化）。しかし，注意が回復しない場合には，乳児は刺激Bを刺激Aと区別できていないと解釈する。
[2] 乳児の知覚能力を脳活動を指標として捉える非侵襲的手法。乳児に適用可能なものとして，近赤外分光法（NIRS）と脳波計測（EEG）などがある。NIRSは，頭部や筋肉などの生体組織に対して透過性が高い近赤外光を外部から照射し，組織を透過してきた光の分析から血液中のヘモグロビン酸素化状態を調べる装置である。一般に，活動する脳部位では酸素と結合したヘモグロビンが増加するとされ，この性質を利用して刺激を知覚しているときの脳活動を調べる。脳波計は，頭部から自然に発せられる微弱な電流の変化を頭皮上でとらえ，それを数万倍に増幅してリズムをもった波として表現する装置である。知覚実験の指標としてよく用いられるのは，特定の刺激に関連して一過的に生じる事象関連電位（ERP）である。ある刺激に対し，いつの時点で，どのような型の波が立ち現れるかが検討される。

拡大自己；Neisser, 1991, 1995)。本章の後半では，2つの視点，①物理的事象における時間知覚（第3節），②自己意識の発達にともなう時間知覚（第4節）に焦点をあて，時間知覚の個体発生の様相を明らかにする。

第2節 時間推移にともなう身体，行動の発達

1 体内時計

　ヒトの身体，行動は，時間の流れの支配を受けながら発達する。ヒトに限らず，生物の身体，行動は一定の周期によって制御されている。多くの生物は，「サーカディアン・リズム（概日リズム）」とよばれる体内時計をもっている。この時計は，地球の回転にかかわる1日約24時間の周期変動を示し，睡眠，血圧，体温，内分泌を含む身体全体のホメオスタシス（体内環境［体温や血液成分など］の恒常性を維持している状態またはその働き）リズムを制御する。ほ乳類の体内時計は，左右の視神経が交叉する場所の上部に位置する「視交叉上核」という16,000個の細胞群（神経核）に存在することがわかっている。動物実験でこの部分を破壊すると，行動を制御するサーカディアン・リズムが見られなくなる。

　胎児期から新生児期の身体機能，行動の発達を制御するのは，サーカディアン・リズムよりも短い周期をもつ「ウルトラディアン・リズム」とよばれる時計である。これは，1.5〜2時間の周期変動を示すといわれている。九州大学大学院医学研究院を中心とする研究チームの一連の成果から，心拍数変動や眼球運動の出現様式（眼球運動期と無眼球運動期）のウルトラディアン・リズムは，出産予定日頃（妊娠37週）には確認できることがわかっている（諸隈ほか，2007）。

2 睡眠のパターン

　エコーを使えば，胎児の眼球運動の持続時間を記録することができる。胎児の眼球運動を調べることで，胎児期の睡眠パターンの成立過程が確認できる。睡眠はその深さと特徴から，「レム睡眠」と「ノンレム睡眠」に分類される。レム（REM）という名前は，「rapid eye movement」（急速眼球運動）の略である。レム睡眠の最大の特徴は，睡眠中に眼球運動をともなっている点にある。レム睡眠のその他の特徴として，成人では，筋緊張の低下，PGO（ponto-geniculo-occipital）波とされる脳波パターンをともなう。ノンレム睡眠とレム睡眠は交互に現れ，おおよそ90分周期で20〜30分程度持続する。

　レム睡眠の指標となる脳波を胎児で計測することは難しい。したがって，胎児

の睡眠パターンは，エコーによる眼球運動から推測することが多い。諸隈ほか (2007) は，胎児の眼球運動を緩速タイプと急速タイプに分類し，レム睡眠の存在を調べた。緩速眼球運動は，レム睡眠の特徴のひとつである筋緊張の低下を反映する指標とされている。緩速眼球運動は遅くとも妊娠 33 週頃には確認され，この頃レム睡眠が出現することがわかった。

諸隈ほか (2007) は，胎児期のノンレム睡眠についても調べている。新生児では，ノンレム睡眠時に規則的な口唇運動が起こる (Watanabe & Iwase, 1972)。口唇運動を指標として，胎児の規則的な口唇運動と無眼球運動期の同期性を調べたところ，妊娠 35〜36 週にノンレム睡眠が同定できた。ヒトでは妊娠 36 週以降，睡眠パターンが確立し始めるといえる。

3 体内時計と外界

より長い周期，サーカディアン・リズムの確立についてはどうか。胎児は，母体のサーカディアン・リズムの影響を直接的に受けるとみられる。たとえば，母体の胎盤を通して胎児の生理機能が変化する可能性が指摘されているが，現時点ではよくわかっていない。

サーカディアン・リズムがヒトの発達に大きくかかわってくるのは，誕生後，子宮外での生活を始めてからである。新生児は 1 日の約 65〜70％（16〜17 時間）眠る。目覚めるのは，哺乳や排泄をおこなう短時間だけであり，出生直後は昼夜の区別はない。睡眠 - 覚醒パターンは 24 時間で均等に分布するが，週齢が進むにつれて，睡眠が夜間に集中してくる。夜間睡眠を基本とする 24 時間周期の睡眠 - 覚醒のサーカディアン・リズムが確立するのは生後 5〜6 週頃といわれるが，個人差は大きい (Kleitman, 1963)。

サーカディアン・リズムが 24 時間周期へと確立していく要因として，光同調と社会的同調がある（河野ほか，2003）。光同調は，昼夜の明暗周期へ適応していくこと，社会的同調は，他者とのインタラクションに応じてリズムが同調していくことである。新生児期には，第一養育者（多くの場合，母親）とのインタラクションがおもな同調因子となる。石原ほか（1990）は，出産後の 3 例の母子を縦断的に観察した。サーカディアン・リズムの確立が早かった乳児は，母親と同じ部屋で寝ており，遅かった乳児は母親と別の部屋で寝ていたことを報告している。サーカディアン・リズムの確立には，個体の成熟という内的要因だけでなく，他者の活動パターンという外因性（社会的）要因も深くかかわっていることがわかる。

4 身体運動の個体発生

次に,身体運動の発達を時間との関係でみていこう。ヒトの身体運動のパターンは,時間の経過とともにどのような順序で出現し,どのように変化するのだろうか。

エコーを通して胎児の動きを捉えると,最初に確認できるのは心臓の鼓動である。妊娠3週[3],1センチメートルにも満たない「胎芽」とよばれる時期である(妊娠10週以降は「胎児」とよばれる)。この時期,神経系はまだ形成されていない。心臓の鼓動は規則的なリズムを刻み始め,5週頃,心拍リズムを基盤として身体全体の運動がみられるようになる。身をくねらせてうごめくような,全身を使った運動である。その後,妊娠9週目までには,頭部,躯幹の動き,上下肢の屈曲・伸展へと発達が進む。このほか,妊娠10週の胎児で観察されている運動としては,目の開閉,呼吸様運動,上肢の微細運動や手指の開閉,口の開閉などがある。妊娠12週には,下肢の屈曲が交互に起こる「歩行」をイメージさせる運動がみられる。その後も,微細かつ多様な身体運動が飛躍的にみられるようになる(de Vries et al., 1982;小西,2003;図4-2)。

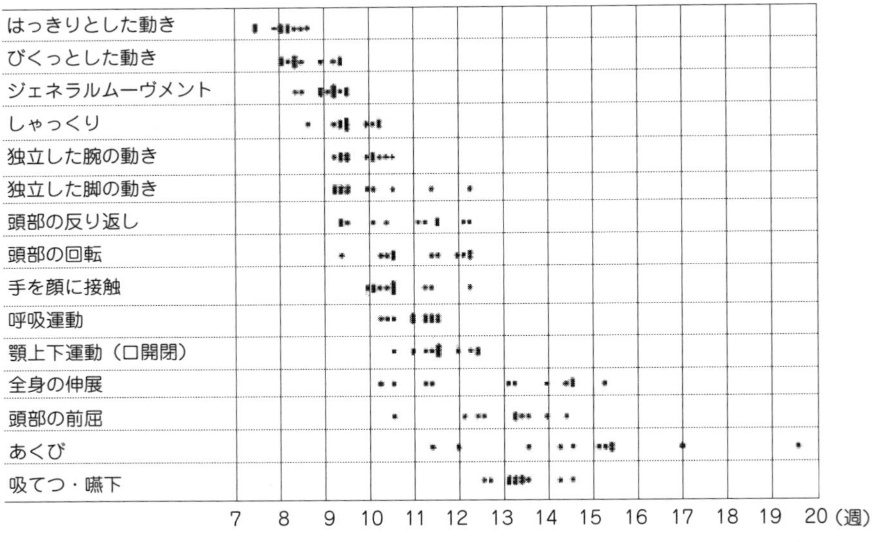

	7	8	9	10	11	12	13	14	15	16	17	18	19	20 (週)
はっきりとした動き														
びくっとした動き														
ジェネラルムーヴメント														
しゃっくり														
独立した腕の動き														
独立した脚の動き														
頭部の反り返し														
頭部の回転														
手を顔に接触														
呼吸運動														
顎上下運動(口開閉)														
全身の伸展														
頭部の前屈														
あくび														
吸てつ・嚥下														

図4-2 胎児期前半にみられる身体運動のパターン(de Vries et al., 1982を一部改変)

[3] 妊娠週数は,最終月経の始まる初日を0週0日とし,7日で1週と数える。排卵・受精が妊娠2週,着床は妊娠3週,次の月経開始予定日が妊娠4週となる。この算出方法にしたがうと,出産予定日は,妊娠0週0日から数えて280日(40週0日)となる。

5　胎児期と新生児期

　妊娠後期の胎児と新生児の身体運動パターンを比較すると，両者の間には明確な連続性がみてとれる。カージャックほか（Kurjak et al., 2004）は，妊娠34週齢の胎児と新生児の行動を記録し，詳細に分析した。その結果，以下の2点が明らかとなった。①胎児期の身体運動パターンはすべて新生児で確認できる。ただし，モロー反射[4]だけは，新生児のみでみられる。②胎児，新生児に共通する身体運動パターンは，単発的瞬き，あくび，舌出し，しかめ面と微笑の表情，目や口の開閉，手を顔や目，頭頂などの頭部周辺に接触させる，などである。

　胎児期と新生児期の認知機能の連続性を示す，興味深い事実も発見されている。バターワースほか（Butterworth & Hopkins, 1988）は，新生児の手の運動軌跡を詳細に分析した。新生児は　①口唇部まで手を運ぶ際，最短ルートをたどり，②手が口唇部に触れる直前には，手の到着を予期するかのように口を開ける（予期的口開け）ことがわかった。この結果は，自己受容感覚を基盤とする身体感覚がすでに誕生時に形成されていることを示唆する。ヒトは，胎内環境における感覚 - 運動経験を通じて，自己身体がその他の刺激とは異なる性質をもつことを学習し始めている可能性がある。筆者ほか（Myowa-Yamakoshi & Takeshita, 2006）は，予期的口開けの発達的起源を胎児期にたどった。妊娠19〜35週の胎児の行動を観察したところ，胎児は新生児と同様，自分の手が口唇部に接触する少し前から，それまで閉じていた口を大きく開け始めることが明らかとなった（図4-3）。これも，誕生前後の発達的連続性を示す好例といえる。

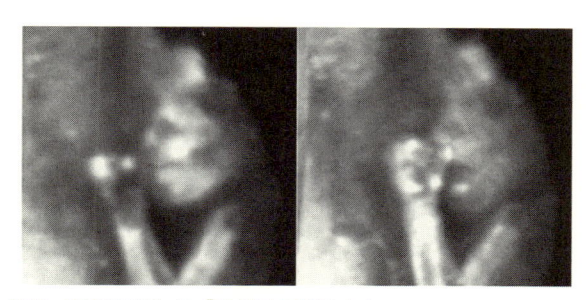

図4-3　胎児（妊娠25週）の「予期的口開け」（Myowa-Yamakoshi & Takeshita, 2006）

[4]　新生児の上体を抱き起こし，その位置から急激に頭部を下降させると，上下肢を伸展させ，続いてばんざいをするように上肢を広げ，何かを抱きかかえるような反応が起こる。また，大きな音や振動に対してもこうした驚いたような動きが誘発される。これはモロー反射とよばれ，生後6カ月頃までみられる。

6 非線形な発達

従来，胎児や新生児の行動は，刺激によって反応が誘発されたもの（原始反射）であるとみなされてきた。しかし，この時期の「自発運動」の存在が，近年注目を集めている。胎児や新生児は自ら身体を動かしていること，この時期の運動は，その後出現する複雑かつ協調的な制御を可能にする随意運動と密接に関連することなどが指摘されている。

小西（2003）によると，胎児期から新生児期にかけてみられる運動には，以下の3つのタイプがある。①生後しばらくすると消える運動（しゃっくりや驚愕様運動），②胎児期にみられ，出生後も消失せず一生持続する運動（呼吸様運動や眼球運動），③胎児期からみられるが生後まもなく停滞し，その後再び出現する運動（指吸いや歩行様運動）。このうち，後に現れる随意運動との発達的関連で注目されているのは，③である。指吸いや歩行様運動は，胎児期から新生児期にかけて頻繁に観察される。その後，生後2カ月目にいったん減少し，ある一定の時期を経たあと，再び類似の運動パターンが現れる。発達初期の身体運動は，時間経過とともに必ずしも右肩あがりに（線形的に）発達するわけではない。

発達初期の自発運動が，いったん停滞するのはなぜだろう。有力な見方として，生後2カ月目は大脳皮質が急激に成熟する時期であることとの関連性が指摘されている。胎児期から新生児期にかけてみられる自発運動は，皮質上の神経系システムが機能し始める時期にいったん影を潜め，その後皮質が関与する随意運動として再び現れるのではないかと推測されている。こうした非線形な発達はU字型の曲線を描くことから，一般に発達の「U字型現象」とよばれている（Thelen & Smith, 1994）。

第3節　物理的時間の知覚

本章の後半部では，発達初期の時間知覚の問題を考える。まずは，物理的事象（出来事）に対する時間知覚の個体発生を概観する。ヒトはいつ頃，どのように，出来事に含まれる時間情報を処理するようになるのだろうか。

1 出来事に含まれる時間構造

生後半年に満たない乳児でも，出来事に含まれる時間情報に敏感であることがわかっている。ここでいう時間情報とは，ある出来事の「開始時点－持続時間－終点」の時系列的構造を指す。アドラーほか（Adler et al., 2008）は，3カ月児の目

の前にモニターを設置し,さまざまな幾何学図形を左右交互に連続的に提示した。その際,次に提示する図形までの時間間隔を,規則的(800ミリ秒と1,200ミリ秒間隔を交互に)あるいは,不規則的(800ミリ秒と1,200ミリ秒間隔を不規則に)として設定した。実験の結果,乳児は規則的な時間感覚で図形を提示した場合,次に図形が現れるはずの場所(右か左)を前もって見ることがわかった。

この事実は,心拍変化を指標とした4カ月児の研究からも支持されている。(Colombo & Richman, 2002)。コロンボほかは,乳児にさまざまな視覚刺激を繰り返し提示し,その間に一定の時間間隔で背景画を挿入した。この規則的な時系列的パターンをしばらく繰り返したあと,最後の試行で背景画を挿入せずに提示を終えた。この間の乳児の心拍数変化を調べると,次の視覚刺激が提示される直前より心拍数は変化し始めていた,また,背景画が出てこない最後の試行の直後には心拍数が急激に低下した。

これらの研究が示す重要な点は,生後半年に満たない乳児が単に時間情報の差異を知覚するだけでなく,次に起こる出来事を予期していることである。アドラーほかが実験対象とした3カ月児は,次の刺激提示の場所を提示される前に見ていたし,コロンボほかが調査した4カ月児は,次に提示されるはずの刺激が現れないと心拍数を低下させた。一般に,心拍数の低下の度合いは,注意(attention)のレベルを反映すると解釈される。乳児は,予期していた展開とのずれを知覚し,注意を払ったと考えられる。

2 視覚と聴覚の同期性

ある出来事は,視覚,聴覚,触覚などさまざまな感覚器官を通して知覚されるのが一般的である。出来事に含まれる複数の感覚情報は,時間的に同期して知覚される。この特性を生かし,時間知覚の発達を調べた研究がある。

ルーコウィッツ(Lewkowicz, 1996)は,2〜8カ月の乳児を対象に,視覚と聴覚情報の時間的同期性への敏感性を調べている。円盤が音刺激と同期して弾む映像を繰り返し提示して乳児に飽きさせたあと(馴化),円盤が弾む動きと音刺激が時間的に一致しない(音刺激の提示を動きの前後にずらした)映像を見せた。その結果,乳児は2カ月齢には,視覚と聴覚刺激が時間的に同期していないことを知覚できることがわかった(脱馴化)。乳児は,350ミリ秒の時間のずれを超えると,視覚と聴覚刺激の同期 - 非同期を弁別した。ちなみにルーコウィッツは,成人でも同様の実験をおこない,65ミリ秒の時間のずれを超えると同期 - 非同期に気づくことを示している。ルーコウィッツの研究では月齢差は認められていないが,

視覚と聴覚の同期性知覚は，加齢とともにしだいに精度が高まると考えられる。

3 物の永続性

目の前で起こる出来事の情報処理は知覚レベルを超え，しだいに表象（長期記憶）レベルの処理へと達する。乳児は，過去の出来事を現在の出来事と結びつけるようになる。生後半年を過ぎる頃から，目の前にあった物が突然姿を消した場合（たとえば物に布やコップをかぶせたりして視覚的に遮断する）でも，乳児はその背後あるいは中に物が存在し続けると判断する。これは，「物の永続性」の理解とよばれ，出来事を表象化する能力の現れとみなされてきた。「いない・いない・ばぁ遊び」が成立するのは，大人の顔が布や手で隠されても，その背後に大人の顔が存在し続けていることを乳児が理解しているからである。

ただし，物の永続性の理解を知覚レベルと探索行動レベルでみると，理解の達成時期にはかなりの隔たりがある。「A-not-B エラー」という現象がある。乳児の目の前で，ある箱 A に物を隠したあと，乳児に自由に探索させる。これを数回繰り返したあと，今度はもうひとつの箱 B のほうに物を隠す。すると，乳児は目の前で箱 B に物が隠されたにもかかわらず，箱 A を探索してしまうエラーを犯す。なぜこのようなことが起こるのか。ピアジェ（Piaget, 1936/1954）は，物の永続性の理解が十分でないという理由から，エラーが起こると説明した。しかし，この見方はベイラージョンほか（Baillargeon et al., 1985）によって否定された。ベイラージョンほかは，3, 4 カ月頃，つまり探索行動がいまだ困難な乳児でも，知覚レベル（視覚的探索）でみると物の永続性を理解していることを示した。

手による探索を指標とすると，9 カ月以降，A-not-B エラーは急激に減少する。ダイアモンド（Diamond, 1990a, 1990b）は，この時期の変化について，神経系の成熟，とくに背部の前頭前野の成熟が関与していると説明する。この脳領域は，記憶および抑制機能に関与するといわれている。つまり，A-not-B エラーは，過去（A の場所での行為や知覚）の情報が現在（B の場所での知覚）の情報に干渉，阻害され，両者が統合的に処理されないために生じることになる。この見方は，サルを対象とした侵襲実験によって支持されている。ダイアモンドほか（Diamond & Goldman-Rakic, 1989）は，通常のアカゲザルと両側の背外側前頭前野を除去したアカゲザルで A-not-B エラー課題のパフォーマンスを比較した。健常なサルは正しく箱 B を探索したが，前頭前野を除去されたサルは箱 A を探索し続けた。

第4節　自己意識と時間

　身体感覚（視覚，聴覚，触覚，自己受容感覚など）センサを通じて，ヒトは他の刺激とは異なる存在である自己を意識化していく。自己意識は，現在という時点に拘束されたレベルから，しだいに「未来－現在－過去」といった時空間を超えるレベルへと拡大する。ここからは，発達初期における自己意識を，時間知覚との関連においてみていこう。

1　自己意識と時間

　身体が自己に固有なものであると気づくのは，いつ頃なのだろうか。ヒトは生後直後から，身体感覚と外界刺激の間にある時間的随伴関係に敏感なことがわかっている。吸うと圧力センサが感知して音がなる人工乳首を，新生児にくわえさせる。吸いの強さ加減に応じて，音の強さが変化する仕掛けが施されている。新生児は人工乳首を吸い始めてしばらくすると，聴こえてくる音にあわせて吸う頻度やタイミングを自ら変化させる（DeCasper & Prescott, 1984）。ロビーほか（Rovee & Rovee, 1969）は，ベッドに寝かせた乳児の脚に，モビールを紐で結びつけた。脚を動かせばモビールが動き，カラカラと音がなる仕組みになっている。彼らは，8週齢に満たない乳児でも，脚の動きを調整してモビールを動かすことを見出している。

　では，身体感覚と視覚的に捉えた自己身体との間にある時間的随伴関係に気づくのはいつ頃なのだろうか。両者の関係を人工的に崩すことで，この点を調べた研究がある。開（Hiraki, 2006）は，5カ月齢と7カ月齢の乳児に，2種類の映像を同時に見せた。ひとつは，乳児自身の脚をライブで映し出した身体像（遅延なし映像），もうひとつは，特殊な装置を用いて2秒遅らせて映し出した身体像（遅延映像）だった。5カ月齢では2種類の映像を区別する反応をみせなかったが，7カ月齢では遅延した像のほうを長く見た。この結果は，乳児は生後半年を過ぎるあたりから，自己受容感覚にもとづく自己と視覚的に捉えた自己身体とが時間的に一致する（時間的随伴関係）ことに気づき始めることを示している。

　遅れて見える自分の身体が自分であるとより深く理解するまでには，しばらく時間がかかる。鏡に映し出される自己身体の理解度を客観的に評価する古典的な方法として，「マーク・テスト」あるいは「ルージュ（口紅）・テスト」とよばれる実験方法がある。乳児に気づかれないよう，乳児の顔や耳たぶなど自分の目で

は直接確認できない身体部位に口紅などの染料を塗る。気づかれてはいけないので，ごわごわした感触を与えたり，匂いがついていたりする染料は使わない。その後，染料に気づいていないことを確認してから，鏡を乳児に見せる。鏡を見るや否や，乳児が染料のついた部分に触れたら，乳児は鏡によって染料に気づいたといえる。つまり，鏡に映る身体像が自分だと理解できた証拠とみなされる。多くの先行研究によれば，マーク・テストに合格し始めるのは生後1歳半からであり，2歳を迎える頃には半数以上が合格する。

　通常の鏡に映る自分の像を理解できている幼児でも，時間的に遅延させた鏡像を見せると，たちまち理解できなくなる。開の研究グループは，マーク・テストにほぼ100％合格する2〜4歳児に，ビデオ技法により2秒遅延させた鏡像と通常の鏡像を見せる実験をおこなった。2歳児は，遅延の有無に関係なくマーク・テストにパスしない子がほとんどだった。3歳児は，通常の鏡像では90％の子がパスしたが，2秒遅れの像では40％以下に減少した。4歳児は，2秒の時間遅延ありなしに関係なく，80％以上がマーク・テストにパスした（Miyazaki & Hiraki, 2006）。

　生後半年を過ぎたあたりから，「見える身体＝感じる身体」の随伴関係を知覚するレベルの自己意識が芽ばえてくる。その後数年をかけて，自己身体による行為とそれがもたらす結果を予測するレベルの自己意識が獲得される。遅れて映る自己像は，自己身体がもたらすと予期していた結果とずれていたため，3歳児では自己像であることの理解が難しくなったと解釈できる。開（Hiraki, 2006）は，「見える身体＝感じる身体」の随伴関係の検出を基盤として，自己と他者の弁別が可能になる発達プロセスを議論している。

2　他者とのかかわりと時間知覚

　自己身体による行為に対しフィードバックを与えてくれるのは，物理的刺激や自己身体だけではない。他者とのインタラクションも，自己を明確に意識させてくれる機会のひとつである。ヒトは，2，3カ月齢で母親とのインタラクションを構成する時間情報を知覚している。乳児の目の前にテレビモニターを置き，そこに別室で待機している母親の映像を流す。母親の部屋にもモニターが設置され，母親は乳児のようすを遠隔で確認できる。実験ではまず，母親にモニターに向かってもらい，いつもどおり乳児をあやしてもらう。乳児には，モニターに映る母親のようすを提示する（ライブ映像）。続いて，このときの母親のようすを録画した過去の映像を，もう一度乳児に見せる（リプレイ映像）。どちらの条件も実際

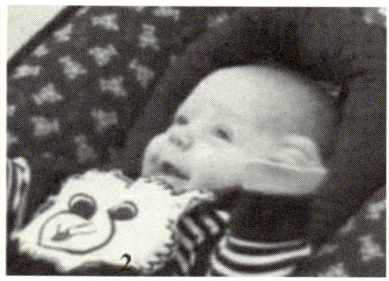

図4-4　ライブ，リプレイ，時間遅延などの条件でモニター上に映し出した母親の
　　　　インタラクション映像に対する反応を比較する（Striano et al., 2005を一部改変）。

には目の前に母親はおらず，二次元の映像を見ていたことになる。結果は明瞭だった。ライブの母親のようすを見た場合に比べ，そのリプレイを見た場合，乳児は早くに映像への興味を失い，モニターから目を離した。また，通常の映像を見せたときには社会的な微笑が頻出したのに対し，リプレイを見せたときにはぐずり，泣きなどの不快表情が目立った（Nadel et al., 1999）。こうした反応の違いは，2カ月齢ですでに母親とのインタラクションの流れを予期している可能性を示唆している。

　母親と乳児とのインタラクションを，1秒に満たない単位で時間をずらして調べた研究もある。ビグロウほか（Bigelow & Rochat, 2006）は，2カ月齢で1秒の遅延をともなうインタラクションの不自然さに気づくこと，ただし，この場合には母親との関係に限定されることを明らかにした（図4-4）。

　乳児は，まずは母親をはじめとする第一養育者とのインタラクションを構成する時間情報に敏感となる。その後，複数の他者とのインタラクション経験を蓄積していくが，母親に近いインタラクションパターンをもつ他者との間で，さらにはより多様にふるまう他者との間で，インタラクションの時間情報を柔軟に知覚し，適応していくと思われる。ロシャほか（Rochat et al., 2002）は，2, 4, 6カ月齢の乳児を対象に，「見知らぬ」他者とのインタラクションの途中に，突然微笑を停止させる実験をおこなった。2カ月児では，微笑が停止されても他者の顔から注意をそらすことはなかったが，4カ月児は他者への注意が途切れた。さらに，6カ月児ではその後他者が微笑みを再開しても，まるでその不自然さに「抵抗する」かのように，微笑を回復させなかった。

　ヒトは生後半年間で，これまで経験してきた多くの他者とのインタラクション経験を関係づけ，時間を拡大しながらインタラクションの流れを予測，期待する

ようになると考えられる。

3 過去をたどる

　乳児は，他者とのかかわりを予期するだけでなく，過去にもたどるようになる。観察した他者の行為をあとで再現する「延滞模倣」も，乳児期の時間知覚を知るうえで重要な示唆を与えてくれる。

　生後8カ月を過ぎる頃から，ヒトは目の前の他者の行為を社会的な文脈で模倣するようになる。その後，しだいに他者の行為を表象化し，目の前に他者がいなくてもその行為を再現する。延滞模倣をするということは，他者の行為から得られた情報を長期記憶として貯蔵し，必要なときに検索できることである。

　延滞模倣は生後18カ月頃に現われると考えられてきた（Piaget, 1962）。しかし，生後18カ月未満でも他者の行為を記憶表象し，それにもとづいて延滞模倣するという報告が相次いだ。メルツォフ（Meltzoff, 1988）は，「腰を前傾して額でタッチライトに触れ，電気をつける」という奇妙な行為を，生後14カ月の乳児に見せた。このとき，乳児はタッチライトに触れる機会を与えられていない。その一週間後，乳児に初めてタッチライトを与え，どのような反応を示すか調べた。すると乳児は，手を使わずに額でライトをつけた。一週間前に観察した他者の行為を再現したのである（これと別の見方として Gergely et al., 2002 も参照）。バーほか（Barr et al., 1996）は，生後6カ月齢の乳児でもモデルの行為を観察してから24時間後に物の操作に関する行為を模倣すること，12，18カ月と月齢が上がるにつれて，より正確に模倣することを示した。生後半年で，すでに他者の行為を記憶，表象化し，柔軟に貯蔵・検索し始めている可能性がある。

　ヒトは，自己という存在を時間を拡大しながら意識化していく。その背景には，他者とのインタラクション経験の蓄積，自己と他者との関係性の築きが重要な役割を果たしているといえる（板倉, 2006）。

第5節　まとめ

　本章では，「時間」をキーワードに2つの側面，①時間推移にともなうヒトの身体，行動の出現と変化，②自己意識の発達にみる内的な時間知覚からヒトの個体発生を論じてきた。

　①については，胎児期を出発点として，最近蓄積されつつある胎児の身体，行動発達に関する知見を概観した。それらを新生児期の知見と時系列的につなげて

みると，新生児に生得的に備わっているとみなされてきた知覚，認知能力のいくつかは，すでに胎児期に確認できることがわかった。胎内での経験，学習が，新生児期の能力の発達的基盤となっている可能性が高いのである。今後も胎児の知覚，認知能力に関する知見が蓄積されることで，この見方は支持されていくだろう。

　しかし実際には，非侵襲的な方法で胎児期の発達を検証するには限界がある。そうした限界を超えようと，現在，新たなアプローチが提唱されている。中でも，構成論的手法にもとづく認知発達ロボティクスからの知見は大変興味深い（浅田，2010）。國吉ほか（Kuniyoshi & Sangawa, 2006）は，脳幹・脊髄系を中心とする最低限の脳の基本構造をもたせた胎児モデルを作り，子宮壁や羊水の状況を再現した子宮環境内で動かして感覚運動経験をシミュレートさせた。すると，胎児の運動情報は自律的に体系化され，運動野と体性感覚野およびそれらを結ぶ脳部位が発達し，ヒトの胎児の運動パターンが再現された。心理学，医学，脳科学，工学，生理学などの領域融合が生みだす新たなアプローチは，胎児期の発達メカニズム解明に大きく寄与するに違いない。

　②では，「未来-現在-過去」という異なる時間位相を可逆的にたどる自己意識の発達プロセスを概観した。ヒトは生後まもない時期から，外界刺激と身体感覚の間に起こる時間的随伴関係に敏感であること，生後半年を過ぎる頃からは，視覚的に捉えた自己身体と身体感覚との時間的随伴関係を検出し始め，自己身体の動きの予測を可能にすること，さらに数年かけて，自己の行為とそこでもたらされる結果を予測するという発達プロセスをみてきた。こうしたプロセスは，他者とのインタラクションの文脈においても同様にみられる。第一養育者とのインタラクションを基盤として，さまざまな他者とのインタラクションにおける「社会的な」時間的随伴関係を検出し，他者の反応を予測するプロセスが存在する。

　重要な点は，他者とのインタラクションにおける時間的随伴関係は，物理的刺激や自己身体から得る諸感覚（視覚，体性感覚，触覚など）とはいくぶん異なる性質をもっていることである。自己と同じ生物的存在である他者の反応は，物理的刺激や自己身体とは違い，一定のフィードバックを返してくれるとは限らない。乳児は，予測が困難な社会的随伴関係をどのように検出していくのか。この点を詳細に検証することは，社会的認知の発達基盤と障害の解明につながると考えられる。

　時間位相の知覚の個体発生の解明と関連して，その系統発生的起源を探る研究も重要だ。時間位相を可逆的にたどることができるのは，ヒトだけなのだろうか。

他の動物種では，どのようなプロセスをたどり，どの程度の時間位相を知覚するようになるのか．こうした問題を丹念にひも解くことで，ヒトの時間知覚の適応的意義についての議論が可能となるだろう．

引用文献

浅田　稔．(2010)．*ロボットという思想*．東京：日本放送出版協会．
Adler, S. A., Haith, M. M., Arehart, D. M., & Lanthier, E. C. (2008). Infants' visual expectations and the processing of time. *Journal of Cognition and Development*, 9, 1-25.
Baillargeon, R., Spelke, E. S., & Wasserman, S. (1985). Object permanence in five-month-old infants. *Cognition*, 20, 191-208.
Barr, R., Dowden, A., & Hayne, H. (1996). Developmental changes in deferred imitation by 6- to 24-month-old infants. *Infant Behavior and Development*, 19, 159-170.
Bigelow, A. E., & Rochat, P. (2006). Two-month-old infants' sensitivity to social contingency in mother-infant and stranger-infant interaction. *Infancy*, 9, 313-325.
Butterworth, G., & Hopkins, B. (1988). Hand-mouth coordination in the new-born baby. *British Journal of Developmental Psychology*, 6, 303-314.
Colombo, J., & Richman, W. A. (2002). Infant timekeeping: Attention and temporal estimation in 4-month-olds. *Psychological Science*, 13, 475-479.
DeCasper, A. J., & Prescott, E. A. (1984). Human newborns' perception of male voices: Preference, discrimination, and reinforcing value. *Developmental Psychobiology*, 17, 481-491.
de Vries, J. I., Visser, G. H., & Prechtl, H. F. (1982). The emergence of fetal behaviour. I. Qualitative aspects. *Early Human Development*, 7, 301-322.
Diamond, A. (1990a). Development and neural bases of AB and DR. In A. Diamond (Ed.), *The development and neural bases of higher cognitive functions* (pp.267-317). New York: New York Academy of Sciences.
Diamond, A. (1990b). Developmental time course in human infants and infant monkeys, and the neural bases of inhibitory control in reaching. In A. Diamond (Ed.), *The development and neural bases of higher cognitive functions* (pp.637-676). New York: New York Academy of Sciences.
Diamond, A., & Goldman-Rakic, P. S. (1989). Comparison of human infants and rhesus monkeys on Piaget's AB task: Evidence for dependence on dorsolateral prefrontal cortex. *Experimental Brain Research*, 74, 24-40.
Gergely, G., Bekkering, H., & Király, I. (2002). Rational imitation in preverbal infants. *Nature*, 415, 755.
Hiraki, K. (2006). Detecting contingency: A key to understanding development of self and social cognition, *Japanese Psychological Research*, 48, 204-212.
石原金由・本間由佳子・三宅　進．(1990)．生後6ヶ月における乳児の睡眠・覚醒リズムの発達．*ノートルダム清心女子大学紀要（生活経営学・児童学・食品・栄養学編）*, 14, 7-13.
板倉昭二．(2006)．*「私」はいつ生まれるか*．東京：筑摩書房（ちくま新書）．
小西行郎．(2003)．*赤ちゃんと脳科学*．東京：集英社（集英社新書）．
河野寿美代・城田　愛・甲斐田幸佐・林　光緒・堀　忠雄．(2003)．新生児の活動：休止リズムと母親のリズムの比較．*広島大学総合科学部紀要IV理系編*, 29, 53-62.
Kleitman, N. (1963). *Sleep and wakefulness* (2nd ed.). Chicago: University of Chicago Press.
Kuniyoshi, Y., & Sangawa, S. (2006). Early motor development from partially ordered neural-body dynamics: Experiments with a cortico-spinal-musculoskeletal model. *Biological Cybernetics*, 95, 589-605.

Kurjak, A., Stanojevic, M., Andonotopo, W., Salihagic-Kadic, A., Carrera, J. M., & Azumendi, G. (2004). Behavioral pattern continuity from prenatal to postnatal life: A study by four-dimensional (4D) ultrasonography. *Journal of Perinatal Medicine*, **32**, 346–353.

Lewkowicz, D. J. (1996). Perception of auditory-visual temporal synchrony in human infants. *Journal of Experimental Psychology: Human Perception and Performance*, **22**, 1094–1106.

Meltzoff, A. N. (1988). Infant imitation after a 1-week delay: Long-term memory for novel acts and multiple stimuli. *Developmental Psychology*, **24**, 470–476.

Miyazaki, M., & Hiraki, K. (2006). Delayed intermodal contingency affects young children's recognition their current self. *Child Development*, **77**, 736–750.

諸隈誠一・福嶋恒太郎・中野仁雄・和氣德夫．(2007)．胎児行動による中枢神経機能の評価．ベビーサイエンス，**7**，2-11.

明和政子．(2006) 心が芽ばえるとき：コミュニケーションの誕生と進化．東京：NTT出版．

Myowa-Yamakoshi, M., & Takeshita, H. (2006). Do human fetuses anticipate self-oriented actions? A study by four-dimensional (4D) ultrasonography. *Infancy*, **10**, 289–301.

Nadel, J., Carchon, I., Kervella, C., Marcelli, D., & Réserbat-Plantey, D. (1999). Expectancies for social contingency in 2-month-olds. *Developmental Science*, **2**, 164–173.

Neisser, U. (1991). Two perceptually given aspects of the self and their development. *Developmental Review*, **11**, 197–209.

Neisser, U. (1995). Criteria for an ecological self. In P. Rochat (Ed.), *The self in infancy: Theory and research. Advances in psychology, 112* (pp.17–34). Amsterdam: Elsevier Science.

Piaget, J. (1954). *The construction of reality in the child* (M. Cook, trans.). New York: Basic Books (original work published 1936).

Piaget, J. (1962). *Play, dreams, and imitation in childhood.* New York: Norton (original work published l945).

Rochat, P., Striano, T., & Blatt, L. (2002). Differential effects of happy, neutral, and sad still faces on 2-, 4-, and 6-month-old infants. *Infant and Child Development*, **11**, 289–303.

Rovee, C. K., & Rovee, D. T. (1969). Conjugate reinforcement of infant exploratory behavior. *Journal of Experimental Child Psychology*, **8**, 33–39.

Striano, T., Henning, A., & Stahl, D. (2005). Sensitivity to social contingencies between 1 and 3 months of age. *Developmental Science,* **8**, 509–518.

Thelen, E., & Smith, L. B. (1994). *A dynamic systems approach to the development of cognition and action.* Cambridge, MA: Bradford Books/MIT Press.

Watanabe, K., & Iwase, K. (1972). Spindle-like fast rhythms in the EEGs of low-birth weight infants. *Developmental Medicine and Child Neurology*, **14**, 373–381.

第5章
子どもの時間

藤村宣之

　本章では，小学生の時期（児童期）を中心に，子どもの時間認知（時間概念，時間評価など），時間的見通し，および時間的展望などの発達について述べる。

第1節　児童の時間認知の発達

1　時間概念の発達

　論理的思考の発達の一つの側面として，ピアジェは時間の概念の発達を検討した（Piaget, 1946）。たとえば，並行する直線上を2つの物体が同じ方向に移動するのを示し，どちらが長い時間を走ったかが尋ねられた。その結果，論理操作の発達における前操作期（ことばやイメージによる思考が可能であるが思考に論理性がともなわない時期）に対応する4～7歳の子どもは，2つの物体が同時に出発し，同時に停止したにもかかわらず，先にまで進んだ方が長く走ったと判断した。それに対して，具体的操作期（具体的対象についての論理的思考がなされる時期）に入った8歳以降の子どもは，論理的に時間の大小を判断した。これらの実験に対しては多くの追試研究がなされ，たとえば，自動車が走る軌道を円周にした場合には5歳児でも出発時点と停止時点から時間の大小を判断できることが示されている（Levin, 1977）。幼児期においては，円周の軌道（複線ループ）を用いた場合には速度の認知もかなり正確にできることも示されている（子安, 1987）。以上のことから，幼児期から走行時間等の判断は可能であるが，その判断は出発・到着地点の差異という知覚的に目立つ属性によって左右されやすいのに対し，児童期に入るとそうした知覚的攪乱要因にも惑わされずに論理的に時間を判断できるようになると考えられる。

　時間，距離，速さの相互の関係を詳細に検討した研究もみられる。時間－距離－速さの関係概念に関する発達研究の一環として，松田ほか（1998）は，「時間

＝終了時刻－開始時刻」と「時間＝距離／速さ」という2種類の知識の自発的使用の発達を検討した。小学校1～6年生に対して，コンピュータのディスプレイ上で2台の自動車の走行場面を呈示し，走行時間の比較判断を求めた結果，①低学年では出発や到着の時点が同じであるという認知が易しくないこと，②高学年では出発・到着時点の認知は容易になるが，時間判断がそれにもとづいてなされるとは限らないこと，③多くの児童にとって「時間＝距離／速さ」の知識を用いて時間を判断する方が容易であることが明らかになった。また，谷村・松田（1999）は，同種の課題を中学校1～3年生に対して実施し，中学生の場合も小学校高学年と同様に，時間の比較判断には「時間＝終了時刻－開始時刻」の知識よりも「時間＝距離／速さ」の知識を用いやすく，「時間＝距離」という不完全な知識への固執も強いことを示している。

以上に示した研究を含む一連の研究成果をもとに，松田（2002）は，算数教育，特に「速さ」の授業改善に関する2つの提言を行っている。一つは，従来の授業に入る前の改善として，質的（定性的）な時間－距離－速さ関係の知識構造を精緻化することであり，もう一つは授業内容の改善として，等速直線運動を土台として単位や計量的関係の学習を進めたり，「時間＝終了時刻－開始時刻」の知識に関係づけて指導を行ったりすることである。これらの提言は，授業以前の改善と授業時の改善に区分している点，子どもの既有知識を利用する視点を含んでいる点で，子どもの発達の観点から時間に関する教育のあり方を考える示唆を与えている。

ここまでは走行時間などの比較的短いスパンでの時間の判断を扱った研究をみてきた。一方で，一年の中での行事の時間的前後関係など，比較的長いスパンでの時間の判断を扱った研究もみられる。

まず過去の出来事については，4歳までに，7週間前の出来事と1週間前の出来事の順序を一貫して正しく判断できるようになる（Friedman, 1991）。また2カ月以前の出来事と2カ月以内の出来事を区別することもできるようになる。一方で，どちらも2カ月以前の2つの出来事について，その生起順序を正しく判断できるのは9歳以後である（Friedman et al., 1995）。

一方で，将来の出来事については，その判断がやや難しくなる。5歳頃には，たとえばバレンタインデーの1週間前にバレンタインデーとクリスマスではどちらが今に近いかを正しく判断できるようになるが，祝日のような任意のイベントの近さを一年についての心的表象にもとづいて正確に判断できるようになるのは8～10歳である（Friedman, 2000）。数の大小判断などについても，児童期に入ると

心的数直線にもとづいて行うことが可能になるとされており（Case et al., 1996），そうした内的に構成された基準系にもとづく判断が児童期において一般的に可能になるのかもしれない。

2 時間評価の発達

幼児や児童を対象に，時間概念とは独立に持続時間の評価を測ることを目的として，松田（Matsuda, 1989 ほか）は，スイッチ・ボタンを押している間，人形が直線走路上を等速で進む装置を開発した。出発点から10秒進んだ地点には家があり，ちょうどそこに人形を止めることを学習させたあと，走行場面を隠して人形を家の位置に止めさせる課題を実施した。人形がどの位置に止まったかは直後にカバーを外して示し，あわせて言語的フィードバックも与えられ，9～11秒の位置に2回連続して止まるまで試行は繰り返された。

一連の実験の結果，3歳から6歳にかけて急速に試行数が減少すること，6歳から9歳にかけての変化は小さく，9歳と大人（大学生）はともに試行数が5回程度（中央値）で，違いがみられないことが明らかになった。幼児期から児童期にかけてフィードバックを生かした時間評価が正確になり，小学校中学年では大人と同様の水準に達することがうかがえる。

また，持続時間中に与えられる刺激の頻度が時間評価に与える影響も検討されている。一定時間内に与えられる刺激（音，光，タッピングなど）の頻度が増すと時間評価の値が大きくなる（時間を長く感じる）ことが多くの研究で示されているが，その効果は特に8歳以前の幼児・児童で顕著である。図5-1は，先述の装置を用いて10秒の評価に成功した子どもが，刺激として一定の断続音を与えられたときに示す時間評価の平均値を示している（松田，1996）。4歳から7歳までは刺激音の頻度が高いほど時間は長く評価されている

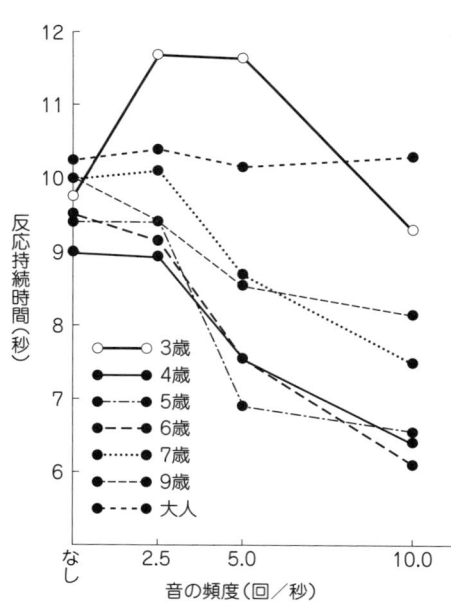

図5-1 3歳から大人までの時間評価に及ぼす音の頻度の効果（松田，1996より）

（実際は10秒より短い時間を10秒と判断している）こと，9歳になると刺激音の効果がかなり小さくなり，大人（大学生）では効果がみられないことがわかる。小学校中学年になると，経過時間中の刺激にほとんど影響されなくなり，一様な時間の流れを認知できるようになることがうかがえる。

3 時間を媒介とする概念の発達

先述のピアジェによる発達理論では，定量的な速度や加速度の概念は，形式的操作期（思考の内容と形式を明確に区別し，内容に依存せず形式にしたがって論理的思考を行う時期。11，12歳以降に対応するとされている）に獲得されるとされている。一方で，速度の比較場面よりも，速度一定の状況下での時間の変化にともなう距離の定量的推理の場面では，また非整数比を含む場面よりも整数比を含む場面では，速度に関する適切な定量的推理が児童期中頃（小学校中学年）から出現することが示されている。藤村（1995）では，小学校3〜5年生を対象に，ミニ四駆という電動の模型自動車を用いて走行場面を示したあと，絵カードを用いて速度に関する比例的推理を行わせた。具体的には，「ミニ四駆が3秒で6メートル進んだときに，同じ速さで7秒走るとミニ四駆は何メートル進むか」といった質問を行った。その結果を示したのが図5-2である。この図に示されているように，時間に関して整数倍を含む場合（たとえば2秒と4秒）には小学校中学年から多くの児童に速度についての定量的推理が可能であり，また非整数倍を含む場面でも増加方向であれば，小学校中学年から高学年にかけて定量的推理が発達することが明らかになった。

直線上を運動する物体については，物体のどの部分も時間経過にともない同じだけの距離を移動するが，円運動などを行う物体については必ずしもその性質は成り立たない。それに対して，「単一の物体は単一の運動をする」という考えを

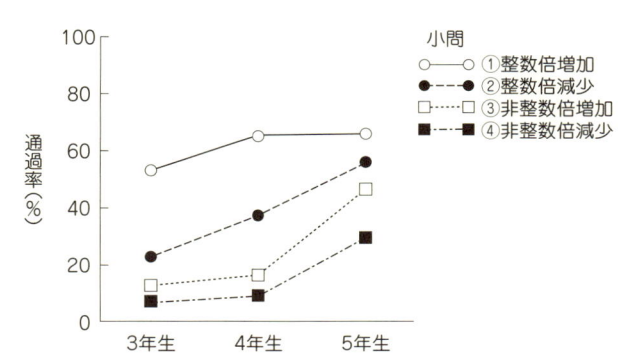

図5-2 速度についての比例的推理の発達（藤村，1995）
増加方向→減少方向，整数倍→非整数倍の順に発達する。3，4年生でも，次元内の比が整数倍の場合には，一定の推理が可能である。

小学校3年生以上の（大人を含む）多くの者がもっていることが指摘されている（Levin et al., 1990）。たとえば，円周上を走行する自動車の内側のドアと外側のドアでは外側のドアの方が単位時間あたりの走行距離は長いが，そのように判断することは難しい。この誤概念を克服するために，レヴィンほか（Levin et al., 1990）では，小学校6年生を対象に，一方の端が支点に固定された棒の内側か外側を持って円運動をさせ，外側の方がより速く歩かなければならないことを経験させた。その結果，円運動する物体では外側の方が速度が速いことが理解され，その考えが，同じ物体でも部分によって速度が異なるような他の問題にも般化されることが明らかになった。

第2節　児童の時間的見通しの発達

1　思考過程の意識化とプランニング

おおよそ小学校段階に対応する7歳から11歳頃までの児童の思考の特質を，ピアジェ（Piaget, J.）は具体的操作（concrete operation）と名づけた。具体的操作とは，直接的な対象にもとづいて行う論理的思考のことであるが，その論理的思考の特質により，数の保存や，系列化，クラス化などの基本的な論理操作が可能になる第1段階（7, 8歳）と，さらに高次な具体的操作が可能になる第2段階（9, 10歳）に分けられる（Piaget, 1970）。第2段階になると，2つの次元（色と形）を自発的に見出してその共通項（チューリップや本と同じ色の葉）を推理すること（交差の理解）や，いくつかの山や建物からなる模型を別の角度から見たときの見え方を推理すること（対象全体に対する観点の協応），線路や並木について遠近法を用いた描画を行うことが可能になる（Piaget & Inhelder, 1948；図5-3参照）。思考の発達を考える際に，この具体的操作期の第2段階（9, 10歳）の思考は，次に述べるような点で重要な意義をもつと考えられる。観点の協応に関しては，自分の視点と他者の視点を区別したうえで関連づけることが必

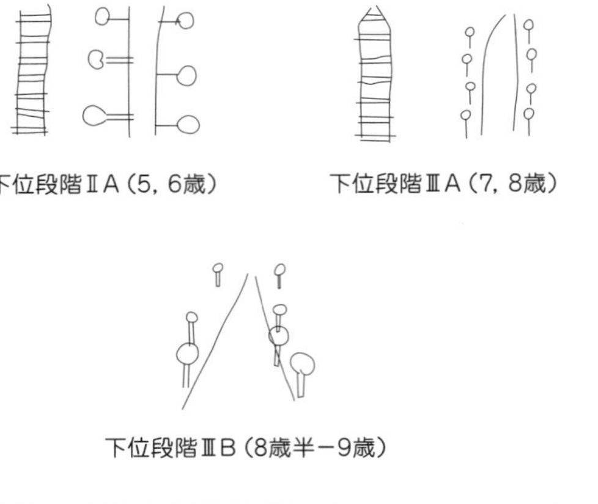

下位段階ⅡA（5, 6歳）　　下位段階ⅢA（7, 8歳）

下位段階ⅢB（8歳半-9歳）

図5-3　遠近法的描画の発達（Piaget & Inhelder, 1948）

要であり，ピアジェの言葉を用いると脱中心化（decentralization）によって自己の視点を意識化・相対化することが求められる。また，遠近法の描画を行う際には，単に知っていることを描く（知的リアリズムによる表現）のではなく，視覚でとらえたように正確に描く（視覚的リアリズムによる表現）ために，描画に見通しや計画性が求められ，そこにはプランニング能力が関与してくる。

　児童期中頃（9，10歳頃）から思考過程の意識化やプランニングがみられるようになることは，9，10歳を発達の質的転換期とみる立場からも主張されている。長島・寺田（1977）は，鈴木ビネー検査の結果に対する潜在クラスの分析（生沢，1976），ピアジェによる保存の研究（特に10歳頃に成立する重さの保存）や，描画表現の発達研究（見たとおりに描く視覚的写実性の出現）などの知見を引用して，10歳頃に発達の質的転換期があることを提起した。その転換期で子どもが獲得するのは，「具体的事物，事象に関連しながら，しかも具体物からは直接的には導かれない，より高いレベルでの一般化，概念化された思考」，言い換えれば具体的事象の概念化である。たとえば，先述の潜在クラスの分析（検査の下位項目のデータについて潜在構造分析を行い，その結果から知的発達において異なる特徴をもつ複数の項目群（クラス）を見いだす分析）では，鈴木ビネー検査における図形記憶課題で，複雑な図形を「二つの四角を線でつないでいる」のように一般化，法則化して記憶することや，図5-4に示すような球探し問題（草の生えた広い運動場を想像させて，そこに落としたボールを探す方法を考える課題）で，計画性をもった探し方を行うことが10歳で半数以上の子どもに可能になることが示されている。なお，2002年3月に標準化された発達検査（新版K式発達検査2001）では，図形記憶（2課題中1課題に正答）の通過年齢（通過率が50%に達する年齢）は8〜9歳，「球探し」に類似した「財布探し」の通過年齢は9〜10歳となっている。これらの結果は，思考過程を意識化して最適な方略を探索することや，効率的なプ

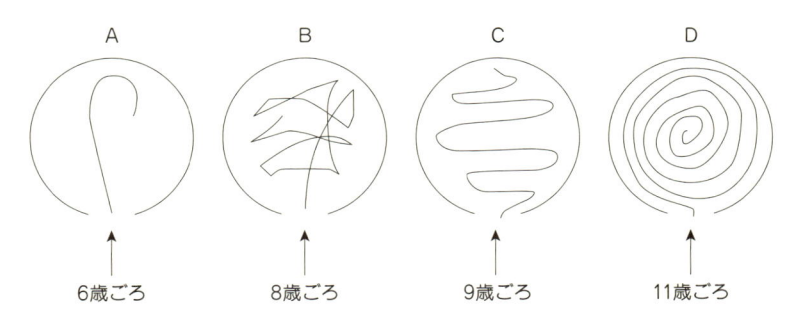

図5-4　「球探し」問題に対する反応例（加藤，1987）

ランニングといった時間的見通しをもった思考が9, 10歳頃に可能になることを示している。

2 時間的見通しとことばの発達

時間的見通しの発達は，ことばの発達とも関連する。ことばの面では，親しい人との間で状況を共有しながら用いていたことば（一次的ことば）に加えて，一般他者に向けて特定の文脈を離れて用いられる二次的ことばが，小学校中学年頃に獲得される（岡本，1985）。それによって，上位概念‐下位概念という階層性をもつ知識が形成されたり，語彙の本質的特徴をとらえた判断ができたりする。この二次的ことばの獲得過程は図5-5に示すように，内言[1]の成立と密接に関連する。二次的ことばは，不特定の一般他者に向けての言語活動であり，それは自己との内なる対話と表裏をなしている。すなわち，二次的ことばの伝達形式は一方向的であり相手からの直接的なフィードバックが得られないため，子どもは自らの中に聞き手を想定し，その聞き手の立場から自己の発話行為を計画し調整しながら，話の文脈を構成しなければならない。そのような二次的ことばへの移行過程について，岡本（1995）は，一次的ことばでの話し相手が自分のなかに取り

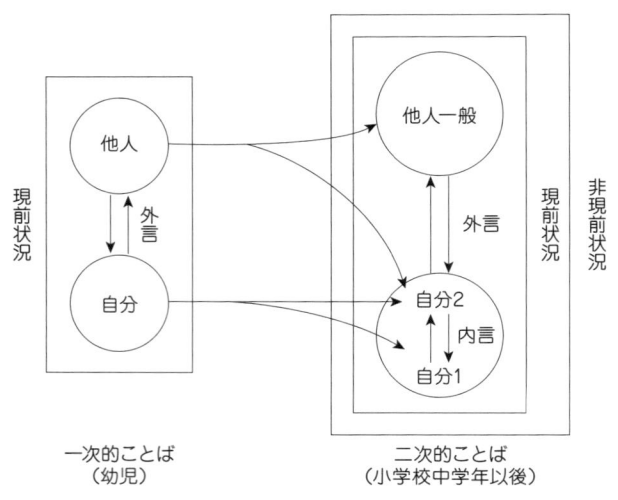

図5-5 二次的ことばと内言の成立（岡本，1985より一部改変）

---

[1] ヴィゴツキー（Vygotsky, L. S.）は，他者とのコミュニケーションのための言語である外言と，思考の道具として自己内対話に用いられる言語である内言とを区別し，発達的には外言が先行し，その後，外言と内言が分化すると仮定した。

入れられるとともに，それが自己を分化させ，そこに自分のなかで話し合うもう一人の自分を形成していくのではないかと述べている。

小学校中学年における言語面でのメタ認知にかかわる変化は，文章理解などのモニタリングにもみられる。マークマン（Markman, 1979）は，小学生に矛盾（inconsistency）を含むエッセイを提示し，その矛盾に気づくかどうかを検討した。矛盾を含む文章には明示条件と暗示条件があった。たとえば魚に関する文章で，明示条件では「魚が物を見るためには光が必要である。海底には全く光がなく，漆黒の闇である。そのように暗いと魚は物も見えず，色もわからない。海底に住む魚のなかには食物の色が見えるものがある。それで食物かどうかがわかるのだ。」という文章が提示された。それに対して暗示条件では，「海底には全く光がない。海底に住む魚のなかには色で食物かどうかがわかるものがいる。その魚は赤い菌類（fungus）だけを食べるだろう。」という文章が提示された。また，それぞれの文章を2回読んだあとに「どう思ったか」などを尋ねる条件（通常条件）と，「エッセイにはおかしいところやわからないところがあるので，どこに問題があるかを知らせてほしい」と伝える条件（構え条件）が設定された。小学校3年生（8歳）と6年生（12歳）が文章を読んだ結果，3年生では通常条件であれ構え条件であれ，明示条件の文章については半数の児童が矛盾を指摘できたのに対し，暗示条件の文章ではほとんど矛盾を指摘できなかった。一方，6年生では，通常条件では3年生と結果はほとんど変わらなかったが，構え条件では，明示・暗示の両条件の文章について多数の児童が矛盾を指摘できた。このことは，文章の一貫性について，明らかに矛盾がある場合には3年生でも指摘できるが，自分自身で意味表象を構成する必要がある場合には矛盾の指摘は難しいこと，6年生になると矛盾が指摘できるが，そのためには自発的な読みだけでは不十分であり，矛盾を発見するという方向づけが必要であることを示している。

1で検討した研究と同様に，メタ認知にかかわる発達的変化が小学校中学年を境として内的に生ずることが特に文章理解のモニタリングの点で示唆されるが，それが活性化され実行されるには他者からの働きかけも重要であることがうかがえる。なお，この研究はアメリカの児童を対象としているが，日本における知能検査の不合理発見に関する通過率も小学校中学年を境に向上することが示されている（生沢，1976など）。

以上のように，小学校中学年（9，10歳）頃から思考過程が意識化され，時間的見通しをもってプランニングやモニタリングが行われるようになること，それらの変化にはことばの面での内言の成立が関与しており，教育場面など他者から

の方向づけも重要であることが示されている。

3 時間的見通しと学習観

　学校内外で，問題の解き方や公式といった手続き的知識（procedural knowledge）の獲得とその適用が過度に重視されると，「正しい解法と答えはただ一つであり，それを見つけて（あるいは思い出して）書かなければならない」といった手続き的知識重視型の学習観，わかりやすく表現すると「暗記・再生」型の学習観が形成されると考えられる（藤村，2006, 2007 など）。数学学習に関しては，「数学の問題は解法を知らなければ考えても仕方がない」といった信念をもつことが一般に知られており（Shoenfeld, 1985），特に日本の場合は，結果主義，暗記主義，物量主義といった考え方が学習への不適応の背景に推測されることが指摘されている（市川，1993）。これらの信念や考え方が，「暗記・再生」型の学習観に含まれると考えられる。さて，この「暗記・再生」型の学習観をもっていた場合には，以前に学習した手続きの適用では解決できない問題に対しては，解法を新たに考案しようとしないと考えられる。時間的見通しをもって解法を自発的に構成するのではなく，暗記した解法の短期的検索を行うため，そこで検索に失敗すると問題解決をあきらめることから，記述式問題への無答が多くなり，教科への関心も低下するのではないかと推測される。

　一方，これに対するものとして想定される学習観が，概念的理解（conceptual understanding）重視型の学習観，わかりやすく表現すると「理解・思考」型の学習観である（藤村，2006, 2007）。「解法や答えは多様であり，自分自身の知識や他者が示した新たな情報を活用しながら自由に考えを構成し，そのプロセスを自分のことばや自分なりの図式で表現すればよい」といった学習観の中心をなすのが，思考プロセス，意味理解，社会的相互作用の重視であると考えている。この学習観を形成するには，子どものもつ多様な既有知識を活用すること，個別場面と協同場面でそれらの知識を関連づけることなどが有効と考えられ，小学生から高校生を対象として，そのような特質をもつ学習方法（協同的探究学習）の効果が検証されてきている（Fujimura, 2007；藤村・太田，2002 など）。時間的見通しをもって知識を関連づけて説明を構成したり，他者に自身の思考プロセスを説明したりすることを通じて，概念的理解の深化や学習観の変容が生起することが示唆されている。

第3節　子どもの時間的展望

1　時間的展望とは

　将来に対する長期的な見通しを心理学的に説明しようとする概念が時間的展望（time perspective）である。時間的展望とは，レヴィン（Lewin, K.：1890-1947）によれば，「ある与えられた時に存在する個人の心理学的未来及び心理学的過去の見解の総体」を指す（Lewin, 1951/1979, 邦訳, p.86）。より広い意味では，現時点での状況や行動を過去や未来の事柄と関連づけたり，意味づけたりする意識的な働きを指す。時間的展望は単なる意識の問題ではなく，意識による行動の調整や動機づけ，また人格形成にもつながってくる点に重要性がある。つまり，時間的展望をもつことによって，将来の予測や目標に照らして現在の行動を調整したり，動機づけたりすることができるようになる。また，時間的展望をもつことは，人生という限られた時間の中で自分は何をなすべきかを考え，自分の人生のあり方を内省することにもつながる。

2　時間的展望の発達

　子どもの時間的展望は，児童期から青年期にかけて質的な変化を遂げる（白井, 1985）。たとえば，小学校高学年の児童に対して自分の目標を実現するにはどうしたらよいかを尋ねると，「がんばる」や「努力する」という漠然とした回答が返ってくることが多いのに対して，中学生や高校生は，目標を実現するための手段を何段階にもわたって言えるようになる。また小学生は現在とは切り離された「あこがれ」のような未来志向を示すのに対して，中学生や高校生は未来と現在との結びつきを考えるという点で現在志向を示す。このように，児童期から青年期にかけて，時間的展望が拡大するとともに，現在と未来とのつながりを考えた精緻なものとなる。また，人生の目標についての階層構造，いいかえれば，青年期から成人期にかけての発達課題の系列が形成されて，計画的な行動を動機づけるようになる。

　そのような時間的展望の発達は，認知面での発達に支えられていると考えられる。ピアジェの発達理論によれば，11，12歳以降の形式的操作期になると可能性の中の一つとして現実をとらえることができるようになる（Piaget, 1970）が，そのことが，自分自身の将来の可能性をよりリアリティをもってとらえられることと関連すると考えられる。また，第2節で述べた，行動に対して見通しをもつ

際に重要となるプランニングや，行動の制御を行う際のモニタリングといったメタ認知の発達も時間的展望の発達を支えるものであろう。

時間的展望の発達は，特に青年期において，人格面の発達とも深く関連している。エリクソン（Erikson, E. H.：1902-1994）の発達理論では，自我同一性の確立のためには，自分が歴史的にどのように育ってきたか，また現在の自分が過去に根ざしていることに確信がもてるかという感覚，すなわち自己の連続性や一貫性が必要であるとされている（Erikson, 1959）。また，将来における人生の目標はそのような確信のうえに，具体的で現実的なものになる。このように，過去から現在を経て未来に至る一貫した時間的展望の意識は，自我同一性の達成という，児童期の次に続く青年期の発達課題に対しても重要性をもっている。

一方で，時間的展望の発達には，社会文化的な要因も影響を及ぼす。たとえば，不況による就職状況の悪化は，将来に対する見通しをもちにくくしている。そのような状況のもとで，時間的展望の発達を支援していくには，青年期にかけての対象と視点や問題意識を共有し，自我同一性の達成とのかかわりで，自分の過去，現在，未来を対象化してとらえられるように援助していくことが必要であろう。

3　小学校から中学校にかけての時間的展望の変化

小学校から中学校にかけての時期は，認知や社会性が発達するとともに，学校の環境も変化する環境移行の時期でもあり，それらの影響を受けて子どもの時間的展望も変化する。小学校4年生から中学校3年生にかけての時間的展望を多面的に検討した研究（都筑，2008）をみてみよう。

将来への希望について，「大きくなったらやってみたいことがある」，「将来に何になりたいか決めている」といった質問が横断的研究の中でなされた。その結果を示したのが図5-6である。この図からは，どの学年でも女子は男子よりも将来への強い希望をもっていること，小学校4年生から中学校2年生にかけて，将来への希望が少しずつ弱まっていくことがわかる。同様の研究は，同じ対象者に対して同一の調査を一定間隔で実施する縦断的研究においても得られている。このように子どもの希望が弱まっていく背景として，都筑（2008）は，この時期の子どもたちの思考発達の水準が上昇し，自分や周囲の世界について，より客観的，現実的にみることができるようになることを指摘している。小学校高学年にあたる10歳から12歳頃は，客観的論理的認知能力の発達を背景に，多面的な自己についての把握や，他者の有能さについての客観的な評価が可能になる時期ととらえられている（松田，1983）。他者の有能性についての評価などの社会的比較（so-

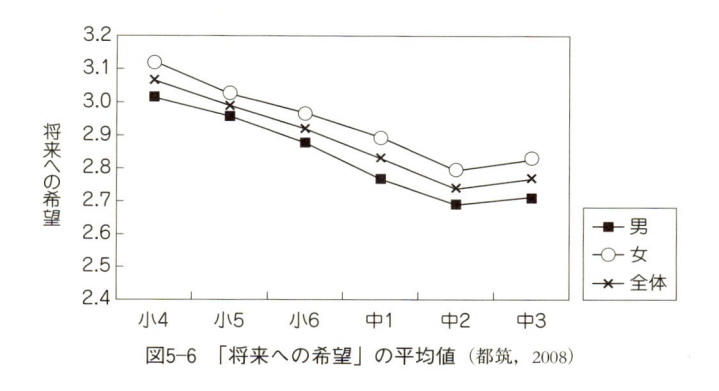

図5-6 「将来への希望」の平均値（都筑，2008）

cial comparison）が発達することが，一方で，自尊感情などを一時的に低下させ，自己に対する否定的な見方を形成することにもつながる可能性が示唆されている（藤村，2011参照）。将来への希望が弱まる傾向は，そのような社会性の全般的な発達の一側面ともとらえることができるであろう。

　先述の研究（都筑，2008）では，時間的展望の構造についても発達的な検討がなされている。小学生から中学生にかけての時間的展望について，基礎的認知能力（「自分で計画を立てて勉強できる」など），認知的側面（「大きくなったら何になりたいか決めている」など），欲求・動機的側面（「自分なりのめあて（目標）がほしい」など），感情・評価的側面（「毎日が何となく過ぎていくように感じる（逆転項目）」など）の4つの側面から検討がなされた。その結果，小学校4年生では4つの側面の関連がみられず，5年生以降で諸側面間の関連が強まることが示されている。具体的には，自分で計画を立てられるといった基礎的認知能力の高さは，将来の目標や計画をもちたいといった欲求・動機につながり，それが実際に目標をもつことを介して，肯定的感情・評価に結びつくことが示唆されている。一方で，特に中学校2，3年生では欲求・動機的側面と感情・評価的側面の負の関係もみられており，目標への意欲によって具体的な目標をもつことができている場合には明るい感情が引き起こされるが，具体的な目標がない場合にはマイナスの感情が喚起されると解釈されている（都筑，2008）。目標を希求することと現実の状況とのかかわりが，現在や将来に対する見方に影響することがうかがえる。

引用文献

Case, R., Okamoto, Y., Griffin, S., McKeough, A., Bleiker, C., Henderson, B., & Stephenson, K. M. (1996). The role of central conceptual structures in the development of children's thought. *Monographs of the Society for Research in Child Development*, **61**（Serial No. 246）．

Erikson, E. H.（1959）．Identity and the life cycle. *Psychological Issues*, **1**, 1–171.

Friedman, W. J.（1991）．The development of children's memory for the time of past events. *Child Development*, **62**, 139–155.

Friedman, W. J.（2000）．The development of children's knowledge of the times of past events. *Child Development*, **71**, 913–932.

Friedman, W. J., Gardner, A. G., & Zubin, N. R. E.（1995）．Children's comparisons of the recency of two events from the past year. *Child Development*, **66**, 970–983.

藤村宣之．（1995）．児童の比例的な推理に関する発達的研究Ⅱ：定性推理と定量推理に関して．*教育心理学研究*，**43**，315–325．

藤村宣之．（2006）．学習観の変容をめざして（教育時評90）*学校図書館*，**656**，60–61．

藤村宣之．（2007）．意識調査質問紙の作成と分析：大学生の学習観・学習方略の検討．「受験生の思考力，表現力等の判定やアドミッションポリシーを踏まえた入試の個性化に関する調査研究」報告書第4分冊「数学の大学入試センター試験と個別試験の関係に関する実証的研究（2）」（平成18年度文部科学省先導的大学改革推進委託事業報告書），33–44．

Fujimura, N.（2007）．How concept-based instruction facilitates students' mathematical development: A psychological approach toward improvement of Japanese mathematics education. *Nagoya Journal of Education and Human Development*, **3**, 17–23.

藤村宣之．（2011）．9歳の壁を乗り越える．子安増生（編），*発達心理学特論*（pp.198–211）．東京：放送大学教育振興会．

藤村宣之・太田慶司．（2002）．算数授業は児童の方略をどのように変化させるか：数学的概念に関する方略変化のプロセス．*教育心理学研究*，**50**，33–42．

市川伸一（編著）．（1993）．*学習を支える認知カウンセリング：心理学と教育の新たな接点*．東京：ブレーン出版．

生沢雅夫．（1976）．*知能発達の基本構造*．東京：風間書房．

加藤直樹．（1987）．*少年期の壁をこえる：九，十歳の節を大切に*．東京：新日本出版社．

子安増生．（1987）．幼児の速度認知の発達に関する実験的研究．*愛知教育大学研究報告（教育科学編）*，**36**，139–147．

Levin, I.（1977）．The development of time concepts in children: Reasoning about duration. *Child Development*, **48**, 435–444.

Levin, I., Siegler, R. S., & Druyan, S.（1990）．Misconception about motion: Development and training effects. *Child Development*, **61**, 1544–1557.

Lewin, K.（1979）．*社会科学における場の理論*（増補版）（猪股佐登留，訳）．東京：誠信書房．（Lewin, K.（1951）．*Field theory in social science: Selected theoretical papers*. New York: Harper & Brothers.）

Markman, E. M.（1979）．Realizing that you don't understand: Elementary school children's awareness of inconsistencies. *Child Development*, **50**, 643–655.

Matsuda, F.（1989）．A developmental study on a duration estimation: Effects of frequency of intermittent stimuli. *Japanese Psychological Research*, **31**, 190–198.

松田文子．（1996）．子どもの時間と大人の時間と．松田文子・調枝孝治・甲村和三・神宮英夫・山崎勝之・平伸二（編著），*心理的時間：その広くて深いなぞ*（pp.116–129）．京都：北大路書房．

松田文子．（2002）．関係概念の発達：時間，距離，速さ概念の獲得過程と算数「速さ」の授業改善．京都：北大路書房．

松田文子・原　和秀・藍　瑋琛．（1998）．2つの動体の走行時間，走行距離，速さの小学生

による比較判断：走行時間の判断．教育心理学研究，**46**，41-51.
松田　惺．(1983)．自己意識．三宅和夫ほか（編），*波多野・依田児童心理学ハンドブック*．東京：金子書房．
長島瑞穂・寺田ひろ子．(1977)．子どもの発達段階．秋葉英則ほか(著)，*小・中学生の発達と教育*（pp.37-122）．大阪：創元社．
岡本夏木．(1985)．ことばと発達．東京：岩波書店（岩波新書）．
岡本夏木．(1995)．*小学生になる前後*（新版）．東京：岩波書店．
Piaget, J. (1946). *Le développement de la notion de temps chez l'enfant*. Paris: Presses Universitaires de France.
Piaget, J. (1972)．*発生的認識論*（滝沢武久，訳）．東京：白水社（文庫クセジュ）．(Piaget, J. (1970). *L'épistémologie génétique*. Paris: Presses Universitaires de France.)
Piaget, J., & Inhelder, B. (1948). *La representation de l'espace chez l'enfant*. Paris: Presses Universitaires de France. / F. J. Langdon & J. L. Lunzer（Trans.）(1956). *The child's conception of space*. London: Routledge & Kegan Paul.
Schoenfeld, A. H. (1985). *Mathematical problem solving*. New York: Academic Press.
白井利明．(1985)．児童期から青年期にかけての未来展望の発達．大阪教育大学紀要（第Ⅳ部門），**34**，61-70.
谷村　亮・松田文子．(1999)．中学生が2つの動体の時間の比較判断に用いる知識．発達心理学研究，**10**，46-56.
都筑　学．(2008)．*小学校から中学校への学校移行と時間的展望：縦断的調査にもとづく検討*．京都：ナカニシヤ出版．

第6章
青年の時間

中間玲子

　青年期には自己意識の質が大きく変化する。青年にとっては,「今・ここにいる私」がどんな存在であるのか,それをどうとらえるか,どう受け入れるかということが,大きな問題となる。また青年期は進路決定を求められる時期である。「今・ここ」の私への問いの意味は,「未来の私」を含んだ「私という存在」がどのように「生きる」のかという時間的広がりをもっている。

　青年はこれらの問いにぶつかりながら,自己に向き合い,生き方やどういう人間であるかを吟味し,最終的に,自分自身を受容し,社会に積極的に参加していくに至るとされる（溝上,2010）。本章では,青年の時間を「自己と出会い,向き合い,生き方を問う時間」とし,自己への問い直しの過程が青年期を通してどのように進むのかを中心に,青年の時間の様相をみていくこととする。

第1節　青年期における自己意識の変化

1　自我体験

　青年期は,自己への意識が高まる時期であるとされる（溝上・水間,1997）。それは,自己へ意識を向ける程度が高くなるという量的側面もさることながら（後藤ほか,1989）,児童期までとは異なった深いレベルでの自己理解を行うようになるという質的側面から理解される。

　児童期を通して,自己意識の質はより複雑なものへと変化していくが（中間,2011）,その発達の中で,客体的自己のみならず,主体的自己にも向かう自己意識が芽生えるようになる。確かにわれわれは自分について色々なことを知っている。では,それを知っている「この私」とはいったい誰なのか。このように,それまでは,「知られる私」のみに向かっていた自己意識が「知る私」にも向かっていくのである。それは,自分自身を主体をもった人格としてとらえる自己意識

が芽生えるという，自己意識の劇的かつ不可逆的な質的変化である。この主体としての自己への気づきは，自分自身というものが，自分の意識化できる範囲を超えて存在していることを知らしめることとなる。

「主体としての私」の存在への気づきがどのように体験されるのか，そして，それが本人にとってどのような影響をもたらすのかについては，"自我体験"に関する研究で検討されてきた。自我体験とは，ドイツの青年心理学者であるシャルロッテ・ビューラー（Bühler, 1921/1969）による表現である。彼女は自分を対象化し意識する〈私そのもの〉への気づきがなされるときの感覚を，「自我が突如その孤立性と局限性において経験されるあの独特の体験」（Bühler, 1921/1969，訳書，p.88）と表現し，これを自我体験と呼んだ。これは，シュプランガー（Spranger, 1924/1973）による，"自我の発見"とも同義である。"自我の発見"とは「主観をそれ自身一個の世界として見出すこと，すなわち常に孤島のごとく，世界のすべての事物および人間から離れた一個の世界として発見すること」（Spranger, 1924/1973，訳書，p.48）である。そこには，自分が個別の存在としてこの世界に存在しているという深い孤独がともない，それまで気づいていなかった「〈私〉という存在」の不思議へと意識が向かうとされる。

自我体験は，それまで自然な時間の流れの中で存在していた能動的な自分を対象化して抽出してしまう体験であり，自己の自然な能動性自体が疑われることにもつながりかねない危機的な体験ともなりうる。それが実際にどれくらいの者に，また，どのように体験されているのかについては，研究によってまちまちであり（天谷, 2002, 2005；渡辺・小松, 1999），現在のところ，自我体験をどのくらい普遍的現象とすべきかについてはまだ不明である。しかしながら，自我体験が青年にとってどのような意味をもつのかという観点からの検討は，自我体験の有無にかかわらず，自己意識の質の変化がその後の青年の自己意識にどのような影響を及ぼすかという点で興味深いものである。

天谷（2005）では，自我体験に関する質問項目からなる自我体験尺度と自由記述とを用いて，中学生と大学生を対象に，自我体験と自己意識特性との関連を検討している。その結果，中学生においては，自我体験を体験した者の方が公的自己意識と私的自己意識の分化が進んでいることが見出され，自我体験が，自己意識の高まりとともに，その分化にも関連することが指摘されている。

清水（2008）は，その体験を語ることがどのような意味をもつかについて検討を行い，自我体験は「私だけの体験」という感覚をともないやすいため，日常において他者に語られにくいこと，その感覚には，他者との隔絶感や孤独感と同時

に，他者への優越感をもたらす両義性が孕（はら）まれていることを報告している。ここから，清水は，自我体験は自分が自分でしかないという孤独をつきつける体験であると同時に，「私を私たらしめてくれる」，いわば「個としての私の成立」を支える中核の体験ともなりうる事態であると述べる。また清水（2009）は，大学生25名（男性9名，女性16名）を対象に半構造化面接を行い，得られた27の自我体験から，それをどのような体験として受け止めたのかという点についての検討を行い，自我体験は，受け止め方によって，「今・ここの私」を根底から崩すものにも，支えるものにもなりえると結論している。

　これらは，自我の発見とよばれる自己意識の質的変化によって，青年の世界観や自己観がどう変わるのかを考えさせる非常に興味深い知見である。自我体験という大きな自己意識の変化の過程では，それまでの自然な時間や空間の揺らぎがしばしば体験される。また自我体験を経ていなくとも，自己意識が質的に変化することによって，その自己を定位する時間や空間は改めて対象化され，それまでとは異質なものとして体験されることになるだろう。

　そのような世界に自分が存在するという気づきに自分自身が追いつけず，自己存在の不思議に戸惑う者もいるかもしれない。自我体験のような自己意識の変化が，青年の生きる世界にどのような影響を与えるのか，いかなる場合に危機的様相に陥ってしまうのか，どのように世界の調和を取り戻すのかなど，今後，さらなる検討が望まれるところである。

2　自己への否定的感情の高まり

　自我体験のような劇的な体験をともなう場合でなくても，青年期において自己意識の質は変化する。それは結果として，自己への否定的な感情を高めるとされている。

　たとえば都筑（2005）の報告がある。彼は，小学生4年生から中学生3年生までを対象とした，4年間・計7回の縦断調査を行い，自尊感情の変化の推移を検討した。まず，7回の調査ごとに横断的検討を行ったところ，すべての調査時期において学年が上がるにつれて自尊感情の得点が減少する傾向が共通してみられた。7回の調査でほぼ同じ結果がえられたことから，この傾向はかなり一般的なものであろうと結論されている。また，縦断的検討の結果からも，すべてのコーホートにおいて，小学生から中学生にかけて自尊感情の得点は次第に低下していったことが確認されている。つまり，児童期から青年期にかけて自尊感情は低下するのである。

このような自己評価の低下には，以前は肯定できていた自己をもはや肯定しえなくなったという自己意識の質的変化が大きく関連すると考えられる。児童期までは，ある程度の万能感を感じながら自分という存在を生きることができる。それは，自分自身の中の否定的側面や全体としての自己の矛盾に気づかずにいられるからである（中間，2011）。認知能力が発達し，自己理解が進んだ青年は，もはやそのような時間を生きることが許されない。しかし児童期までの万能感は心の中にとどまっている（Elkind, 1967）。そして実際にはそれと重ならないという現実に苦しむこととなる。

青年が経験する自己への否定的感情の内容や種類については，自己嫌悪感（水間，1996；佐藤，1994），劣等感（高坂，2008），疎外感（宮下・小林，1981）などの研究がある。また，孤独感（落合，1985）や充実感（大野，1984）などの研究も参考になろう。

第2節 自己への否定的感情と理想自己の問題——自己形成の視点から

1 自己への否定的感情はどのような意味をもつのか

青年期における自己への否定的感情は，単なる不適応状態というよりは，青年期の人格発達過程において意味あるものとして位置づけられることが少なくない。たとえば，自己の内面的特性への関心は否定的な側面でまず芽生え，それを乗り越えようとする営みがみられることや，自分を向上させるために自分の短所や不足といった否定的側面を考えるといった思考がみられることなど，自己への否定的感情が契機となって自己へと意識を向け，そこから自身の人格形成への努力が展開されることを示唆する見解は少なくない（水間，2003）。青年は自己への否定的感情を体験しながらも，自分のこれからの変化可能性，すなわち現在よりはよい状態にある未来の自分への期待も感じることができるのである。自分が未来を有するという暗黙の前提が，自分自身の否定性に，そして理想や現実に，青年が向き合う際の支えとなっているのかもしれない。

水間（2003）ではこの観点に立ち，青年がいかなる場合に自己嫌悪感を自己形成へとつなげていけるのかを検討した。否定的な自己を，自身にとって肯定できる自己へと変えていこうとする人格変容を志向する態度を「否定性変容志向」と名づけ，それは日頃の自己内省および肯定的な未来イメージが高い者において多く見られるであろうという仮説を検討した。大学生を対象とした調査の結果，変容志向が高い者は，そうでない者に比べ，日頃の内省頻度も対象化する水準も否

定性を直視できる程度も高かった。また，未来イメージの得点も高く，相対的に未来に対する肯定的なイメージを抱いていた。ここから，日常的に体験される自己嫌悪感から自己の否定性に向き合う内省が行える場合において，自己への変容志向は高まると考えられた。その際には，未来への希望を失っていないことが心理的支えとなっているようであった。また，佐藤・落合（1995）は，自己嫌悪感の問題性のゆえんは，その感情と深くかかわるところの否定的自己直視への抵抗であると指摘している。ここからは，自己嫌悪感を自己形成へとつなげていくということ以前に，自己嫌悪感の悪化を抑止するという点においても，自己に深く向き合い，否定性を否定性としてそのまま受け止めるという内省態度が重要であることが示唆される。

　高坂（2009）は，容姿・容貌に対する劣性を認知したときにどのような反応をとるのかという観点から，劣等感を体験する意味について検討した。中学生，高校生，大学生を対象に，劣性の認知を尋ねる項目，劣性を認知したときに生じる感情に関する項目，反応行動に関する項目について回答を求めた。その結果，反応行動としては，他者回避，直接的努力，他者攻撃，気晴らし，放置，賞賛・承認欲求，代理補償の7種類が得られた。このうち，「直接的努力」や「代理補償」は，劣等感が「向上への努力」となった反応行動であり，容姿・容貌の劣性に対し，容姿・容貌自体を改善しようと努力したり，容姿・容貌の劣性を補うために，学業や性格，スポーツなど異なる領域で努力したりすることであると説明される。それらは，自己否定どころか，きわめて建設的な行動パターンであると解釈される。また，劣性認知の際に生じる感情との関連から，「直接的努力」は他者への憧憬を感じることと，「代理補償」はそれへのあきらめや受容と解釈される感情と，それぞれ関連することが示されている。

　青年期においては，自己への否定的感情は体験されてしまうものである。だがその否定的感情を感じながらも自身の未来に対する明るい見通しをもてること，かつ，自身の否定性を直視したうえで自己の取り組むべき課題を適切に設定していくことが，その否定的感情から自己形成へとつながる行動を導くポイントとなると考えられる。最近では，このような自己の問題への直面も含め，さまざまな危機に遭遇しながらも，適応を維持したり回復したりすることができることにかかわる概念である，"リジリエンス（resilience; resiliency）"が注目されるようになっている。それは，「大きな不幸やトラウマを経験しているにもかかわらず，個人が積極的な適応を示すことを可能にする動的体制」（Luthar & Cicchetti, 2000, p.858）などと定義される。後述する生き方をめぐる問題においても，危機をどう乗り越

えるかという観点は重要なものであり，多くの危機的状況を経験する青年期の時間の様相を左右するものとして，リジリエンスについての研究はさらに発展していくことが期待される（Compas, 2004）。

2　理想にどのように向き合うのか

　青年の自己嫌悪に関して，青年の高すぎる理想の存在を指摘する見方がある（たとえば，詫摩，1986）。自己に対する理想や期待は青年の自己への関心の高さと密接にかかわっており，それらによって青年は自己形成へと動機づけられる。だが，同時に，自己への理想や期待の大きさゆえに，自己を否定しがちであることも青年期の心理的特徴とされるのである。その意味では自身への理想や期待を抱くことは，青年にとって両刃の剣といえる（水間，1996）。

　水間（1998, 2002a, 2004）ではその見解に立ち，青年が理想自己に対してどのように向き合うかについて検討した。水間（1998）では，理想自己－現実自己のズレが不適応の指標とされる一方で，青年を自己形成へと向かわせる指針ともなりうる可能性を指摘した。そして大学生を対象とした調査によって，それがいかなる場合に可能となるかを検討した。その結果，理想自己が個人にとって重要で，かつ，その実現可能性を感じることができるものである場合には，理想自己の水準を高く設けている者の方がそうでない者よりも自己形成意識の得点が有意に高かった。また中間（2007）ではそのデータの再分析がなされ，理想自己－現実自己のズレと自尊感情との負の関係は，自己形成意識が高くなるほど有意に弱いものとなっていることが報告された。これらから，青年期における高い理想自己は，自己を厳しく評価する基準となるものの，自己形成意識が高い者にとっては，その水準の高さがもたらす否定的影響は相対的には弱く，むしろ自身の自己形成意識と結びついたものとして存在している可能性が示唆された。

　実際に理想自己を実現しようとする意識は，その理想自己が具体的に実現したときの喜びがともなう実現できる目標として認知されている際に，最も高まるとされる（水間，2004）。そして，理想自己の実現を目指す意識が高い者は，実際の自身の自己形成の程度をより強く感じることができることも報告されている（水間，2002a）。そこで測定された自己形成の程度は個人の自己報告によるものであり，客観的な指標とはなっていない。だが，自己の肯定的な変化を主観的に感じることができるということは，それ自体，青年の自己形成を促進・支持するうえで大きな意味をもつものと考えられる。

　理想自己が自己嫌悪をもたらすならば，自己への否定的感情の背後にある自身

の理想自己に気づくことも，否定的感情を自己形成へとつなげていける契機として重要な点であるかもしれない。水間（2002b）では，理想自己を実現しようとする志向性と，自己嫌悪感から否定的自己を変容しようとする志向性とは，有意な正の関係にあることが示されている。この結果は，「そうではない自分」を目指す心性が「こうありたい自分」を目指す心性と関連することを示しており，たとえ否定的感情のもとにあっても，「そうではない自分」という思考から，いかに「こうありたい自分」へと理解を進められるかということが，青年の自己形成において重要な点となりうる可能性を示唆するものである。

　ただし，青年の掲げる理想は，ときに非現実的なまでに高いことも指摘されている。たとえば青年女子のボディ・イメージにおける理想は，全身がスリムな痩せた体型である（Cusumano & Thompson, 1997）。身体的魅力の規範を理想化したうえで，たとえそれが非現実的な基準であっても，それに合わない自分を不適格だと感じる（Alsaker, 1996）。そしてそれに執着し，過度に現実自己を変えていこうとすると，身体的負担を厭わない痩身願望（馬場・菅原，2000）や，摂食障害にさえ至る危険性も指摘される。人格面での理想についても，早くから斎藤（1959）は，臨床群は健康群に比べて極度に高い理想自己を設定しがちであることを指摘している。

　そしてその理想をなかなか捨てきれないことも青年期の特質の一つとされる。自己の理想と現実とは一致しないが，青年は，なんとかその理想の方向へと現実を引き上げようと努力を重ねるのである。実はこれは，自己嫌悪感を感じる鍵となる自己態度であると佐藤（2001）は指摘する。佐藤は，大学生を対象とした調査から，自己嫌悪感を最も多く感じている青年とは，自分を高く評価しながらも，受容的な自己肯定ができていない者であると結論している。佐藤（2001）は，「現在の自分の限界を認めることよりは，あきらめずにがんばり続けることの方が，たとえ自己嫌悪感に苦しむことになっても，青年の理想主義を守ってくれる」（p.354）と述べ，自身の理想を守るために自己嫌悪感をもちつづける青年の存在を指摘する。本人は現実の自己に向き合っているつもりであっても，理想を追い求めているに過ぎず，現実の自己を生きることができていない状態であると佐藤は述べる。

　青年の自己形成においては，理想自己を理解してそれを実現しようと努力することはもちろんであるが，むしろそれ以上に，理想自己についての現実的検討，すなわち，現実自己に沿った理想自己の修正や見直しが必要とされる場合もある。

第3節　生き方の問題への直面

1　時間的展望の広がり

　青年期には，時間的展望が変化することが知られている。児童期までの時間的展望は，現実と切り離された「あこがれ」のような未来志向であるのに対し，青年期のそれは，可能性に立脚した現実志向である（白井，1985）。現実的な可能性を考慮したうえで，つまり，現在の延長として，未来展望が描かれるようになっていくのである。

　この時間的展望の質的変化（都筑・白井，2007）によって，自己意識も変化する。青年がとらえる自己は，「今・ここ」の時間だけでなく，未来という時間的広がりをもつものになる。青年期になされる自己への問い直しは，「今・ここ」にある私に向き合う営みであるが，それは同時に，「今・ここにある私がこれからどう生きるのか」という，未来の私に向き合う営みでもある。

　そしてそれらは密接に関連し合う。今に関する不満が未来への絶望を感じさせたり，未来に対する不安が今を無気力なものにさせたりする。同時に，未来が見えることによって，今を力強く生きることができるようにもなる。たとえば，現在の自己評価の規定要因に関する自由記述について検討した水間・溝上（2001）では，自己を肯定あるいは否定する理由として，自己の特徴や日々の生活といった現在に関する事柄と同時に，25%程度の者が，「未来」に関する事柄もその要因としてあげていたことが報告されている。現在の自己評価について尋ねているにもかかわらず，現在のみならず，未来における自己も含めて"その人にとっての自己"が問題とされていることがわかる。

2　アイデンティティの形成

　時間的展望が広がる中で自己に向き合う作業は，自身の生き方を問う作業である。青年期は，来るべき将来に向けて自分はどのような人間であるのかという問いに，過去・未来も含めて取り組むのである。これは，エリクソン（Erikson, 1959/1973）が「アイデンティティの探求」の過程として概念化した。エリクソンの考え方をまとめると，アイデンティティとは，自分が，自分以外の何者でもなく，以前からも自分であり，これからも自分であり続けるということの自覚と，さらに，その自分は，自分が生きていく社会の中で広く認められ，受け入れられるあり方をしているということの確信をもった状態と理解される。特に，自己や

自我理想といった他の概念との違いとして，それが世界における個人の特定の存在のスタイルを意味すること，世界に対する自己の関係のあり方の発展こそがアイデンティティの発達であることが強調される（Marcia, 1994）。アイデンティティの発達は，青年期の発達課題とされる就職や配偶者の選択過程などと密接にかかわり合いながら進むのである。そして青年期は，そのための，社会的な責務や義務を免除されたモラトリアム期間であるとされた（Erikson, 1959/1973）。

アイデンティティは青年期の発達を理解する重要な概念とされ，これまでにも多くの研究が蓄積されている（鑪ほか，2002）。その多くは，アイデンティティ達成の地位（Marcia, 1966）や程度（Rasmussen, 1964）を測定し，それらと適応や人格特徴などとの関連を問うものであるが，アイデンティティがいかに形成されるのかというプロセスへの関心も高まっている（杉村，2005）。この関心は，青年がモラトリアムとされる時間をいかに過ごし，アイデンティティの確立へと至るのかを理解するうえで重要なものである。

青年のアイデンティティ形成プロセスを考えるうえで特に重視されているのが"職業決定"という課題への直面である。職業決定は，アイデンティティ確立において最も主要な課題とされており，この課題への取り組みが，アイデンティティ形成プロセスに大きく影響を与えると考えられている。

高村（1997）は，グローテヴァント（Grotevant, 1987）のアイデンティティ形成プロセス・モデルを理論的基盤として，大学4年生が就職活動という課題に直面する中で，いかに自身のアイデンティティを形成していくのかを縦断的面接調査から検討した。グローテヴァントのモデルは問題解決や意志決定のモデルを参考にして作られたものである。そこでは，特定の領域の課題に従事しなければならない事態におかれることから，"探求のプロセス"が展開され，探求に従事することによって，"感情的結果"や"認知的結果"が生み出され，それらが新しくアイデンティティ感覚に"強化／統合（consolidation）"されていくというプロセスが仮定される。高村の結果によると，22ケース中11ケース（50.0％）がグローテヴァントのモデルに添ったアイデンティティ形成プロセスを示していたこと，またその際，進路選択という特定領域の探求から，たとえば対人領域での問題についての探求も進むなど，複数の領域での探求の相互作用によってアイデンティティが形成される例もあることが報告された。

またそこでは，グローテヴァントのモデルに従わない，つまり，課題探求時にアイデンティティの形成が順調に進まないパターンとして，①課題に対して主体的な探求が行われていない，②課題探求行動とアイデンティティの探求が分離し

ている，③探求プロセスでの結果がアイデンティティ変容に結びつかない，④現在のアイデンティティに基づいた課題探求をしている，という4つのパターンが見出された。うち，パターン④は，課題探求の初めに立てた計画がスムーズに進み，計画通りに決定したために，自己について再考するきっかけがなく，アイデンティティ形成にまで至らなかったとされている。ここからは，就職活動において壁にぶつかることは，本人にとってはつらい経験であるが，そのような事態であるからこそ，課題への探求に相互作用するかたちでアイデンティティ形成のプロセスも展開されることが示唆される。もちろん，その際には，課題探求のプロセスの中で自己について修正・再構成をし，また，自己を修正するプロセスの中でさらに課題に取り組むという，課題探求とアイデンティティ探求との相互のやりとりが必要であることはいうまでもない。

自他のそれぞれの視点を認識し，その食い違いを相互調整によって解決するプロセスの様相としてアイデンティティ形成をとらえる杉村（2001）においても，「就職活動・職業決定」が，職業のみならず，デート，友情，性役割の領域のアイデンティティ形成をもうながす契機となっていることが報告されている。ただし同時に，「就職活動・職業決定」がアイデンティティのレベルが退行する契機ともなっていることも報告されている。そこでは，就職活動が終了（つまり職業が決定）して職業のアイデンティティ探求をする必要がなくなったことで，自己の視点や他者の視点の認識がなされなくなった例がみられたのである。ここから，進路選択の課題探求過程で，高次なアイデンティティレベルに一時的に達することができたとしても，それが自身のアイデンティティとして定着するとは限らない場合があることが指摘された。自己への新たな気づきへのプロセスと同時に，その新たな気づきをその者のアイデンティティに統合し，全体的人格として定着させるプロセスも，アイデンティティ形成プロセスを検討するうえで重要な視点であることが示唆される。

職業決定という課題は，それが困難な課題であるがゆえに，青年のアイデンティティ形成プロセスにおいて重要な役割を果たすと考えられてきた。下山（1986）は，職業未決定の状態がその人のアイデンティティの程度を予測させるとさえ述べる。職業決定・進路決定という誰にとっても直面せざるをえない課題に直面することが，青年にとって，アイデンティティの確立も含めて成人へと移行するための大切な時間となっていると思われる。

3 現代社会の職業決定プロセス——キャリア発達の問題

かつて，日本には，主体的な決定よりも成績や社会的評価，あるいは教師や親など，周囲の期待が重視される非常に特殊な進路発達過程（下山，1996）が存在し，アイデンティティの確立がなされなくとも自立した成人へと移行できる"日本型自立のプロセス"（宮本，2002）があったとされる。しかしながら，1990年代以降，日本の社会構造は大きく変化した。経済不況を背景に雇用体系の見直しが図られ，かつての青年に開かれていた自立のプロセスが今の青年には享受されなくなっている。結果，職業選択・進路決定をめぐって"個人"の責任の度合いは増し，現在の青年たちは，"自分"を拠り所にしながら以前よりも過酷な職業選択・進路決定過程を含めた生き方の選択を余儀なくされている（中間，2009）。その意味では，青年の生き方におけるアイデンティティの確立の重要性は，以前よりも飛躍的に重みを増しているといえる。

これは日本に限ったことではない。社会の構造的変化とそれにともなう生き方の変化は，"キャリア発達"という言葉によって議論される。下村（2008）は，ワッツ（Watts, 2001）の見解を下記のように紹介する。ワッツによれば，伝統的なキャリア概念とは，ある組織や専門の中で秩序だった階層を上がっていくことであったとされる。しかし，新しい技術や市場のグローバル化によって，その土台となる伝統的な社会構造が大きく揺れ動き，現在は，常にスピードの速い変化が求められる時代であるという。そしてそのような時代にあっては，キャリア形成においては消極的な受け身の個人ではなく積極的な主体としての個人であることが強調されるようになっていると述べる。

一方で，生活世界の変化が断続的に訪れる現代社会においては，職業決定・進路決定という課題への探求過程においてアイデンティティが形成されたとしても，その後，再び新しいアイデンティティの模索が繰り返されるという MAMA サイクル（MAMA：Moratrium-Achievement-Moratorium-Achievement）が見受けられるとされる（Stephen et al., 1992）。アイデンティティはより個人の生き方に影響を与えるものとしての位置づけを与えられていながらも，常に変化に開かれたものであることも要求されるようになっているのである。現代社会を生きる青年は，アイデンティティを確立しなければならないという圧力を以前よりも受ける一方で，そのアイデンティティに固執しては生きていけないという状況に置かれているのである。

日本では，2000年以降，青年の就労をめぐって，フリーターやニートの存在，離転職率の増加など，社会からの要請に応えない青年が増加していることが大き

く問題とされるようになった。そしてその青年たちへの批判のひとつに、"自分のやりたいこと"に固執しすぎではないかというものがある。"やりたいこと"への固執は、上述のような、職業決定過程においてより個人の責任が問われるようになった文脈の中で必然的に生じたことであると思われる。この問題をめぐっては、"やりたいこと"へのこだわりが、自己分析から実際の就職活動への移行困難（大久保，2002）や、職業の社会的意義・公共性の軽視（下村，2003）といった不適応的状況をもたらすという報告がある一方、"やりたいこと"志向をもち"やりたいこと探し"をすることは、青年期後期特有の課題であり、それに取り組むこと自体が進路不決断に直結するわけではないという主張もある（安達，2004）。また、萩原・櫻井（2008）は、"やりたいこと"を志向することの是非以前に、"やりたいこと"をもたねばならないという風潮の意味を検討した。彼らは大学生を対象とした調査を行い、"やりたいこと"を探さねばならないからそれを探すという場合において、そうでない場合、つまり自分のためにやりたいことを探すという場合はもちろん、全体的に動機が低いという場合よりも、進路不決断の面で問題を抱えている程度が高いことを見出した。これは、現代の社会的変化を生き抜くためには、"やりたいこと"や"自分らしさ"をもたねばならないとする風潮の漠然とした広がりが、ある種の青年を生きづらくさせていることを示唆しているといえる。

　先述したように、欧米諸国においてはより主体的なキャリア形成が求められるようになっている。日本は、独自の雇用体制の崩壊とグローバル化の到来をほぼ時を同じくして体験し、そうした世界的な動向の影響をもろに受けているところがある。しかしながら、日本独自の主体形成のあり方（Markus & Kitayama, 1991）はいまだ根強く残っており、青年期になって、突然、個の確立を求められ、社会の要請する個のあり方を模索しているのが現状ではないかと考えられる（中間，2009）。とはいえ、このような社会は、早くから自身のやりたいことを明確にもつ者にとっては、既存社会の枠にとらわれずに自身の生き方を実現しながらアイデンティティを形成していくプロセスが開かれた社会であるとする見方もある（溝上，2010）。

　そのような社会的状況に対応しながら、自分自身のあり方を、自身の生き方との兼ね合いから模索する時間は、青年にとって、青年期的時間を享受する最後の機会となると思われる。ただし、現在は、個人の問題というよりは雇用状況の問題によって、なかなか生き方の見通しがもてないままに、年齢を重ねざるをえない者、つまりは、その社会的地位の面で、なかなか青年期を脱することができな

い者が少なくないことも付記しておく必要があろう（たとえば，NHK スペシャル『ワーキングプア』取材班，2007）。青年の生き方には，個人の心性のみならず，青年をとりまく社会・経済状況の要因も深くかかわっている。それら社会的要因を十分にふまえながら，青年の生きる時間を理解する視座が今後も求められる。

引用文献

安達智子．（2004）．大学生のキャリア選択：その心理的背景と支援．*日本労働研究雑誌*, **533**, 27-37.
Alsaker, F. (1996). The impact of puberty. *Journal of Child Psychology and Psychiatry*, **37**, 249-258.
天谷祐子．（2002）．「私」への「なぜ」という問いについて：面接法による自我体験の報告から．*発達心理学研究*, **13**, 221-231.
天谷祐子．（2005）．自己意識と自我体験：「私」への「なぜ」という問い：の関連．*パーソナリティ研究*, **13**, 197-207.
馬場安希・菅原健介．（2000）．女子青年における痩身願望についての研究．*教育心理学研究*, **48**, 267-274.
Bühler, Ch. (1969). *青年の精神生活*（原田 茂，訳）. 東京：協同出版. (Bühler, Ch. (1921). *Das Seelenleben des Jugendlichen: Versuch einer Analyse und Theorie der psychischen Pubertät*. Stuttgart-Hohenheim: Gustav Fischer Verlag.)
Compas, B. E. (2004). Processes of risk and resilience during adolescence. In R. M. Lerner & L. Steinberg (Eds.), *Handbook of adolescent psychology* (2nd ed., pp.263-296). New Jersey: John Wiley & Sons.
Cusumano, D. L., & Thompson, J. (1997). Body image and body shape ideals in magazines: Exposure, awareness, and internalization. *Sex Roles*, **37**, 701-721.
Elkind, D. (1967). Egocentrism in adolescence. *Child Development*, **38**, 1025-1034.
Erikson, E. H.（1973）．*自我同一性：アイデンティティとライフ・サイクル*（小此木啓吾, 訳編）. 東京：誠信書房. (Erikson, E. H. (1959). *Psychological issues: Identity and the life cycle*. New York: W. W. Norton.)
後藤容子・向山泰代・辻平治郎・黒丸正四郎・新田 愛・村田牧子．（1989）．自己意識に関する発達的研究（1）：Fenigsten らの自己意識尺度を用いて．*日本教育心理学会第 31 回総会発表論文集*, 217.
Grotevant, H. D. (1987). Toward a process model of identity formation. *Journal of Adolescent Research*, **2**, 203-222.
萩原俊彦・櫻井茂男．（2008）．"やりたいこと探し"の動機における自己決定性の検討：進路不決断に及ぼす影響の観点から．*教育心理学研究*, **56**, 1-13.
高坂康雅．（2008）．自己の重要領域からみた青年期における劣等感の発達的変化．*教育心理学研究*, **56**, 218-229.
高坂康雅．（2009）．青年期における容姿・容貌に対する劣性を認知したときに生じる感情と反応行動との関連．*教育心理学研究*, **57**, 1-12.
Luthar, S. S., & Cicchetti, D. (2000). The construct of resilience: Implications for interventions and social policies. *Development and Psychopathology*, **12**, 857-885.
Marcia, J. E. (1966). Development and validation of ego-identity status. *Journal of Personality and Social Psychology*, **3**, 551-558.
Marcia, J. E. (1994). The empirical study of ego identity. In H. A. Bosma, T. L. G. Graafsma, H. D.

Grotevant, & D. J. de Levita（Eds.），*Identity and development: An interdisciplinary approach*（pp.67-80）. Thousand Oaks, CA: Sage.
Markus, H. R., & Kitayama, S.（1991）. Culture and the self: Implications for cognition, emotion and motivation. *Psychological Review*, **98**, 224-253.
宮本みち子．（2002）．若者が《社会的弱者》に転落する．東京：洋泉社（新書 y）．
宮下一博・小林利宣．（1981）．青年期における「疎外感」の発達と適応との関係．*教育心理学研究*，**29**，297-305.
溝上慎一．（2010）．*現代青年期の心理学：適応から自己形成の時代へ*．東京：有斐閣（有斐閣選書）．
溝上慎一・水間玲子．（1997）．「自我－自己」からみた青年心理学研究：意義と問題点，今後の課題．京都大学高等教育研究，**3**，25-45.
水間玲子．（1996）．自己嫌悪感尺度の作成．*教育心理学研究*，**44**，296-302.
水間玲子．（1998）．理想自己と自己評価及び自己形成意識の関連について．*教育心理学研究*，**46**，131-141.
水間玲子．（2002a）．理想自己を志向することの意味：その肯定性と否定性について．*青年心理学研究*，**14**，21-39.
水間玲子．（2002b）．自己形成意識の構造について：これまでの研究のまとめと下位概念間の関係の検討．研究年報（奈良女子大学文学部），**46**，131-146.
水間玲子．（2003）．自己嫌悪感と自己形成の関係について：自己嫌悪感場面で喚起される自己変容の志向性に注目して．*教育心理学研究*，**51**，43-53.
水間玲子．（2004）．理想自己への志向性の構造について：理想自己に関する主観的評定との関係から．*心理学研究*，**75**，16-23.
水間玲子・溝上慎一．（2001）．大学生の適応と自己の世界：自己評価とそれを規定する自己．溝上慎一（編），*大学生の自己と生き方：大学生固有の意味世界に迫る大学生心理学*（pp.19-46）．京都：ナカニシヤ出版．
中間玲子．（2007）．*自己形成の心理学*．東京：風間書房．
中間玲子．（2009）．現代青年期の様相と自己意識の功罪について．平成18年度～平成20年度科学研究費補助金研究成果報告書（若手研究 B，課題番号 18730405）
中間玲子．（2011）．自己理解の発達．子安増生（編），*発達心理学特論*（pp.63-81）．東京：放送大学教育振興会．
NHKスペシャル『ワーキングプア』取材班（編）．（2007）．ワーキングプア：日本を蝕む病．東京：ポプラ社．
落合良行．（1985）．青年期における孤独感を中心にした生活感情の関連構造．*教育心理学研究*，**33**，70-75.
大久保幸夫（編著）．（2002）．*新卒無業：なぜ，彼らは就職しないのか*．東京：東洋経済新報社．
大野久．（1984）．現代青年の充実感に関する一研究：現代日本青年の心情モデルについての検討．*教育心理学研究*，**32**，100-109.
Rasmussen, J. E.（1964）. Relationship of ego identity to psychosocial effectiveness. *Psychological Reports*, **15**, 815-825.
斎藤久美子．（1959）．自己意識の分析による人格適応性の一研究．*心理学研究*，**30**，277-285.
佐藤有耕．（1994）．青年期における自己嫌悪感の発達的変化．*教育心理学研究*，**42**，253-260.
佐藤有耕．（2001）．大学生の自己嫌悪感を高める自己肯定のあり方．*教育心理学研究*，**49**，

347-358.
佐藤有耕・落合良行．(1995)．大学生の自己嫌悪感に関連する内省の特徴．筑波大学心理学研究，**17**，61-66.
清水亜紀子．(2008)．自我体験について「語り－聴く」体験をめぐる一考察．京都大学大学院教育学研究科紀要，**54**，464-477.
清水亜紀子．(2009)．「自己の二重化の意識化」としての自我体験：体験者の語りを手がかりに．パーソナリティ研究，**17**，231-249.
下村英雄．(2003)．調査研究から見たフリーター：フリーターの働き方と職業意識．現代のエスプリ，**427**，32-44.
下村英雄．(2008)．最近のキャリア発達理論の動向からみた「決める」について．キャリア教育研究，**26**，31-44.
下山晴彦．(1986)．大学生の職業未決定の研究．教育心理学研究，**34**，20-30.
下山晴彦．(1996)．スチューデント・アパシー研究の展望．教育心理学研究，**44**，350-363.
白井利明．(1985)．児童期から青年期にかけての未来展望の発達．大阪教育大学紀要（第Ⅳ部門），**34**，61-70.
Spranger, E. (1973)．青年の心理（土井竹治，訳）．東京：五月書房．(Spranger, E. (1924). *Psychologie des Jugendalters*. Heidelberg: Quelle & Meyer Verlag.)
Stephen, J., Fraser, E., & Marcia, J. E. (1992). Moratorium-achievement (Mama) cycles in lifespan identity development: Value orientations and reasoning system correlates. *Journal of Adolescence*, **15**, 285-300.
杉村和美．(2001)．関係性の観点から見た女子青年のアイデンティティ探求：2 年間の変化とその要因．発達心理学研究，**12**，87-98.
杉村和美．(2005)．関係性の観点から見たアイデンティティ形成における移行の問題．梶田叡一（編），*自己意識研究の現在*〈*2*〉(pp.77-100)．京都：ナカニシヤ出版．
高村和代．(1997)．課題探求時におけるアイデンティティの変容プロセス．教育心理学研究，**45**，243-253.
詫摩武俊．(1986)．青年の心理（改訂版）．東京：培風館．
鑪幹八郎・岡本祐子・宮下一博（共編）．(2002)．アイデンティティ研究の展望Ⅵ．京都：ナカニシヤ出版．
都筑　学．(2005)．小学校から中学校にかけての子どもの「自己」の形成．心理科学，**25**，1-10.
都筑　学・白井利明（編）．(2007)．*時間的展望研究ガイドブック*．京都：ナカニシヤ出版．
渡辺恒夫・小松栄一．(1999)．自我体験：自己意識発達の新たなる地平．発達心理学研究，**10**，11-22.
Watts, A. G. (2001). Career education for young people: Rationale and provision in the UK and other European countries. *International Journal for Educational and Vocational Guidance*, **1**, 209-222.

第7章 大人の時間

榎本博明

　時計と時間についての歴史的考察を行ったユンガー（Jünger, 1954/1978）は，砂時計で失われてゆく一瞬一瞬が積もらせる砂の山を見ていると，時間は過ぎ去るけれどもけっして消え去るのではない，どこか深部に豊かに蓄えられていくのだと感じられ，慰められるとしている。

　では，過ぎ去る時間は，私たちに何をもたらしてくれるのだろうか。

　発達とは，時間の経過にともなう変化をさす。個人の発達は，時間と非常に密接な関係があるはずである。私たちの発達と時間はどのように関係しているのだろうか。

　本章では，個人の発達と時間意識の関係，とくに成人期の発達と時間的展望の関係，そして過去－現在－未来という時間様相と自己物語の書き換えが起こる時について概観していきたい。

第1節　個人の発達と時間意識

　子どもの頃は，時間が止まったかのような，永遠の時を漂っているかのような豊かな時をしばしば経験したものである。追いかけてくる時計的時間の網の目をかいくぐって遊び回っていた。大人の今は，時計的時間に貼り付いた生活を送っている自分を感じる。私の生きる時間の濃淡は失せ，規則正しく進行する時間にしたがって，日々の生活が営まれている。

　時計的時間の進行速度は，子どもの頃も大人になってからも同一のはずである。だが，大人になってからの時間の方が，あっという間に過ぎてゆく感じがする。それは，大人が時計的時間に貼り付いているせいなのだろうか。私たちの主観的時間の意識には，どのようなメカニズムが働いているのだろうか。

1 なぜ大人になると時間が速く過ぎてゆくのか

年をとるにつれて時間の経過が速く感じられるようになるというのは，多くの大人の実感するところである。ジェームズ（James, 1892/1992-1993）は，

> 同じ長さの時間であっても，年をとるに従って次第に短く感じられる——日も月も年もそうである。1時間がそうであるかどうかは疑問である。分と秒はどう見てもほぼ同じ長さのままである。(訳書下巻, p.78)

としている。このことは経験的に大人になると多くの者が実感するものであるが，実験によっても確認されている。さらには，ジェームズの直観的見解に反して，分単位の短い時間にもあてはまることが実験によって実証されている。

神経学者マンガン（Mangan, P. A.）は，どのくらいで3分が過ぎたと思うかを問う実験を3つの年齢グループを対象に行った。その結果，高齢になるにつれて過ぎていく時間経過を過小評価することを見出した。1秒ずつ数えながら3分間という時間を測ってもらう実験では，若年グループ（19-24歳）は3秒長めになる程度だが，中年グループ（45-50歳）は16秒，高齢者グループ（60-70歳）では40秒も長めになった。仕分け作業をしながら3分間を数える実験では，若年グループも46秒長めになったが，中年グループは63秒，高齢者グループに至っては106秒も長めになり5分近くを3分と判断したのであった（Draaisma, 2001/2009）。

年をとるにつれて時間の経過が主観的に速く感じられるようになるということについては，ジャネ（Janet, 1928/2008）が一つの仮説を提起している。主観的な時間の長さは，年齢と反比例の関係にあるというものである。生きてきた年月である年齢に対する比が重要な意味をもち，たとえば10歳の子にとっての1年は10分の1の重みをもつが，50歳の人にとっての1年は50分の1の重みしかもたないため，同じ1年でも50歳の人の方が短く感じるというのである。

一見説得力のある仮説ではあるが，実証的データをともなうわけではない。後にみるように，主観的時間の構成には，生理的な要因も作用している。また，同じ年齢でも人によって主観的時間の感じ方に違いがあり，さらには同じ人物でもその時々の条件によって主観的時間の感じ方が異なるという事実がある。

2 主観的時間の構成に影響する要因

私たちは，客観的には同じであるはずの時間の経過に関して，ときに過大評価したり，逆に過小評価するなど，主観的時間を経験する。では，どのような要因

が主観的時間の構成に影響するのだろうか。すなわち、時間の経過に関して、どのような条件の下で実際より長く感じ、どのような条件下で実際より短く感じるのだろうか。

松田（1996）は、時間評価に影響する要因として、経過時間中に受動的に受ける刺激の効果、経過時間中に能動的に行う作業の効果、経過時間中の心理的要因の効果の3つをあげている。経過時間中に受動的に受ける刺激の効果とは、知覚される刺激がまとまりをもって体制化されているほど、その経過時間は短く評価されるというものである。たとえば、同じ字数でも、単なる単語の羅列として聴く場合と一つの物語として聴く場合では、物理的には同じ時間でも後者の評価時間は前者の90％と短めに評価される（松田、1965）。経過時間中に能動的に行う作業の効果とは、能動的に作業を行っている方が経過時間は短く評価されるというものである。たとえば、やさしい課題と難しい課題を同じ時間分やらせたところ、難しい課題の評価時間はやさしい課題のそれの79％と短めであった（松田、1991）。経過時間中の心理的要因の効果とは、動機づけ、期待、緊張、不安などの効果のことである。たとえば、経過時間中の出来事に興味、関心がなく、その時間が終わったあとの出来事に関心がある場合、その経過時間は長く感じられる。

このような主観的時間の構成の問題は、現実生活の中で多くの人が実感するものである。フランスの小説家プルースト（Proust, M.）は、『失われた時を求めて』の中で、恋い焦がれる相手からの返事の手紙をまだかまだかと待ち望んでいる際の時間経過の遅さについての描写をしている。他の箇所でも、待ち望んでいることがあるときには、時間に短い単位をあてはめ、しきりに測ろうとするため、時間がこま切れにされ、時間経過が堪えきれないほどに長く感じられるのだと説明している。現在進行中の出来事よりも将来の出来事の方に関心や期待があり、時間が速く経過してほしいとの思いをもって、時間の経過そのものに注意を集中することにより、時間の経過は主観的に遅く感じられるという心理現象についての言及といえる。

ジェームズ（James, 1892/1992-1993）の指摘するように、さまざまな興味深い経験で満たされた時間は、それが経過しているときには短く感じられるが、あとからこれを振り返ると、逆に長く感じられる。これに対して、とくに興味を惹く出来事のない空虚な時間は、それが経過しているときには長く感じられるが、振り返ると短く感じられる。

このメカニズムは以下のように考えられる。何かに熱中しているとき、作業に没頭しているときは、時間の経過に注意が向かないため、気がついてみたら、

あっという間に時間が過ぎたという感覚になる。だが，あとになって振り返ると，多くの出来事が詰まっていたり，充実した内容であったため，その時間は実際より長かったように感じられる。一方，退屈きわまりないときは，時間の経過ばかりに注意が向くため，時間がなかなか過ぎていかないような感覚になる。だが，振り返ったときには，とくに思い出すべき内容が乏しいため，その時間は実際より短かったように感じられる。

　印象深く変化に富んだ出来事がいくつも含まれる時間は，とくに何も印象に残らない単調な時間より長く感じられる（Draaisma, 2001/2009）。進行中の時間意識を測定するわけにはいかないが，このような振り返った場合の時間意識は実験により測定可能である。

　たとえば，4秒に1枚ずつ16枚の絵を見せていく場合と，2秒に1枚ずつ32枚の絵を見せていく場合を比べると，同じ64秒間であっても，後者の場合の方が時間が長く感じられる（滝沢，1981）。松田（1996）も，一定時間中の音や光などの刺激頻度を変えて経過時間を評価させる実験において，多くの刺激がある方が時間が長かったと感じることを明らかにしている。

　こうした短い時間間隔の意識に関する実験における「刺激の多少」は，もっと長い人生というスパンを問題にする際には，「印象的な出来事の多少」と読み替えるのが適切であろう。子どもの頃は，日々目新しい経験をしながら世界を広げていくため，多くの刺激が詰まった時を過ごしている。それに対して，中年期以降は，目新しい経験をする頻度は著しく減少し，ルーティンの繰り返しが中心となり，単調で変化の乏しい時を過ごすことになる。自伝的記憶研究でよく知られているレミニセンス・バンプ（本書 p.285 参照）は，中年期以降の人々において10代から20代の頃の出来事がとくによく思い出されるというものだが，その後の人生を方向づけ，自己のアイデンティティの定義にかかわる重要な出来事が10代から20代の若い頃に多いためと考えられる（Fitzgerald, 1988）。このように若い頃は印象に残る経験が多いのに加えて，目新しい経験も多い。年をとるにつれてそうした経験が少なくなるため，若い頃の年月は長く感じられ，年をとってからの年月はとても短く感じられると解釈することができる。

　時間評価に影響する要因として，刺激の豊富さや時間経過への意識に加えて，生理的要因があげられる（Draaisma, 2001/2009；一川，2008；松田，1996）。老年期には脳の中にある視交叉上核の中の細胞が失われることとドーパミンの生産が減少することによって，時間感覚の問題が生じている可能性がある。体内時計は老人より若者の方が速く動くため，生理時計の回転数という観点からすれば，若い

ときの日々はとても長いのに対して，年をとると時間が驚くほど速く過ぎていくのも妥当ということになる（Draaisma, 2001/2009）。

第2節　成人期の発達と時間的展望

　私たちの感情や行動は，現在の状況によって規定されるのみならず，過去や未来を含む時間的展望によって大いに規定される。レヴィン（Lewin, 1948/1954）は，フランク（Frank, 1939）による「時間的展望」（time perspective）という用語を用いて，私たちのあらゆる行動がその時の時間的展望を包括する全体的な場に依存するという（Lewin, 1951/1956）。すなわち，私たちの行動は，過去についての見解や未来に対する期待や願望，恐怖，白昼夢によって強く影響される。レヴィンによれば，時間的展望とは，ある時点における個人の心理学的未来および心理学的過去についての見解の総体である。

　フレス（Fraisse, 1957/1960）は，時間的視界という概念を用いる。すなわち，私たちの行動は，置かれている状況だけでなく，これまでに経験したことや将来の予想を含めた時間的視界に依存しているという。フレスは，未来は自然にやってくるものではない，未来をつくりだすためには願望しなければならないし欲しなければならないとする。未来は個人が設計するのである。一方，過去は個人が実際に経験した物語として想起し，再構成する。このような過去の物語としての再構成と未来の設計としての予想により，現在のあり方が構想される。

　白井（1996b）は，時間的展望には3つの基本的な機能的要素があるとする。それは，状況による被規定性からの自由，将来の不安や過去のとらわれからの自由，現在の意味の捉え直しの3つである。これらは，過去や現在の解釈によって状況規定性を超出できることを示唆するものといえる。たとえば，夢のある将来展望をもつことによって，現在の不自由さや厳しさも苦でなくなる。過去の負のライフイベントにもその後の自分にとっての肯定的意味を見出すことで，現在を前向きに生きることができる。また，未来の時間の有限性を意識することにより，今の時間を充実させるきっかけが得られる。このように時間的展望をもつことで現実的状況による制約からある程度自由になることができる。

　私たちは，発達にともなって時間的展望を再編していく。言い換えれば，生活構造の再構築を行っていく。エリクソン（Erikson, E. H.）は個人の生涯を8つの発達段階に分けた。これをもとに，とくに成人期に焦点を当てた生活構造と発達課題をめぐる生活史的研究を進めたのがレビンソン（Levinson, D. J.）である。

レビンソン（Levinson, 1978/1992）は，ひとつの発達段階からつぎの発達段階への移行にあたっては生活構造の再構築が必要となることに着目し，移行期というものを重視している。

1　成人への移行期

　レビンソンによれば，成人への移行期の発達課題は2つある。第1に成人する以前の世界から離れ始めることである。これまで過ごしてきた世界やそこで自分が置かれていた位置に疑問を抱き，それまでの自己のあり方を見直し修正することである。第2に大人の世界への第一歩を踏み出すことである。すなわち，大人の世界の可能性を模索し，その一員としての自分を想像して，成人の生活のための暫定的選択をすること，そしてそれを試してみることである。

　この移行期に相当する大学生（平均年齢20.0歳）を対象として，榎本（2000）は，過去や未来としてイメージする年齢や過去や未来の評価に関する調査を行った。その結果，過去として最初にイメージする自分の年齢の平均は14.1歳であり，ほぼ6年前をイメージしていた。そして，過去としてイメージする年齢が高いほど自分の過去への態度が肯定的であり，自己評価も高かった。さらに，過去として大学時代を思い出す者より児童期を思い出す者の方が自分の未来に対して否定的であった。今一番懐かしい年齢の平均も13.7歳で，ほぼ6年前を懐かしい過去としてとらえていた。そして，懐かしい年齢が高いほど自分の過去への態度が肯定的であった。さらに，大学時代を懐かしむ者より児童期を懐かしむ者の方が自己評価が低く，大学時代を懐かしむ者より中学時代を懐かしむ者の方が自分の未来に対して否定的であった。以上のように，20歳あたりの成人への移行期にある者は6年ほど前を自分の過去としてイメージし懐かしむことに加えて，そのような年齢が高いほど自分の過去や未来に対して肯定的で，現在の自己評価も高いことがわかった。これは遠い昔を振り返ったり懐かしんだりすることには現実逃避的側面があることを示唆するものである。

　未来として最初にイメージする年齢の平均は26.7歳で，ほぼ7年先をイメージしていた。そして，未来としてイメージする年齢が低いほど自分の過去への態度が肯定的であり，自己評価も自尊感情も高かった。このことは，自分の未来として遠い未来を想定することにはうまくいっていない過去から現在に至る流れからの逃避といった意味合いがあることを示唆するものである。

　現実からの逃避ということに関して，フレス（Fraisse, 1957/1960）は，現実と折り合いのつくような時間的展望がもてないとき，白昼夢が現在の重圧から解放し

てくれ幻想的手段で欲望を満たしてくれるように，非現実的な過去や未来が逃避所を提供するとしている。そして，未来展望が現在の活動に意味を与えてくれるといっても，現在の活動と結びついた未来像を描く場合はそれが目標になるが，非現実的な未来像であれば単なる現実逃避にしかならないとしている。

横井・榎本（2000）は，大学生を対象に過去への態度や評価に関する調査を行っている。それによれば，過去に対する態度が肯定的であるほど過去評価得点も現在評価得点も高いこと，過去評価も現在評価も自尊感情と有意な中程度の正の相関があり（$r=.49, p<.001; r=.47, p<.001$），抑うつと中程度の負の相関があり（$r=-.40, p<.001; r=-.40, p<.001$），回帰性と弱い負の相関がある（$r=-.29, p<.001; r=-.21, p<.001$）ことがわかった。また，現在悩みがない者ほど過去評価も現在評価も高かった。これらの結果は，自分の過去評価と現在評価は密接に関連しており，ともに現在の適応状態と正の関係にあることを示すものと言える。

成人への移行期には，とくに未来に向けての時間的展望の再編が行われる。白井は，大学卒業後8年目までの未来と過去の展望の縦断調査を実施している。その結果，この時期には，過去よりも未来の展望の変化が大きいこと，職場の同僚や上司をモデルに自分の職業上の人生展望を形成することなどを見出した（白井, 1996a, 2007, 2009；Shirai, 2003 など）。

白井（2009）は，大卒8年目に当たる30歳の成人を対象に将来展望や過去展望の変化を問いかけている。その結果，将来展望に関しては，24人中6人が大きく変わったと答え，9人が少し変わったと答えており，変化したという者が6割を超えた。変化の理由としては，就職・結婚・離婚・失恋などのライフイベントがあげられた。あるいは，期待していたライフイベントがなかったこと，現実的に考えられるようになってきたこと，一生を見通すことができるようになったことなどが理由としてあげられた。過去展望に関しては，24人中1人のみが大きく変わったと答え，5人が少し変わったと答えており，変化したという者は25%であった。変化の理由としては，過去を受け入れられるようになったこと，別の選択肢も考えられるようになったこと，立場が変わることで視点が違ってきたことなどがあげられた。

2 人生半ばの移行期

人生半ばの移行期には，過去の意味のとらえ直しや未来への期待・予想の描き直しという形での時間的展望の再編が行われると考えられる。人生の後半に向けて時間に対する認知に変化が生じる時期であり，これまで生きてきた時間でなく

これから先の生きられる時間という視点から時間的展望の再構成が行われる（Neugarten, 1968）。人生半ばの移行期になると，それまでの生活構造に再び疑問を抱くようになる（Levinson, 1978/1992）。これまでの人生で何をしてきたのか，いったい自分は何を求めているのかといった問いが頭をもたげてくる。自分の生活のあらゆる側面に疑問を抱き，もうこれまでのようにはやっていけないと感じる。このような問い直しや模索を行うのが，この時期の課題となる。

中年期の危機と言われるのは，ちょうどこの移行期に相当する。危機のきっかけとして，身体的な衰えや社会的役割の変化，自己の有限性の自覚などがある（岡本，1985）。ポロック（Pollock, 1980）は，中年期の加齢の問題を考える際の重要な視点として，"喪－解放"のプロセスをあげている。喪失感とは，変わってしまった自分，あるいは望んでいた自分にはもうなれないといった喪失感をさす。解放とは，喪の作業を完了することにより，そのままの自分を受け入れられるようになり，過去や達成できないことへのとらわれから解放されることをさす。松浪・熊崎（2001）は，中年期に生じる危機的状況には2つの側面があるとする。一つは，自分の体力や能力の衰えや社会的役割の重要性の低下といった負のベクトルに目を向ける際に生じる不安や諦念に脅かされることによる危機である。もう一つは，そうした身体面や社会的役割面の衰退を直視せずに，成長，拡大，身体的健康といった正のベクトルにばかり目を向けることによって生じる現実との解離による危機である。

日潟（2009）は，中年期の人々（40代，50代，60代）を対象に喪失感と解放感の意識について自由記述の調査を行った。その結果，喪失感については身体的衰え，解放感については自由に使える時間の増加が，すべての年代で最も多かった。年代別にみると，40代では喪失感は若い頃に抱いていた感情や人間関係の喪失，解放感は親からの解放，周囲の目からの解放，自由に行動できることなどにともなうものが多かった。50代では喪失感は子どもの成長や親の老い，将来に対する不安，解放感は子育て，経済的なこと，仕事，義務感からの解放，自分で行動できることなどにともなうものが多かった。60代では喪失感は目標の喪失，残りの時間の短さからくる死に対する事柄，解放感は社会的なことから自由になる，経験の蓄積から物事に動じなくなるといった安心感，自己を受容することによる心理的安定などにともなうものが多かった。

榎本（2005, 2008a）は，40代から50代の母親を対象に記述式の自己物語法調査を実施し，定型的な時系列に沿った主なエピソードの記述に加えて，これまでの生き方について疑問を抱いたり，今後の方向性について自問したりした経験につ

いても記述してもらった。その結果，この時期には自己物語の破綻にともなう再構築の作業が非常に活性化されていることが明らかになった。

「問い」の形式に関しては，役割移行あるいは役割喪失にともなう反応として，これまでの自分の生活構造に対する疑問が湧くとともに，今後のあり方への模索が始まるといった感じの問いが典型であり，大多数であった。そこでは，役割喪失の受容とこれまでの生活の再吟味が課題となっていた。

「契機」に関しては，子どもの手がはなれる＝親としての役割喪失がアイデンティティをめぐる問いが活性化するきっかけとなったというのが典型であり，圧倒的多数がこのタイプであった。

「模索」の方向性に関しては，新たな役割・献身を模索するというのが最も多くみられる典型であったが，家族の介護など与えられた新たな役割への適応を模索するというケースもみられた。

「解決」のメカニズムに関しては，能動的・積極的に模索を行っているかどうか，これまでの生活経験を肯定的に評価しているかどうか，否定的な経験も含めて人生全体を統合的にとらえることで受容しているかどうか，といった3つの観点から，アイデンティティをめぐる問いに対する取り組みから解決に至るメカニズムを検討した。その結果，解決（能動的模索・肯定的評価・統合），生活構造組み換え中（能動的模索・肯定的評価の方法を模索中・未統合），一旦停止（模索せず受動的・評価棚上げ・拡散），混乱（模索せず受動的・否定的評価・拡散）の4つの段階に類型化できた。

日潟・岡本（2008）は，40代から60代の中年期の時間的展望と精神的健康の関係を検討している。その結果，40代では過去の受容，50代では過去の受容と現在の充実感，60代では現在の充実感と未来への希望と目標指向性が精神的健康と関連することが明らかになった。40代では過去を肯定的にとらえることが心理的な安定を生み，50代ではそれに加えて現在に充実を感じていること，60代では未来へ希望を抱くことが精神的健康に関連したことは，アイデンティティが中年期に再体制化されることを支持するものといえる。また，過去の時間的態度については，すべての年代に「経験からの学び」や「とらえ直し」という態度がみられた。現在の時間的態度については，中年期は成熟の第一の山のピークであるとともに，第二の山への移行期であり，主体的に自己の理解や方向性を求めて取り組んでいる語りが得られた。また，現在の行動が未来につながるという意識がすべての年代にみられた。白井（1991）は，中年は青年よりも現在を重視するとともに未来のために今努力するという満足遅延の意識も高いとしているが，

ここでも現在の充実が未来の充実を生むという意識が強いことが示された。50代では経験が蓄積していることを実感し，60代ではそれに加えて到達感の語りがみられ，そのような態度が現在と過去を連続性のあるものにしていることが示唆された。未来の時間的態度については，40代では目標を設定し，チャレンジしていくとする姿勢が強いが，その一方で，不安も生じていた。40代では他の年代よりも未来に対する時間的な広がりもあり，このような二面性をもつ未来への態度がみられた。50代，60代では，そろそろ未来は自分のために使ってよい時間とみなされており，50代では自己の内面を成長させる時間，60代では今まで作り上げてきた自己を表現する場として意識している態度がみられた。また，身体的心理的変化への意識と過去，現在，未来の時間的態度が強く関係していることが示された。40代では，未来の目標を語る中で，そのきっかけとして，中年期の身体的心理的変化を語る流れがみられた。50代では，目標に対するきっかけとして，「衰えの気づき」や「葛藤」の発言はみられず，自分を知ることの大切さを述べる「自分の容量の自覚」や「あるがままの受容」が語られた。そして「自分磨き」や内面の充実を目指す語りがみられた。60代では，50代ではみられなかった「衰えの気づき」が再び語られ，身体的な衰えを自覚することにより未来の長さが狭まって意識され，それにより過去を振り返り過去に対して区切りをつける意識や，現在の自己の状態を把握したうえでそろそろ自分のために時間を使ってもよいという未来へのポジティブな態度が生じていることが示唆された。

第3節　時間様相と自己物語の書き換えの起こる時

1　時間様相としての過去－現在－未来

時間の問題は一般に，量としての時間，すなわちアリストテレス的時間の問題と，質としての時間，すなわち過去・現在・未来というアウグスティヌス的時間の問題に区別される。そして，後者の過去，現在，未来という時間意識の側面は，時間様相として哲学の領域で論じられている（植村，2002）。

私たちの体験の流れは，経過しつつある時間の流れにともなう体験の流れとして意識される。そうした体験には，過去，現在，未来という時間様相が含まれる。しかし，意識される過去も現在も未来も，すべては現在において意識されている。あらゆる時間体験は，紛れもなく「今，ここ」における体験なのである。

このことを1600年も前に指摘したのがアウグスティヌス（Augustinus, A.：354–

430)である。アウグスティヌスは，未来はまだ存在しておらず，過去はもう存在していないので，未来や過去が存在している時間は現在以外にはありえないとする。そして，過去，現在，未来という3つの時があるのではなく，過去についての現在，現在についての現在，未来についての現在があるのだと言う。過去についての現在とは記憶（memoria），現在についての現在とは直視（contuitus），未来についての現在とは期待（expectatio）であるとしている。さらにアウグスティヌスは，精神が期待するものは精神が注視するものを通って精神が記憶するものへと移っていくという。これは，かつての今にとっての未来が，その後の今にとっての現在になり，さらに時間が経過したあとの今にとっての過去になるといった流れ，つまり個々の体験の時間様相上の移動をさすものといってよいであろう。

　こうした時間様相の問題に関連して，入不二（2007）は，過去はその過去の時点ではまったく考えもしなかった仕方で未来の方から包み込まれてしまう，過去に形が与えられるのは未来の側からだけであるとし，今の視線によって包み込まれた「あの時」は，もう「あの時」それ自体ではないと言う。これは，筆者の自己物語の心理学の視点から言えば，かつての今にとっての現在経験がその当時もっていた意味が，その後の今においては過去経験としてまったく違った意味づけのもとに想起されることを指しているといってよいであろう。私たちの意識は常に今現在の意識である。ゆえに，裸の過去，当時のままの過去などというものを思い浮かべることはできない。

　では，私たちは未来とどのようにつながっているのだろうか。マーカスとニューリアス（Markus & Nurius, 1986）の可能自己（possible selves）という概念は，動機づけの視点を導入しつつ将来展望を現在の自己のあり方に反映させるものといえる。ウィッティ（Whitty, 2002）は，可能自己は今後10年間にどのようになりたいかを記述させる方法によって適切にとらえられるというが，未来の自己というのは，当然のことであるが，現在において思い浮かべられる自己である。

　ヒューム（Hume, D.：1711-1776）は，「なぜ未来は過去に似るのか」という問いに対して，私たちは未来を過去に似たものとしてしか考えられないのだとしている。つまり，未来は過去についての記憶の鏡像なのである（植村，2002）。

　私たちが何かを想像するとき，それは今現在の経験や知識に基づいたものとならざるをえない。今現在の経験や知識には，それ以前の過去を振り返ることによって思い浮かべられ，意識されるものの一切が含まれる。私たちが何かを構想するときには，これまでの経験をデータとして予測式に組み込んで解を産出する

第7章　大人の時間　**123**

といったプロセスを踏むことになる。そのようにして思い浮かべられる未来は，今現在の意識として存在するものである。

かつてフレス（Fraisse, 1957/1960）は，時間的視界についての議論の中で，将来への逃避について述べている。現在の生活は通常将来へと向けられており，将来が私たちの活動に意味を与えている。たとえば，現在への不満が，変革の願望を生み，現在とは異なる将来像を生み出す。そのような将来像が現在にしっかりと根を下ろしている場合，それは意味のある目標となる。一方，現在からかけ離れている場合は，単なる逃避に過ぎないということになる。フレスが指摘するように，思い描かれる未来像が，現実的な目標，言い換えれば実現可能性のある目標なのか，それとも到底実現不可能なもので，現実逃避にすぎないのか，それによって思い描かれる未来像が現在の自己を方向づける力をもつかどうかが決まってくる。したがって，私たちがどのような未来像を思い描いているか，それが現在および過去の経験とどのように結びついているかを検討することによって，今現在の意識の様相を浮き彫りにすることができるであろう。

2　自己物語は現在において書き換えられる

自己のアイデンティティの基盤を物語に求めるマクアダムス（McAdams, 1988）は，私たちはストーリーを書きながら，そのストーリーを生きるようになるとする。また，アイデンティティはライフストーリー（life story）であり，ライフストーリーとは個人の人生に統一性と目的を提供する個人的神話（personal myth）であるとしている（McAdams, 1993）。

榎本（2000, 2002a, 2002b, 2004）は，自分の行動や自分の身に降りかかった出来事に首尾一貫した意味づけを与え，諸経験の間に因果の連鎖をつくることで現在の自己の成り立ちを説明する，自分を主人公とした物語を自己物語（self-narrative）と定義し，自己物語法（榎本, 2008a）を用いて自己物語の心理学を展開している。そこでは，事実の世界の出来事に対して意味づけを行い，個々の出来事をその有意味性によって取捨選択しつつ納得のいく因果の流れになるように配列していくのが自己物語の文脈の力であり，これこそが一般に自己の機能とされているものであるとみなす。そこに，その人らしさとしての自己のアイデンティティの特徴があらわれる。個人が採用している自己物語の文脈が自己のアイデンティティを支えているとみなす立場では，自己とは物語形式においてとらえるべきものであり，自己の探求とは個人の自己のアイデンティティを暗示する自己物語の筋立ての探求にほかならないと考える。

私たちは，それぞれに自分の物語を生きている。私たちは，数え切れないほどの過去経験を背負っているが，自分の人生を振り返るとき，またそれを人に語るときに想起されるのは，私たち自身が今抱えている物語的文脈と矛盾しない意味をもつ出来事や経験である。日々の経験をその都度自分史に取り込んでいくが，相互に無関係で個々バラバラなままに羅列していくわけではなく，納得のいく文脈をもった自分史の流れの中に溶け込むように取り込まれていく。

　私たちが抱えている自己物語は，過去の出来事や経験を一定の意味の流れのもとに位置づけ，目の前の出来事や経験をそうした流れの中に位置づけるだけでなく，将来の出来事や経験を方向づける流れをももつ。私たちの自己物語は，過去－現在－未来といった時間的流れをもつものであり，それによって私たちの人生は過去から現在，そして未来へと続く一貫したものとなり，意味あるものとなる。ここにおいて物語としての自己の探求は，時間的展望研究（都筑・白井，2007）との交わりをもつこととなる。白井（2001）が未来は過去をくぐって可能となると指摘するように，自己物語の中において過去と未来は密接に関連しあうものとなる。私たちの日々の行動は，気まぐれに起こされるのではなく，抱えている自己物語に基づく過去の解釈と未来の予期によって構造化されている。私たちは，先立つ出来事や後に続くと予想される出来事に照らして意味があると思われる行動をとっている（榎本，1999）。したがって，過去の意味づけだけでなく将来展望も，過去から現在に至る自己形成史を説明する自己物語によって大きく規定されているといえる。

　このように自己物語をたえず更新しつつ生きてゆく私たちにとって，時間の流れというのはどのように意識されるのだろうか。アリストテレスが時間とは前後の比較において見出される運動の数であると定義したように，変化や出来事の推移が私たちに時間の流れをもたらすとみなすことができる。このことを自己物語に結びつけると，出来事や経験の前後関係や因果関係が，私たちの意識の中に時間の流れをもたらすということになる。言い換えれば，自己物語化における具体的なエピソードの配列が時間の流れを生み出すのである。自己物語化とは，現在の自己の成り立ちを説明できるような自己物語を構築するために，因果の連関をつけながら各エピソードを位置づけていくことである。自己物語化においては，世代間の流れや起承転結の流れを用いて因果の連関をつけるという手法がよく用いられる（榎本，2008b）。

3　豊かな意味をもつ過去を生み出す時

　特性論的な心理学は，伝記的，社会的，歴史的な文脈において人間を全体として理解するための包括的な枠組みを提供することができなかったとするマクアダムス（McAdams, 2006）は，意味の次元を取り込んだパーソナリティ理解の枠組みを提示している。ナラティヴ研究を推進しているジョッセルソン（Josselson, 2006）は，解釈学的な立場によるナラティヴ心理学は，人間はストーリーを生み出すのに似た自伝的過程を通して自分の人生を創造するという前提に立っているとする。そこでの関心は，人生における具体的な事実ではなく，選択された内的・外的経験から立ち現れてくる意味のある型であり，歴史的な意味における事実というのは，再現されるものというよりも生み出されるものとして理解されるとしている。

　解釈と意味の次元における過去の書き換えが行われる際に，書き換えられる過去と書き換えていく現在との関係は，どのようになっているのだろうか。私たちは，まだ現れない未来ともう消えた過去を展望しつつ現在を生きている。未来と過去を見通しながら，過去を整え，未来に向かって体勢を整えていく。

　そのようなことが起こるのは，時計やカレンダーで数量的に表されるような「ものとしての時間」ではなく，今はまだとか今はもうといった言い方で表現されるような広がりのある，さまざまなことによって占められている「こととしての時間」である（木村, 1982）。

　大森（1992）は，過去の経験は言語的に制作されるものであり，物語として想起されるとする。そうした大森の説に対して，太田（2008）は，過去の世界はなによりも言葉では言い表すことのできない直接的生と感慨の世界であり，想起は大森の言うような言語的なものではなく非言語的であると批判している。忘れることのできない光景，場面，そして感慨と情感こそが過去の戸口であり，人を過去へと連れ戻す引力であるという。この両者のズレは，自己物語化され言語的に構成された過去を指すか，自己物語化される以前のいまだ意味を付与されていない映像や音などで構成される生の素材を指すかの違いによって生じているといってよいであろう。

　太田はさらに，人は原光景あるいは原体験という決定的瞬間を誰しももっており，それによって生活が旋回を起こし，何度もその原点に立ち返る，そのような時をもっているとする。ある光景，ある言葉，ある出会いが人生の軌跡を変えたのだが，そのときは知るよしもなく，瞬間はいったん閉じられる。この瞬間のあとには，持続的な淡々とした時間が続く。しかし，この時間の経過のなかで瞬間は醸成され，発酵して意味へと変容し，それが意識の想起を促すという。このよ

うに，瞬間とは，それを体験することによって自己が決定的に変更させられるものであるとする。

そのような瞬間は沈黙と親和性をもつ。人生のさまざまな時点で挫折や行き詰まりを経験したり，大きな決断を迫られるとき，より深い洞察や新たな展望を切り開くには，外的な状況を冷静に分析するのみならず，自己と向き合い，自分自身に立ち返ることが必要となる（榎本，1989）。榎本は孤独感の諸相を分類する中で，ピカート（Picard, 1948/1964），ムスターカス（Moustakas, 1972/1984），フランクル（Frankl, 1969/1979），サルトル（Sartre, 1947/1956）に言及しつつ，価値ある沈黙の時をもつことの意義について論じている。

前節において，中年期における人生の転機に関する記述や語りについてのいくつかの研究を紹介したが，そのような転機をもたらす瞬間の様相について，さらなる具体的な記述および語りデータをもとにした検討が求められる。

引用文献 ………………………………………………………………………

Draaisma, D.（2009）．なぜ年をとると時間の経つのが速くなるのか：記憶と時間の心理学（鈴木　晶，訳）．東京：講談社．(Draaisma, D. (2001). 英訳 (2004). *Why life speeds up as you get older: How memory shapes our past.* Cambridge, UK: Cambridge University Press.)
榎本博明．（1989）．孤独感の心理学のための概念的考察．名城大学教職課程研究紀要，**21**，85-102.
榎本博明．（1999）．〈私〉の心理学的探求：物語としての自己の視点から．東京：有斐閣．
榎本博明．（2000）．想起する年代と過去への態度および自己関連尺度との関係．第9回日本性格心理学会大会発表論文集，72-73.
榎本博明．（2002a）．〈ほんとうの自分〉のつくり方：自己物語の心理学．東京：講談社（講談社現代新書）．
榎本博明．（2002b）．物語ることで生成する自己物語：自己物語法の実践より．発達，**91**，58-65.
榎本博明．（2004）．自己形成における語りの役割．榎本博明・桑原知子（編），人格心理学（新訂，pp.141-158）．東京：放送大学教育振興会．
榎本博明．（2005）．人生半ばの移行期におけるアイデンティティをめぐる問い．日本健康心理学会第18回大会発表論文集，58.
榎本博明．（2008a）．自己物語から自己の発達をとらえる．榎本博明（編），*自己心理学2　生涯発達心理学へのアプローチ*（pp.62-81）．東京：金子書房．
榎本博明．（2008b）．語りを素材に自己をとらえる．榎本博明・岡田　努（編），*自己心理学1　自己心理学研究の歴史と方法*（pp.104-128）．東京：金子書房．
Fitzgerald, J. M.（1988）．Vivid memories and the reminiscence phenomenon: The role of a self narrative. *Human Development*, **31**, 261-273.
Fraisse, P.（1960）．*時間の心理学：その生物学・生理学*（原　吉雄ほか，訳）．東京：創元社．(Fraisse, P. (1957). *Psychologie du temps.* Paris: Presses Universitaires de France.)
Frank, L. K.（1939）．Time perspective: Theoretical and methodological considerations. *Overdruk uit Psy-*

chological Belgica, **13**(3), 27-56.
Frankl, V. E. (1979). 意味への意志（大沢　博，訳）．東京：ブレーン出版．（Frankl, V. E. (1969). *The will to meaning: Foundations and applications of logotherapy*. New York: The New American Library Inc.）
日潟淳子．（2009）．中年期における喪失と解放の意識：年代別による検討．神戸大学大学院人間発達環境学研究科研究紀要，**3**, 77-86.
日潟淳子・岡本祐子．（2008）．中年期の時間的展望と精神的健康との関連：40歳代，50歳代，60歳代の年代別による検討．発達心理学研究，**19**, 144-156.
一川　誠．（2008）．大人の時間はなぜ短いのか．東京：集英社（集英社新書）．
入不二基義．（2007）．時間と絶対と相対と．東京：勁草書房．
James, W.（1992-1993）．心理学（上・下）（今田　寛，訳）．東京：岩波書店（岩波文庫）．（James, W. (1892). *Psychology: Briefer course*. New York: Henry Holt.）
Janet, P.（1928）．Le temps des savants. In Janet, P.（2006）, *L'évolution de la mémoire et la notion du temps; Leçons au collège de France 1927-1928* (pp.383-399). Paris: L'Harmattan.（一川　誠．（2008）．大人の時間はなぜ短いのか．集英社新書より）
Josselson, R.（2006）．Narrative research and the challenge of accumulating knowledge. *Narrative Inquiry*, **16**, 3-10.
Jünger, E.（1978）．砂時計の書（今村　孝，訳）．京都：人文書院．（Jünger, E. (1954). *Das Sanduhrbuch*. Frankfurt am Main: V. Klostermann.）
木村　敏．（1982）．時間と自己．東京：中央公論社（中公新書）．
Levinson, D. J.（1992）．ライフサイクルの心理学（上・下）（南　博，訳）．東京：講談社（講談社学術文庫）．（Levinson, D. J. (1978). *The seasons of a man's life*. New York: Knopf.）
Lewin, K.（1954）．社会的葛藤の解決：グループ・ダイナミックス論文集（末永俊郎，訳）東京：東京創元社．（Lewin, K. (1948). *Resolving social conflicts: Selected papers on group dynamics*. New York: Harper.）
Lewin, K.（1956）．社会科学における場の理論（猪股佐登留，訳）．東京：誠信書房．（Lewin, K. (1951). *Field theory in social science*. New York: Harper & Brothers.）
Markus, H., & Nurius, P.（1986）．Possible selves. *American Psychologist*, **41**, 954-969.
McAdams, D. P.（1988）．*Power, intimacy, and the life story: Personological inquiries into identity*. New York: Guilford.
McAdams, D. P.（1993）．*The stories we live by: Personal myths and the making of the self*. New York: William Morrow.
McAdams, D. P.（2006）．The role of narrative in personality psychology today. *Narrative Inquiry*, **16**, 11-18.
松田文子．（1965）．時間評価の発達Ⅰ：言語的聴覚刺激のまとまりの効果．心理学研究，**36**, 169-177.
松田文子．（1991）．時間評価に及ぼす刺激頻度と課題の困難度の効果の関係．日本心理学会第55回大会発表論文集，138.
松田文子．（1996）．時間評価．松田文子・調枝孝治ほか（編），心理的時間：その広くて深いなぞ（pp.88-144）．京都：北大路書房．
松浪克文・熊崎　努．（2001）．現代の中年像．精神療法，**27**, 108-117.
Moustakas, C. E.（1984）．愛と孤独（片岡　康・東山紘久，訳）．大阪：創元社．（Moustakas, C. E. (1972). *Loneliness and love*. Englewood Cliffs, NJ: Prentice-Hall.）
Neugarten, B. L.（1968）．The awareness of middle age. In B. L. Neugarten (Ed.), *Middle age and aging*. Chicago: University of Chicago Press.

岡本祐子．(1985)．中年期の自我同一性に関する研究．*教育心理学研究*，**33**，295-306.

大森荘蔵．(1992)．*時間と自我*．東京：青土社．

太田直道．(2008)．*人間の時間：時間の美学試論*．東京：花伝社．

Picard, M.（1964）．*沈黙の世界*（佐野利勝，訳）．東京：みすず書房．(Picard, M.（1948）．*Die Welt des Schweigens*. Zürich: Eugen Rentsch.)

Pollock, G. H.（1980）. Aging or aged: Development or pathology. In S. I. Greenspan & G. H. Pollock（Eds.）, *The course of life: Psychoanalytic contributions toward understanding personality development: Vol.III. Adulthood and the aging process*（pp.549-585）. Washington, D.C.: National Institute of Mental Health.

Sartre, J. P.（1956）．*サルトル全集：第十六巻　ボードレール*（佐藤　朔，訳）．京都：人文書院．(Sartre, J. P.（1947）．*Baudelaire*. Paris: Gallimard.)

白井利明．(1991)．青年期から中年期における時間的展望と時間的信念の関連．*心理学研究*，**62**，260-263.

白井利明．(1996a)．大学から職場への移行に関する追跡的研究：時間的展望の再編成に注目して．*悠峰職業科学研究紀要*，**4**，38-45.

白井利明．(1996b)．時間的展望とは何か：概念と測定．松田文子ほか（編），*心理的時間：その広くて深いなぞ*（pp.380-394）．京都：北大路書房．

白井利明．(2001)．*〈希望〉の心理学：時間的展望をどうもつか*．東京：講談社（講談社現代新書）．

Shirai, T.（2003）. Woman's transition to adulthood in Japan: A longitudinal study of subjective aspects. In German Japanese Society for Social Sciences（Ed.）, *Environment in natural and socio-cultural context: Proceedings of the 7th meeting of German Japanese Society for Social Sciences*（pp.299-309）. Tokyo: Inaho Shobo.

白井利明．(2007)．時間的展望研究の動向．都筑　学・白井利明（編），*時間的展望研究ガイドブック*（pp.53-109）．京都：ナカニシヤ出版．

白井利明．(2009)．大学から社会への移行における時間的展望の再編成に関する追跡的研究（Ⅵ）：大卒8年目のキャリア発達と時間的展望．*大阪教育大学紀要第Ⅳ部門*，**57**，101-112.

滝沢武久．(1981)．時間の発達心理学．村上陽一郎（編），*時間と人間*（pp.23-39）．東京：東京大学出版会．

都筑　学・白井利明（編）．(2007)．*時間的展望研究ガイドブック*．京都：ナカニシヤ出版．

植村恒一郎．(2002)．*時間の本性*．東京：勁草書房．

Whitty, M.（2002）. Possible selves: An exploration of the utility of a narrative approach. *Identity*, **2**, 211-228.

横井優子・榎本博明．(2000)．過去・現在・未来の評価と過去への態度および自己関連尺度．*第9回日本性格心理学会大会発表論文集*，74-75.

第8章
高齢者の時間

長田由紀子

　人生の最終段階を生きる高齢者は，どのような時間体験をしているのだろうか。老年期の時間体験は，どのような要因に影響を受けるのであろうか。退職後の時間をもてあましてうつ的になる人もいれば，100歳近くでも活発に活動し，精神的な老いを感じることもなく，死を身近に感じない人もいる。加齢による心身の変化は個人差が大きく，自分自身あるいは配偶者の健康状態は老年期の生活のあり方を決定する一つの大きな要因となるだろう。自らが望む生活に向けて創造的な活動をしているか，与えられる生活に依存する形で生活しているか，あるいは基本的な日常動作において他者の手を借りる必要があり，誰かの意のままに過ごさなくてはならないかによって，過ごす時間の感覚は当然違ってくることが予想される。また義務から解放され自由な時間が獲得される老年期の生活は，生き方や価値観の違いによって大きく異なる。

　老年期の年齢区分は一般的に65歳以上とされているが，かつてニューガーテン（Neugarten, 1975）が提案したように，老年期を前期（young-old）と後期（old-old）に分けて考えることは，高齢者の時間を考えるうえでも妥当であろう。また，近年の高齢化にともない85歳以上の超高齢期（extremely old）を対象とした研究も増えている。本稿では老年期を，退職後に獲得される自由時間に代表される老年前期，心身に機能低下を感じるようになり本格的な老いを生きる老年後期，さまざまな機能低下を経験する中で現実世界から離れ，過去・現在・未来の区別が薄れて渾然一体となる宇宙的時間を獲得するといわれる超高齢期に分けて，それぞれの特徴をみてゆく。

第1節　老年前期

　心身ともに元気で活動性の高いこの時期に経験する定年退職は，仕事を生きが

いとしてきた人たちには，強制的に引退させられる否定的な出来事として捉えられたり，アイデンティティを失わせ「うつ」のきっかけになるといわれてきた。定年退職はこれまでの自分を支えてきた職場から離れる寂しさをもたらすとともに，一つの仕事をやり終えたことへの満足感をももたらす。近年の高齢者にとって定年は，新たなチャレンジを可能とさせる時期と捉えられる傾向にあり，第三の人生としての自由な生き方が提案されるようになった（シニアプラン開発機構，1994；岩波書店編集部，1999）。

1 定年後の時間

老年期における社会的変化のひとつとして定年退職があげられる。定年退職者の暮らしに関する研究は数多くあるが，筆者ら（聖徳大学生涯学習研究所，2006）がA企業の退職者に実施した調査の一部を紹介したい。A企業は1940年に設立された終身雇用制度による機器部品製造の会社であり，調査時（2005年）の従業員数は4,470名であった。定年退職者向けのセミナーは時代に先駆けて始められ，50歳，55歳，そして退職年齢の60歳では夫婦同伴の一泊研修が設定されるなど，退職者への対策が充実している。そのため退職後も会社に対する帰属感は高く，退職者の集まりには歴史と実績がある。質問紙調査は2005年3月，約660名の退職者の会会員に実施され，郵送により得られた回答は333名（回収率50.2％）であった。社員構成上，回答者の9割は男性であり，年齢の範囲は60歳～89歳であったが60代が約7割を占める。70代まで含めると全体の95％を超えるため，本結果は老年前期の男性の傾向を示しているといえる。

図8-1は，現在多く「過ごしている時間」と「楽しい時間」を3つまで選択してもらった結果である（聖徳大学生涯学習研究所，2006）。「過ごしている時間」として多くあげられたのは「テレビ・ラジオ」「趣味・娯楽」「スポーツ・健康づくり」であり，楽しい時間は「趣味・娯楽」が群を抜き，次いで「スポーツ・健康づくり」「テレビ・ラジオ」であった。しばしば高齢者の活動として話題になる「ボランティア・社会活動」に参加している者は全体の3割程度で，必ずしも高いとは言えなかったが，これは全国平均と一致していた。生活に対する満足度を1項目4段階で聞いたところ，「満足」と回答した者は1割であり，「満足」「まあ満足」を合わせると8割近くは現在の生活を肯定的に捉えていたことから，大半は，現状を受け入れ適応的な生活を送っているといえよう。その後23名に実施した個別インタビューからも，全体的に，「贅沢を言わなければゆとりのある生活はできるので」ゆったりした時間の中で余暇を楽しみながら生活していると

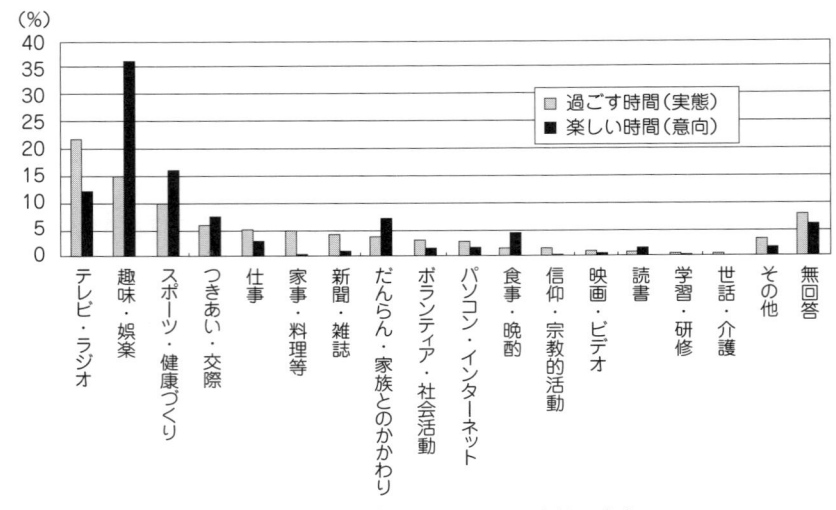

図8-1　高齢期の余暇時間における実態と意向

いう傾向がうかがえた。退職者本人が退職を意識したときから情報を集めるなど自分なりに準備をしていたことに加え，健康であること，配偶者との関係が悪くないこと，金銭的裏付けがしっかりしていることが，適応的な生活を可能にしているといえよう。

2　現在を謳歌する定年後

　現在，定年退職後の生活はかつてのような「余生」としては捉えられていない。定年後は，仕事や家庭における義務や責任から解放され，贅沢をしなければ経済的な問題もほとんどなく，多くの自由な時間を獲得できるので，自分のやりたかったことに挑戦できるチャンスとも言える。心身ともに健康が保たれていれば「老い」はほとんど自覚されない。目標をもち残された活力を向ける対象をもつ人にとっては，「自分らしい」生活を楽しむ時間となるだろう。
　柏尾は，大学生，社会人と比較して高齢者の現実主義傾向が高まっていること，また現在・過去・未来のどれを重視するかを見るサークルテストからも，高齢者の現在志向が高いことを報告し，高齢者にとっての「今というときは二度とないから大切にしたい」思いについて述べている（柏尾，2007）。日潟・岡本（2008）は，同じくサークルテストを用いて40代・50代・60代の現在・過去・未来志向について調査を行った結果，40代では未来志向が高いのに対して50代では現

在・過去・未来に分散し，60代では現在を重視する傾向が高かったという結果を示している。また時間的展望と精神的健康との関連では，60代では現在の充実感と未来への希望が精神的健康と関連することを報告した。

　筆者は，これまでに研究を通して多くの高齢者と出会ってきたが，しばしば「今が一番幸せ」という言葉を耳にした。それは，定年後の自由獲得というだけではなく，豊かな時代になったことも関係しているのではないかと思われる。これまでの日本の高齢者のほとんどは太平洋戦争を体験し，戦争を自分の人生に影響を与えた強烈な体験として位置づけていた（長田ほか，1989）。「精神的な強さ」など戦争から得られたものもあるが，否定的な体験であったことには変わりはない。また社会全体が貧しかった時代，つらく苦しかった思い出をもつ者も少なくない。高齢者が現在を大切に感じる傾向の背景には，こうした社会的特徴もあると考えられる。

3　目的のない時間の増加

　一方，定年退職によって自由な時間と生活を獲得することはまた，新たな葛藤を生み出すことにもなる。習慣的な生活の中ではそれなりに過ぎてゆく毎日も，予定がなければ「することがない」ことを自覚させられることになる。退職後の目標をもたない退職者にとって，「次は何をやるの？」と聞かれるのはつらい，という話もしばしば耳にする。われわれは「時間は有意義に過ごさなければならない」と思いがちであるが，膨大な自由時間はプレッシャーにもなりうるのである。予定のない一日をただただ過ごすことは，「老年期における無為な時間の増加」と捉えられてきたのである。

　こうした，獲得した自由な時間の過ごし方が，時間の感覚に大きくかかわっていると考えられる。一般的に言われてきた，加齢によって時間が早く過ぎると感じるようになるという現象は，加齢による情報処理速度の低下や単調な生活が関係することで説明されることが多いが，密度の濃い時間を過ごしている場合はその限りではないことでは一致している（中沢，2000；松田，2004；一川，2008；竹内，2008）。中沢（2000）は，時間の流れの速さと加齢は別のものであるとし，「興味を呼び起こすもの，緊張や興奮，怒りや喜びなど情動を揺さぶるものなど」が一定の物理的な時間内に多く起これば起こるほど，主観的時間は延びるとしている。新たな学習やボランティア，人とのかかわりを通して何かを伝えてゆくなど創造的な活動をしている高齢者は，成人期と変わらずなお長い一日を過ごしていると考えられる。これは，一定時間における出来事の数というよりも，一定時間の中

でいかに主体的な体験をしているか，充実感を感じているかといった，時間の過ごし方によるものといえよう。また白井（2004）は，年齢とともに時間が早く過ぎると感じる理由のひとつに，「人生を起点からではなく，終点から逆算して考えるようになること」をあげており，残り時間が減少することに注目が行く中で，やり残した仕事があると時間が早く過ぎると感じるのではないかとしている。

4　定年後を誰と過ごすか

　社会的な義務から解放された自由な老年期こそ，これからをどう展望し，どのような時間を過ごすかは，本人に投げかけられた課題であり，それまでの生き方とともに培ってきた人間関係が大きくかかわってくるであろう。定年退職によって生活の場および生活パターンが変化するということは，共に過ごす人間が変わるということでもある。夫婦が一緒に過ごす時間が増えることによって生じる退職後のストレスは，とくに妻側からしばしば報告される（清水，1996）。実際には必ずしも多くはないが，定年をきっかけとした離婚が報告されるようになったのは，寿命が延びたからこそ生じた現象といえる。限りある時間を意識したところで，残りの時間を自分のために大切に使いたいと考え，あえて別の生き方を選ぶという行為は，むしろ未来に対する期待の高さを表していると言えるかもしれない。

　退職が配偶者との関係にもたらす影響については，伴侶性や親密性が増す，互いがストレス源となり緊張が高まる，ほとんど影響はない，の3つが考えられる（Atchley, 1992）。杉澤（2010）は，これまでの研究から退職前後で夫婦関係に有意な差はないが，あったとしても一時的という報告であり，退職により夫婦関係に危機がもたらされることは少ないという結果を示したうえで「退職が夫婦関係に影響していないのではなく，その影響がある特性をもった人にのみあらわれるため集団としてみた場合に影響がなかったという可能性が考えられる」(p.1719) と指摘している。

第2節　老年後期

　元気な高齢者が増えたとはいえ，加齢とともに心身の機能は変化し，とくに身体的な機能が低下してゆくことは避けられない。個人差はあるものの，75歳〜80歳を過ぎたあたりから身体的な衰えを実感することは多くなり，認知症の有病率や介護を必要とする高齢者も増加する。定年後に始めた地域活動や趣味の

活動も病気や障害によって断念せざるをえなくなると，活動範囲は縮小し本格的な老いを生きることになる。

1 本格的老いの始まり

　退職後のありあまる時間を自由に謳歌してきた人たちも，自分自身の病気や配偶者の介護のためにその活動を制限され，活動範囲は狭まってゆく。健康を害することや，身近な人との死別経験が増えることによって，自分自身の「死」を意識することも多くなる。今まで漠然とした未来にあった「死」が身近になることによって，時間的展望は大きく変わることが予想される。

　白井（1997）は，青年期から老年期にいたる時間的展望の発達を検討する中で，老年期の将来無関心の増大，希望・目標指向性の減少，ネガティブな現在志向の多さについて述べている。これに関しては「将来展望の狭まりや統制不可能な事象の増大，生活の不安や親密な他者との関係の切断などによるものと考えられる」(p.182) としている。先の見えない不安，思うようにならない現実，親しい人が減り孤独を体験する中で，これからのことをどう考えたらよいのか，考えても仕方がない，という自問自答を繰り返すことは少なくないであろう。

　ADL（Activities of Daily Living：日常生活動作能力）や IADL（手段的 ADL：食事を作る，買い物に行くなど，日常生活調整能力）の低下により自立した生活を営むことが難しくなると，他者の手を借りることが増えるようになる。上野（2008）は，「ケアについて，だれが，なにを，いつ，どれだけ，いかに提供するかは，もっぱらケアする側の都合によって決められる」(p.4) と，ケアされる人の当事者能力が否認されケアされる側は発言を抑制する傾向にある現状を指摘し，当事者主権という思想の必要性を説いた。近年では，生活リズムを他者に委ねることが自分らしい生活を脅かし依存性を増加させるという反省に立ち，認知症ケアにおいても本人の生活，本人の視点を重視したケアが重視されるようになってきている。人の手を借りることの多くなる老年期においていかに自分の時間を生きるかは，高齢者自身にとってもこれまでに獲得した知恵や技術を使って対応しなければならない課題と言えるかもしれない。

2 死の意識と時間的展望

　加齢とともに身体機能の低下や喪失を体験し，疾病や，また後遺症により障害をもつことも増える。さらに配偶者をはじめ身近な人や友人との死別を体験することで死を意識する。こうした老年期の特徴は，エリクソン（Erikson, E. H.）が

示したライフサイクルの 8 段階目の課題である「統合対絶望」を用いてしばしば説明される。彼は「老年者は，まだこれから生きなければならないというよりはもうほとんど完結しているライフサイクルを目のあたりにし，残された未来を生き抜くための英知の感覚を統合し，現在生きている世代の中でうまく釣り合う位置に自分を置き，無限の歴史的連続の中で自分の場所を受け入れる，という課題に直面する」(訳書, p.59) とし，人生を振り返り，過去の意義を見出し自分の人生と折り合いをつけることが，恐れることなく死の受け入れを可能にするとした (Erikson et al., 1986/1990)。ただし自分が思うような人生ではなかったという思いが強まると，やり直すには時間がなく絶望的な感情の中で死を恐れることになる。

　残された未来にどう向き合うかは，死をどうとらえるかと直結していると言える。河合ほか (1996) は，諸外国に比べて日本の高齢者は死の不安や恐怖が高いとし，それは死そのものより死ぬ際の苦しみについての恐怖が大きいことを示唆している。また，60 歳代と 80 歳代では死に対する態度が異なり，高齢になるほど死の不安から解放されていくことを示唆している。松田 (2004) は，死への不安は時間を過大評価させ，どんどん時が過ぎ去ってゆく感覚を強め，「未来への展望を剥奪する」と述べている。伊波は，中高年者を対象としたお墓に関する質問紙調査から，お墓が必要だと思っている人，入るお墓をすでに決めている人は，「死の恐怖」および「積極的受容」(死後の世界を楽しみにしているなど) が高いことを示し，死の恐怖が高い人はお墓を必要と考え，お墓をもつことによって安心感につながるのではないかとした (伊波ほか, 2008)。また，「お墓」を必要と考える傾向と心理的不安定さに関連があったことを報告している (伊波ほか, 2010)。お墓は，特定の宗教をもたなくとも「先祖」という死後の行き先，場を与えてくれる心のよりどころとなるのであろう。

　死を意識することは，死に対して不安をもつことだけではない。自分の死期を漠然と予期し，身辺を整理したり遺影や経帷子(きょうかたびら)を用意する，自分の葬式の際に子どもたちが戸惑わないように連絡先を用意するなど，終末期に向けて準備をする高齢者は少なくない。成年後見制度の利用，死後における不要なトラブルを回避するために遺言書を準備する高齢者も増加している。しかし，そうした準備をしたからといって意識は死に向いているわけではなく，気がかりなことを整理することによってむしろ現在に目を向けることができ，安心して日々を過ごすことが可能になるのではないかと考えられる。

3　回想の意義

　死を意識することが「過去をふり返ること」に関係するというのは，神話をはじめとする古今東西の書物や逸話の中で示唆されてきたことであるが，死が近くなる老年期における回想の意義を見直し，その後の回想研究に大きく貢献したのはバトラーであった（Butler, 1963）。バトラーは精神科医としての自身の体験から，高齢者の回想を重視した。彼は，これまで，高齢者が過去を語る行為は，最近のことが覚えられなくなるために生じる老化現象として否定的にとらえられていたが，高齢者が自分の人生を思い起こして吟味することは意味がある行為だとした。そして，失敗や未解決の葛藤が再評価され意味づけがなされることで，自分の人生と折り合いをつけることができ，心の平穏や安定を得ることで，死を受け入れやすくなると説明した。一方で回想はさまざまな形をとり，結果的に「無意味な人生だった」という思いを強くするような悲惨な結末をもたらす危険性についても述べている。ライフレビューの結果によるうつ状態や混乱，焦り，恐れの増加等について，戸が閉まる際のパニックや「タイムパニック」という言葉を用いて注意を促した。

　バトラー以降今日まで，国内外において高齢者を対象とした回想法やライフレビュー研究が行われてきた。回想およびライフレビューには，個人内面における効果，社会的対人的な効果が指摘されている（Lewis, 1971；Lewis & Butler, 1974；Freed, 1992/1998；野村，1998）。前者においては，自己や人生に対する理解が深まる，自己の一貫性や継続性の感覚を得る，自信を取り戻し自尊感情を高める，過去を通して現在を理解しそれを未来につなげることができる，過去と折り合いをつけることが死の受け入れ準備につながるなど，さまざまな効果が示唆されてきた。後者においては，対人関係の進展を促す，生活を活性化し楽しみを作る，社会習慣や技術を取り戻し新しい役割を担う，世代交流を促す，新しい環境への適応を促すことなどがあげられている。日本のこれまでの回想研究には，認知症高齢者を対象としたグループ回想法の報告が多いが，回想法を通してこれからの生活の目標やケアのあり方を探るなど過去を未来につなぐことを目的に，さらに対象や形を広げてさまざまな試みがなされている。

　回想によって自分が何者であるか，どのように生きてきたかを思い起こすことの重要性は，次の詩によっても明らかである。これは，イギリスの病院で働いていた看護師が，老人病棟で亡くなった老婦人の持ち物の中から見つけたもので，今日でも，高齢者に携わる仕事をする者が心に留めておくべきこととして語り継がれている詩である。この詩はまた，病床にいる高齢者がどのような時を送って

何が見えるの，看護婦さん，あなたには何が見えるの
あなたが私を見る時，こう思っているのでしょう
気むずかしいおばあさん，利口じゃないし，日常生活もおぼつかなく
目をうつろにさまよわせて
食べ物をぽろぽろこぼし，返事もしない
あなたが大声で「お願いだからやってみて」と言っても
あなたのしていることに気づかないようで
いつもいつも靴下や靴をなくしてばかりいる
おもしろいのかおもしろくないのか
あなたの言いなりになっている
長い一日を埋めるためにお風呂を使ったり食事をしたり
これがあなたが考えていること，あなたが見ていることではありませんか
でも目を開けてごらんなさい，看護婦さん，あなたは私を見てはいないのですよ
私が誰なのか教えてあげましょう，ここにじっと座っているこの私が
あなたの命ずるままに起き上がるこの私が
あなたの意志で食べているこの私が誰なのか

私は十歳の子供でした。父がいて，母がいて
兄弟，姉妹がいて，皆お互いに愛し合っていました
十六歳の少女は足に羽根をつけて
もうすぐ恋人に会えることを夢見ていました
二十歳でもう花嫁。私の心は踊っていました
守ると約束した誓いを胸にきざんで
二十五歳で私は子供を産みました
その子は私に安全で幸福な家庭を求めたの
三十歳，子供はみるみる大きくなる
永遠に続くはずのきずなで母子は互いに結ばれて
四十歳，息子たちは成長し，行ってしまった
でも夫はそばにいて，私が悲しまないように見守ってくれました

五十歳，もう一度赤ん坊が膝の上で遊びました
私の愛する夫と私は再び子供に会ったのです
暗い日々が訪れました。夫が死んだのです
先のことを考え――不安で震えました
息子たちは皆自分の子供を育てている最中でしたから
それで私は，過ごしてきた年月と愛のことを考えました

今私はおばあさんになりました。自然の女神は残酷です
老人をまるでばかのように見せるのは，自然の女神の悪い冗談
体はぼろぼろ，優美さも気力も失せ，
かつて心があったところにはいまでは石ころがあるだけ

> でもこの古ぼけた肉体の残骸にはまだ少女が住んでいて
> 何度も何度も私の使い古しの心をふくらます
> 私は喜びを思い出し，苦しみを思い出す
> そして人生をもう一度愛して生き直す
> 年月はあまりに短かすぎ，あまりに速く過ぎてしまったと私は思うの
> そして何物も永遠ではないという厳しい現実を受け入れるのです
>
> だから目を開けてよ，看護婦さん——目を開けて見てください
> 気むずかしいおばあさんではなくて，「私」をもっとよく見て！

（Moore, 1985/1988，訳書，pp.245-249）

いるのかを教えてくれる，貴重な言葉でもある。

第3節　超高齢期

　超高齢期では，加齢による機能低下や喪失，それらを補償する能力も低下する。そこで，もはやサクセスフルエイジングを達成することは困難という悲観的な考えの中で，近年注目されるようになっているのが，ジェロトランセンデンス（gerotranscendence：老いの超越，老年的超越などと訳されている）という概念である。この時期の適応は，これまで老年期の適応と関連の深かった健康状態，ADL，役割，各種資源などでは説明できず，新たな段階と考えられている。

1　エリクソンの第9段階

　エリクソンの妻ジョウンは，生前の夫との議論に基づき，これまでの8段階の人生周期に第9段階を加えることを提案した。彼女は「老年期といっても，80歳代や90歳代になると，それまでとは異なる新たなニーズが現れ，見直しが迫られ，新たな生活上の困難が訪れる。」（訳書，p.151）と述べている（Erikson & Erikson, 1997/2001）。すなわち，身体に関しては自律性を失ってゆくことは避けがたく，自尊心と自信が崩れ始める。身体能力の喪失をもたらす緊急事態がいつやってくるかわからないという不安は打ち消せず，絶望感を切り離せなくなる。エリクソン自身が述べた，8段階の「絶望」は，やり直すには遅すぎるという感情，という説明に対し，「80歳代から90歳代になると，人はそのような贅沢な回想的絶望などしてはいられなくなる。能力の喪失や崩壊が彼の関心の全てとなる。その日その日を無事に過ごせるかどうかが，それまでの人生にどれだけ満足しているかいないかに関わりなく，彼の関心の焦点となる」（訳書，p.163）と述べて

いる。そして多くの喪失を体験する中で，生き続けてゆくための力と起源は基本的信頼感にあるとしている。彼女は，自分自身が老年期の心身の衰えに向き合う中で，東洋の思想やスウェーデンのトルンスタム（Tornstam, L.）から影響を受けて，第9段階における老年的超越の可能性を示唆したのである。

2 老年的超越と時間の変化

トルンスタムが提唱する老年的超越理論は，カミング（Cumming, E.）らの離脱理論に端を発し，加齢に本質的で自然な発達であり，社会との関係の変化，自己意識の変化，宇宙的意識の獲得の3つの次元の特徴を有していると説明される（増井ほか，2010；中嶌・小田，2001；Tornstam, 1997）。中でも宇宙的意識は具体的に，時間と空間の変化（時間や場所についての認識が変化し，過去・現在・未来の区別がなくなり，一体化して感じられるようになる），前の世代とのつながりの変化（先祖とのつながりや世代の連続性を強く感じる），生と死の認識の変化（死を一つの通過点とみなすなど，死に対する恐怖が消え，生と死について新しい認識が生まれる），生命の神秘に対する感受性（身近な自然や生活の中に生命の神秘を感じる），人類や宇宙との一体感（大いなるものとの一体感に喜びを感じる）があげられている。中嶌・小田（2001）は，「時間や空間の認識の変化」についてさらに「時間の認識が，過去から現在，そして未来へという不可逆的な直線的な流れとしてではなく，時間的境界の意味が薄れて渾然一体としたものとして認識されるようになる。したがって，時間の流れる速さに対する認識も変わる」（p.261）と説明している。

3 日本における老年的超越の研究

日本でも，近年，老年的超越の研究が行われるようになってきた。もともと老年的超越は東洋の禅の影響を受けており，日本の超高齢者の中に超越的な生き方を認めることは比較的たやすいと言えるかもしれない。権藤ほか（2005）は，超高齢者には，日常生活機能や身体機能の低下は顕著であるが，それらが主観的健康感や主観的幸福感に与える影響は前期高齢者・後期高齢者に比べて小さいことを示し，超高齢期における「老年的超越」プロセスの可能性を示唆した。冨澤（2009a, 2009b）は，長命，健康，生活満足・幸福といった理由から，長寿社会のモデルケースとしての可能性をもつ奄美大島の85〜101歳11名を対象に面接調査を行い，「自我超越」「執着超越」「宇宙的超越」の3要素からなる「老年的超越」が生活満足に関連していることを報告し，中・高年とは異なる超高齢者の豊かな精神世界について報告している。増井ほか（2010）は，日本人高齢者に適し

た老年的超越質問紙の開発を試み，心理的ウェルビーイング（well-being）が高い虚弱超高齢者の老年的超越の特徴を検討した。

　老年的超越の研究は，まだ始まったばかりである。しかし，超高齢期に心身機能が低下し活動範囲が狭まったとしても，死に怯えて悲惨な時を過ごすのではなく，自律できないわが身を憂うこともなく，気配りが届かない介護者に不満をもつこともなく，自己や所有のこだわりを捨て，信頼のおける人間関係をもつことで，幸福な時間を送ることは可能であることを示唆している。これはまた老年期のどの段階であっても虚弱や死を免れない状況の中で幸福に過ごすことへのヒントとなろう。

　老年期の生活は成人期とは大きく異なる。しかし生活時間と主観的な時間体験との関連性を，若年者の公式に当てはめて考えるだけでは十分とは言えないだろう。研究者にとって未経験の老年期を生きる高齢者に対しては，質問紙を用いた調査には限界があると思われる。われわれは高齢者の話を傾聴し，未知の世界を推測する想像力をもたなくてはならない。

引用文献

Atchley, R. C.（1992）. Retirement and marital satisfaction. In M. Szinovacz, D. J. Ekerdt, & B. H. Vinick（Eds.）, *Families and retirement*（pp.145-158）. Newbury Park: Sage Publications.

Butler, R. N.（1963）. The life review: A interpretation of reminiscence in the aged. *Psychiatry*, **26**, 65-76.

Erikson, E. H., & Erikson, J. M.（2001）. ライフサイクル，その完結（増補版，村瀬孝雄・近藤邦夫，訳）. 東京：みすず書房.（Erikson, E. H., & Erikson, J. M.（1997）. *The life cycle completed: A review*. New York: Norton.）

Erikson, E. H., Erikson, J. M., & Kivnick, H. Q.（1990）. 老年期：生き生きしたかかわりあい（朝長正徳・朝長梨枝子，訳）. 東京：みすず書房.（Erikson, E. H., Erikson, J. M., & Kivnick, H. Q.（1986）. *Vital involvement in old age*. New York: Norton.）

Freed, A. O.（1998）. 回想法の実際：ライフレビューによる人生の再発見（黒川由紀子・伊藤淑子・野村豊子，訳）. 東京：誠信書房.（Freed, A. O.（1992）. *The changing worlds of older women in Japan*. Manchester, Conn.: Knowledge, Ideas & Trends Inc.）

権藤恭之・古名丈人・小林江里香・岩佐　一・稲垣宏樹・増井幸恵・杉浦美穂・藺牟田洋美・本間　昭・鈴木隆雄.（2005）. 超高齢期における身体的機能の低下と心理的適応：板橋区超高齢者訪問悉皆調査の結果から. 老年社会科学, **27**, 327-338.

日潟淳子・岡本祐子.（2008）. 中年期の時間的展望と精神的健康との関連：40歳代，50歳代，60歳代の年代別による検討. 発達心理学研究, **19**, 144-156.

一川　誠.（2008）. 大人の時間はなぜ短いのか. 東京：集英社（集英社新書）.

伊波和恵・石塚一弥・篠崎香織・田端智章・冨岡次郎・下垣　光.（2008）. 中高年者の「お墓」観：成人期後期以降のライフイベント（5）. 日本心理学会第72回大会発表論文集, 1203.

伊波和恵・石塚一弥・篠崎香織・田端智章・冨岡次郎・下垣　光．(2010)．中高年者の「お墓」観：成人期後期以降のライフイベント（7）．*日本心理学会第 74 回大会発表論文集*，1126．
岩波書店編集部（編）．(1999)．*定年後：「もうひとつの人生」への案内*．東京：岩波書店．
柏尾眞津子．(2007)．時間的展望研究の具体的展開：高齢期に応用する．都筑　学・白井利明（編），*時間的展望研究ガイドブック*（pp.179-205）．京都：ナカニシヤ出版．
河合千恵子・下仲順子・中里克治．(1996)．老年期における死に対する態度．*老年社会科学*，**17**，107-116．
Lewis, C. N. (1971). Reminiscing and self-concept in old age. *Journal of Gerontology*, **26**, 240-243.
Lewis, M. I., & Butler, R. N. (1974). Life review therapy: Putting memories to work in individual and group psychotherapy. *Geriatrics*, **29**, 165-173.
増井幸恵・権藤恭之・河合千恵子・呉田陽一・高山　緑・中川　威・高橋龍太郎・藺牟田洋美．(2010)．心理的 well-being が高い虚弱超高齢者における老年的超越の特徴：新しく開発した日本版老年的超越質問紙を用いて．*老年社会科学*，**32**，33-47．
松田文子（編）．(2004)．*時間を作る，時間を生きる*．京都：北大路書房．
Moore, P. (1988)．変装：*A true story*：私は三年間老人だった（木村治美，訳）．東京：朝日出版社．(Moore, P. (1985). *Disguised: A true story*. Nashville, TN: W Publishing Group.)
中嶌康之・小田利勝．(2001)．サクセスフル・エイジングのもう一つの観点：ジェロトランセンデンス理論の考察．*神戸大学発達科学部研究紀要*，**8**，255-269．
中沢正夫．(2000)．*なにぶん老人は初めてなもので*．東京：柏書房．
Neugarten, B. L. (1975). The future of the young-old. *Gerontologist*, **15**, 4-9.
野村豊子．(1998)．*回想法とライフレヴュー：その理論と技法*．東京：中央法規出版．
長田由紀子・長田久雄・井上勝也．(1989)．老年期の過去回想に関する研究 1：回想の量・質・機能の種類と特徴．*老年社会科学*，**11**，183-201．
聖徳大学生涯学習研究所．(2006)．定年退職前教育と生きがいに関する研究（平成 15〜19 年度　私立大学学術研究高度化推進事業　平成 17 年度研究報告書）．
清水博子．(1996)．*夫は定年妻はストレス*．東京：青木書店．
シニアプラン開発機構（編）．(1994)．*遠くない定年・近くない老後*．京都：ミネルヴァ書房．
白井利明．(1997)．*時間の展望の生涯発達心理学*．東京：勁草書房．
白井利明．(2004)．心理学と時間：なぜ人生の時間は速く過ぎるのか．*別冊・数理科学「時間論の諸パラダイム」*（pp.155-160）．東京：サイエンス社．
杉澤秀博．(2010)．退職の影響．大内尉義・秋山弘子（編），*新老年学*（第 3 版，pp.1709-1920）．東京：東京大学出版会．
竹内　薫．(2008)．*一年は，なぜ年々速くなるのか*．東京：青春出版社．
冨澤公子．(2009a)．奄美群島超高齢者の日常からみる「老年的超越」形成意識：超高齢者のサクセスフル・エイジングの付加要因．*老年社会科学*，**30**，477-488．
冨澤公子．(2009b)．ライフサイクル第 9 段階の適応としての「老年的超越」：奄美群島超高齢者の実態調査からの考察．*神戸大学大学院人間発達環境学研究科研究紀要*，**2**，327-335．
Tornstam, L. (1997). Gerotranscendence: The contemplative dimension of aging. *Journal of Aging Studies*, **11**, 143-154.
上野千鶴子ほか（編）．(2008)．*ケアされること*．東京：岩波書店．

第Ⅲ部
時間体験の生態学

第9章 家族の時間

永久ひさ子

　近年，結婚や子どもをもつこと，夫婦のありかたについての意識が多様化している。家族の時間の変化は，家族の外側の社会経済的状況の変化と密接に関連しており，とりわけ女性の側で著しい。

　社会文化的変動の中でも，とりわけ家電製品の普及と家事の商品化，女性の就業の拡大と高学歴化は，女性の家族の時間に大きな変化をもたらした。家事時間は，掃除や育児のように減少がみられないものもあるが，電子レンジや冷凍冷蔵庫などの家電製品の普及の他，外食産業の発達やインスタント食品，冷凍食品，調理済み食品の普及などの影響により炊事に要する時間は大幅に減少し，家事時間全体では昭和45年の4.37時間から平成12年には3.49時間へと大幅に減少している（内閣府男女共同参画局，2005）。家事時間の減少は育児終了後の主婦に時間的余裕をもたらし，既婚女性の就労を促進した（経済企画庁，1990）。また，従来は経験や能力を必要とした家事が，家電製品により誰でも簡単にできる仕事になったことも，女性を達成感や充実感を求めて家庭外の就業へと動機づけた（柏木，2003）。さらに，女性の高学歴化が進み，産業の進展により男性と同等に働ける仕事が増えると，女性も経済力をもち仕事に自己実現を求めることが可能になった。一方で，少子・長寿命化というライフサイクルの変化は子育て後に長い時間をもたらし，女性が母親以外の生き方について考えざるをえない状況を生み出した。このように，女性を囲む社会文化的状況の変化は，いずれも女性に，妻・母親以外の「私」個人としての時間への関心を強めることにつながっている。本章では，近年の発達心理学研究を中心に取りあげ，主に，家族の時間の変化，夫婦の時間の非対称性，親としての時間を人生にどう組み込むか，という視点からみていく。

第1節　複数役割と家族の時間

　既婚女性の就業拡大は，時間という有限の資源を家族と仕事にどう配分するかという問題を生み出す。母親役割と職業役割をもつ女性についての研究が多くみられるのは，複数役割への時間資源の配分が母親自身や子どもにもたらす影響への関心が高いことを示していよう。

　複数役割の心理的影響については，時間的資源が不足し，その結果ストレスや疲労が高くなり，心理的に負の影響をもたらすという欠乏仮説と，それぞれの役割がもたらす満足感や達成感など多様な資源が蓄積され，その結果ストレスが低下するなど積極的影響をもたらすという増大仮説がある。西田（2000）は，成人期女性が家庭役割の他，就労や社会的活動という家庭外役割を担うことは，それぞれ異なる形でウェルビーイング（well-being）に強く関連することを報告している。また，妻・母・雇用者役割の有無と自尊心や抑うつなどとの関連をみた結果，雇用者役割が自尊心を高める効果のみがみられたとの報告もある（Baruch & Barnett, 1986）。土肥ほか（1990）は，妻・母・就業者役割についての達成感と生活満足度の関連から，生活満足度に及ぼす影響は役割の数よりも役割の質が重要であることを指摘し，松浦（2006）も，成人期中期女性の精神的健康と役割達成感の関連を，多重役割であるか否か別に検討を行った結果から，役割の数以上に役割の主観的な質が重要であることを示した。一方，小泉ほか（2003）では，有職母親は無職母親より抑うつ傾向が高く，仕事のために家事がおろそかになるなど，仕事役割での状況が家庭役割にネガティブな影響をもたらすネガティブ・スピルオーバーは子育てストレスと夫婦間の意見の不一致を媒介に抑うつ傾向を高めていたが，労働時間から抑うつ傾向への直接の関係はなかった。以上を概観すると，複数役割による心理的影響には，時間的資源の不足によるネガティブな影響以上に，複数役割によるポジティブな影響が広くみられ，そこでは役割の主観的な質が重要であることが示唆される。

　複数役割は男性にも重要な課題である。近年，ワーク・ライフ・バランスの重要性と，仕事役割のみの生き方の脆弱性が指摘されている（金井，2008）。高橋（2008）は，失業男性への調査から，失業によって人間関係や社会とのつながりの感覚そのものが失われると指摘し，男性が稼ぎ手役割以外に家庭や地域などで複数の役割をもつ重要性を主張している。社会の流動性が高まる今日，失業に限らず職業生活での不遇を経験する可能性は以前より高い。複数役割による多様な

人間関係や存在意味の感覚は，今後さらに重要になるであろう。

　複数役割をもつライフスタイルは，家族外の生活領域に所属して活動する時間の増加を意味する。春日井（2009）は，高学歴化による自己実現志向の高まりや，既婚女性の就労化で対等な夫婦間の分業が促されるようになった結果，各々の自己実現が可能になるような家族のあり方，つまりライフスタイルとしての家族が選択されるようになったと述べている。家族各々が規範に縛られることなく行動の自由を拡大し自己実現しようとする，家族枠内での「家族の個人化」は，家族間の利害の対立をもたらす（山田，2004）との指摘もある。

　柏木・永久（1999）は，20年の違いがある2世代の既婚女性を対象に，家族との情緒的一体感，家族との経済的一体感，「私」個人の世界の希求の3側面から家族観を検討し，「私」個人の世界の希求が世代にかかわらず一体感より高いこと，一体感はいずれも若い世代の方が有意に低いことを報告している。しかし「私」個人の世界の実現には家族間の交渉や配慮が必要で，個人の生活選好だけでは実現できない（春日井，2009）。そのため，「私」個人の世界の希求と現実は必ずしも一致しない。就学前の子どもをもつ育児期女性が，育児とは別の個人としての生き方への願望をもちつつも実現できないストレスを感じており（小野田，2007），専業主婦では，「個」としての生き方が実現されない場合に，その不全感から自尊感情が低くなる（百瀬，2009）との報告がみられる。

　高学歴化と女性の就業の拡大が進む今日，多くの母親は就労経験がある。自分の収入を自己裁量で消費した経験や，家庭外の仕事に能力を活かし評価された経験は，退職し子育て中であっても忘れられるわけではない。平山（1999a）によれば，就学前の子をもつ無職で大卒の母親は，高卒の母親より個人化欲求も就業希望も強い。女性の高学歴化は就業の拡大と相まって，若い世代の女性における「私」個人の生き方への関心や時間的展望を強めることが推測される。

第2節　夫婦の時間の非対称性

　結婚や夫婦関係への満足度が結婚年数とともに低下する傾向は，多くの研究での一致した見方である。ベルスキーほか（Belsky & Kelly, 1994/1995）によれば，夫婦の親密性や満足度は出産を境に低下する。日本においても，とりわけ女性の側の結婚満足度の低下が著しいことが報告されている（伊藤ほか，2006；永井，2005）。配偶者の有無とディストレス（抑うつ，不安など，個人が経験する不快な主観的状態）の研究では，夫にとって配偶者の存在は情緒的サポートになるが，妻

にとっては必ずしもそうではないとの指摘もみられる（稲葉，2004）。夫婦の時間には，ともに生活を支え養育をする手段的パートナーとしての時間と，人間的な魅力や尊敬に基づく情緒的パートナーとしての時間があり，これらは密接な関係にあると考えられる。

　妻と夫が何にどれほど時間を使っているかという生活時間では，3歳未満の子どもをもつ共働き夫婦の場合，夫の仕事時間は妻より4時間23分長いものの，家事・育児時間はわずかで，仕事と家事・育児の合計は妻の方が17分長く，自由時間は夫の方が53分長いことが報告されている（総務省統計局，2008）。

　夫婦の生活時間の違いは，夫婦間の衡平性（equity）の問題として捉えることができる。諸井（1990）は，夫婦それぞれが結婚生活の中で得る利得と結婚生活に投入しているもののバランスと結婚満足度の関連から，衡平性が結婚満足度を高め，結婚生活への投入より利得が少ない場合に不満が高くなること，とりわけ女性が平等的性役割観をもつ場合に不満が高いことを明らかにしている。妻の家族内ケアに関する検討では，夫からのケアが多いほど，妻の家族の世話や配慮，育児に対して否定感が低く肯定感が高いことが報告されている（平山，1999b）が，これは夫からのケアによって，妻の結婚生活への時間や心身のエネルギーの投入との衡平性が高まるためと解釈できる。相良ほか（2008）は，夫婦の性別分業観と家事・育児分担の理想と実際のズレの関連を検討し，夫の価値観にかかわらず妻が非伝統的分業観である場合にズレが大きく認知されることを示した。これらの研究は，労働時間や自由時間の偏りを，妻が衡平と感じるか否かどれほど不満かが，妻の性役割観によって左右されることを示している。現実の時間の偏り以上に，主観的時間の偏りが結婚満足度を左右するといえるだろう。

　夫婦の家事・育児分担は，衡平性の問題であるだけでなく，パートナーとの時間の共有としてみることができる。数井ほか（1996）によれば，父親の育児参加は，母親にとって子育ての負担の軽減という手段的サポートとなるだけでなく，母親の結婚満足度も左右する。後述のように，多くの時間やエネルギーを配分している領域ほど主観的幸福感と密接に関連することが示唆されている（伊藤ほか，2004）が，母親にとって子育ては，多くの時間やエネルギーを投入せざるをえないことから，主観的幸福感と密接にかかわる重要な領域と考えられる。夫の子育て参加によって，生き方の重要な部分を共有することになるため，妻の結婚満足度が高くなるのではなかろうか。

　夫婦間での非対称性は，生活時間だけでなく主観的幸福感と結婚生活の関連性にも見られる。伊藤ほか（2004）は，主観的幸福感の規定因として，夫は職場満

足度が最重要なのに対し，無職妻は夫婦関係満足度が最重要との違いがあること，常勤妻では職場満足度が夫婦関係満足度と同じく重要な規定因であるがパート妻にその関連はみられないことから，主観的幸福感に影響するのは，就労状況そのものではなく，個人がその領域にどれほどの時間やエネルギーを注いでいるかであるとしている。このことは，結婚生活へのコミットメントの重要性に夫婦間で違いがあること，妻においても職業へのコミットメントによって違いがあることを示唆している。

　妻・夫の職業生活が主観的幸福感にもたらす影響とともに，夫婦間でのクロスオーバーの影響を検討した研究（伊藤ほか，2006）では，夫婦関係満足度と主観的幸福感の関連は総じて夫より妻の方が強いこと，妻の夫婦関係満足度や主観的幸福感は夫の職業生活とクロスオーバーな関連がみられるのに対し，夫の場合は妻側の要因との関連はほとんどみられず，夫自身の職業生活によって規定されることが報告されている。大野（2008）も同様に，育児期男性の生活満足度の規定因についての研究から，調査対象の8割以上が「仕事中心型」および「仕事＋余暇中心型」で，仕事への満足度が生活満足度の最大要因であると述べている。この結果と，育児期女性の就労継続・退職の規定要因として，本人の自立志向や意欲以上に夫や夫の親の反対の方がはるかに重要である（小坂・柏木，2007）との報告とを考え合わせれば，配偶者が生活満足度に及ぼす影響力の大きさが夫と妻でいかに異なるかが示唆されよう。これらから，夫と妻は結婚生活そのものへのコミットメントが異なり，妻の主観的幸福感は結婚や夫婦関係という家族の時間によって規定される部分が大きいのに対し，夫の主観的幸福感を左右する要因はほぼ自分の職業領域のみであるといえるだろう。

　夫婦間コミュニケーションは結婚満足度の重要な予測因であることが明らかにされているが（Levenson & Gottman, 1983），夫婦各々のコミュニケーション特徴は，結婚生活へのコミットメントにより異なるであろう。平山・柏木（2001）は，中年期の夫婦間コミュニケーションの特徴について，妻は夫とかかわりを求める態度が多く，夫はかかわりを回避する態度が多いと報告している。

　家族の個人化が進む今日，夫婦の時間のあり方は，性役割規範によってではなく，夫婦がお互いに何を望むか，どのようなことを自己実現と捉えるかによって異なるであろう。性役割規範に一致した夫婦であればお互いの望みは以心伝心で伝わるが，個人化の進む家族では，相互の欲求を知り，対立する場合にはどう調節するかなど，夫婦間のコミュニケーションがより重要になるのではなかろうか。

第3節　人生の中の親子の時間

1　親としての時間を人生にどう位置づけるか

　少子化・長寿命化や女性就労の拡大は，親と子の時間をさまざまな側面で変化させた。Benesse 教育研究開発センター（2006）によれば，幼児をもつ母親の6割が「子どもが3歳くらいまでは母親がいつも一緒にいた方がいい」と同時に「子育ても大事だが，自分の生き方も大切にしたい」と考えている。この調査は，今日の母親に，長い子育て後の人生をどう充実させるかという課題が生じていることを示唆している。成人期女性のアイデンティティ発達では，1970年代以降，子育てと職業を人生にどう織り込むか，それがアイデンティティ発達とどう関連するかについての研究が蓄積され（岡本，1999），母親と職業人など複数の役割やアイデンティティの葛藤が全体的アイデンティティの発達につながるとの示唆が得られている（岡本，2002）。

　「私」個人としての時間的展望への関心が強まるほど，それを実現する時間がもてない状況は焦りとして経験されるであろう。大日向（1988）は，3世代の女性を対象に育児感情や考えを比較し，若い世代ほど「育児は有意義・生きがい」と考える傾向は弱く，「生きがいと育児は別・やりたいことができなくて焦る」と感じる傾向が強いことを明らかにしている。徳田（2004）は，幼児をもつ母親への調査から，子育てを自明のものと意味づけている母親では，現在の子育て中心の生活への満足や喜びが語られ将来の生き方への葛藤や不満は語られないのに対し，親自身の成長としての意味づけや人生の中の小休止という意味づけが行われている母親では，子育て中心の生活への負担感や将来の生き方の不確定さへの不安，時間の確保の葛藤や緊張の語りがみられると報告している。これらの報告からは，今日の母親の育児感情が，子どもや子育てそのものへの感情としてのみとらえることはできず，子育て後に続く個人としての自分の将来展望にどう位置づけるかと関連していることが示唆される。

　今日の女性は，子どもを産んだあとの時間的展望を，子どもをもつ前からもっている。柏木・永久（1999）は，女性が第1子を産む際に考慮した理由には，子どもをもつことで「情緒的価値」「社会的価値」「自分のための価値」が得られるという積極的理由と，親の個としての生活が縮小されることを見通し，それを最小限にしようとする「条件依存」「子育て支援」という消極的理由があること，若い世代では「社会的価値」が低く「条件依存」が高いことを報告している。

農業が産業の中心の社会では，親は子どもに一家の労働力や親の老後の生活保障などの実用的経済的価値を高く期待するが，工業化の進展した社会では実用的経済的価値は期待できず，もっぱら心理的価値を期待するようになる（柏木，2003）。産業が進展した今日の日本では，子どもには楽しみや生きがい，自分の成長などの心理的価値を高く期待しているが，それゆえに子育てには多くの時間やエネルギーや経済を投入しようとする。一方，女性の社会進出が進む中で，仕事など「私」個人の活動を通しての生きがいや楽しみを得る機会が増えれば，「私」個人の活動の重要性は増し，より多くの時間やエネルギーを使うことを望むであろうし，子育て中も継続しようとするであろう。この時間配分の対立の解決方法が，若い世代で上昇していた「条件依存」である。条件の整備によって対立が回避できれば産むことを選択し，できなければまだ産まないことを選択するというように，子どもをもつことを「私」個人の生き方との兼ね合いで決める方略によって解決していると解釈できる。子どもをもつことが選択可能な社会になったことで，子どもをもつことと「私」個人の生き方を人生にどう織り込み，どう時間配分するかという問題が浮上していることがうかがえる。

　かつて女性にとって，子どもは何より最優先される絶対的価値であったが，今日ではこのように「私」個人の生き方との相対的価値になっている。しかしこのことは，子どもの価値が低下したことを意味するわけではない。子どもをもったあとの母親においては，母親役割は「私」個人よりも優先されるという考えは依然として強い（江上，2005；柏木・蓮香，2000）。子どもが産まれたら母親役割優先が当然で，「私」個人のための時間や経済は制限されると考えれば，「私」個人の生き方が重要であるほど条件依存は高くなるであろう。「私」個人の生き方の重視と同時に，伝統的母親役割観が依然として強いことが，子どもをもつことへの慎重な態度につながっているのではなかろうか。

　先に，父親の育児時間が短いことをみたが，父親の育児関与の規定要因には，父親の個人的要因以外に家族要因や社会的要因があげられている（Parke, 1995）。福丸ほか（1999）は父親の育児時間の規定要因の検討を行い，「労働時間の長さ」と「仕事中心の価値観」および「無関心・低価値の子ども観」が関連することを示した。さらに共働きの父親と専業主婦の妻をもつ父親の比較から，共働き夫婦では，育児が2人の共同作業という意識が強まるために，父親の育児時間と夫婦の関係性との関連がより強くなると考察している。大野（2008）は，若い世代に，少ないながら仕事と家庭の重みが同程度の父親，仕事の他に趣味を重視する男性など，仕事中心以外の価値観をもつ父親がみられることを報告している。福丸ほ

か（1999）は仕事中心の価値観が昇進制度の厳しさと関連することを指摘しているが，その調査時期以降，日本の経済環境はさらに厳しさを増している。仕事中心以外の価値観をもつ男性の出現は，厳しい昇進レースから撤退し家庭や趣味に時間を多く配分することに価値を見出す男性が増えたことを示しているのかもしれない。つまり女性においては，子育ての責任は母親にあるという意識があるために子育て時間と職業時間を人生にどう織り込むかが問題となるのに対し，父親である男性では，子育てにどれほど時間を配分するかは仕事次第という違いがあるものと考えられる。

2　育児不安

育児不安が社会問題として注目され始めた時期は，高度成長期以降の1970年代後半以降であった（上野ほか，2010）。このことは，育児不安が子育ての困難さだけでなく，社会状況と関連する問題であることを示唆している。大日向(1988）によれば，「自分の生きがいは育児とは別である」「自分のやりたいことができなくて焦る」という感情は若い世代ほど高いが，これは若い世代ほど子育て以外にやりたいことをもてるようになった，ということでもあろう。少子化と長寿命化は，子育て後の約40年間をどう生きるかという問題に直面させる。子育て中の母親が，社会の中で働くという将来展望をもつ場合ほど，社会から取り残されるような不安や，子育て以外にやりたいことがあるのにできない，という焦りを感じることになろう。育児不安は有職群よりも無職群の方が高いという報告は（牧野，1982），それが女性の将来展望とかかわる問題でもあることを示唆しているのではなかろうか。

江上（2005）は，母親は自己を犠牲にして子ども優先にすべきという考え方を「母性愛」信奉傾向として，養育状況における母親の感情との関連を検討した。その結果，学校関係スキル，従順，礼儀，情緒的成熟，自立，社会的スキル，言語による自己主張の7領域の行動を現在どのくらいできていると思うかからみた子どもの発達水準が高い場合には，それが養育にポジティブに働くものの，その発達水準が低い場合には怒りの感情制御が困難というネガティブな影響をもたらすことが示された。先述のように，若い世代の母親は，生きがいは育児とは別と考えるなど「私」個人の発達への関心が高い。そのため，母親としての自己犠牲は，上の世代より大きな不満をともなうと推測される。子どもの発達水準が高い場合にはその自己犠牲が報われ肯定感情につながるが，期待どおりの発達水準でない場合には，その不満が子どもへの怒りとして表出されやすいのではなかろう

か。育児感情は，現在の状況への感情，子どもの将来や自分自身の将来展望とともに，これまでどのように時間を配分してきたか，それが期待どおりの結果をもたらしたか否かなど過去の時間的展望とも関連するといえるだろう。

母親が，「私」個人に時間を使うことに消極的である要因の一つに，「3歳児神話」や「母性神話」のように，幼少期の母子分離は子どもの発達に否定的影響があるという考え方がある。保育園に子どもを預けることへの母親の感情が，幼い子どもにとって母親がそばにいることが重要という伝統的母親役割観と関連するとの報告（柏木・蓮香, 2000）や，子育てには母親の役割が重要であり母親が子育てをすべきであるという「伝統的育児観」は母子分離時の子どもに対する心配・不安や子育てにおける母親存在の大きさを高めるとの報告（塩崎・無藤, 2006）は，母親による育児の排他的重要性が，母子分離への消極的態度と関連することを示している。母親による育児の排他的重要性は，「私」個人の時間がもてなくなることへの懸念を高め，結果的に子どもをもつこと自体への慎重な態度につながる可能性もあると思われる。

3 親子時間の延長——子離れの遅れ

親子関係には，愛着・接近と分離・自立の両面がある。社会の変化と少子・長寿命化は，この分離・自立の発達にも影響を与えている。近年，青年期後期に至っても親と同居し経済面・家事面ともに親への依存を続けるなど，自立の遅れが指摘されているが（山田, 1999），親からの独立の遅れの原因は，独立を可能にする経済力が子側にないことだけでなく，経済的自立を促す親側の圧力が弱いことにもある（北村, 2001）。少子・長寿命化が進む今日，子どもが成人した時点でも親はまだ健康で経済的にも子どもを依存させる余裕があるため，親側の子どもとの同居の希望と，親元での高い生活水準を享受したいという子どもの希望が一致し，成人した子どもと親との同居が延長している（厚生省, 1998）。

子の巣立ちへの反応は，自己投入の対象としての母親役割の重要性による（Antonucci et al., 2001）と指摘されるように，自立の遅れの要因には，母親の「子離れの困難さ」という発達課題の存在も考えられる。清水（2004）は，子の巣立ちと母親のアイデンティティの関連を検討し，子どもへの密着的傾向や献身的態度はアイデンティティ混乱と正の関係にあること，常勤母親では巣立ちの認識が進むにつれ達成方向のステイタスの出現率が高まる一方，専業主婦の場合には一人目の巣立ち完了の段階で拡散との関連がみられたと報告している。専業主婦では，これまで家庭中心の生活で母親役割以外にコミットするものをもたずにきた

ことが，拡散につながっていると考察されている。

　子どもの育ちについて文化間比較を行った箕浦（1990）は，いつまでが子どもかは文化によって異なると指摘している。日本においても，子どもが多く，上の子どもには早く経済的に自立することが求められ，末子が育ちあがる頃には親の寿命が尽きたという時代と今日では，親子の時間の長さそのものが変化してきているといえよう。

第4節　夫と妻の時間的展望

　以上のように，夫と妻の間には生活時間や子育てへのコミットメントに違いがあった。岡本（2002）は，中年期危機の契機は自己の限界感の認識であると述べているが，夫婦が中年期に至るまで多くの時間を配分してきた領域の違いは，自己の限界感を感じる契機や時間的展望に違いをもたらすのではなかろうか。

　男性を対象にアイデンティティの捉えなおしとその契機を検討した廣田（2009）は，契機の4割は職業領域における事柄で，30歳代においてアイデンティティの捉えなおし経験が多く，未来のキャリア形成に関連する事柄が契機となる場合が多いこと，40歳代では満足遅延という未来志向の時間的信念が契機となること，50歳代は捉えなおしの割合が最低で老いと限界の認識が契機となると報告している。一方，主に女性を対象に中年期の時間的展望を検討した日潟・岡本（2008）は，40歳代では過去を土台とした現在の自己の成熟の実感が心理的安定につながっており，50歳代では過去の体験も現在の出来事も自己形成の過程であり未来の充実につながる体験として捉えられていると述べている。

　職業領域における40歳代は働き盛りで経験や責任が増し，将来のための満足遅延が求められる時期であるのに対し，家庭領域における女性の40歳代は，子育てが一段落し，これまでの生き方が現在の自己にどう統合されるかが重要な関心事になる時期であろう。また50歳代男性は定年が目前のため，アイデンティティの捉えなおしが少なく，生じるとしても老いと限界の認識が契機となるのであろう。つまり夫婦は，同じ年代でも互いに異なる時間的展望をもちつつ生活していると考えられる。性別分業による夫婦ではそのずれがより顕著なのではなかろうか。

　夫と妻の生活時間の非対称性や時間的展望のずれは，夫婦間での経験の共有の少なさにつながるだけでなく，お互いの理解を困難にすると思われる。永久（1995）は，夫による妻の生活感情の推察は専業主婦の場合により大きくずれて

おり，妻自身の将来展望を含む生き方についての感情や子どもへの感情について，現実より楽観的に推察する傾向があると指摘している。性別分業の夫婦の場合，働き盛りの夫にとって，家事・子育て専業の妻が将来展望に不安や焦りを感じていると想像するのは容易ではなかろう。

宇都宮（2004）は，高齢期における配偶者との関係性と結婚満足感の関連を検討した。その結果，配偶者と自己が別個の存在であることを理解したうえで，配偶者の存在に人格レベルからの肯定的意味づけがなされている群の満足感が最も高く，過去には人格レベルからの意味づけを試みたものの結局不可能であったために現段階では配偶者との関与を避けるようになっている群の満足感が最も低いことを報告している。人格的レベルで肯定的意味づけがなされる夫婦となるには，夫婦であっても別々の時間を生き異なる時間的展望をもつ個人同士であるとの認識に立ち，お互いを理解しようと努力する態度が必要なのではなかろうか。

家族は，親子・夫婦といえども一心同体ではなく，異なる目標と時間的展望をもち，異なる時間を経験する個人と個人である。自分とは異なる個としての家族を知ろうとすることから家族のコミュニケーションがうまれ，それが人格レベルでかかわり合う家族の時間になるのではないだろうか。

引用文献

Antonucci, T. C., Akiyama, H., & Merline, A. (2001). Dynamics of social relationship in midlife. In M. E. Lachman (Ed.), *Handbook of midlife development* (pp.571–598). New York: John Wiley & Sons, Inc.
Baruch, G. K., & Barnett, R. (1986). Role quality, multiple role involvement, and psychological well-being in midlife women. *Journal of Personality and Social Psychology*, **51**, 578–585.
Belsky, J., & Kelly, J. (1995). 子供をもつと夫婦に何が起こるか（安次嶺佳子，訳）. 東京：草思社．(Belsky, J., & Kelly, J. (1994). *The transition to parenthood*. New York: Delacorte Press.)
Benesse 教育研究開発センター．(2006)．第3回幼児の生活アンケート報告書・国内調査．
土肥伊都子・広沢俊宗・田中國夫．(1990)．多重役割従事に関する研究：役割従事タイプ，達成感と男性性，女性性の効果．*社会心理学研究*，**5**，137–145.
江上園子．(2005)．幼児を持つ母親の「母性愛」信奉傾向と養育状況における感情制御不全．*発達心理学研究*，**16**，122–134.
福丸由佳・無藤 隆・飯長喜一郎．(1999)．乳幼児の子どもを持つ親における仕事観，子ども観：父親の育児参加との関連．*発達心理学研究*，**10**，189–198.
日潟淳子・岡本祐子．(2008)．中年期の時間的展望と精神的健康との関連：40歳代，50歳代，60歳代の年代別による検討．*発達心理学研究*，**19**，144–156.
平山順子．(1999a)．育児期女性における専業主婦の個人化欲求：経済的資源へのアクセス志向性との関連を中心に．*発達研究*，**14**，62–77.
平山順子．(1999b)．家族を「ケア」するということ：育児期の女性の感情・意識を中心に．*家族心理学研究*，**13**，29–47.
平山順子・柏木惠子．(2001)．中年期夫婦のコミュニケーション態度：夫と妻は異なるの

か？ 発達心理学研究，**12**, 216-227.
廣田靖子．(2009)．成人期男性のアイデンティティの捉えなおしの様相とその規定要因の検討．*心理臨床学研究*，**26**, 687-697.
稲葉昭英．(2004)．夫婦関係の発達的変化．渡辺秀樹・稲葉昭英・嶋崎尚子（編），*現代家族の構造と変容：全国家族調査［NFRJ98］による計量分析*（pp.261-275）．東京：東京大学出版会．
伊藤裕子・相良順子・池田政子．(2004)．既婚者の心理的健康に及ぼす結婚生活と職業生活の影響．*心理学研究*，**75**, 435-441.
伊藤裕子・相良順子・池田政子．(2006)．職業生活が中年期夫婦の関係満足度と主観的幸福感に及ぼす影響：妻の就業形態別にみたクロスオーバーの検討．*発達心理学研究*，**17**, 62-72.
金井篤子．(2008)．職場の男性：ワーク・ライフ・バランスの実現に向けて．柏木惠子・高橋惠子（編），*日本の男性の心理学*（pp.209-226）．東京：有斐閣．
柏木惠子．(2003)．*家族心理学*．東京：東京大学出版会．
柏木惠子・蓮香 園．(2000)．母子分離〈保育園に子どもを預ける〉についての母親の感情・認知：分離経験および職業の有無との関連で．*家族心理学研究*，**14**, 61-74.
柏木惠子・永久ひさ子．(1999)．女性における子どもの価値：今，なぜ子を産むか．*教育心理学研究*，**47**, 170-179.
春日井典子．(2009)．生活選好とライフスタイルとしての家族．野々山久也（編），*論点ハンドブック家族社会学*（pp.247-250）．東京：世界思想社．
数井みゆき・無藤 隆・園田菜摘．(1996)．子どもの発達と母子関係・夫婦関係：幼児を持つ家族について．*発達心理学研究*，**7**, 31-40.
経済企画庁（編）．(1990)．*平成2年版国民生活白書：人にやさしい豊かな社会*．東京：大蔵省印刷局．
北村安樹子．(2001)．成人未婚者の離家と親子関係．*ライフデザインレポート*（2001年7月号），23-45．東京：第一生命経済研究所．
小泉智恵・菅原ますみ・前川暁子・北村俊則．(2003)．働く母親における仕事から家庭へのネガティブ・スピルオーバーが抑うつ傾向に及ぼす影響．*発達心理学研究*，**14**, 272-283.
小坂千秋・柏木惠子．(2007)．育児期女性の就労継続・退職を規定する要因．*発達心理学研究*，**18**, 45-54.
厚生省．(1998)．*厚生白書平成10年版少子社会を考える：子どもを産み育てることに「夢」をもてる社会を*．東京：ぎょうせい．
Levenson, R. W., & Gottman, J. M.（1983）. Marital interaction: Psychological linkage and affective exchange. *Journal of Personality and Social Psychology*, **45**, 587-597.
牧野カツコ．(1982)．乳幼児を持つ母親の生活と〈育児不安〉．*家庭教育研究所紀要*，**3**, 34-56.
松浦素子．(2006)．成人女性のライフスタイルと精神的健康との関連：役割達成感とパーソナリティの観点から．*心理学研究*，**77**, 48-55.
箕浦康子．(1990)．*文化のなかの子ども*．東京：東京大学出版会．
百瀬 良．(2009)．専業母親の「個」として生きる志向：自尊感情との関連．*家族心理学研究*，**23**, 23-35.
諸井克英．(1990)．夫婦における衡平性の認知と性役割観．*家族心理学研究*，**4**, 109-120.
永久ひさ子．(1995)．専業主婦における生活感情：夫は妻の生活感情をどう推察しているか．*発達研究*，**11**, 125-134.
永井暁子．(2005)．結婚生活の経過による妻の夫婦関係満足度の変化．*季刊家計経済研究*，

66, 76-81.

内閣府男女共同参画局（編）．(2005)．*男女共同参画白書平成 17 年版*．東京：国立印刷局．

西田裕紀子．(2000)．成人女性の多様なライフスタイルと心理的 well-being に関する研究．*教育心理学研究*，**48**, 433-443.

岡本祐子（編著）．(1999)．*女性の生涯発達とアイデンティティ：個としての発達・かかわりの中での成熟*．京都：北大路書房．

岡本祐子（編著）．(2002)．*アイデンティティ生涯発達論の射程*．京都：ミネルヴァ書房．

小野田奈穂．(2007)．育児期女性はどのような意識を抱いているか．*東京大学大学院教育学研究科紀要*，**47**, 211-219.

大日向雅美．(1988)．*母性の研究*．東京：川島書店．

大野祥子．(2008)．育児期男性の生活スタイルの多様化："稼ぎ手役割"にこだわらない新しい男性の出現．*家族心理学研究*，**22**, 107-118.

Parke, R. D. (1995). Father and families. In M. H. Bornstein (Ed.), *Handbook of parenting: Vol.3. Status and social conditions of parenting* (pp.27-63). Hillsdale, NJ: Lawrence Erlbaum Associates.

相良順子・伊藤裕子・池田政子．(2008)．夫婦の結婚満足度と家事・育児分担における理想と現実のずれ．*家族心理学研究*，**22**, 119-128.

清水紀子．(2004)．中年期の女性における子の巣立ちとアイデンティティ．*発達心理学研究*，**15**, 52-64.

塩崎尚美・無藤　隆．(2006)．幼児に対する母親の分離意識：構成要素と影響要因．*発達心理学研究*，**17**, 39-49.

総務省統計局．(2008)．*平成 18 年社会生活基本調査報告書 第 8 巻 詳細行動分類による生活時間編*．東京：総務省統計局．

高橋美保．(2008)．日本の中高年男性の失業における困難さ：会社および社会との繋がりに注目して．*発達心理学研究*，**19**, 132-143.

徳田治子．(2004)．ナラティブから捉える子育て期女性の意味づけ：生涯発達の視点から．*発達心理学研究*，**15**, 13-26.

上野恵子・穴田和子・浅生慶子・内藤　圭・竹中真輝．(2010)．文献の動向から見た育児不安の時代的変遷．*西南女学院大学紀要*，**14**, 185-196.

宇都宮博．(2004)．*高齢期の夫婦関係に関する発達心理学的研究*．東京：風間書房．

山田昌弘．(1999)．*パラサイト・シングルの時代*．東京：筑摩書房（ちくま新書）．

山田昌弘．(2004)．家族の個人化．*社会学評論*，**54**, 341-354.

第10章
学校の時間

馬場久志

　学校は社会において教育という営みを担い，一般には人の長い社会生活の前史をつかさどる。だが学校の存在は人の生活を左右するほどに重く，また人は生涯にわたり学校や学びへの何らかの意識をもちながら過ごす。そういう学校に，子どもだけでなく教師も親も当事者としてかかわり生活している。これらの観点を用いながら学校の時間という問題を検討する。

　本章は次のように構成される。第1に，学校は通り過ぎるだけのところではなく，学びの問題をかかえながら人は生涯を過ごす。学校と人生との分かちがたい関係を考える。第2に，子どもからみて，学校は人生のためでなく今を生きる場として存在する。学校自体が生活場面という観点から，学校での時間を考える。第3に，学校の営みを社会的制約からとらえ，子どもや教師の時間への影響を検討する。第4に，学校は子どものものであり，大人のものでもある。大人と子どもが集う場として学校をとらえ，異世代でありながら同時代に生きる人たちにとっての学校の時間という問題を論じる。

　発達心理学研究として未開拓領域が多く，研究課題を提起するものである。

第1節　人生における学校の時間

1　人生の基礎段階としての学校

　なぜ学校で学ぶのかということを，子どもと共有するのは難しい。人生を振り返ることのできる大人には自明でも，子どもが，学校で学ぶことと将来との連続性を見いだすのは容易ではない。そもそも現に学校で過ごす日々自体が，子どもにとっては未知の時間である。ひるがえって大人には自明であるかどうかも，実は確かではない。それで，将来に備えるのだという理屈がたいていは用いられる。

　だがやはり，子どもにとって備えるべき将来のイメージを描くのは難しい。た

とえば金田 (2006) は, 学童保育に通う小学生に対して高齢者のことをたずねたが, 自分の祖父母のことは具体的に言えるものの,「お年寄り」となると「死ぬ」などの漠然とした否定的イメージにとどまるという。現代の核家族化や地域関係の希薄さが現時点の高齢者像を描くことすら妨げているのであれば, まして自分たちの将来社会を描くことは困難であろう。

将来に備えるという論法には, 批判がある。新野 (2007) は「将来のことは分からないはずなのに, 分からないことを学びの前提にしている」(p.293) と批判し,「学んだことを能力として将来のために蓄えるということは成立し難い。学んだことが子どものその時の生活と切り離されていては身につかない。」(p.294) としてこうした学びは成り立たないと述べている。同様に浜田 (2003) は, 学校が暮らしを圧倒するようになった今, 学校システムへの適応として「誰もが『将来のためにいまを準備する』という心性にとらわれ, それがときに強迫的な意識にまで発展する」(p.110) と述べ, 将来へ傾倒する倒錯と評している。

これらは将来を展望することを否定しているのではなく, 人生始まりの今をどう生きるかという問題を棚上げした学びの設計への批判である。

他方で, 学校で学ぶことは役に立たないという言辞がある。忘れてしまうというだけでなく, 学校とは違って社会では理論は通用しないと言われることもある。学校の学習への懐疑を口にする大人は少なくない。学校は現実社会とは異質の擬似世界に過ぎないというのである。だが, 学校での学びが社会生活に適用できないというところから, 見えてくることもある。

校内と現場の隔たりを学習の場の移動という観点でとらえようとした香川・茂呂 (2006) は, 看護学生の校内学習から臨地実習への感じ方の変容を検討した。その結果, それぞれの場で特殊に生成される時間関係が異なることを見いだし, 異時間性と名づけた。これがかかわることで, 校内では実感できない根拠づけた発想が, 実習では実感されるのだという。この研究は, 学校と現場の違いを扱いながら, 状況間を移動する学生の視点を媒介に両者の関連づけを示唆しているように受け取れる。

学校と社会の乖離が問題になる中で, 学校観と人生観のそれぞれに目を向ける内省的作業から, 学校と人生の相違点を表現する一つの視点が見つかれば, 学校の学習を一面的に否定するのではなく, 違いがあるがゆえの学校から社会への面白い関係が見いだせるのではないか。

それにしても, 学校が社会関係の初期経験の場として, そこで友人・教師と出会い, 社会的関係の基礎資源を得ていくということは論を待たない。学齢期に成

果が見える社会的学習だけでなく，生涯の社会生活から見てどういう初期経験であるのかという評価が，学校の具体的活動とのかかわりで検討されるならば，発達研究のみならず学校教育に資するところが大であろう。

2　保護された時間

　ストリートチルドレンとして街角で暮らす海外の子どもたちに，今何がほしいかと尋ねると，異口同音に「学校に行きたい」と言う。生活向上のために学びたいということもあるが，大きな理由は，学校は安全だということである。社会生活最初の場所としての学校の安全の問題は，子どもが守られながら育つことの保障である。その学校の安全が，今の日本では脅かされており，『教育心理学年報』(第 45 号) が特集を設けるほどである。同年報において瀧野 (2006) は，学校における危機対応のあり方について事例報告とともに論じている。そこでは学校の危機管理をリスク・マネジメントとクライシス・マネジメントに大別し，それぞれの要点を示している。そのうえで今後の課題として，学校においてはリスク・マネジメントを強化するとともに，学校内の人間関係の良好化を安全教育の枠組みでなく日常の学校運営として取り入れること，研究としては実践的対応へ基礎研究からの知見を導入することが必要であると結んでいる。

　安全ということと合わせて，安心して過ごせるところとしては，学校は機能しているだろうか。

　『教室はまちがうところだ』(蒔田・長谷川，2004) という学童向けの絵本が必要なほどに，子どもも教師もまちがいを恐れる。子どもは評価にさらされ，教師も「説明責任」で萎縮する中では，失敗しながら進んでいくというゆとりはない。失敗できる場として，学校の安心を回復しなければならない。

　さらに安心は失敗場面に限った問題ではない。自立と依存の関係づくりなど子どもの社会化過程には，安心をもたらす信頼関係への期待が欠かせない。安心を学校で学ぶことによって社会関係能力を得ることができる。

　江田ほか (2007) は特別支援学校を卒業した肢体不自由児 578 名の社会生活能力検査得点と卒業後進路との関係を検討し，就職には比較的高い社会生活能力が求められるという示唆を得た。だが同時に，近年の入学者では全体に社会生活能力の低下が見られるという状況も明らかとなった。こうした現実を見たときに，学校が従来のように経済的な自立を目ざすだけでなく，生活の質向上の観点から社会生活上必要な自己決定力や社会資源利用力，情報処理能力などを育て，精神的自立を図っていくことが今後の課題だという。

人生の練習時間としての学校が，良質の生活時間を経験し，社会的・心理的能力を保障する場として機能するために，学校の安心がどういう役割を果たしているかの検証が今後求められよう。

3　人生の時間と学校との不可分性

学校や学びへの意識は，生涯その人の自己形成にかかわると考えられる。

人は学校に通いながら学力や意欲や社会的自己を確立し，進路を決定する。その成功も失敗も，学校時代の経験である。人々は学校でのさまざまの思い出を記憶にとどめて，その後の人生を送る。

検討されるべきは，学校での何らかの失敗経験をもつ人が，その後の生活の中で学びとの積極的な出会いを得る可能性である。学びのやり直し，自己効力感の向上，対人信頼感の回復，新たな進路決定など，そういう機会をどのように得て，そのことで学校観や人生観はどのように変わるだろうか。

補償教育は，その一つの形である。渋谷・三浦（1998）の試みた補償教育は，小学校卒業時に算数の補償学習をするものであった。学習者ペースで自己点検しながら進めさせたことや，卒業時という時期が適切であったと考えられる。たとえば高校生に小中学校での学習内容を教えるなどの上級学校入学後の補償教育は，学習者の自尊心や動機づけに対して細心の注意を要する。

広い年齢層が学ぶ放送大学の学生への調査から，浅野（2006）は，65歳以上の高齢学習者にとっては自己向上志向の学習動機が多様に思考する楽しさへとつながることで，学習の持続性と積極性が得られると報告している。その関連は，高等教育修了者は学習の持続性に，初等中等教育修了者は積極性により強く生じている可能性があるという。高齢になって初めて高等教育に接する人の強い意欲がうかがえる。

中等教育の体制が多様化し，単位制高校や昼間定時制高校，通信制高校，いわゆるサポート校などが学びを取り戻したい生徒たちを受け入れている。藤本・小泉（2007）は，定時制高校への入学動機を面接で聞き取り，自立願望，対人関係再構築，経済，目的希薄という因子を見いだして，試行的に尺度化した。今後は，特に葛藤を経て入学に至った生徒の期待や不安などをとらえることが課題となろう。

ところで時間をかけた学びにかかわって先人が語る口調に，「そのうちにわかる」というものがある。一見無責任に聞こえるが，思考研究ではインキュベーション（incubation：孵卵期）という概念がこれに相当する。これはもともと創造

的思考に関して用いられる概念である。アリエティ（Arieti, 1976/1980）によれば，ウォラス（Wallas, 1926）やオズボーン（Osborn, 1953）など多くの創造的思考過程のモデルがインキュベーションを位置づけている。このうち草分けであるウォラスは，創造的問題解決の過程は準備期，孵卵期，啓示期，検証期の4つの段階を経るとした。そのうち孵卵期は，意識して問題に取り組む準備期のあとにあって意識がいったん離れる時期であり，これを経て，確信あるアイディアが浮上する啓示期を迎えるとした。これは思考過程についての概念であるが，長期にわたる人の営みにも，このような「温め」の時期を感じさせられることは多い。学校とのかかわりで言えば，在学中には理解できなかった教えを，卒業後しばらくして理解しえたとき，そのときまでの時間経過がこれにあたるのだろう。このことは人の学びが生涯にわたり結実する希望を与えるが，インキュベーションを描く実証研究はまだほとんどない。

　人は学齢以降に及んでなお，学校や学びと自分の関係を意識しながら人生を送るのだろう。そうしたことを発達研究の視野に入れると，自己や他者，将来や社会についての言動を理解する可能性がより高まるのではないか。

第2節　学校という生活の時間

1　授業

　子どもの目線，動態から学校の毎日をとらえてみたい。大人が発想する学校での子ども像とは，異なるのではないか。

　授業を子どもの立場から検討した研究は必ずしも多くはない。その中で，子どもの参加行動と教師の認識を対照した研究に，布施ほか（2006）がある。

　小学3〜6年生557名とその担任教師20名を対象としたこの研究では，積極的授業参加行動として，一般に注目されやすい「挙手・発言」のほかに，「注視・傾聴」や「準備・宿題」と名づけられる因子が見いだされた。いずれも授業への子どもの動機づけと相関関係があるが，挙手・発言は，注視・傾聴ほどに強い相関でなかったことが興味深い結果であった。逆に言えば，他者から見ると反応が乏しいとも感じられる注視や傾聴の行動が，挙手に劣らない子どもの高い動機づけ状況で生じているということである。

　授業は，教師と子どもたちが織りなす集団学習の場であることは自明のようだが，子どもが他者集団と向き合うのは簡単なことではないようだ。

　磯村ほか（2005）は，小学校2年生の授業において一対一の関係から一対多へ

の関係へと教師が誘導する過程を観察した。そこでは発言を一対多の関係へ位置づけようとする教師の意図的な修正が見られ，発言児を集団に向かせたり，聞き手の子どもたちに声をかけて聞こえや見えの様子を意識させるなど，「みんな」を可視化する働きかけがなされた。しかし，子どもにとってはそうした転換に対応することがしばしば困難であったとも報告している。学級集団とかかわって学習するということは，入学当初の子どもたちには見当のつきにくいことなのかもしれない。

　大人のもつ授業観にも固定観念というべき発想があるだろうか。

　少人数学級は学習成果が上がると一般には考えられがちだが，単純にそうとはいえない。学級規模と学習到達度には相関はないという調査結果もある（国立教育政策研究所，2002）。学習成果の問題は今後の課題として残されているが，さらに少人数学級の例から学級指導への固定観念の存在を示唆するものがある。

　ある中学校で行われた少人数学級の実験研究で，約40人から約20人までの3段階の人数規模で学級を編制し，半年間同一のカリキュラムで同じ教師が並行授業を行いながら，生徒や教師の行動と認知を観察した（馬場，2009）。この中で報告された授業時の発言や行動の特徴によれば，授業中の生徒の私語の量は生徒数に対応して40人学級の方が多いのだが，それに対する教師の制止によって，即座に私語が止み次の活動に移るのも40人学級の方であった。20人の少人数学級では，徐々に止んでいくという経過をたどった。また配付物を各自受け取るようにという教師の指示があった場面で，これが徹底せずあとから受け取りに来た生徒の数は，少人数学級の方が多かった。規律の崩れという問題ではない。授業の進行は妨げられることなく，むしろ少人数学級の方が早く授業が進行した。

　同様の研究として，米村・長町（2007）は小学校低学年の学級規模比較研究を報告している。教師からのフィードバック行動が，子ども一人あたりに換算すると少人数学級の方が多いことは予想されるが，この研究では，30人学級の方が40人学級に比べてフィードバックの総数自体が多かったと報告している。授業中の観察と実態把握がよりなされたためと考察されている。

　これらの学級比較研究は，学級集団の統制という観点について，教師一般に存在すると思われる発想への問題提起をしている。従来の学級では教師の集団統制力が重視され，「集団を動かせて教師は一人前」と言われる中で授業運営が展開されてきた。これは多人数学級での教育活動を余儀なくされた日本の教師たちが築いてきた歴史的力量でもある。だがそのために，非統制的に個々の子どもに接する時間の自由は得られなかった。少人数学級ではゆったりとした時間が流れる

と評されるゆえんは，ここではないか。良質の授業時間を求めるために，少人数学級を手がかりにして，従来当然視されてきた集団統制力への認識を問い直すことがあってよい。

2　学校の毎日

　学校には，授業以外のさまざまの活動がある。登下校，休み時間，給食，掃除，部活動に放課後，そして学校行事など。これらが目的に照らしてどう成果をあげているかという教育研究は学校現場でさかんに展開されているが，教育活動の成否という観点でなく，子どもの発達をとらえる観点でこれらの活動時間を取り上げた研究は，必ずしも多くない。

　余暇時間に自発的な活動を開始しない発達障害のある子どもに，自発的な休み時間活動を開始させる指導を試みた岡部・渡部（2006）の実践がある。綿密な指導計画により子どもの行動変容をもたらすことができたが，課業として得られた行動形成が，「余暇」活動として形成されたことになるのだろうかという点で教員からの評価は分かれた。見かけの行動形成を，子どもにとっての意味として評価しようとする姿勢が，この報告からうかがえる。

　部活動は学校の活動の中でも子どもの自己裁量性の生きるものとして，親などの評価は高い。しかし子ども自身にとって，部活動は単純にポジティブなものというわけではない。岡田（2009）は中学生894名を対象とした調査により友人関係，学業意欲など7つの学校生活領域を測定した。その結果部活動への参加が積極的な生徒と比べて，消極的に参加している生徒の学校生活諸領域得点は部活動に参加していない生徒と同様に低く，教師との関係や進路意識，校則への意識は非参加生徒よりも低かった。特に運動部の消極的参加生徒が学校生活に困難をかかえているのではないかという。角谷（2005）は中学生を対象に調査を行い，部活動での積極性が高いと学校生活満足感が高まる可能性を見いだしたが，同時に部活動での積極性の伸びを規定する要因として，それまでの「学業コンピテンス」（筆者注：学業への有能感と考えられる）や学校生活満足感があるとした。

　これらの研究は，世間で言われがちな「勉強以外のことは楽しい」「勉強以外なら積極的」という紋切り型の子ども像が妥当しないことを示唆する。教育界では「学校の生活時間を見直す」ことがたびたび論じられているが（野田，1996；馬居，2006など），そこに子どもにとっての意味や実感を生かすという発想も加わる必要があろう。

　学校の毎日の現実性に迫るために，発達心理学を離れて，学校の改善を模索す

る諸分野の研究に目を転じてみることも有用である。学校生活における子どもの行動は，発達水準や人間関係から論じられることが多いが，物的環境要因も見逃せない。建築学や環境工学からのアプローチがいくつかあり，これらには単一事例のものもあるが，示唆に富む。

いくつか例を挙げる。星川・広田（2004）は，小学校の休み時間の長さと外遊び行動の関係を調査し，長い休み時間では教室から遠くで遊ぶこと，教室から昇降口までの距離が遊び位置にかかわることを報告した。田村ほか（2007）は，小学校の休み時間中の行動領域を観察し，どの学年の領域でもない空間が特に低学年児に重要で，異学年活動が生じる可能性もあると述べた。植木ほか（2008）は，小学校の休み時間における遊び行動の季節間調査を行い，中庭での遊び発生に，気温，日射，風速との関係があることを報告した。校庭や校舎内の遊びが年間を通して変わらないのに対して，中庭では夏季には自然対象の遊びが，秋冬季には鬼ごっこが見られた。また気温が一定温度より高い日は日陰部分で，風が秒速2mを超えると日向部分で遊ぶなどの傾向が見られた。また大澤ほか（2000）は，同じようなオープンスペースをもつ小学校2校を比較し，休み時間中の交流活動の内容に違いがあること，それは学校の取り組む教育活動の違いを反映しているのではないかと分析した。これらは子どもたちの休み時間を理解するために空間のあり方を問うものである。

3 学校の時間における節目

学校には，新学期，クラス替えや担任の交代，行事とその準備，夏休み，そして進級，受験，卒業など，さまざまの時間の節目がある。そうした学校の時間によって季節を知り，成長を知り，人生の節目を知る。これらは子どもにとっても大人にとっても成長の契機となる。特に卒業と入学については注目されてきた。

入学時に高い学習意欲をみせる英語学習者のその後について，山森（2004）は中学1年生を追跡し，学習意欲が低下する時期と要因を分析した。その結果，2学期に学習意欲が低下するか否かがひとつの分岐で，低下した生徒には1学期末時点の自己効力感の低さが見られた。学校の時間において要となる時期と内容を見定めることは，重要な研究主題である。

学齢期の子どもを対象とした発達研究では，学年を年齢と同等の指標として，学年差や学年の進行にともなう変化を分析することが一般的である。『発達心理学研究』にもそうした研究が多く見られ，学校生活にかかわる題材を用いたものも，たとえば倉盛・高橋（1998），丸山（2005）などがある。倉盛・高橋（1998）

は小学 1, 3, 5 年生を対象にして, 異なる意見をもった 2 人組で一つの結論を求める話し合いをさせた。その結果, 小 3 以降では理由が述べられ, 小 5 では意見の主張量が増えるという変化が見られた。また丸山 (2005) は, 学童保育に通う小学 1～3 年生に学校生活において異なる時間の活動を提示し, 生活時間階層の構造化を調べた。その結果, 小 1 でも階層構造は見いだされたが, 学年とともにより複雑に構造化されていることがとらえられた。

　こうした学年比較研究は, 学校教育で認知水準に応じたはたらきかけをするために重要な情報を与える。だが変化を発達としてとらえるときには, 学年尺度を年齢尺度に単純に置き換えるのでなく, 学校生活にともなう情報を付加して評価することで, 的確な理解が得られるであろう。たとえば, 10～12 歳と 11～13 歳は同じ 2 年の違いだが, 小学生同士と小～中学生という質的な違いをもつ。6 月の修学旅行に行く前の 5 月と後の 7 月との間は, 身辺自立の水準が他の 2 カ月間とは格段に異なるであろう。学校生活や教育課程を情報として組み込んだとき, 単純な時間による伸びとしての発達でない, 子どもにとっての時間の意味とかかわる発達変化がとらえられると考えられる。

第 3 節　社会の中の学校と時間

1　社会政策がもたらす学校の時間

　学校は, 政治や社会の動きからさまざまに影響を受ける。この半世紀の間にも, 日本の学校教育は何度かの方向転換を求められてきた。

　時間にかかわっては, 1980 年前後からいわゆる詰め込み教育への見直しが問題となり, 1990 年前後の個別化施策を経て, 1990 年代後半には「ゆとり」という言葉が用いられるようになった。たとえば 1998 年 7 月の教育課程審議会答申には, 「中央教育審議会の第一次答申は, 21 世紀を展望し, 我が国の教育について, ［ゆとり］の中で［生きる力］をはぐくむことを重視することを提言している」をはじめ 20 数カ所に及ぶ「ゆとり」の表記が見られる。これは, 日本の子どもは学力は高いが勉強嫌いであり, これは知識と技能の習得に偏重した結果であるという当時の考え方も背景にある。そして, 学校週 5 日制が 1992 年から 2002 年にかけて段階的に導入され登校日数が減ったことへの対応もあって, 1998 年に告示された学習指導要領では, 表 10-1 のように授業時間数が減らされることとなった。

　ところがその後, 2000 年代に入って, PISA や TIMSS などの国際学力調査によ

表10-1 学習指導要領による小中学校授業時間の推移

	告示年			
	1977年	1989年	1998年	2008年
小学校第1学年	850	850	782	850
第2学年	910	910	840	910
第3学年	980	980	910	945
第4学年	1,015	1,015	945	980
第5学年	1,015	1,015	945	980
第6学年	1,015	1,015	945	980
中学校第1学年	1,050	1,050	980	1,015
第2学年	1,050	1,050	980	1,015
第3学年	1,050	1,050	980	1,015

り日本の子どもの学力水準が必ずしも世界の上位ではないことが明らかになると，状況は一変した。「ゆとり」は学力低下の象徴とされ，学校には基礎学力向上のための対策が求められて，始業前の時間や土曜日をも使った教科学習に取り組むこととなった。そして2008年に告示された学習指導要領では，授業時間数が再び増加した。2005年10月の中央教育審議会答申は「『ゆとり』の中で『生きる力』を育むことを理念とした現行の学習指導要領については，実施されて3年以上が経過しており，そのねらいは十分達成されたのかを，しっかりと検証していく必要がある」「現行の学習指導要領については，基本的な理念に誤りはないものの，それを実現するための具体的な手立てに関し，課題があると考えられる」（中央教育審議会，2005）と，「ゆとり」というそれまでの教育環境づくりを批判している。

　こうして社会の動きから学校の時間割が左右される状況に対して，教育学や心理学の論者からの批判的論考が見られる。たとえば大場・青柳（2007）は，小学校での学びを「学びの共同体」として追究する論考の中で，「今や学校は，時代の流れとか社会の要請といった理由で様々なものを背負いすぎ」「授業時数の増加などが論議されているが，本当の問題は時数などではない」（p.151）と述べ，学校現場から乖離した論議を戒めている。藤澤（2003）は，学力低下論議に対して「『ゆとり教育推進派』か『基礎学力徹底派』かという二項対立的な論議では，現状の問題点は何も解決しない」（p.163）と主張した。そして，人々の学習観におけるステレオタイプや学習法の問題点を手がかりに学習と指導の当事者の問題を論じ，こうしたかかわり方は教育心理学研究の一つの流れとなりつつあるとして「実践化」と評価した。

これらの論考には，学習の当事者に依拠した学習のあり方を求めるべきであるとの発想が見いだされる。さらに今日の状況に鑑みると，社会の動きから学校の状況が変わることへの，当事者である子どもたちの認識はいかなるものかという検討も欠かせない。たとえば，学力低下を防ぐために授業時間を増やすと言われたときに，子どもたちはどう受け止めるのだろうか。

2　学校教育の位置と教師の時間

　学校での時間は，家庭から離れた公的な時間である。これは学校教育の趣旨でもあり，親の学校への期待の中心もここにある。他方，日々の暮らしにおいて，就寝時間を除く一日の半分ほどを子どもたちは学校で過ごす。学校での時間は生活時間でもある。公的時間と生活時間とを合わせもつ学校の時間は，子どもたちにとっていかなるものであろうか。

　この点に関して元森（2003）は1956年以降の中学校生徒会誌を材料にして子どもから見た学校像の変遷をたどり，かつて生活社会の外側にあった学校が，社会化機能として生活の内部に認識されるものになったことを描いている。斎藤（2001）は学校には公的要素と私的要素とがあるとしながら，学校の働きにある「託児機能」と「教育機能」ではない第3極の「サロン機能」が子どもたちのニーズにはあり，これを充実させることが他の2つのためにも必要だと述べている。こうした議論がなされるのも，今日の学校が過ごしやすい所ではないということへの関心が高まったためと考えられよう。居場所としての学校のあり方を検討する研究も増えつつある（たとえば，住田・南，2003）。

　学校のあり方が政治や社会の影響を受けることにともない，教師の仕事のあり方も社会的に制御されることとなる。今日の学校は説明責任という言葉がさかんに使われ，子育ての主体は家庭であるとしながらも，子どもの生活の問題を引き受ける責任機関として位置づけられてきたのが実態である。そのため教師の仕事負荷は質量とも高まって仕事時間，緊張時間の増大をもたらし，過ストレス状況が生まれている。教師の校内での移動実態を観察記録した藤原・竹下（2008）は，もともとは休み時間中の職員室の使用に関する建築学の視点からの調査であるが，一日の教師の移動実態が細かく観察され，多忙状況がわかるものである。過密時間の中で効率的な移動が可能な建物配置や，生徒の視線からの隔絶による心理的安定空間の確保，教員間の連絡しやすさなど，示唆に富む提案がなされている。

　学校が引き受ける領分が増えることで，子どもから見れば，食生活から遊び場所に至るまで学校の管理を受ける状況になっている。子どもと教師がともに学校

時間を過ごすという観点での、学校生活の質の検討が余儀なくされている。

第4節　世代をつなぐ学校

1　異世代社会としての学校

　教育は大人の発想、大人の目線で構想される。それは子どもにはどう映るのか。子どもの認識と大人の認識にはいかなるずれがあるのか。

　教師と生徒とのずれ、すなわち価値観の相違や認識の差異に着目した調査の先駆けとしては、佐々木（1988）がある。この調査では中学生と中学教師合わせて約1万人を対象に、今の中学生はどうかと問い、「いつも他人と比較して一喜一憂」の26ポイント差（中学生の方が肯定）や「物を大事にする」の17ポイント差（教師の方が肯定）など、ずれの大きい項目が多く、子どもの方が厳しい見方をしていることが見いだされた。最近の調査では、横浜市青少年問題協議会（2002）が中高生と保護者を対象に子どもの居場所意識について調べた。家の居間や学校の部室について、子どもにとって居心地のいい場所と思う割合は当の子どもより保護者の方が多かった。千葉市教育センター（2004）は、教師に対して「子どもから信頼を得ている」かと問い、子どもには「相談する先生がいる」かと問うて比較した結果、「教職員と児童生徒の意識のずれが少なからずあると思われる」と報告している。さらに安藤ほか（2008）は、通学路に対する小学生と大人の評価を対比した。小学生には質問紙調査を実施し、大人の評価は地域安全マップの内容をもって代えた。結果を見ると、大人が怖い所は子どもも基本的に怖いと答えていた。だがそういう場所でも、挨拶してくれる地域の人がいたり商店があるならば「好き」と答える傾向があった。大人は問題を感じない人通りの多い場所でも、過去に不審者がいた所は子どもには怖いと判断された。大人は場所で判断するが、子どもは人で判断するというずれが見いだされたという。

　ずれは子どもと大人の間だけでなく、大人同士にもある。中学入学時に子どもが感じる戸惑いである「中1ギャップ」について、富家・宮前（2009）は小・中学校教師を対象に調査を行った。その結果、この現象の要因については新たな友人、教科担任制などの点で小中学校教師間の共通認識があったものの、教師や学校の対応について認識が異なり、小学校教師の方がより中学校教師の接し方の問題であるとしている。また学業については中学校教師の方がより基礎学力や学習習慣の不足であるとしている。

　また子どもと青年の間にも違いがあり、心理状態のずれは存在する。日潟・齋

藤（2007）は，高校生と大学生を対象に時間的展望の様相と精神的健康について検討した。その結果，過去・現在にネガティブで未来にのみポジティブな高校生の精神的健康度は低く，未来志向に心理的負担が考えられるのだが，同じパターンの大学生の場合は精神的健康度は低くなかったという。

異なる世代が集う学校という場に，異なる認識・価値観が併存する場であるとのとらえ方が求められる。

2 大人の成長

大人は子どもの課題を見いだしたとき，すぐにはたらきかけ，即時に結果を求めたくなる。しかしここで，待つということを考えたい。学校現場では，子どもの探索を先取りするのでなく「待つことのできる教師」ということが教師の重要な力量として語られてきた。だがこれはむずかしい。待つことと何もしないことは，表面的に区別しがたい。

最近，不登校の子どもへの対応に関して，この問題がしばしば取り上げられる。見通しなく待つのは何もしないことと同じだとする主張もある。逆説的だが，この論点を契機に見いだされたもう一つのあり方は，教室で子どもを指導するときにベテラン教師ならもちうる見通しを，あえて控えて待つという姿勢である。親の場合も同様である。待つことの要件に大人の価値観による目標を持ち込まないということである。森岡（2003）が，事例とともに「成長を待つ時間」について述べている。その主張を解釈すると，待つとは時間量に還元される問題なのではなく，突き放されず一緒にいる感覚が，待つということの子どもにとっての現象なのではないかと受け取れて，示唆的である。

教師や大人も，時間をかけて変容する。

徳舛（2007）は，若手小学校教師への面接結果を分析し，教師の成長に他者との社会的相互交渉があると報告した。また坂本（2007）は，教師の成長に関する米国と日本の研究を概観し，反省的実践家としての省察，教師同士の学び合いによる同僚性の形成，適応的熟達者への長期的変容という3つの観点を整理した。

これらの知見に加わるべき視野としては，教師の成長モデルに子どもとの関係の変化を要因に据えることだと思われる。加藤・大久保（2009）は，荒れが収まっていった中学校を3年間にわたって追跡し，荒れの収束過程を分析した。そこで見いだされたことは，単に指導が変わればいいのではなく教師との関係の中で指導が変わっていくこと，その関係のあり方が一般生徒を含む三者関係として可視化されたものであることが要件だという。

田村（2007）はスクールカウンセラーとしてかかわった母親の手記を分析し，クライエントから子ども援助のパートナーとして心理的に変容する過程を確認した。それは子どもと向き合う角度を変えていく大人の歩みである。

これらは俗にいう，教師・親の「立ち位置」の問題が提起されているといえる。これは一朝一夕に得られるものではなく，大人にも，自分を変え子どもとの関係を調整するための時間が必要である。

3　問題の共有と学校教育の希望

年齢や世代が異なりながらも，学校に集う子どもと大人は同時代に生きており，同じ問題にも直面している。また，異世代はもてる資質の違いを生かして，共同で解決にあたることもある。もちろん，異世代のずれが対立を生むこともある。異質性も共通性もある学校集団はどういうものか。社会をつくるために共有できる課題，解決のための問いはありうるのか。またその共有課題を，前世代は後世代にどのようにして託すのか。

大森（2004）は，大人が持ち込む将来志向のために，子どもの今が奪われていると指摘する。批判は地域の子ども組織に言及しており，スポーツクラブや地域の塾が大人・指導者中心になり子どもの文化を貧しくしているという。このことは学校においても検討されてよい。

課題の共有という点では，大人にも学力問題が存在する。子どもの国際学力比較データを報告するPISAの陰にあって目立たないが，科学技術政策研究所（2002）が，日本の大人の科学的事項への理解は乏しいという結果を報告している。国際比較でも水準が低いし，二者択一の問いへの平均正答率は約5割という状態である。学力形成は，子どもの成果だけを見ていては問題がとらえきれず，大人も含めた人々の生活の向上という視野をもつべき問題なのである。

大人が持ち込む問題を子どもと共有しうるものにしていく点で，一つの示唆を与えているのは，授業構想を教師のライフヒストリーあるいは教職人生観まで掘り下げて吟味する経験であろう。大橋（2007）は生活科を担当する一教師のライフヒストリー分析から，現場に導入される生活科と教師の指導観の葛藤を示した。一個人の生活認識に照らして教育をとらえ直すとき，同じ問題に直面する子どもとも共通の場に立てるのではないだろうか。

ともあれ，大人は次世代に未来を託すために尽力する動機をもつ。

中村ほか（2006）は，看護師と養護教諭との共同で，小学5年生を対象に食習慣の生活習慣改善プログラムを1年間にわたり実施した。その長期的効果を検証

するために中学 2 年時に追跡調査を行ったところ，対照群と比較して，運動傾向は高いものの，食習慣に違いはなかった。だが小学校時の学習内容は記憶としては残っており，中学生以降の追加教育の必要性が感じられたという。行動形成自体は後退したが，教師が伝え残したものは記憶にとどまるというのは示唆的である。「耳に残る」という形で仕掛けたということである。加藤・田上（2007）の報告する，学校を地域に開放して世代間交流の可能性を探った試みも，その例である。乳幼児から高齢者までが利用する各種空間を設け，生徒たちのわずかな変化をとらえて工夫を重ねていることが報告されている。

　仕掛けるという大人の働きかけは，時間への信頼がなければなしえない。学校の活動の中で営まれているこの行為を大事に育てたい。

引用文献

安藤哲也・小池　博・小林正美．（2008）．通学路に対する子どもと大人の評価のズレに関する基礎的研究．*日本建築学会学術講演梗概集*，3-4．

Arieti, S.（1980）．*創造力：原初からの統合*（加藤正明・清水博之，訳）．東京：新曜社．（Arieti, S.（1976）．*Creativity: The magic synthesis*. New York: Basic Books.）

浅野志津子．（2006）．学習動機と学習の楽しさが生涯学習参加への積極性と持続性に及ぼす影響：放送大学学生の高齢者を中心に．*発達心理学研究*，**17**，230-240．

馬場久志．（2009）．少人数授業における言語的相互交渉の特徴．埼玉大学教育学部附属中学校における「教員配置に関する調査研究」報告書，7-16．埼玉：埼玉大学教育学部附属中学校．

千葉市教育センター．（2004）．子どもの学習や生活に関する意識調査・研究．*千葉市教育センター研究紀要*，**12**．

中央教育審議会．（2005）．新しい時代の義務教育を創造する（答申）．

江田裕介・田川元康・石本真佐子．（2007）．肢体不自由児の社会生活能力の発達と学校卒業後の進路．*和歌山大学教育学部紀要：教育科学*，**57**，33-41．

藤本浩二・小泉令三．（2007）．定時制高校入学動機測定尺度の試行的作成．*日本教育心理学会第49回総会発表論文集*，394．

藤澤伸介．（2003）．「学力低下」問題への教育心理学の関わり：「モード論」的視点から．*教育心理学年報*，**42**，158-167．

藤原直子・竹下輝和．（2008）．教員の行動特性からみた中学校職員室に関する考察．*日本建築学会計画系論文集*，**73**，2041-2048．

布施光代・小平英志・安藤史高．（2006）．児童の積極的授業参加行動の検討：動機づけとの関連および学年・性による差異．*教育心理学研究*，**54**，534-545．

浜田寿美男．（2003）．子どもたちの「いま」が奪われている：人がこの世で〈生きるかたち〉を問い直す．*児童心理*，**57**，838-844．

日潟淳子・齋藤誠一．（2007）．青年期における時間的展望と出来事および精神的健康との関連．*発達心理学研究*，**18**，109-119．

星川　瞬・広田直行．（2004）．小学校における休み時間の長さの違いが児童の外遊びに与える影響．*日本建築学会学術講演梗概集*，5-6．

磯村陸子・町田利章・無藤　隆．（2005）．小学校低学年クラスにおける授業内コミュニケーション：参加構造の転換をもたらす「みんな」の導入の意味．発達心理学研究，**16**，1-14.

科学技術政策研究所．（2002）．*科学技術に関する意識調査：2001 年 2～3 月調査．*

香川秀太・茂呂雄二．（2006）．看護学生の状況移動に伴う「異なる時間の流れ」の経験と生成：校内学習から院内実習への移動と学習過程の状況論的分析．教育心理学研究，**54**，346-360.

金田千賀子．（2006）．子どもが抱く高齢者イメージ．医療福祉研究，**2**，1-10.

加藤弘通・大久保智生．（2009）．学校の荒れの収束過程と生徒指導の変化：二者関係から三者関係に基づく指導へ．教育心理学研究，**57**，466-477.

加藤智子・田上健一．（2007）．学校施設を利用した世代間交流の活動空間に関する研究．日本建築学会研究報告，**46**，273-276.

国立教育政策研究所．（2002）．学級規模に関する調査研究．国立教育政策研究所紀要，**131**，3-96.

倉盛美穂子・高橋　登．（1998）．異なった意見をもつ児童間で行われる話し合い過程の発達的検討．発達心理学研究，**9**，191-200.

蒔田晋治（作）・長谷川知子（絵）．（2004）．*教室はまちがうところだ．*東京：子どもの未来社．

丸山真名美．（2005）．児童期前半における生活時間構造の階層化と時間処理方略の発達．発達心理学研究，**16**，175-184.

森岡正芳．（2003）．子どもの自立をせかす親：成長を待つ時間とは．児童心理，**57**，618-622.

元森絵里子．（2003）．子どもから見た学校という場の諸相とその変容：中学校生徒会誌の分析から．日本教育社会学会大会発表要旨集録，**55**，316-317.

中村伸枝・遠藤数江・武田淳子・荒木暁子・香川靖子．（2006）．学童に対する日常生活習慣改善プログラムの長期的効果の検討．千葉大学看護学部紀要，**28**，9-15.

新野貴則．（2007）．意味生成としての学びに関する一試論：教育における時間の問題と芸術教育の役割．美術教育学，**28**，293-305.

野田一郎．（1996）．学校の生活時間を見直す：時間割・休み時間・チャイム．児童心理，**50**，64-69.

岡部一郎・渡部匡隆．（2006）．発達障害のある生徒の余暇活動の自発的開始の指導：知的障害養護学校における休み時間の変容を通して．特殊教育学研究，**44**，229-242.

岡田有司．（2009）．部活動への参加が中学生の学校への心理社会的適応に与える影響：部活動のタイプ・積極性に注目して．教育心理学研究，**57**，419-431.

大場志津子・青柳　宏．（2007）．子どもの「学び」と授業研究：「学びの共同体」浜之郷スタイルについての考察．宇都宮大学教育学部教育実践総合センター紀要，**30**，139-152.

大橋隆広．（2007）．教師のライフヒストリーから見るカリキュラムの変容．広島大学大学院教育学研究科紀要第三部，**56**，109-115.

大森康之．（2004）．生涯学習時代における子どもの学力論：「生きる力」論から「生きる底力」論へ．宇都宮大学生涯学習教育研究センター研究報告，**12**，46-66.

大澤康二・服部岑生・橘　弘志・岸本達也．（2000）．小学校建築と子どもの行動に関する研究：休み時間における児童の交流について．日本建築学会学術講演梗概集，103-104.

Osborn, A. F. (1953). *Applied imagination.* New York: Scribner.

斎藤次郎．（2001）．子どもの学校観：そのタテマエとホンネ．建築雑誌，**116**，20-21.

坂本篤史．（2007）．現職教師は授業経験から如何に学ぶか．教育心理学研究，**55**，584-596.

佐々木弘明．（1988）．教師と生徒とのズレについての研究．横浜国立大学教育紀要，**28**，223-250.

渋谷美枝子・三浦香苗．（1998）．算数の基礎的計算力補償教育の試み．千葉大学教育学部研究紀要Ⅰ教育科学，**46**，45-60.

住田正樹・南　博文（編）．（2003）．子どもたちの「居場所」と対人的世界の現在．福岡：九州大学出版会．

角谷詩織．（2005）．部活動への取り組みが中学生の学校生活への満足感をどのように高めるか：学業コンピテンスの影響を考慮した潜在成長曲線モデルから．発達心理学研究，**16**，26-35.

瀧野揚三．（2006）．学校危機への対応：予防と介入（Ⅳ教育心理学と実践活動）．教育心理学年報，**45**，162-175.

田村節子．（2007）．保護者はクライエントから子どもの援助のパートナーへとどのように変容するか：母親の手記の質的分析．教育心理学研究，**55**，438-450.

田村裕子・小松　尚・原田昌幸．（2007）．全学年のクラスルームが同一階にある小学校の休み時間における児童の行動領域形成．日本建築学会大会学術講演梗概集，475-476.

徳舛克幸．（2007）．若手小学校教師の実践共同体への参加の軌跡．教育心理学研究，**55**，34-47.

富家美那子・宮前淳子．（2009）．教師の視点からみた中1ギャップに関する研究．香川大学教育実践総合研究，**18**，89-101.

植木丈弘・原田昌幸・小松　尚・久野　覚．（2008）．小学校の休み時間における児童の遊び行動と環境条件に関する研究：中庭の年間利用実態からの考察．日本建築学会学術講演梗概集，93-96.

馬居政幸．（2006）．学校の生活時間を見直す．児童心理，**60**，314-319.

Wallas, G.（1926）．*The art of thought*. New York: Harcourt, Brace and Company.

山森光陽．（2004）．中学校1年生の4月における英語学習に対する意欲はどこまで持続するのか．教育心理学研究，**52**，71-82.

横浜市青少年問題協議会．（2002）．青少年の心のより所と居場所：中・高生とその保護者に対する意識調査．*第23期横浜市青少年問題協議会報告書*．

米村耕平・長町裕子．（2007）．学級の人数の違いが体育授業に与える影響に関する事例研究：基本の運動単元の分析から．香川大学教育実践総合研究，**15**，77-85.

参考文献

心理科学研究会（編）．（2004）．*心理科学への招待*．東京：有斐閣（第1章「学びと時間」を所収）．

第11章 社会の時間

細江達郎

　人間の時間単位で最長なものは一生であろう。それぞれの発達段階の出来事は生涯の中で意味が定まってくることを，生涯発達研究の進展は明らかにしている。しかしこの作業は簡単ではない。それぞれの人生の出来事はそれが生起した時代的・社会的枠組みの中でその意味をもつが，心理学的には個々の人が実際に家族・地域・学校・組織の中に現実化している適応基準とのかかわりでその出来事を経験するのであり，一定時点の時代的・社会的傾向を相対的に併記するだけではその意味を具体的には明らかにはできない。より広がりをもつ時代史・社会史と個人が出会う現実の場面とのかかわりと，それに適応・非適応する個人の心的体制を統合的に把握する心理学的研究は困難ではあるが必要とされる。筆者は日本の戦後の「団塊の世代」といわれる人々を中学生時代から60代を越える現在まで追跡的に調査する機会を得ている。本章では，この成果を素材にしながら，社会的時間と人間の発達のかかわりについて考察していく。第1節では，心理学研究において人生や歴史性の意義が自覚されつつも，十分取り組まれてこなかったことを概観し，第2節ではライフコース研究という学際的研究の中であらたに取り組まれていることを指摘していく。第3節では本章の主題として上記の追跡調査が歴史性，時間的展望の視点から紹介される。第4節ではまとめとして，個人史が「状況」と歴史性との出会いの中で，時間的限界の中で展開することを指摘する。

第1節　人生と歴史性と現在

1　個人史と時代史の交差

　心理学における時間の意味についてはすでに都筑・白井（2007）の優れた論考があるが，その中にミクロな視点とマクロな視点の二極化があるという興味深い

指摘がある。これは心理学の発展史とその対象の特殊性からみることができる。生理学から発展をしたヴント（Wundt, W.）の心理学は，微細な単位での人間の心的諸機能の研究を進展するとともに，同時に展開した民族心理学では，ある民族の何世代にもわたる言語・神話・宗教の形成について研究したことは知られている。この分離は現在，心理学研究の中ではパーソナリティ研究や社会心理学研究の発展において修復され，さらに発達研究は生涯にわたる視野を持つとともに，人生そのものを研究対象としてきている。

たしかに人間行動の最長の長さは人生であり，その意味はまさに「棺を蓋いてこと定まる」のである。このことの含意は社会心理学的には深い。つまり死者は生けるものになんらの客観的な影響を与えることはできない。死によって，生存中の行動と痕跡は固定され，その内容の意味づけや変化はすべて生存者に委ねられるのである。つまりその人生のその人にとっての本来的意味は，生きているその人によってのみ意識され語られることとなる。

ヴントと同時代の社会心理学・民族心理学の祖といわれるドイツのラツァールス（Lazarus, M.）は人間性とは「生理心理的人間が人間間の関係によって形成される社会・文化的意味を担い，歴史的限界の中で行動し，意識することである」とすでに指摘している（安倍，1956；細江，2005）。分離的ではあったがヴントを含め先人たちは人間をいかに総体的に現実に近いところで捉えようとしていたかが感得される。一世紀を越える心理学史は結局こうした全体的日常的な視点への回帰の歴史ともいえる。このラツァールスの指摘の中の後段部分「歴史的限界の中で行動し，意識することである」が心理学研究には改めて意味をもつ。青年期が「疾風怒涛」であるか「温和平穏」であるかは時代史との交差によるが，このことは文化人類学の研究に待つまでもなく，現代日本の戦後史を振り返れば容易に理解される。

結局，個人の発達史はそれぞれがその発達を展開する時代史と重ね合わせることでもっとも豊かに確実に理解できる。古今東西で生き残っている文学の名作は，その歴史性の中で生きている人生史であり，卑近な例ではテレビの大河ドラマに日本人が関心をもつのも同様なことといえる。

2　時間的展望

生涯の時間を研究の視野においたとき，それぞれの発達段階ではその後の段階，たとえば青年期においては成人期を含む将来展望が，成人期においては老年期以降の展望が大きな役割を果たす。しかし，時間的展望を初めて理論づけたレヴィ

ン（Lewin, 1951/1956）の場の理論とそれにもとづく認知的場である生活空間の考え方によれば，過去も未来も現在に依存し，現在に機能してその意味は確定されることとなる。そして，ある一定の現時点での個人の心理学的未来と心理学的過去についてのその個人の見方（view）の総体が時間的展望とされる。つまり人はそれぞれの時点で自らの過去を顧みながら，また将来への見方を含め，現在時点で一定の時間的展望をもちながら，人生を展開していく。その意味ではガーゲン（Gergen, 1994/1998）の指摘するように発達は一定の段階を安定的に経過するのではなく，それぞれの場面での自律的主体的解釈の過程をたどる，不確定なものである。後述するわれわれの追跡調査では常に，その時点での過去を振り返り，現状を確認し，その時点での将来展望を求めてきた。

第2節　ライフコース研究

1　生涯発達は学際研究によって

　人間科学の中で上記のような立場を意識した分野は心理学よりも社会学の中で発展してきた。その代表例がライフコース研究であり，そのもっとも影響的な研究はエルダーらによるものである（Elder, 1974/1986；Elder et al., 1993/1997；Giele & Elder, 1998/2003）。社会学がその先鞭をつけることはやむをえないことではあるが，心理学，特に社会心理学では，本来担うべき社会性，歴史性がその学の始原においてはともかく，その後の展開の中で看過されてきたことは指摘しておくべきことである。ライフサイクル研究の基本書のひとつであるレビンソン（Levinson, 1978/1992）の『ライフサイクルの心理学（*The seasons of man's life*）』で，「この分野は元来心理学や精神医学の領域に属することだった。だが発達していく人生の関心から，個人を社会に位置づけてとらえることとなり，（略）そこでわれわれは社会心理学という学際的分野で仕事をすることになる。（略）この意味でわれわれの成人の発達に対する考え方は社会心理学的といえる」（訳書，p.8）と記されている。この学際性や多分野科学性はこの種の課題ではよく主張されるところであり，エルダーの著作の中にもよく登場する。人間研究における多分野の研究の共同は当然のことであるが，上述のように心理学や社会心理学がその人間生活の全体像に接近しないで細分化したことの自省は求められるところであろう。

2　大恐慌の子どもたち（Elder, 1974/1986）

　1929年ニューヨークでの株式大暴落から始まった世界恐慌は，繁栄を謳歌（おうか）し

ていたアメリカ社会に大きな影響を与えた。その恐慌の最中の1931年から，カリフォルニア州オークランドで始まった11～12歳の子どもたちの小学校から中学，高校に至るまでを調査した「オークランド発達研究」と「バークリー成長研究」と呼ばれる研究で，恐慌時代に育った2コーホートが，その後40年にわたりさまざまな経過をたどりながらエルダーらによって継続的に調査された。

　産業革命を経た人間社会は，それ以前の多くの国や民族では当然であった何世代も変わることのない人生の営みを根底から覆し，その社会を担う大人たちが到底予測できない変化をもたらした。それが20世紀に入りより顕著になり，大恐慌，そのあとに続く世界大戦は家族や子どもたちに大きな影響を与えた。エルダーはこうした時代の中で生育した子どもたちの得がたい資料をもとに，大恐慌が与えた社会経済的変化，その状況に適応するためにとられた行動，その後の生活体験やパーソナリティに及ぼす影響を検討した。

　ライフコースの見方はそれまでのライフサイクル，ライフスパン，ライフステージ，ライフヒストリー等の概念を包括的に関連づけ，家族，子どもさらに人間発達全般の研究において時間的，文脈的背景に多くの注意を払うことが求められた。ライフコースとは，ある社会制度に囲まれ，歴史的変化に晒されている年齢別のライフパターンを意味し，具体的にはライフイベントのタイミング，持続時間，配置，順序のパターンとされた。しかし，この「ライフコース」は概念，研究視点，方法論ともいまだギールとエルダー（Giele & Elder, 1998/2003）自身が指摘しているように進展著しく，多くの研究が蓄積されており，その確定的な規定はさけるべきである。

3　ライフコースの4つのパラダイム

　エルダーらが取りまとめた4つのパラダイムは示唆に富む。

　①時間的空間的位置：ある歴史的時代を経験した者はそうでない者とは異なる。そのことが一定の社会的パターンを方向づける。

　②社会的統合：この時間的空間的位置の中で類似した経験をした人々は相互に接触し影響をうける。その場合多くの人がそこにある共通の期待や規範を内面化し統合していくが，それは必ずしも一様ではない。

　③人間の行為力：さらにその中で，個々の人々は自らの欲求充足をそれぞれ選択し，目標達成に向かい，自らの生活を組織化していく。

　④人生のタイミング：その目標達成のため，人々は外部の出来事のタイミングに反応していく。どのようにいつライフイベントに出会いそれを人生の目標にあ

わせるかという積極的適応戦略を人々はとるのである。

　社会的位置，仲間関係，個人的動機づけは，④のタイミングという通風孔を通してライフコースの軌道に個人的差異をつくり出すとしている。

　この4点はこれまで心理学と社会学がそれぞれ扱ってきた分野の融合だけでなく，歴史性，時間性に生きる人間を把握するために有用な道具となるといえる。もちろん，マクロな社会的変動と個人の発達との間に媒介的な枠組みを設定する必要性は，エルダーらの研究にも影響をあたえている社会史学のハーベン（Hareven, 1982/1990）の「家族時間と産業時間から歴史時間」の研究にも明らかにされており，タマスとズナニエッキ（Thomas & Znaniecki, 1918-1920/1983）の古典的な調査研究においても社会変動は家族の枠組みを通してあらわれることを指摘したことはよく知られている。また社会心理学の中間的接近法を提唱した安倍（1969）は人の社会的行動は総合社会的変動にそのまま影響をうけるのではなく，それが実際の生活の場である「地域社会」に分化具体化した枠組みに直接影響をうけるとし，そのためにその影響関係を把握できる範囲の中間的接近法の必要性を主張していた。このことは生態学的発達理論の視点からエルダーらの研究に影響を与えたブロンフェンブレンナー（Bronfenbrenner, 1979/1996）の人を取り囲むマイクロ，メゾ，エクソのレベルを通して文化的動向のようなマクロシステムが影響を与えるという指摘にも見られる。

　大きな社会変動がどの発達的年代に影響をあたえるかについては，本邦でも戦後起きたエネルギー革命による炭鉱閉山からの労働者の離職者の詳細な調査報告がある（正岡ほか，1998, 1999, 2000）。この調査フィールドは常磐炭鉱であるが，筆者も参加した北海道の閉山炭鉱の離職者の調査では，青年後期や成人前期までは，関東・中部の当時隆盛であった近代産業の労働者として移動再適応が可能であったが，30代を超えた炭鉱労働者は炭鉱労働への限定的な固着によって他産業への転換を困難とさせ，より劣悪小規模の炭鉱での労働を探し求める状況が明らかにされた（大橋，1976）。

　次節でのわれわれの調査報告においても，この一定の状況への固定的適応，過剰な適応があらたに変化した事態に非適応を起こし，またある状況への非適応があらたな事態に適応を強く動機づけることが明らかにされたが（細江，2000），その対応状況は青年期で出会うか成人期で出会うか（実際にはそれぞれ前後期に分化される），その発達段階により異なる。

第3節　団塊の世代の長期追跡調査

1　はじめに

　1963年度に青森県むつ市，下北郡の10の中学校の3年生を対象にして「青年期の社会化過程」に関する調査研究が始められた。調査は60歳代の現在（2010年）まで継続されている。本節ではこの調査を「時間」の視点から整理してみる。なお調査結果の詳細についてはこれまでそのつど報告されている。総括的なものは細江（2002a, 2009b），最近の調査については細江（2009a, 2010）を参照されたい（表11-1参照）。

2　調査のはじまり

　1963年に「九学会連合」の下北半島総合調査が行われた。日本心理学会は東北大学の安倍淳吉を中心とした調査班が参加した。課題は「青年期の社会化過程に関する研究」であった（安倍ほか，1967）。青森県むつ市・下北郡3町村の1963年度の10中学3年生908名（むつ市田名部364名，大間町大間160名・奥戸91名，旧脇野沢村脇野沢82名・小沢38名・滝山20名・九艘泊12名，東通村南部98名・尻屋19名・尻労24名の各中学校）を対象とした調査が行われた。調査協力者には3年生の夏と卒業期に進路選択過程についての質問紙調査などが実施された。調査内容は進路選択過程，将来展望に関する質問紙調査が中心であった。そこではレヴィン（Lewin, 1951/1956）の時間的展望の視点を取り入れた理想水準と現実水準の2つの進路選択希望が確認された。この進路に関する時間的な展望はその後の調査においても繰り返し確認された。中学時点では卒業後，20歳頃，父母の年齢の頃の展望が生活内容・場所の予想とともに聴かれた。さらに知能検査，性格検査も実施され，また家族構成，家業の状況および対象中学3年時の1日の生活時間の調査も行われた。この調査協力者を基本として以後60歳（2010年現在）まで，「職業的社会化過程」を主題に面接を主たる方法で継続的調査が実施されてきた。中卒後約3年間は職場，学校への適応過程が確認された。以後成人式時や20代前半の面接調査，女性の厄年（33歳）を中心とした面接調査，男性の厄年（42歳）を中心とした面接調査が行われた。40歳代後半から60歳の現在まで成年後期・老年期移行期の調査が行われている。前記のように，それぞれの時点で約10年後および次の発達段階時の予想を立ててもらった。このことはさまざまな影響を与えた。50代になったある調査協力者は，「この調査でいつもこの先

表 11-1 追跡調査の変遷

	西暦	研究機関	主たる研究者（研究補助者）	研究主課題	調査協力者年齢	調査者と調査協力者との関係	研究経費等	引用文献
(1) 前史	〜1965	東北大学	安倍淳吉	犯罪者・非行少年の反社会化過程				安倍, 1978
2	1963〜1967	東北大学	安倍淳吉 大橋英寿（細江達郎 20代前半）	青年期の社会化過程	15歳〜18歳（青年期）	受身の生徒・調査協力者	九学会連合「下北」総合調査	安倍ほか, 1967
3	1970〜1973	東北大学	大橋英寿 細江達郎（20代後半）	産業構造変革に伴う農山漁村青年期の適応過程の変容	20代前半（青年後期〜成人前期）	もっとも距離を置く調査協力者	科研特定研究「産業構造の変革」	細江ほか, 1972 細江, 1976
4	1979〜1982	岩手大学	細江達郎（30代）（糸田尚史 20代）	職業的社会化過程の再追跡調査	30代前半（成人前期）	体験を語り始める調査協力者	トヨタ財団助成	細江, 1981, 1985
5	1986〜1989	岩手大学	細江達郎（40代）（小野澤章子 20代）	地域文化とキャリアの変遷	40代前半（成人中期）	子弟教育に関係づける調査協力者	トヨタ財団助成・九学会連合「地域文化の均質化」	細江, 1994
6	1995〜1996	岩手大学	細江達郎（50代）（細越久美子 20代）	都市移行者と子弟の職業的社会化過程のギャップの様態	50代前半（成人中後期）	体験を次世代に語る調査協力者	シニアプラン開発機構助成	細江, 1996
7	1996〜1998	岩手大学	細江達郎（50代後半）	高度成長期地方出身都市就労者の老年期の展望	50代後半（成人後期）	体験を次世代に語る調査協力者	ユニベール財団助成	細江, 2000
8	2006〜2008	岩手県立大学	細江達郎（60代）糸田尚史（40代）	地方出身団塊の世代の老年期移行期における職業再適応	60歳前後（成人期〜老年期前期）	共同研究者として参加する調査協力者	科研費助成	細江, 2002 b, 2010
9	2009〜	岩手県立大学	細江達郎（60代）青木慎一郎（50代）糸田尚史（50代）小野澤章子（40代）細越久美子（30代）（山崎剛信 20代）	老年期の社会的非適応：不安定就労・逃避・犯罪の実相	60代（老年期）		科研費助成	細江ほか, 2009

どうするかを聞かれるので，自然と先のことを考えるようになった」と述懐していた。

3　調査の変遷──調査協力者・調査者・研究手法の変遷

　研究では一般に対象とされる人々についての調査結果の報告が重視されるが，調査結果はこの対象とされる人々（調査協力者）と調査者側との相互作用の産物であり，長期にわたる調査においては特にそのことが留意される。ここでは調査者側の状況と関連して調査の変遷をみていく。

(1) 九学会連合下北半島総合調査──その時代的変化

　九学会連合とは戦後，日本の社会科学の実証研究の発展を目指す，特に地域研究のための関係学会の連合であった。下北半島では1963～64年に日本心理学会を含む社会科学系10学会が総合調査を行った（九学会連合下北調査委員会, 1967）。九学会連合はその使命を果たしたということで1994年解散となった（九学会連合地域文化の均質化編集委員会, 1994）。この九学会連合最後の調査にも筆者は参加し，「地域文化の均質化」の課題の下に，この追跡調査を素材に調査をおこなった（細江, 1994）。九学会連合の40年にわたる共同研究の歴史は，戦後のそれぞれの学問間の課題，さらには学問内の課題の変遷を物語っており，本報告にもかかわるものであるので略述する。

　現在学会連合というとほとんどの研究者は心理学の場合はまず心理学界内の連合を想像する。それは当然のことで心理学界の中でも現在数十を数える学会があり，心理学の分化専門化はいっそう進んでいる。しかし，戦前戦後の状況をみれば，欧米に比し日本の社会科学の実証研究の貧困は相当なものであった。その状況に憂慮した当時の先進的研究者が地域研究の学会間共同を目指し，日本民族学協会が世話役となり，1947年6学会から連合は始まった。その後8学会となり，日本心理学会は1952年の能登の調査に参加し9学会となった。その後参加学会は増え，10学会となったときもあったが，出入りがあり「日本人類学会」「日本民族学会」「日本民俗学会」「日本社会学会」「日本言語学会」「日本地理学会」「日本心理学会」「東洋音楽学会」「日本宗教学会」の九学会連合が固定した。下北半島共同調査は対馬，能登，奄美，佐渡に継ぐものであった。九学会に参加した学会は当時の社会科学の学問分野の代表的な学会であり，心理学界は日本心理学会，日本教育心理学会，日本応用心理学会などが存在する程度で，現在ではおよそ困難な異分野のまさに学際的学会研究連合であった。地域研究としては，下北以後は利根川，沖縄，そして再度奄美を対象とした。その後は特定地域を対象

としないで「日本の風土」「日本の沿岸文化」さらに解散前の課題とした「日本文化の均質化」と展開してきたことは，学問分野の専門分化の進展はもとより，特定地域の特殊性を研究する課題からより共通性を求める時代への変化を象徴している。またこのことは戦後日本における地域社会の喪失を意味するものであった。しかし，その使命を果たしたとして解散した最後の共同研究に参加した筆者にとって「心理学」の枠組みを越えた多くの研究分野の研究者との深更にわたる共同討議は得るものが多く意義深いものであった。現在心理学界では上述のように専門分化し，心理学内での他の学会とも交流が十分でない状況や，筆者の関係する社会心理学においても，日常的な場面で普通の人間への接近よりも，大学内や学生対象の調査や実験室研究を重視する傾向は改善されつつあるがいまだ主流といえる。しかし，そうした中でフィールド研究が再認識され始めるなどの兆候が顕れることなどをみるにつけ，戦後地域研究の重要性を主張した「九学会連合」またそれに参加しようとした心理学界の先人の意思の再評価は意義あるものと考えている。学問研究の枠組み自体が時間の変遷に沿うことを示すものでもある。

(2) 研究課題，研究者の変遷

　長期にわたる調査研究は研究課題自体が調査協力者の変化・研究者の関心・研究環境の相互作用の産物として変遷してきた。

　本調査の前史としては昭和30年代の東北大学の犯罪（反社会化）研究がある。東北大学の安倍（1956）は矯正施設での犯罪（反社会化）研究を実施する過程で，犯罪は通常の社会化を前提としており，犯罪（反社会化）は反社会化過程のみを研究するのではなく，社会化過程全体を研究しなければならないという視点をもっていた。そのためには矯正施設の外の普通の子どもたちの発達・社会化を調査する必要があると考え，東北地方の各地（宮城県・青森県・岩手県）および新潟県の中学生を対象に進路選択過程を中心とした調査を行っていた。その対象のひとつが九学会連合の「下北半島」の中学生の社会化研究であった。広範にわたる各地での青年期社会化の研究はその後，下北半島出身の調査協力者に限定されて続けられてきた。その後の研究課題は調査協力者の発達段階と研究者の関心に応じて以下のように変化してきた。（表11-1 参照）

　①前史として［～1965年代］：矯正施設収容者を対象としての犯罪者・非行少年の反社会化過程の研究。東北大学の安倍を中心とした研究（安倍，1978）。

　②九学会連合下北総合調査とその後の追跡調査［1963～1967年］：青年期の社会化過程に関する社会心理学的研究。中学生の進路選択過程とその後の進路先（高校・職

場等)での調査が行われた(対象者15〜18歳)。東北大学の安倍を中心とした研究(安倍ほか,1967)。(筆者は研究補助者)

　③特定研究「産業構造の変革とそれに伴う諸問題」参加［1970〜1973年］：産業構造変革にともなう農山漁村青年期の適応過程の変容に関する社会心理学的研究として20代の調査協力者の職業的社会化の追跡調査が行われた(対象者20代前半)。
　東北大学の大橋(1976),細江(1976)が中心。
　④トヨタ財団助成の地域研究に参加［1979〜1982年］：職業的社会化過程を課題として総合的に追跡調査が行われた(女性調査協力者が厄年とされる33歳を中心とした成人前期)。なお,トヨタ財団からその後も助成を受けている。細江の岩手大学転任により資料を東北大学から岩手大学に移す。以後細江(1981,1985)中心に岩手大学の教員・学生の参加により調査が行われた。
　⑤九学会連合「地域文化の均質化」参加［1986〜1989年］：地域文化の均質化とキャリアの変遷の視点から追跡調査が継続された(男性調査協力者が厄年とされる42歳を中心とした成人中期)。(細江,1994)
　⑥都市移行者と子弟との職業的社会化過程のギャップの様態(シニアプラン開発機構の助成研究)［1995〜1997年］：調査協力者とその子弟の進路展望を確認するともに,追跡調査を継続実施した(調査協力者50代前半)。(細江,1996)
　⑦高度成長期地方出身都市就労者の老年期の展望(ユニベール財団助成など)［1996〜1998年］：成人期後期における引退時の展望が調査された(調査協力者50代後半)(細江,2000)。
　⑧地方出身塊の世代の老年期移行期における職業再適応(科研費助成)［2006〜2008年］：調査協力者60歳定年を中心とした追跡調査が行われた。細江の岩手県立大学転任にともない同大学に資料を移し,以後同大学の教員・学生が調査に参加した(細江,2002b,2010;細江ほか,2009)。
　⑨老年期の社会的非適応の研究(科研費助成)［2009年〜］：調査協力者のうち所在不明者などを中心に貧困,失業,孤独,犯罪等に関し集中的に調査が行われている。

(3) 調査協力者側の調査へのかかわりの変遷

　調査者の側の変遷とともに,調査協力者の側の調査へのかかわり方も変遷する。それは受身的「対象者」の年代から,調査に距離をおく年代,調査にかかわり積極的に利用する年代,さらには共同研究者として参加する年代まで以下のように変化してきた。
　中学時：教室で質問紙を配る先生(研究者)と質問紙に記入した中学生という関係,調査の趣旨はあまり理解されていない。
　10代：卒業後の動向を調査する調査員と受身的な協力者の関係であるが,10代であり都会での就職者への調査は出身学校や職安との関係を通して行われたこともあり,懐かしさなどのため依存的な関係も少なくなかった。

図11-1 学会シンポジウムの報告者（右端筆者・その左2名が調査協力者）

20代：生活場面と仕事先を確認する調査員に対して調査協力者はもっとも消極的な関係であった。青年期で自立しようとする時期でもあり，調査員に協力することは少なく，反発することも多かった。
30代：職業経歴の再確認をする調査研究者に対して積極的に体験を語り始める調査協力者が増えてきている。
40代：生涯発達の視点が明確になる調査研究者と接する際に，調査結果や他の調査協力者の体験を自分の子弟の教育等と比較し活用しようとするなど，調査協力者がこの調査を積極的に理解しようとしてきた。
50代〜60代：現在では調査協力者が自らの体験を積極的に振り返り，次世代である若い学生調査員に伝えたいと思いはじめている。

　さらに調査の「対象者」から調査協力者，さらに学会の報告に共同して参加する共同研究者的立場をとる場合が出てくる。図11-1では2009年の社会心理学会公開シンポジウム「近代化の社会心理学」に調査協力者が話題提供者として参加している（細江，2010）。

　以上，研究過程の変遷を(1)九学会連合の変遷，(2)研究課題，研究者側の変遷，(3)調査協力者側の変遷にそって見てきたが，人生および生涯という時間的な枠組みで調査研究するとき，素材となる調査協力者側はもちろん，研究者側の人生経歴[1]，また研究助成など研究を支援する側の視点の変化が平行して展開していることが了解されよう。次に調査協力者の人生経歴を時間的変遷に添って見ていく。

4　地方出身の団塊の世代の戦後史をたどって
(1) 地方から都市へ

　敗戦後日本社会は都市の荒廃消失からの疎開者や海外同胞の引き上げ者，復員者等の多くの人口を地方農山漁村に抱えた。また戦争の混乱の収拾は減少した出生率を向上させ，1947・1948・1949年は後に団塊の世代といわれる突出した人口

---

[1]　細江は20代では研究補助者であったが，その後本調査の実施責任者となった。また現在共同研究者である，糸田尚史（名寄大学），小野澤章子（岩手大学），細越久美子（岩手県立大学）はそれぞれ20代の学生院生時代には研究補助者であった。また研究補助者であった岩手県立大学大学院生山崎剛信は調査報告を出している（山崎・細江，2009, 2010）。

の世代を農山漁村中心に生み出した。この世代が成長し，義務教育年齢を越え始めるころ，これまで吸収していた農山漁村はその生産力などからこの世代のすべてを地域内に抱えこむことが困難となってきた。それは人口の大きさとこの世代が青年期を迎えたことにもよるが，戦後の荒廃から徐々に立ち直った日本経済や都市の生活の向上が地方の生活水準にも波及し始めたことにもよる。しかし，地方のそれぞれの家庭や地域は，義務教育を越えた教育を子どもたちに付与し，またそれを必要とする条件の整備までは達しておらず，青年たちは中卒後働き，家族から自立した生活をするだけでなく親世代や弟妹の経済的支援を担うこととなる。

そうした折，急激に復興してきた日本経済は1960年以降高度成長時代に入る。ここに都市において若年労働者の多くが必要とされ，地方では前述の状態で過剰化しつつある若者を都市へと移動させることとなる。もちろん，地域の農山漁村を従来の形態で維持し，地域社会を徐々に発展させるための一定の人材は地元に残った。

(2) 団塊の世代以前

この年代の都市移動はその前の年代の地域外就労とは異なる。団塊の世代を中心とした都市就職が増加する以前の農山漁村の子どもたちは地域第一次産業の補助労働者あるいは一部は後継者として在学時も卒業後も地域産業中心に生活し，基本的には地域や親世代への強い隷属があった。実際本調査が対象とした1946年3月中卒者の中学時は平日でも2〜3時間家業に従事していた。休日や繁忙期には親世代と同様，終日地域産業に従事していた。都市産業社会の発展は地方の消費生活との格差を生じさせ，それを埋めるために親世代の多くは繁忙期には第一次産業に従事しつつ，農漁閑期には都市の土木建設現場や他地域の好漁の漁場などへの出稼ぎが行われ，その多くに子弟が同行した。さらにそれ以前の時代は女子を中心とした紡績女工型の就労があったが，これは生涯を考えたキャリアとして想定されたのではなく，地域社会で生活を維持できない女性層の結婚までの就労が一般的であった。さらに悲惨な事例は戦後の冷害時でも一部みられた人身売買的な就労であった。このような段階では子どもたちは基本的に親世代の指導や保護のもとに家業維持，実家維持のための就労をしていたことになる。

しかし，昭和30年代後半以降の都市の高度成長は第一次産業を中心とする地方の生活と都市の生活との格差をいっそう大きくし，団塊の世代が児童期から青年期に移行する時点では，地域産業労働力の過剰，地域社会（家族）の保護扶養能力の限界がくることとなる。

実際，地域産業（農林漁業）への中学時の就労形態は昭和30年代（1955〜64年）では上述のように平日でも日常的に労働に参加したが，昭和40年代（1965〜74年）には平日労働はなくなり，休日や繁忙期に短時間就労する補助労働に変化し，第一次産業継承時代が終了しつつあった。
　こうした時代に都市からの急激な求人の増加に対応した中卒の就労者は，それ以前の親世代や地域社会に縛られた就労形態とは違う，親世代や地域社会から自立独立した誇りある出郷という形の中卒都市就職に向かった。

(3) **地域産業従事型の減少→中卒都市就職の増大→少数の高校進学**
　もちろん，前述のように地域の農山漁村を従来の形態で維持し，地域社会を徐々に発展させるための一定の人材は地元に残ることになった。
　団塊の世代の中卒時の進路を全国的にみると，すでに高校進学率が60〜70%であった。しかし東北地方などではそのレベルの数値は都市部，下北半島ではむつ市の中学校に限られたものであった。残りの町村部の中学校は，①そのほとんどが中卒後地域産業に従事した山間地や小漁村の小規模中学と，②その卒業生が一部の地域産業従事者と少数の高校進学者と大半の中卒地域外就職者であった町村の中心部の中学に二分された。この中卒就労が基準的となっていた町村の中心部の学校からの都市就労者がいわゆる「集団就職」の時代を形成することとなる。この層は高校進学の学力がないから中卒就職を選ぶのではなく，中学生の中心的進路として学力などにかかわらず多くの人材が当然の進路として誇りをもって出郷したのであった。
　しかし前述のように，一定規模をもった町村部の中では地域の産業を支え，また地域社会の維持と発展を担う層がいたこともその後の地域の発展の意味にとって重要となったのである。一方山間部・小漁港の僻村部では子どもたちの多くが中卒後地域産業に従事するが，その小規模性と一様性が第一次産業の衰退を招き，若年層を町村の中心部とは遅れた時点で，地域外に移動させることとなった。中卒後ただちに都市就職に移動しなかったこの層は，漁業林業などへ適応が一定程度深化したあとでの都市産業への移動であったために，いわば遅れた出郷となり，その都市産業への適応にはさまざまな困難が生じた。一方で，地域第一次産業を担う役割の層の離脱は，現時点となって地域の超高齢化さらには限界集落の出現を招く可能性をもたらすこととなっている。

(4) **青年前期・中期——地域社会からの都市就職へ**
　誇りある離郷：前述のように地域社会の中核産業である第一次産業は戦後多くの人々を抱えていたが，中卒者の増加と相対的な産業基盤の衰退は地域社会での

青年期の保護能力・職業的社会化の機能を狭めていった。しかし義務教育を超える教育への展望は現実的なものではなかった。一方都市産業は高度成長期に入り，多くの若年労働者を必要とし，地方の中学生に多様な職業選択水路を組織的に提供することとなっていた。都市就職の進路は多くの中卒者にとっては地域産業就労からの離脱であり，高校進学者より「早く自立し社会に出る」誇りある離郷であった。彼らの家業への関与は前述の生活時間にみるように一定の役割を担っており，そこからの離脱はそれぞれの家業の状況やそれを担う家族構成の違いにより中卒時にただちに行われる場合から，補助労働としての役割をある期間は果たしながら徐々に移行する場合まで多様であった。

限られた就労先：都市就職に向かった中卒者が選択した職種には一定の傾向が見られた。地域外就労が始まる初期の段階では，縁故就職などの個人的な就労形態であった。こうした段階を経て，中卒就職が一般的になる段階での職種は，食堂，小規模商店，職人的職種，小規模の工場の工員といった，地方農漁村でも接触可能な職種が中心であった。就職する地域も，東北地方出身者では，東京北部の工場，商業地域といった大都市の周辺の地域であった。「集団就職」は，こうした大都市周辺部の小規模な商店・企業などの個別求人をまとめ，親近性をもった地域や職種に移行を期待した中学生の求職との接点に対応したものでもある。しかし，この親近性のある彼らの就労先や生活地域は現在多くの人々に郷愁をもたれている劇画，西岸良平原作の『三丁目の夕日』（小学館）の描く昭和30年代（1955〜64年）の東京下町の風景であり，そこには消えゆく「地域社会」が存在していた。

このような個人経営的な職種が一般的である段階を過ぎると，求人が大中企業の工場の工員を大量に求める段階に移行していった。しかし，こうした組織産業は，後に中卒就職の昇進の限界や組織階層や学歴社会の存在を中卒労働者に自覚させ，転職を引き起こすこととなった。中卒時の職業展望の将来像が成人期での自立が可能な職種でなく，規模や知名度などで職種を選択した層にとっては大きな転換点であった。調査協力者の一人は42歳の厄年の中学同窓会で，出席した先生に「学歴社会がついてくるなどとは先生は教えてくれなかった」と述懐していた。しかしその調査協力者は苦労して医療専門職で自立することとなる。

(5) **青年期から成人期へ＝さまざまな転換期をへて**

調査協力者の都市での就労は，自立が必要な成人期を迎える時期にさまざまな困難に直面した。職人的職種のように，個人の技量に依存できない職種など独立や自立が可能にならない職種，また可能とならない地域からの転換が起きた。20

代後半から30代前半（1975〜85年）である。大都市中心部の高度な適応レベルで成人期の自立を果たすことが困難であることの認識は，東京近郊や関東地方の周辺部へ移動する"ドーナツ化現象"，あるいは出身地域およびその近隣都市に移動する"UJターン"の対応がとられた。大都市の膨張と地方の活性化という1975〜85年頃の社会構造の変化に対応した団塊の世代の一般的な傾向でもあった。

(6) 出身地域に残った人，戻った人たち——高度成長の波及

地元には漁業等地域第一次産業従事者が少数ではあるが残ることとなった。しかし，地域漁業の不安定な状況から多くは漁業を補助的にしながら，地域外出稼ぎ労働を併用することとなった。高度成長は1975年以降に地方の活性化をもたらし，むつ市などの小都市の第三次産業の発展や公共投資による道路網の整備は，UJターン者を受け入れることを可能にした。役場，郵便局，消防等の公共機関の整備は地元に一定の安定的職場を提供した。これらは地域在留者の定時制高校等による適応水準のレベルアップした層やUJターン者が担うこととなる。このように都市産業従事からのUJターン者は出身地域の近代化に一定の役割を果たした。この時点で都市からの転換を選択した調査協力者の多くは，60歳代でも地域社会で一定の安定的位置を占めている。これは地域の多様な職種の拡大と彼等の職業能力，発達段階が相応していった例といえる。

追跡調査が対象とした町村部の9中学は現在5中学となり，前述のような進路の差異はなくなり，高校進学が9割以上となった。中学生の進路選択の枠組みは「地域」的な枠組みではなく，より一般的な高校進学を当然とする学校型社会化の枠組みとなった。

(7) 大都市産業社会の中の社会化——「会社人間」の時代

団塊の世代の高校進学率は日本全体では6割を超えており，その中に4分の1の大学進学者を含み，産業社会を形成していった。この全体的過程の論議は本稿の主要な課題ではないが，企業戦士，会社人間として日本経済を支えていった。出身地域を離れ都市に移動した人々の暮らしは核家族と団地生活に代表され，従来の意味での「地域社会」とはいっそう離れることになる。子どもたちの進路や教育のあり方は出身地域にいたときとは異なり私事化する一方で，その志向は学歴重視型となり，受験戦争を生んでいった。

調査協力者の中卒時の進路選択は自覚的な選択であったとしても，親世代等との厳しい葛藤のもとで行われた。本調査では調査協力者が自分の子弟の中卒・高卒時の進路選択にどうかかわったかについてまとめている（細江，1996）。そこでは子弟の進路に関して「子どもの好きなようにさせたい」「子どもの選択を尊重

する」「上級学校進学は本人次第である」に代表される子どもの自主性尊重的傾向がみられた。このことは，自らの進路選択体験と子弟の学校社会が提供する進路選択の枠組みとの大きなズレや自らの職業への強い関与による家族生活との乖離を表すものでもあった。

(8) 成人期から老年期へ

　出身地域社会を展望する時期：都市での成人期をおくる調査協力者が老年期を展望して「出身地域」へのかかわりを意識する時期がもう一度現われてきた。この時期に退職後の地元回帰展望について調査がされた（細江，2002b）。その時点で確認された地元外在住者の2割弱が地元回帰を展望し，5割強が地元回帰を選択肢として想定していた。このことは過疎化高齢化となっている地方の新たな展開として期待できるものであり，「金の卵」から「シルバーエッグ」の時代が想定された。たしかに50代前後から退職期は子世代教育期を徐々に抜け出す一方，親世代の介護が現実的となる時期であった。親世代を出身地域に残している場合，このことは退職後のあり方に大きな問題を提供した。この年代はこのようなライフサイクル上の新たな課題に直面し，ここに親世代家族の在住する「地域社会」が別な意味をもってきた。

(9) 60歳還暦定年期を迎えて

　団塊の世代の定年期移行は産業社会の中核を担った会社人間の退職ということで，現在でも多くの研究や展望がされている。年金支給年齢とのズレの対応，継続雇用再雇用の問題や技術伝承の問題が取り上げられているとともに，ボランティア活動など新たな生活設計についても論じられている。そこには生活の場としての地域社会とのこれまでの乖離の問題が基底にある。本調査協力者は上述のようにこの問題が中心的なものとはならない。

　調査協力者の還暦期の就労形態：本調査協力者の地域外在住者のこの段階での就労形態は①調査協力者の中心である定年のない自営業層，②定年期を迎えた会社等就労層，③不安定単純労働層に3分される。

　①の自営業層は中卒以来特定地域かあるいは30代に東京周辺，関東地方で自営業化した，建設業・土木業・塗装業・鉄工業，理容店・菓子店・金物店などを自営している層である。彼らは会社勤務者と異なり，その経営形態から地域社会の中で業務を行うことが必要であり，東京周辺部の『三丁目の夕日』的な地域で当初から営業したもの，関東地方の都市周辺部で自営業を営むものなど，生活する地域の人々を相手に仕事を続けてきた。

　②の層は基本的には多くのサラリーマン層と同様，組織産業を退職した人たち

である。本調査協力者を特徴づける中卒就労者の場合，定年期まで組織の中で安定的な地位を占めるに至るには，「がんばった」「努力した」ということばに表されるような前向きな生き方と，特定技術の習得が可能であった組織形態などの多様な条件が必要であった。大手運送会社の特殊物品の搬送の第一人者や，中規模医療機器製造会社の中心的技術者など，組織産業の一般ホワイトカラー層とは異なるキャリアを展開してきた。そのことは60歳以降もそのキャリアを持続することは可能とするが，「地域社会」への回帰は多くの会社人間的ホワイトカラー層と同様単純ではない。

　③の層は本追跡調査協力者の中で，老年期のあり方にもっとも問題を抱える層である。現段階（2010年）で2割強いる本調査の未確認者の中にも含まれている。出稼ぎ労働者の多くは出身地域に基盤を置き県外を主たる就労の場としており，退職高齢期には出身地域がその帰住地として想定されている。しかし大都会の片隅の工事現場のプレハブの仮設住居で一人暮らしをしている調査協力者は出身地域との関係はほとんどなく，在住地の地域社会にかかわることもなく単純労働を続けることとなり，「地域社会」ともっとも離れた老年層となる。

(10)「地域社会」を担う地元在住者

　地元在住者は前述のように役場，消防，郵便局，JR等公務員的な職場を定年退職する層が中心となる。漁業の衰退は多くの漁業専業従事者と公共投資の減少による地元土木建築業勤務者を県外出稼ぎに移行させた。また一部に漁業等を営みながら，早くから出稼ぎ専業化した層を含め，対象出稼ぎ先の就労年齢や地元の家族状況により退職後，出身地域に回帰定住化することが予想される。ここに上記地域外在住者の②または③の層の回帰が含まれてくる。このように出身地域は定年期において新たな役割を担うこととなる。しかし，平成の大合併により下北郡のいくつかの町村がむつ市と合併した。また郵政民営化は明治以来の地域の官公署の性格を変えていった。公務員層の調査協力者はそれぞれ従来の地域のまとまりが失われていくことを指摘している。しかし地元公務員層の調査協力者はこれまでも地域社会を担ってきたとともに，地域外からの地元回帰の同級生の受け皿としての役割を担うことを期待されることになる。

(11) 個人差を拡大する老後

　本追跡調査協力者のような大会社の組織に依存しない個人技能的キャリアはその展開に個人差を多くしたことは間違いない。技能・個人職種型の多くはその懸命の努力によって安定的な老後の展望をもつことになるのであるが，病気や家庭生活のあり方によって容易に不安定化・脆弱性をもたらすことが予想される。

つまり個人の能力・努力に強く依存したキャリアの展開は一方でその展開に個人差を大きくし，阻害的事態に脆弱性をもち，その安全網も組織的でないだけに不安定である。特に退職時高齢期においては地域社会の安全網の役割は大きく，地域社会に根ざし技能職や自営業的なキャリアを発展した人たちと，それが不十分な人々との差は大きい。

　このような家族による保護や地域社会からの保護にかかわれない困難な状況にある団塊の世代の老年期の人々へのサポートを含め，さまざまな社会的対応が必要とされる。出身地域との関係が不安定で，また就労形態も単純労務に従事する不安定就労層の動向は本調査では現時点でまだ未確認であり，この数年その課題に取り組んでいるが，10年後さらに困難が予想される都市におけるより高齢期のあり方は，今後日本社会にとって大きな問題となる。

　都市での地域的保護的機能の不十分さを50歳代で予測し，退職後の出身地回帰を展望した地域外在住者は5割程度いたが，その実践はこの段階（60歳代）ではほとんどみられない。50歳前後に出身地域にいる老親の扶養というあらたなライフサイクル上の問題に直面したが，それをさまざま形で乗り切るとともに，出身地域自体がこうした孤立した高齢者への対応を進めてきたことにより，出身地域に退職時ただちに回帰する必要性は少なくなった。それとともに60歳代で現実に出身地域回帰を選択しようとするとき，配偶者を含め都市生活を続けてきた家族の多くは躊躇することとなる。一方この段階まで農山漁村の出身地域を離れず，あるいはUJターンなどで地元にもどり地域の中で生活基盤を築いてきた人々にとって，出身「地域」は十分今後も意味をもったものとなっている。

　表面的には安定した人生と思われる大企業会社人間も，一生会社の中で生活することはできない。都市社会であっても地域社会にもどり，地域社会の中で役割をとり，見守られて老年期を迎えることとなる。しかし，不安定就労層を含め，そうした地域社会の安全網が欠けるとき，2009年に起きた，群馬県の老人施設「たまゆら」の火災事件に象徴される事態が今後増加することが予想される。

　結局，一生を通したとき人々は移動と定着を繰り返すが，その人の等身大の人生を結局いずれかの地域社会の中で終えることになる。人の一生のあり方は老年期までにどのような安寧な「地域社会」をつくれるかにかかっているようである。

第4節　個人史・状況・時代史の出会い

　以上，筆者が扱ってきた長期追跡調査を紹介してきたが，本章のテーマである

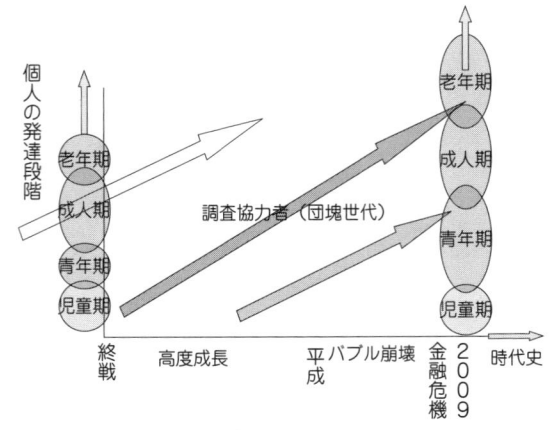

図11-2　時代史・「地域史」・個人発達史の交差

時間や歴史性に沿ってとりまとめてみる。

　発達過程は歴史的社会的な変動，年齢的な変化に対応した要因，多様な個人的要因との出会いで複雑に展開する。一定時点の人々のキャリアの展開や適応状況は，その歴史性と個人史の出会いを考慮したうえでの理解が必要である。人々は自分の人生をその交差で語り，またそれを聞く人はその交差を生きてきた物語に感動する。このことは前述のエルダーのライフコースのパラダイムに相応する。

　つまり，歴史的社会的変動は全体社会（日本全体）に時間的にも影響程度でも共通に起きない。個人の意思決定の具体的な場・状況は多様に分化し，時間的ラグがある。その分化した基準の全体社会の中での位置や方向性の差異を人々はその生活史の中で多様な方法で埋めていく。その摩擦やズレが非適応も起こし，動機づけを高める。さらに困難な条件・地域格差・情報格差を克服するためには，広い展望や視野をもった人々，先輩世代・親世代・教師の器量・各種支援や利用可能な手段が必要である。また人は，人生の多様な危機を転機とし，努力，刻苦勉励，強い意思により，危機においても可能性を求め，自発的選択をしていく自律的な行為者としてキャリアを形成していく。

　誕生から死にいたる個人の生涯発達史は，すでに見てきたように無時間的に起きるのではない。指摘したように青年期の心理はどの時代においても共通ではない。長寿者が稀有な時代と超高齢化時代の老年期は同じようには見られない。つまり図11-2のように特定の人の一生は時代の歴史を横軸におき，そこを基調にその影響下で誕生以来の発達段階を縦軸に展開していく。このように同時代に生まれた個人は基本的にはその時代史を基盤に置くが，その時代史は同年代のすべ

てに同様な影響を与えるわけではない。個々の人は日本社会の全体の動きと同じように対応してはいない。それは個々人が具体的に適応を迫られるそれぞれの地域・集団のあり方と適応非適応関係を具体的に展開していくのである。今回報告している団塊の世代の発達史は，こうした戦後の日本の経済の復興という時代史とそれを分化して支え展開した大都市・小都市・農山漁村の生活のあり方という下位文化の発展史とその中で生きた個人史の中で共通性と独自性をもって展開するのである。

　時間と歴史性はこのように発達段階に応じ，また具体的に適応を展開する「地域」的枠組みに分化して捉えていくことが求められるのである。それぞれの人生の出来事の評価は時間軸，発達過程全体を通して定められる。時間の視点の重要性はまさにそこにある。

引用文献

安倍淳吉．(1956)．*社会心理学*．東京：共立出版．
安倍淳吉．(1969)．社会心理学研究法．北村晴朗・安倍淳吉・黒田正典（編），*心理学研究法*（pp.463-493）．東京：誠信書房．
安倍淳吉．(1978)．*犯罪の社会心理学*．東京：新曜社．
安倍淳吉・田中康久・石郷岡泰・大橋英寿．(1967)．下北半島における青年期の社会化過程に関する研究．九学会連合下北調査委員会（編），*下北：自然・文化・社会*（pp.488-542）．東京：平凡社．
Bronfenbrenner, U. (1996). *人間発達の生態学：発達心理学への挑戦*（磯貝芳郎・福富　護，訳）．東京：川島書店．(Bronfenbrenner, U. (1979). *The ecology of human development: Experiments by nature and design*. Cambridge, MA: Harvard University Press.)
Elder, G. H. Jr. (1986). *大恐慌の子どもたち：社会変動と人間発達*（本田時雄・川浦康至，訳）．東京：明石書店．(Elder, G. H. Jr. (1974). *Children of the Great Depression: Social change in life experience*. Chicago: University of Chicago Press.)
Elder, G. H. Jr., Modell, J., & Parke, R. D. (1997). *時間と空間の中の子どもたち：社会変動と発達への学際的アプローチ*（本田時雄，監訳）．東京：金子書房．(Elder, G. H. Jr., Modell, J., & Parke, R. D. (1993). *Children in time and place*. Cambridge, UK: Cambridge University Press.)
Giele, J. Z., & Elder, G. H. Jr. (Eds.). (2003). *ライフコース研究の方法：質的ならびに量的アプローチ*（正岡寛司・藤見純子，訳）．東京：明石書店．(Giele, J. Z., & Elder, G. H. Jr. (Eds.). (1998). *Methods of life course research: Qualitative and quantitative approaches*. Thousand Oaks, CA: Sage Publications.)
Gergen, K. J. (1998). *もう一つの社会心理学：社会行動学の転換に向けて*（杉万俊夫ほか，監訳）．京都：ナカニシヤ出版．(Gergen, K. J. (1994). *Toward transformation in social knowledge* (2nd ed.). London: Sage Publications.)
Hareven, T. K. (1990). *家族時間と産業時間*（正岡寛司，監訳）．東京：早稲田大学出版部．(Hareven, T. K. (1982). *Family time and industrial time*. Cambridge, UK: Cambridge University Press.)
細江達郎．(1976)．産業構造変革にともなう農山漁村青年期の適応過程の変容に関する社会心理学的研究．河野健二（編），*産業構造と社会変動：第3巻　職場と労働者生活の変化*

（pp.259-306）．東京：日本評論社．
細江達郎．（1981・1985）．下北半島出身者の職業的社会化過程についての再追跡調査研究Ⅰ・Ⅱ．トヨタ財団助成研究報告書（Ⅳ-002, Ⅳ-007）．
細江達郎．（1994）．中学生の進路選択からみた均質化．九学会連合地域文化の均質化編集委員会（編），地域文化の均質化（pp.195-207）．東京：平凡社．
細江達郎．（1996）．高度成長期都市流入者とその子弟の職業的社会化過程におけるギャップの様態．平成7年度シニアプラン公募研究年報，127-148．
細江達郎．（2000）．高度成長期地方出身都市就労者の老年期の展望：生涯発達の視点からの長期追跡事例調査から．ユニベール財団調査報告書Ⅴ，8201-8224．
細江達郎．（2002a）．社会変動とライフサイクル．大橋英寿（編著），社会心理学特論（pp. 118-113）．東京：放送大学教育振興会．
細江達郎．（2002b）．下北再訪：平成13年53歳の面接記録：金の卵からシルバーエッグ（銀の卵）へ．岩手フィールドワークモノグラフ，4, 14-32．
細江達郎．（2005）．ノート：社会心理学史入門—ヨーロッパからの展望：Carl F. Graumannの論考の紹介．岩手フィールドワークモノグラフ，7, 45-54．
細江達郎．（2009）．社会変動の社会心理学：地方出身の団塊の世代の職業経歴．細江達郎・菊池武剋（編著），社会心理学特論（新訂，pp.130-142）．東京：放送大学教育振興会．
細江達郎．（2010a）．地域社会は生きているか：下北半島出身者の45年．菊池章夫・二宮克美・堀毛一也・斎藤耕二（編），社会化の心理学／ハンドブック．東京：川島書店．
細江達郎．（2010b）．平成21年度日本社会心理学会報告「団塊の世代の人生経歴を辿って：戦後史とこれから：調査対象者が参加する研究報告会＝調査対象者から協力者，さらに共同研究者へ＝」．岩手フィールドワークモノグラフ，12, 44-61．
細江達郎・青木慎一郎・糸田尚史・小野澤章子・細越久美子．（2009）．地方出身団塊の世代の老年期移行期における職業再適応：生涯発達の視点からの追跡調査．平成18～20年度文部科学省科学研究費補助金（18330134）研究成果報告書．
細江達郎・武井槇次．（1972）．農村青年の社会的適応．年報社会心理学，13, 30-48．
九学会連合下北調査委員会（編）．（1967）．下北：自然・文化・社会．東京：平凡社．
九学会連合地域文化の均質化編集委員会（編）．（1994）．地域文化の均質化．東京：平凡社．
Levinson, D. J.（1992）．ライフサイクルの心理学（上・下）（南　博，訳）．東京：講談社（講談社学術文庫）．(Levinson, D. J. (1978). *The seasons of a man's life*. New York: Knopf.)
Lewin, K.（1956）．社会科学における場の理論（猪股佐登留，訳）．東京：誠信書房．(Lewin, K. (1951). *Field theory in social science*. New York: Harper.)
大橋英寿．（1976）．生産基盤の崩壊と再社会化過程：閉山炭鉱離職者の追跡事例研究．河野健二（編），産業構造と社会変動：第3巻　職場と労働者生活の変化（pp.223-258）．東京：日本評論社．
Thomas, W. L., & Znaniecki, F.（1983）．*生活史の社会学：ヨーロッパとアメリカにおけるポーランド農民*（桜井　厚，訳）．東京：御茶の水書房．(Thomas, W. L., & Znaniecki, F. (1918-1920). *The Polish peasant in Europe and America*. Boston: Richard G. Badger.)
都筑　学・白井利明（編）．（2007）．時間的展望研究ガイドブック．京都：ナカニシヤ出版．
正岡寛司・藤見純子・嶋崎尚子・澤口恵一（編）．（1998・1999・2000）．炭砿労働者の閉山離職とキャリアの再形成：旧常磐炭砿砿員の縦断調査研究，1958～2000年（Ⅰ・Ⅱ・Ⅲ）．東京：早稲田大学人間総合研究センター．
山崎剛信・細江達郎．（2009・2010）．フィールドノーツ：還暦を前に人は何を想うのかⅠ・Ⅱ．岩手フィールドワークモノグラフ，11, 26-39；12, 1-18．

第Ⅳ部
時間の発達的意味

第12章
自己と時間

白井利明

　さまざまな行動を意味づけて統合するものを自我（ego）と呼び，自分を一個の対象として経験し意識することを自己（self）と呼ぶが，時間とは「時の流れの2点間（の長さ）」（『広辞苑』（第6版））である。自己と時間では，その意味において，あまりにもかけはなれている。しかし，精神医学者の木村敏（1982）は名著『時間と自己』の中で「時間が時間として流れているという感じと，自分が自分として存在しているという感じとは，実は同じ一つのことなのだ」（p.186）と明解に述べている。この指摘は自己と時間の関係を端的に表すものと言えよう。私たちの生活感覚でも，「ゆく河の流れは絶えずして，しかも，もとの水にあらず」（方丈記），あるいは「去年の花にあらず」というように時間は流れるものである。季節の移り変わりに私たちが生きていることの実感を重ねている。時間の流れることは生きていることの証になっているのである。

　ところが，発達心理学は，必ずしも「流れる時間」を取り扱うことができないできた。時間といえば，年齢を横軸にとった時系列であったり，過去や未来のように再構成される時間だったりした。前者は地点（place）としての時間であり，後者は「近い」未来，「遠い」過去というように空間的に表現される時間であった。空間化された時間が自己の疎外と関係することを端的に表現したのは，ドイツの作家エンデの『モモ』という作品である。未来のために時間を貯金することが自分を滅ぼしていく。実体化できないはずの時間を実体化してしまうことの悲劇である。フランクリン（Franklin, B.：1706-1790）が「時は金なり」と呼んだように，資本主義は時間を実体化し疎外を生み出してきたと言える。

　それでは，時間を流れで捉えるにはどうしたらよいであろうか。結論から述べると，人生の有限性への認識を問題にする必要があるのではないだろうか。岩田（2005）によれば人生の有限性に関する原初的な意識は5歳から見られるという。かけがえのない自分は，かけがえのない今という認識を土台に成立すると思われ

る（白井，2008）。今が二度と巡ってこないと思うからこそ，かけがえのない人生に対する意味づけがなされるのではないだろうか。

本章は，自己と時間の関係を探り，それが発達にもたらすものについて考えてみたい。

第1節　自分がなぜ同じとわかるのか

1　語ることで作られる自己

自己と時間を正面から問題にしたのは，アメリカの精神分析家のエリクソン（Erikson, 1959/1973）のアイデンティティ（identity）という概念であろう。個人的アイデンティティとは，自分が時間的に連続しているという自覚（連続性：continuity）と，自分は他のだれかではない自分自身であるという自覚（斉一性：sameness）とが自分にあり，他人からもそのように見られているという感覚に統合されたものである。個人的アイデンティティが，社会的現実の中で定義された自我に発達している確信を自我同一性というが，これを一般にアイデンティティと呼んでいる。

エリクソンがアイデンティティを特に青年期で問題としたのは，青年期は，性が芽生え，身体の急激な成長に直面する時期であり，それゆえ自分とは何かを問わざるをえない時期だからである。哲学的に見ても，私たちが日々，変化しているにもかかわらず同じ人間であることはなぜかを問うことが同一性の問題である（野矢，2002）。

しかし，エリクソンが青年期を問題にしたのは，単に変化が大きい時期だからではない。青年は他者の目に囚われるために，社会的役割と自分自身のそれまでの役割やスキルを統合しなければならないからである。つまり，連続性は他者との関係で問題となるのである。

フランスの心理学者のジャネ（Janet, 1929/1955）は自己論を展開するのに時間を中心に据えたが，その際，「語る」という行為を抜きには考えられないとした。まず，自己とは個性であり，そして個性は時間的な多様性における区別と統合をいい，過去のさまざまな出来事を自己の中に関係させ，自己を過去のさまざまな出来事の事実から区別するとした。つまり，語りの中では，話があまり滑稽にならないように，あまり想像たくましくならないように，あまり事実と違わないように注意しなければならない。そのために，過去や未来が他者と区別され，自分自身の中で統一され，個性としての自己が構成されていくとしたのである。

このように，語り（narrative）という行為を入れることで，他者と関係しながら自己が形成されていく過程を捉えることができる。語りにより自己が構成されるとは，語るべき自己があって語られるということではなく，語ることで自己が構成されていくと考えることである。

2 語り方における時間のダイナミズム

アメリカの人格心理学者のマクアダムス（McAdams, 2008）は，アイデンティティに語りから迫り，ライフストーリー（life story）という概念をもち込んだ。ライフストーリーとは，過去・現在・未来を統合し，統一され目的があり有意味な感覚を人生にもたらす，内面化され進化する自己の語りをいう。

マクアダムスほか（McAdams et al., 1997）は，世代性（generativity）の高い人と低い人を選び，男女70名（年齢の範囲は25〜72歳だが35〜55歳が70%を占める）からライフストーリーを聞き取った。世代性とは，エリクソンの概念であり，次の世代の幸福に関心をもったり関与したりすることをいうが，中年期の中心的な心理的問題を表すと考えられている。そして，特徴的な語りとして「救いの系列」（redemption sequence）を見出した。これは，否定的な光景，つまり屈辱的であったり恥や罪を感じないわけにはいかなかったりするような場面が，肯定的な結果や解釈に取って代わる，という筋書きのことである。否定的な出来事に肯定的な意味を見出すことが「よい人生」（the good life）に結びつくことを示したのである。

イギリスの犯罪学者のマルナ（Maruna, 2001）は，救いの系列という視点から，犯罪から離脱した人と犯罪を続けている人の語りの違いを検討した。犯罪を続けている人も「犯罪をもうしません」「私は違う人間に生まれ変わります」と言う。しかし，これを誰も信じないし，自分自身も信じていない。本当に離脱したことを示すには，自我に統合され，論理的に整合的なライフストーリーを述べる必要がある。過去にしてきたことへの非難や「前科者」というスティグマ，人生の空虚感に対処しうるストーリーでなければならない。そうしたライフストーリーとは，問題のある過去を切り捨てるのではなく，むしろ恥ずべき過去も価値ある人生のための前奏曲であった，とするストーリーである。

実は，この語りには時間的なしかけがある。過去を原因とし現在を結果とする時間の方向ではなく，現在を目的として過去を捉え直す方向へと転換することで，過去を肯定的に意味づけているのである。そこで，見方を変えると，未来の視点を入れて意味づけることも可能である。たとえば，「これまでのことは，明日からのためにあったと，そう思える生き方をしよう」と語ることもできる。未来か

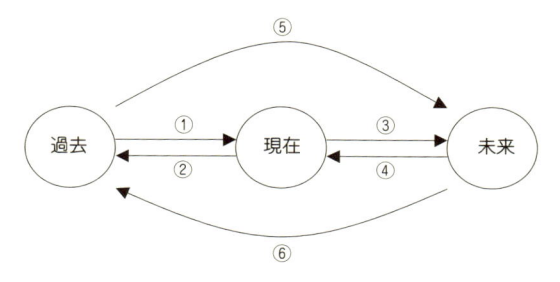

図12-1　時間のダイナミズム

①過去から現在を展望して意味づける
　　例：「つらいことを乗り越えたから，今の自分がある」
②現在から過去を振り返って意味づける
　　例：「今なら，ケガも必然だったと思える」
③現在から未来を展望して意味づける
　　例：「私には目標がある」
④未来から現在を振り返って意味づける
　　例：「10年後には，今，しておいてよかったと思えるだろう」
⑤過去から未来を展望して意味づける
　　例：「不登校の経験があるから，不登校の子の気持ちのわかる
　　　　教師になろう」
⑥未来から過去を振り返って意味づける
　　例：「不登校の子の気持ちのわかる教師になろうと思えたら，
　　　　不登校の経験が大切に思えてきた」

注）過去と未来を現在から切断する意味づけもある。たとえば，「今は大変だから，今のことだけ考えよう」といったあり方である。なお，①と②，③と④，⑤と⑥は対となっているため，全く別のものではない。

ら過去を振り返り，それらを引き受けて現在を意味づけるのである。

　このように，私たちは，過去・現在・未来の間を視点がダイナミックに移動することにより意味づけ直し，行動を変化させて，自己の連続性を作り出している。連続性は，図12-1に示されるように，必ずしも現在から振り返って過去の出来事を解釈するだけなく，未来に目標を設定し行動を変化させることによっても作り出されているものなのである。

　私たちが変化しているのに同じ個人だとわかるのは，出来事を思い出したり予期したり，さらには他者にそのことを語ったりする中で過去・現在・未来の関係のあり方が再編成され，変化が作り出されることにより整合的な筋立て（script）が作られていくからである。

第2節　語りは自己をどう構築するか

1　連続性の構築

　語りが自己の連続性を作るが（Brockmeier, 2005；榎本，2008；Habermas & Bluck, 2000；McAdams, 2008；Negele & Habermas, 2010；野村，2005），それはどのような過程で作られていくのであろうか。ここでは，自伝的記憶（autobiographical memory）に焦点を当てた研究を取り上げる。自伝的記憶とは，特定の情動をもち自己概念を裏づけるような出来事を過去から想起することである（Nelson, 1993；Thorne, 2000）。
　個人にとって重要な自伝的記憶は自己定義記憶（self-defining memory）と呼ばれ，ライフストーリーの最小単位とされる（McLean, 2005）。自己定義記憶となるような自分の体験を回想し，ある文脈の中で他者に語り，他者から教訓と洞察が与えられることで解釈する（Thorne et al., 2004）。こうして体験が再構成されてアイデンティティとなり，それが記憶として残っていく（Pasupathi, 2001）。そして，新しい体験や新奇なテーマを積み重ねることで変化し，さらにそれが回想されて語られ，アイデンティティが更新されていくのである。
　この過程の中心的な働きは，自伝的推論（autobiographical reasoning）と洗練（sophistication）である。自伝的推論とは，人生の過去の一つの出来事を他の出来事に結びつけたり，自分自身のアイデンティティや人格に結びつけたりすること（Negele & Habermas, 2010），あるいは自己を経験に関係づける能力をいう（Pasupathi & Mansour, 2006）。洗練とは，過去の出来事を省察することで自己について学ぶことをいう（McLean et al., 2010）。出来事を自己の理解につなげることを意味形成（meaning making）という（McLean & Pratt, 2006）。
　アメリカの青年心理学者のパスパティほか（Pasupathi et al., 2007）は，語られた出来事と自分自身の信念との結びつきを特性，特徴，興味といった同じタイプで引き出す語りを，自己と出来事の結びつき（self-event connections）と名づけた。そして，図12-2に示されるように，出来事は語られることで自己と結びつき，そして一つのまとまりのあるライフストーリーとなって自己の連続性がもたらされるとした。
　パスパティらの紹介する具体例とは以下のようなものであった（p.87）。

　　ゲームに負けそうになった負けず嫌いの女性は夫が自分を助けようとしたことに腹を立てどなった。それに周囲の者のみならず自分自身もショックを受けた。このこと

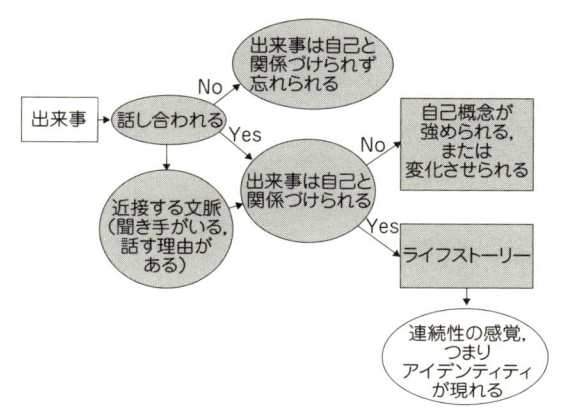

図12-2 出来事がライフストーリーの一部となることの発達的説明モデル（Pasupathi et al., 2007, p.89）

を後日，夫婦で話し合うが，そのことをとおして彼女は夫との結びつきが強まったと感じた。

この例によると，彼女は出来事を語ることによって，自己と出来事がつながり，一つのまとまりをもったライフストーリーができあがり，それによって自己の連続性がもたらされたとされる。つまり，出来事を危機（crisis）ではなく転機（turning point）と意味づけることで，自己の連続性を作り出したのである。

2 アイデンティティの構築

アイデンティティの発達は，自己の連続性を構築するだけではなく，自分が独自な存在であることに気づき，斉一性を構築していく過程でもある。連続性と斉一性はどのように構築されるのであろうか。

アメリカの青年心理学者のマクリーンほか（McLean et al., 2010）は，11歳から18歳までの男子146名に，自分の過去の出来事を「人生のピーク」「人生の底」「人生の転機」「人生の連続性」という4つのテーマで書くよう求めた。そして，過去の経験を現在の自己の考察と結びつけることによって自己の連続性を作っているかどうかが検討された。

その結果，自己が変化したと捉える者はウェルビーイング（well-being）が高いことがわかった。このことは変化と意味づける青年が自己の連続性を作り出すことを示した。しかも，そうした青年は自律が高く，親からの分離が進んでいた。

第12章 自己と時間　201

つまり，連続性と斉一性という両面においてアイデンティティを発達させていたのである。

しかし，青年期前期では，洗練された意味形成を行っている者ほどウェルビーイングが低いという，予想と異なる結果が得られた。青年期後期になって初めて，洗練された意味形成はウェルビーイングをもたらすようになることが示されたのである。

マクリーンらは，15～16歳になると自己の構成の内側にある矛盾を直視することができるため，自己の連続性の構築が肯定的な意味をもち始めるとした。たとえば，15歳のデニスは「人生の底」というテーマについて次のように書いていた（p.181）。

　私の祖父は去年の学期の始まりに亡くなった。私は両親と妹と一緒に会いに行ったが，到着15分前に亡くなった。私は非常に心乱れたが，家族みんなもそうだった。祖父がいないというのは非常に不思議に感じた。これは自分が大人になりつつある人間として重要なことである。これは恐ろしいことではあると思ったが，そうなることが定めであるように感じられた。

ここには矛盾があると言う。この出来事について「恐ろしい」という記述と「定め」という記述が並列され，その両者が一つのストーリーに統合されていないからである。矛盾が意味形成を動機づけるばかりでなく，矛盾の直視が意味形成を肯定的なものに回転させていくとしたのである。

以上のように，語りの中で自己と出来事が結びつけられ，その結びつきが洗練されて連続性と斉一性が作られ，アイデンティティが発達していくのである。

第3節　時間の流れはどう生じるか

1　時間を流す時隔感

下島（2008a）は，自己が時間的に連続しているという感覚をもつだけでは自伝的記憶を語ることができないと指摘する。現在の広がりに含まれない過去と未来を認識しなければ過去は語りえないという。

岸洋子の語った人生の転機で考えてみよう（岸, 1981）。彼女は若いときに大病し，夢に描いていたオペラ歌手を断念しなければならなかった。彼女はポピュラー歌手となった今から過去を振り返って，人生の転機を大病ではなくシャンソ

ンとの出会いとした。それはポピュラー歌手となっている現在の直接の出発点となっているものだからであろう。現在の広がりの下限から大病が外れることにより，大病という出来事は過去化されたといえる。しかし，実は，シャンソンとの出会いも今の彼女にはすでに過去のものであろう。おそらく彼女には別の人生もまた立ち上がっているにちがいないからである。

　下島（2007）は，個々のエピソードによって過去と現在の分離は異なり，どのエピソードが活性化するかによって現在の境界は動揺していると指摘している。そして，下島（2008b）は，現在の自己の基盤となるようなエピソードは実際よりも現在に近く，現在の自己にとって否定的なエピソードは実際よりも昔に感じる，と指摘している。現在の境界が動揺することで，私たちは「もうそんなにたったのか」「まだそれしかたっていないのか」という時隔感を抱き，時間を流すのである。

2　出来事の役割

　私たちは予期という働きにより行為を起こしたり，他者との関係を調整したりしている。そのため，予期とは異なる出来事が生起したり，意図せぬ帰結が生じたりすると，そこから起きる揺らぎをきっかけに回想が立ち上がり，時間のダイナミズムが生まれてくる。森岡（2008）は，「思わぬ出来事が意外なつながり方をするところに発見や洞察を生む。そこで主体が生き生きとする。物語は予期されるものと予期されないものとの緊張のなかに生まれる」（p.17）と述べている。

　大学の新入生の例をみてみよう（白井，2008, p.68）。

　　大学に入ったばかりの頃，高校の友達はひとりもいなくて，初めて家族と離れて暮らす寂しさと，大学の雰囲気になじめず，転学することばかり考えていた。高校の時の友達に手紙や電話でそんなことばかりいってたら，「始めは誰だってそうなんだよ」といわれた。確かに高校入学時も，クラスに同じ中学出身の子がいなくて，この時と同じ思いをしてた。そのことを思い出したら，高校の時，あれほど楽しかったのだから，大学もこれから楽しくなるかもしれない，と思えるようになった。どんなに前が良かったといっても，そこに私の居場所はもうないということが，夏の帰省の時に感じた。今が私のいる所なんだとはっきりしたら，すべてのことが前向きに考えられるようになった。

　思わぬ友人の一言で回想が立ち上がる。そして，過去にはもう戻れないことを

表 12-1　人生における予期せぬ出来事と予期どおりの出来事の内容（白井，2010b）

項目	パターン	具体例1	具体例2
予期どおり・予期と違う	・プランどおり・プランとは違う ・病気になる・ならない	・結婚している・結婚していない ・自分には更年期障害がないと思っていたら，きつかった	・働いている・働いていない ・病気するかもしれないと思っていたが，出産以外は入院したことがない
予期どおりの変化	・○○になる（身体変化） ・○○が落ちる（能力・機能低下） ・○○になる（心理的成熟）	・白髪になる ・体力が落ちる ・人間が丸くなった	・太る ・記憶力が落ちる ・他の人のことを考えられるようになった
予期とは違う変化	・もう少し○○になると思ったら，昔の○○のまま ・○○をしていたのに，○○になった	・もう少し大人になると思ったら，昔の未熟なまま ・スポーツをしていたのに，筋肉が落ちた	・もう少しふけると思ったら，気持ちは若いまま ・健康管理をしていたのに，病気になった

悟って非可逆的な時間が流れる。それが気持ちを前に押し出していく。

　会話は意図せぬ帰結を生み出すことがあるが（Holtgraves & Kashima, 2008），人生でも予期せぬ出来事と出会うことがある（白井，2010b）。たとえば，「病気は先の話と思っていたのに大病した」（50歳代），「地味なものを着ると思っていたら，以前と変わっていない」（60歳代）といったことで，自己の変化や連続性が作られていく。ただし，予期せぬ出来事だけではなく，予期どおりの出来事に遭遇することも大切である。たとえば，加齢変化では，「疲れやすくなる」「体力が落ちる」といったことは20歳代から言及され，「記憶力が落ちる」は30歳代から言及されている。これは加齢をとおして人生の有限性を認識する機会になっているのではないだろうか。

　私たちは，表12-1に示されるような予期せぬ出来事と予期どおりの出来事を体験することで，自分の衰えを感じたり，まだまだだと思ったりする。こうして，私たちは変化と連続性を体験しながら，急に年をとったように感じたり，反対に若いときのままのように感じたりしながら，それぞれが図となり地となりながら，時間が流れていくのではないだろうか。

第4節　世代的関係はなぜ人生を立ち上げるか

1　他者の参照

自己の変化はさまざまな気づき方があるだろうが，自己の変化を反映した環境の変化を自分に引き戻すことによって気づくこともある。具体例を示そう。

　独身で子供もいないため，自分の変化を自覚することが乏しく，職場の中でも自分が思う自分と周りが感じる自分の差を最近，感じさせられることも多く，こうして老いを受け入れていくのかと思っている。（50歳代，女性）

このように他者の変化を参照することで，自分の変化を認知する。他者の中でも身近な家族は重要であり，家族との語りの中で家族の歴史（family history）と個人のアイデンティティが形成される（Pratt & Fiese, 2004）。自分の老いや死も，直接，認識されるのではなく，身近な他者である親の老いや死を参照することで認識されるのではないだろうか（白井，2010b, p.58）。

　今年で私は父が亡くなったのと同年齢となりました。このことは「今まで生きたのとほぼ同じ時を生きる」思いより「いつ命がつきても後悔しないよう，できるだけのことをしよう」と思い至り，そのように過ごしています。（40歳代，女性）

親の死の記憶が自分の人生の予定表の中に組み込まれている。自分も親と同じように死を迎えていくことを悟り，その年齢になると，自分の死と向き合うことになる。

ところが，世代が若くなると，親の老いや死は違った意味をもってくる。親の老いが青年の自立につながるということが，第2反抗期の終結に対する大学院生（男性）の語りに示されている。

　大学に入った頃，父親が倒れた。たいしたことはなかったが，そのとき，改めて父を見て，父も年取ったなと感じた。ふけてて，こんなにしわがあったのかと思った。僕が反抗することが申し訳ない，かわいそうだ，と思うようになった。

これは彼にとって親子のコンフリクト終結のきっかけの一つにすぎないが，父

親の老いへの気づきが青年の自立のきっかけとなっていることは興味深い。

親に対する青年の自己定義記憶では親子のコンフリクトが重要であり，友人に対する記憶に比べて，分離が結びつきよりも重視される（McLean & Thorne, 2003）。しかも，親からの分離と結びつきとともに，人生の有限性や死の問題が青年期の意味形成の中心にあるとされる（McLean & Pratt, 2006；Thorne et al., 2004）。このことは親からの自立と人生の有限性の認識の両者が深く関連していることを示す。

2 三世代という流れ

親は参照の対象であるだけではなく，子どもの時間を立ち上げていく担い手でもある。浜谷（2004）によると，大人が「自分でするのね」「よくできたね」と言葉をかけると，子どもは「くじけそうになりながらも頑張った過去の自分」と向き合うことができ，「今度も頑張るよ」というかたちで未来の自分の姿につなげることができる。課題を達成した子どもの満足を親子で共有することは，子どもの体験に括りを入れ，時間を分節化するのである。

親も子どもとかかわることで，自分の子ども時代を回想し，自分と子どもを重ねて，子どもとの距離を作り，子どもを受け止めることができるようになる（白井，2010a）。都筑（2004）は，大人が子どもと対話し子どもの自尊心を読み取る中で，大人の希望が芽生えてくることを描き出している。

そして，親子のかかわりが三世代の関係となると，さらに動きが出てくる。親は子どもにとっては親であるが，自分の親にとっては子どもであるからである。たとえば，ジャズシンガーの綾戸智恵（朝日新聞，2009.11.11）は，歌を休んで母親の介護に専念したが，空回りをしていた。そんなとき，息子から「おばあちゃんには，おばあちゃんの行くべき終着駅がある。だから，おばあちゃんと同じ終着駅に行ったらだめだよ」と言われる。それもきっかけに，親の人生の有限性を受け入れ，歌と介護の両立に踏み出した。

このように三世代の語りになると，それぞれの世代に新たな気づきが生まれ，それぞれの世代の親子の分離と結びつきが促される。こうして，有限な人生の認識は，かけがえのない今，かけがえのない自分，かけがえのない人生の認識をもたらし，それぞれの世代は互いの世代の人生を尊重し合い，かつ，それぞれの世代が自分の人生を立ち上げていくのである。

私たちは季節の移り変わりを実感することで，二度とは巡ってはこない今というものに思いを馳せ，世界との結びつきを強めると同時に，人生と向き合っていく決意をするのではないだろうか。日本人にとって時間は自分の外を流れている

ように感じられるものであるが，こうして自分の力ではどうしようもない自然の摂理に触れ，自分を外から見つめる契機としているように思われる。ここにおいて時間と自己が重なり，「涯(かぎ)りある生」（荘子）を生きるという生涯発達が生み出されるのではないかと考えるのである。

引用文献

朝日新聞．(2009.11.11)．介護を通じて感じた母親の愛情（全面広告）．大阪本社版朝刊（18-19面）．

Brockmeier, J. (2005). Pathways of narrative meaning construction. In B. D. Homer & C. S. Tamis-LeMonda (Eds.), *The development of social cognition and communication* (pp.3-20). Mahwah, NJ: Lawrence Erlbaum Associates.

榎本博明．(2008)．自己物語から自己の発達をとらえる．榎本博明（編），*自己心理学2 生涯発達心理学へのアプローチ* (pp.62-81)．東京：金子書房．

Erikson, E. H. (1973). 自我同一性（小此木啓吾，訳編）．東京：誠信書房．(Erikson, E. H. (1959). *Identity and the life cycle.* New York: International Universities Press./ W.W. Norton & Company.)

浜谷直人．(2004)．障害と時間．心理科学研究会（編），*心理科学への招待：人間発達における時間とコミュニケーション* (pp.59-75)．東京：有斐閣．

Habermas, T., & Bluck, S. (2000). Getting a life: The emergence of the life story in adolescence. *Psychological Bulletin*, **126**, 748-769.

Holtgraves, T. M., & Kashima, Y. (2008). Language, meaning, and social cognition. *Personality and Social Psychology Review*, **12**, 73-94.

岩田純一．(2005)．*子どもはどのようにして〈じぶん〉を発見するのか：子どものことばと時間と空間と*．東京：フレーベル館．

Janet, P. (1955). *人格の心理的発達*（関計夫，訳）．東京：慶応通信．(Janet, P. (1929). *L'évolution psychologique de la personnalité.* Paris: Chahine.)

木村 敏．(1982)．*時間と自己*．東京：中央公論社（中公新書）．

岸 洋子．(1981)．ピアフを聞いた夜．朝日新聞「こころ」のページ（編），*私の転機* (pp.96-99)．東京：冬樹社．

Maruna, S. (2001). *Making good: How ex-convicts reform and rebuild their lives.* Washington, D. C.: American Psychological Association.

McAdams, D. P. (2008). Personal narratives and the life story. In O. P. John, R. W. Robins, & L. A. Pervin (Eds.), *Handbook of personality: Theory and research* (3rd ed., pp.242-262). New York: Guilford Press.

McAdams, D. P., Diamond, A., de St.Aubin, E., & Mansfield, E. D. (1997). Stories of commitment: The psychosocial construction of generative lives. *Journal of Personality and Social Psychology*, **72**, 678-694.

McLean, K. C. (2005). Late adolescent identity development: Narrative meaning-making and memory telling. *Developmental Psychology*, **41**, 683-691.

McLean, K. C., Breen, A. V., & Fournier, M. A. (2010). Constructing the self in early, middle, and late adolescent boys: Narrative identity, individuation, and well-being. *Journal of Research on Adolescence*, **20**, 166-187.

McLean, K. C., & Pratt, M. W. (2006). Life's little (and big) lessons: Identity statuses and meaning-making in the turning point narratives of emerging adults. *Developmental Psychology*, **42**, 714-722.

McLean, K. C., & Thorne, A.（2003）. Late adolescents' self-defining memories about relationships. *Developmental Psychology*, **39**, 635-645.

森岡正芳．(2008)．今なぜナラティヴ？：大きな物語・小さな物語．森岡正芳（編），ナラティヴと心理療法 (pp.9-23)．東京：金剛出版．

Negele, A., & Habermas, T.（2010）. Self-continuity across developmental change in and of repeated life narratives. In K. C. McLean & M. Pasupathi（Eds.）, *Narrative development in adolescence: Creating the storied self*（pp.1-21）. New York: Springer.

Nelson, K.（1993）. The psychological and social origins of autobiographical memory. *Psychological Science*, **4**, 7-14.

野村晴夫．(2005)．老年期の語り，意味，自己．遠藤利彦（編），*心理学の新しいかたち：第6巻 発達心理学の新しいかたち* (pp.239-259)．東京：誠信書房．

野矢茂樹．(2002)．*同一性・変化・時間*．東京：哲学書房．

Pasupathi, M.（2001）. The social construction of the personal past and its implications for adult development. *Psychological Bulletin*, **127**, 651-672.

Pasupathi, M., & Mansour, E.（2006）. Adult age differences in autobiographical reasoning in narratives. *Developmental Psychology*, **42**, 798-808.

Pasupathi, M., Mansour, E., & Brubaker, J. R.（2007）. Developing a life story: Constructing relations between self and experience in autobiographical narratives. *Human Development*, **50**, 85-110.

Pratt, M. W., & Fiese, B. H.（2004）. Families, stories, and the life course: An ecological context. In M. W. Pratt & B. H. Fiese（Eds.）, *Family stories and the life course: Across time and generations*（pp.1-24）. Mahwah, NJ: Lawrence Erlbaum Associates.

下島裕美．(2007)．指定討論．佐藤浩一・白井利明・杉浦　健・下島裕美・太田信夫・越智啓太，自伝的記憶研究の理論と方法（4）．*日本認知科学会テクニカルレポート*，**61**，8-20．

下島裕美．(2008a)．自伝的記憶の時間的体制化．佐藤浩一・越智啓太・下島裕美（編），*自伝的記憶の心理学* (pp.116-127)．京都：北大路書房．

下島裕美．(2008b)．自伝的記憶と時間的展望．*心理学評論*，**50**，8-19．

白井利明．(2008)．自己と時間：時間はなぜ流れるのか．*心理学評論*，**50**，64-75．

白井利明．(2010a)．人生の立ち上がりをめぐる基本問題：時間的展望の視点による先行研究の再解釈の試み．*活動理論ニューズレター*，**19**，34-42．

白井利明．(2010b)．人生はどのように立ち上がるのか：「予期せぬ出来事」に着目して．*心理科学*，**31**，41-63．

Thorne, A.（2000）. Personal memory telling and personality development. *Personality and Social Psychology Review*, **4**, 45-56.

Thorne, A., McLean, K. C., & Lawrence, A. M.（2004）. When remembering is not enough: Reflecting on self-defining memories in late adolescence. *Journal of Personality*, **72**, 513-541.

都筑　学．(2004)．*希望の心理学*．京都：ミネルヴァ書房．

第13章
身体と時間

松村京子

　私たちは太陽の光を受けて24時間の周期をもつ地球で誕生し，進化してきた。そのため，私たちの身体の睡眠・覚醒，体温，エネルギー代謝，ホルモン分泌など，多くの生体反応がこの24時間周期のリズムに合わせて変動している。その周期と一致したものであれば，生体リズムも安定したものとなり，私たちは健康な状態で過ごすことができる。しかし，人類は，電燈の発明によって一日を周期とした光の環境を変化させ，空調設備の開発などによって季節の変化を変えてきた。そのような人為的な自然環境の変化によって人間の生体リズムの不適応が起きている。本章では，一日を周期とした生体リズムを取り上げ，その発達やリズム障害などについて述べる。

第1節　地球の自転と生体の概日リズム

　私たちを取り巻く自然環境は地球の自転，公転によって絶えず周期的に変動している。このような地球の周期的な変動により影響を受け，地球上の生物は環境適応し，進化してきたのである。言いかえれば，周期的に変化する環境下で生体を適応させることができた生物だけが生き残ってきたといえる。
　私たちの身体には，自然環境の周期的変動に応じて，一年，一月，一日を周期とした生体反応が見られる。これを生体リズムあるいは生物リズムと呼んでいる。その中で，地球の自転にともなう，昼・夜の変化に対応した変動を概日リズム（サーカディアン・リズム）と呼ぶ。このリズムは，光の影響を除くと24時間より少し長い周期（約25時間）になることからほぼ一日という意味で「概日」と名づけられた。
　ヒトは昼行性で，太陽から光を受ける昼間に活動し，太陽からの光が届かない夜間に眠る。一方，夜行性の動物は，明るい昼に眠り，暗い夜に活動する。夜行

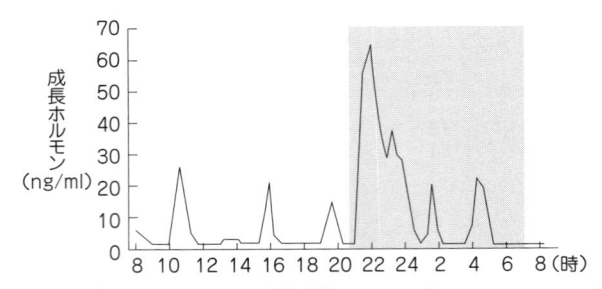

図13-1　成長ホルモンの24時間分泌パターン（Finkelstein et al., 1972）
12歳男児の例。影の部分は睡眠中を示す。

性の動物は暗闇でもよく見える目をもち，夜の活動を可能にしている。それぞれ，その活動パターンに好都合な生体機能を進化させてきているのである。

　睡眠・覚醒リズムの他にもほぼ一日を周期としたさまざまな生体反応がみられる。体温，酸素消費量，血圧，脈拍数，呼吸数，各種のホルモンが概日リズムを示す。たとえば，体温は早朝に最低となり，夕方に最高となる。その温度差は約1℃である。

　概日リズムを示すホルモンとしては，グルココルチコイド（コルチゾール），メラトニン，成長ホルモンなどが知られている。ストレスホルモンとして知られている副腎皮質から分泌されるコルチゾールは早朝起床時に最も大量に分泌される。メラトニンは網膜から視交叉上核に伝わった情報を受けて，松果体から分泌される。朝目覚めて光を浴びてから14〜16時間後の夜に分泌される。成長ホルモンは夜間の入眠直後の深いノンレム（Non-REM）睡眠時に大量に分泌される（図13-1）。

第2節　睡眠と覚醒

1　睡眠深度

　睡眠の深さは一晩の眠りの間で変化する。また，一見眠っているように見えても，実は覚醒していることもある。眠っているかどうかは脳波を測定することで判別できる。脳波に加えて，眼球運動，筋電図を測定することで，睡眠の深度や夢を見ているかどうかがわかる。図13-2に覚醒時と睡眠時に出現するヒトのさまざまな脳波を示す。

　覚醒時にはベータ波と呼ばれる周波数13〜30Hzの不規則な低振幅速波が出現

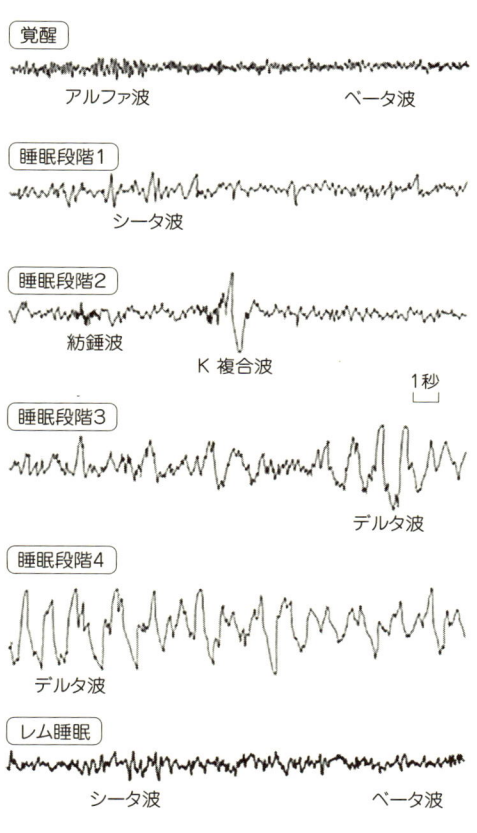

図13-2 睡眠中に見られる脳波 (Horne, 1988 より)

している。目をつむって静かにしていると周波数8〜12Hzの規則的なアルファ波が出現してくる。アルファ波は瞑想しているときなどにも出現するが，興奮しているときや問題を解くなどの活発な精神活動時には出現しない。

さまざまな周波数の脳波の出現を指標として，睡眠段階はステージ1から4までの4段階に区別されている。就寝してまどろみ状態に現れてくるのが周波数3.5〜7.5Hzでベータ波よりも振幅が大きいシータ波である。これがステージ1である。覚醒と睡眠を行き来する時期である。睡眠が深まるとステージ2に入り，シータ波の他に，紡錘波とK複合波と呼ばれる脳波が出現する。紡錘波は周波数12〜14Hzの群発波で1分間に2〜5回程度出現する。この紡錘波はステージ1〜4においてみられ，睡眠状態を維持しているという報告がある（Bowersox et al.,

第13章 身体と時間 211

1985)。一方，K複合波は一過性の振幅の大きな脳波で，ステージ2においてみられる。ステージ3および4に出現する周波数3.5Hz以下のデルタ波の前兆でもある。ステージ3に入るとデルタ波が出現してくる。デルタ波が20〜50%含まれているときはステージ3，デルタ波が50%以上になるとステージ4と判定する。ステージ4は最も深い眠りである。

　眠りが深くなるとともに筋緊張も抑制されるが，完全に筋緊張が消失することはない。そして，深い眠りのときに急速眼球運動も出現することはない。

2　レム睡眠とノンレム睡眠

　夜間の入眠後，徐々に深い眠りを経過したあとに，高い周波数成分の脳波が現れ，おとがい筋の筋電図は弛緩する。そして，急速眼球運動（rapid eye movement）が出現する。この特徴的な急速眼球運動が出現する睡眠をrapid eye movementの語頭字からレム（REM）睡眠と呼ぶ。レム期は夢を見ている時期としても知られている。レム期に睡眠者を覚醒させて確認したところ，夢を見ていることが明らかになった。レム睡眠は睡眠の後半，覚醒に近づくほど出現が多くなる。典型的な一夜の睡眠パターンを図13-3に示す。

　一方，レム睡眠以外をノンレム睡眠と呼ぶ。2つの睡眠の筋弛緩と脳波の特徴からレム睡眠を「体の眠り」，ノンレム睡眠を「脳の眠り」と呼ぶこともある。ノンレム睡眠の開始からレム睡眠の終了までがほぼ90分で，睡眠の1サイクルとみなされている。

3　睡眠・覚醒リズムの発達

　睡眠・覚醒リズムは胎児期からみられる。しかし，睡眠覚醒のサーカディア

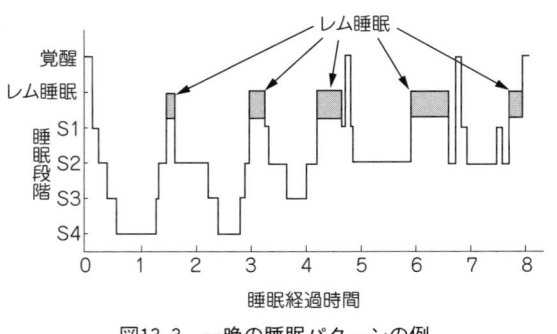

図13-3　一晩の睡眠パターンの例

ン・リズムは乳幼児期においてもまだ成立していない。胎児や乳児は一日に何度も睡眠と覚醒を繰り返している。この現象はウルトラディアン・リズム（超日リズム）と呼ばれる。特に興味深いこととして，胎児は母親の子宮内で，昼間活動し夜眠る母親とは異なるリズムで活動している。母親のサーカディアン・リズムの影響を受けていないことがわかる。誕生後に昼夜環境下での生活が始まるが，新生児期には多相性のウルトラディアン・リズムが保持される。生後次第に，乳児は夜間の覚醒が減少し，サーカディアン・リズムが組み込まれていく。そして，外界リズム（24時間周期）とかかわりなく一日が進行する自由継続（フリーラン）という現象を経て，やがて生後4カ月頃には昼夜リズムや周囲の人々との接触をもとに，生物時計を外界リズムに合わせられるようになる（井上，1999）。幼児期になると，夜は連続した長い眠りが出現し，昼寝が少なくなる。児童期になると，睡眠は社会的に規制され，昼寝はなくなる。就学によって，夜間睡眠と昼間覚醒の成人と同様のリズムが形成される（図13-4）。

一日の睡眠時間の生後変化について見ると，図13-5に示すようになる。胎児期や新生児期の睡眠は総睡眠時間が多い。新生児期には，1日の約3分の2が睡眠に費やされている。生後発達にともなって，睡眠総量は減少する傾向を示すが，個人差が大きくなる。そして高齢期になると，夜間睡眠中の中途覚醒，昼寝や居眠りなどが出現する。

睡眠の質については，胎児や未熟児の研究では，レム睡眠は受胎後30週で現れはじめ，40週あたりでピークに達することが示されている（Roffwarg et al., 1966；Petre-Quadens & De Lee, 1974）。新生児の睡眠の約50％はレム睡眠である（図13-5）。生後6カ月をすぎると，この比率は約30％に低下する。児童期では約20％，成人後期では15％以下になる。

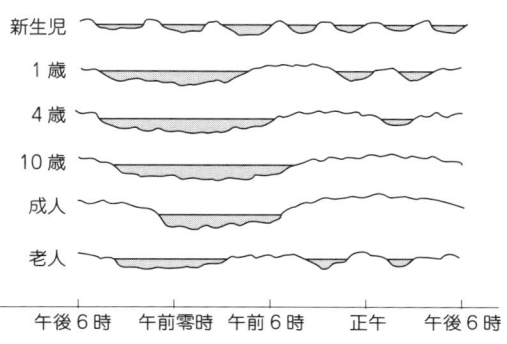

図13-4　睡眠・覚醒リズムの生後発達（Kleitman & Engleman, 1953）

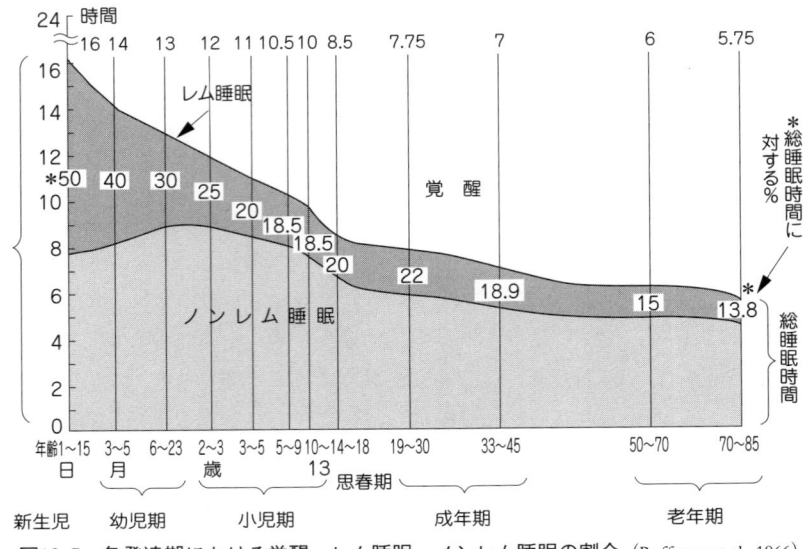

図13-5 各発達期における覚醒，レム睡眠，ノンレム睡眠の割合（Roffwarg et al., 1966）

入眠時のノンレム睡眠からレム睡眠へ移行する睡眠単位は2歳頃にできあがり，睡眠単位が次第に長くなる（井上，1999）。2歳から5歳にかけて睡眠単位が60〜80分，5歳から10歳にかけて約90分に落ち着く。

第3節　生物時計

1　ツァイトゲーバー

　生体がもつ約24時間のリズムを24時間の規則正しいリズムに調整する役割を果たしているのが光である。このように内因性のリズムを24時間のリズムに同期させるものをツァイトゲーバーと呼ぶ。ツァイトゲーバーはドイツ語で「時を与えるもの」という意味である。ヒトの睡眠・覚醒リズムは実際には約25時間のリズムであるが，光による昼夜周期がツァイトゲーバーとして機能することにより生体リズムを24時間の規則正しいものにしている。

　しかし，光の照射時間をずらすことで生体のリズムが変化する。たとえば，夕方に強い光を浴びるとまだ夜ではないと認識して生物時計が遅れ，逆に夜中に強い光を浴びると朝と間違えて生物時計が進むことになる。すなわち，光の照射で覚醒時間と睡眠時間を変化させることができるのである。私たちが飛行機で外国へ行くときに経験する時差ぼけが正にこの状況である。内因性のリズムが外部の

環境の時間的なずれによって影響を受ける。数日すれば内因性のリズムが新しい環境に適応する。強い光の照射時間を変えることによってサーカディアン・リズムの移行が容易になることが報告されている（Dijk et al., 1995；Boulos et al., 1995）。

光や温度などの外的刺激における変化（ツァイトゲーバー）が存在しない環境下ではサーカディアン・リズムはツァイトゲーバーから解き放たれて自由となり，フリーラン（free running）と呼ばれるリズムになる。この周期は約25時間である。

私たちも人工の照明によって就寝時間を遅らせたり，ブラインドを用いて起床時刻を遅らせたりして，自由に睡眠・覚醒リズムをコントロールすることができる。

適切な時刻に強力なツァイトゲーバーである強い光を与えることにより，サーカディアン・リズムを移行させることが可能である（Boulos et al., 1995）。体温の日周リズムが低下する時点（通常，目覚める1～2時間前）より前に強い光を浴びれば，サーカディアン・リズムは遅延する。体温が低下したあとに強い光を浴びると，サーカディアン・リズムは早まる（Dijk et al., 1995）。同様に，職場の照明をより明るく，寝室をできるだけ暗く保つことによって，より迅速に交代勤務に適応することができる（Horowitz et al., 2001）。

2　視交叉上核によるリズムの制御

サーカディアン・リズムは脳で制御されている。視床下部の視交叉上核（suprachiasmatic nucleus：SCN）を破壊すると，活動，飲水，ホルモン分泌のサーカディアン・リズムが消失する（Moore & Eichler, 1972；Stephan & Zucker, 1972）。さらに，日中に眠り，夜間に行動するラットの睡眠が昼夜を問わず不規則になることが報告されている（Ibuka & Kawamura, 1975；Stephan & Nunez, 1977）。このとき，サーカディアン・リズムは消失するが，睡眠の総時間には影響を及ぼさなかった。このことから視交叉上核はリズムの発現に関与していることがわかる。

視交叉上核は光の情報を網膜を介して受け取る（図13-6）。そして松果体へ情報を送信し，メラトニンを分泌する。

3　メラトニン

ツァイトゲーバーである光（照明）は網膜，視交叉上核を介して松果体を刺激し，メラトニンを産生させる。ただし，メラトニンの分泌は外界の明るさに影響され，外界が明るいときは分泌が抑制され，暗くなると分泌される。夜になっても部屋が明るい状態であれば，メラトニンの分泌は抑制される。

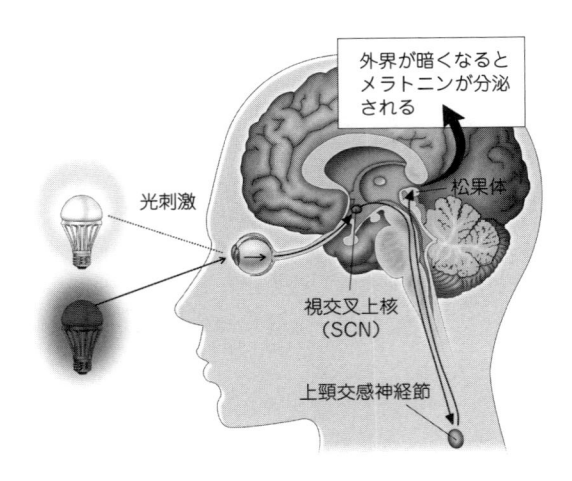

図13-6　概日リズムの脳内メカニズム（山田，2004をもとに作成）

　さらに，メラトニンは，ツァイトゲーバーに対する視交叉上核ニューロンの感受性に影響を与え，またそれ自体でサーカディアン・リズムをかえることが可能であることが示されている（Gillette & McArthur, 1996 ; Starkey et al., 1995）。すなわち，メラトニンはサーカディアン・リズムをリセットさせる。メラトニンによるサーカディアン・リズムの制御についてはまだ完全に解明されていないが，メラトニンは治療薬としても使用されている。メラトニンの分泌は通常，就寝時間近くに最も高くなることから，眠りにつく直前にメラトニンを投与すると，眠気を誘い，睡眠を促すことが考えられる。実際に，就寝時におけるメラトニンの投与は，サーカディアン・リズムを同期させるのに役立ち，時差ぼけや交代勤務による悪影響を抑えることが確認されている（Arendt et al., 1995 ; Deacon & Arendt, 1996）。また，光をツァイトゲーバーとして利用することができない視覚障害者の睡眠を改善することが報告されている（Skene et al., 1999）。

　メラトニンの分泌量は年齢によって変化する（図13-7）。また，性的な成熟を抑制することでも知られている。メラトニンは幼児期には多量に分泌され，寝つきをよくするとともに，性成熟を遅らせている。思春期に近づくと，メラトニンの分泌が減少し，その結果として，寝つきは悪くなり，性成熟の抑制効果が弱まる。思春期を過ぎると，メラトニンの分泌量は加齢とともに減少し，早朝覚醒や中途覚醒など睡眠の質の低下を認めるようになる。

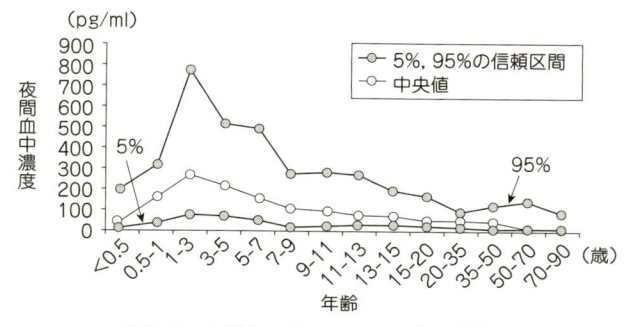

図13-7　年齢とメラトニンの夜間血中濃度

第4節　睡眠・覚醒リズム障害

　人工の光環境により生体のサーカディアン・リズムが乱され，睡眠・覚醒リズムの障害を引き起こすことがある。睡眠・覚醒リズム障害として，睡眠相後退症候群，睡眠相前進症候群，非24時間睡眠・覚醒症候群，不規則型睡眠・覚醒リズムがあげられる。

　睡眠相後退症候群は，睡眠・覚醒リズム障害として最も多くみられるものである。夜寝つかれず，朝起きられない状況が6カ月以上持続する。いわゆる夜更かし型で，不登校，遅刻，欠勤といった社会生活への支障が生じる。

　睡眠相前進症候群は，夜7〜9時に寝て，3〜5時に起きるといった極端な早起きタイプで，中高年者に多い。このタイプも睡眠自体は正常である。夜中まで起きることを強いられれば，日中に昼寝や身体症状が出やすく，うつ病と混同される状況になることもある。

　非24時間睡眠・覚醒症候群は，毎日，入眠時刻が少しずつ遅れ，ある時期には昼夜がまったく逆転し，何日かすれば再び元にもどるというパターンを示す。睡眠・覚醒のリズムのリセットが難しいことが考えられる。睡眠は正常である。

　不規則型睡眠・覚醒リズムは，毎日の就寝，起床および睡眠時間が不規則となる。そして，体温やホルモンのリズムは平坦化する。

　最近，睡眠相後退症候群（Ebisawa et al., 2001），睡眠相前進症候群（Toh et al., 2001）に関連する遺伝子も報告されている。

　さて，このような睡眠・覚醒リズム障害の治療としては，リズムを24時間にリセットすることである。睡眠・覚醒リズムをリセットする因子としては，①光

による明暗，②社会的因子（家庭・学校・会社・仕事・遊びなど），③食事，④身体的運動，⑤環境（温度・湿度・騒音・振動など）がある。

　これらの因子を考慮して，高照度光治療，低温サウナ療法，薬物療法，時間療法，食事療法などが行われている。高照度光治療は，人工照明器を用いて高照度光を一定時間照射する方法である。薬物療法としては，メラトニンが投与される。時間療法は毎日の就寝・覚醒時刻を一定時間ずらしていく方法である。睡眠・覚醒リズムの位相を前進させることは困難であるが，後退させることは比較的容易である。入眠時刻を一日に3時間ずつ遅らせていき，睡眠相を望ましい時間帯に固定する。

　実際の生活でも，強い同調因子である光，食事，運動を意識して生活することが重要である。具体的には，朝の太陽の光で目覚めるように，カーテンなどを開けて光が入るように工夫する。食事を規則正しくとる。起床後できるだけ早く身体の代謝を高めることも重要で，朝食をしっかり食べ，活動的に体を動かす。夜はできるだけ緊張をとり，リラックスできるように心がけ，静かに過ごす。起床・就寝時刻を決めて，毎日，それを守ることなどである。

　子どもの睡眠障害は，成長や発達に大きな影響を与える。成長ホルモンの分泌は睡眠と関係しており，夜間の深い睡眠時に，脳下垂体から分泌される（図13-1）。成長ホルモンが分泌されるには，夜中の12時前後に深い眠りに達していることが必要である（Finkelstein et al., 1972）。睡眠が阻害されれば，成長ホルモンが十分分泌されないことがわかっている。

第5節　発達障害児と睡眠

　子どもの発達と睡眠との関係について多くの報告がみられる。なかでも自閉症児における睡眠障害はよく知られている。睡眠に何らかの問題がある子どもは自閉症児の44〜83％にのぼるという（谷池，2007）。高機能自閉症児と同年齢の定型発達児との比較において，高機能自閉症児は寝つきが悪く，就床時刻が遅く，睡眠時間が短い（Patzold et al., 1998）。さらに，リッチデールとプライアー（Richdale & Prior, 1995）は，高機能自閉症児と知的障害をともなった自閉症児を比較した結果，両者ともに寝つきが悪く，中途覚醒が多く，その覚醒時間が長いことを見出した。これらのことから，知的発達の程度にかかわらず，自閉症と睡眠問題が関連していることが示唆される。

　一方で，自閉症で知的障害が重篤なほどレム睡眠の割合が減少することが報告

されている (Espie & Tweedie, 1991)。

　注意欠陥・多動を特徴とする ADHD 児 (Ishii et al., 2003) や重度の学習障害児 (Wiggs & Stores, 1996) も睡眠問題を抱えているという報告がみられる。実験的に睡眠時間を短縮すれば，ADHD と類似した徴候を示すようになるとの報告もみられる (Chervin, 1999)。知的障害児は，健常児よりもレム睡眠の量が少なく，知能の優れた子どもはレム睡眠が多い (Dujardin et al., 1990)。知的障害児の約 80％が睡眠・覚醒リズム障害を呈する (Jan & O'Donnell, 1996) という報告もある。

　うつ病における睡眠障害に関する報告も多い。うつ病では，最も深い眠りであるステージ 4 とステージ 3 が減少し，浅い眠りのステージ 1 が増える (Kupfer, 1976；Vogel et al., 1980)。そして，睡眠中，何度も目が醒め，特に朝がたにその傾向が強い。さらに，レム睡眠に早く入るようになり，夜の前半にレム睡眠が占める割合が多くなる。

　断眠によってうつ症状が緩和されるという報告もみられる。一晩寝ずにすごした患者では気分の落込みが消えており，効果に即効性がみられるという (Wu & Bunney, 1990)。しかし，その後一晩ふつうに眠ると翌日にはもとに戻る。

　レム睡眠だけを抑制することによっても，うつ症状の改善がみられている。フォーゲルほか (Vogel et al., 1975, 1990) は脳波をモニターして，レム睡眠になったときに覚醒させ，レム期の選択的断眠を行った。その結果，うつ症状の改善がゆっくり現れ，断眠治療が終了したあとにも長期間改善が示されたことを報告している。

　一方，セイズ (Thase, 2000) は，精神療法によってうつ病症状が改善された患者では，レム睡眠が減少していることを見出した。これらの研究結果から，抗うつ治療が成功する場合の重要なポイントは，レム睡眠の抑制であるかもしれない。

　また，ライマンほか (Riemann et al., 1999) は，寝る時間を早めることにより断眠によるうつ症状の改善を持続させることができることを見出した。彼らは一夜の断眠を行い，それに良好な反応を示した患者を対象に，翌日，一部の患者を 6 時間早く就床，残りは 3 時間遅く就床させる実験を行った。そして，数日かけて被験者の就床時間を徐々にふだんの時間に戻していった。その結果，早く就床した群の 75％はうつ病の改善状態を維持し，遅く就床した群ではわずか 40％が改善状態を維持した。

　ライマンほか (Riemann et al., 2001) は，午前中に眠ることがうつ病を引き起こすと指摘している。そして，朝早く起床し，夜も早く就床することが，うつ症状の最善につながることを示唆している。

発達障害をもたない子どもにおいても，睡眠と行動との関係が検討されている。3歳児において，睡眠に問題がある子どもは集中力が乏しい，扱いにくい，かんしゃくを起こしやすいことが報告されている（Zuckerman et al., 1987）。しかし，そのような問題行動は8カ月の時点ではみられていない。

一方，睡眠そのものの質が問題となる閉塞性睡眠時無呼吸症候群では，睡眠が浅くなり質の高い睡眠が確保できない。そのような子どもでは知的障害や学業不振，注意力低下，衝動性，攻撃性等の合併症が多くなるとされている。このような行動面での異常がADHDの症状に似ているということで多くの研究者の注目を集めている。睡眠不足が長期間続いた場合，子どもの脳に永続的なネガティブな変化がおこる可能性もある。

引用文献

Arendt, J., Deacon, S., English, J., Hampton, S., & Morgan, L. (1995). Melatonin and adjustment to phase shift. *Journal of Sleep Research*, **4**, 74-79.

Boulos, Z., Campbell, S. S., Lewy, A. J., Terman, M., Dijk, D. J., & Eastman, C. I. (1995). Light treatment for sleep disorders: Consensus report. VII. Jet lag. *Journal of Biological Rhythms*, **10**, 167-176.

Bowersox, S. S., Kaitin, K. I., & Dement, W. C. (1985). EEG spindle activity as a function of age: Relationship to sleep continuity. *Brain Research*, **334**, 303-308.

Chervin, R. D. (1999). Attention-deficit-hyperactivity disorder. *New England Journal of Medicine*, **340**, 1766.

Deacon, S., & Arendt, J. (1996). Adapting to phase shifts, II. Effects of melatonin and conflicting light treatment. *Physiology and Behavior*, **59**, 675-682.

Dijk, D. J., Boulos, Z., Eastman, C. I., Lewy, A. J., Campbell, S. S., & Terman, M. (1995). Light treatment for sleep disorders: Consensus report. II. Basic properties of circadian physiology and sleep regulation. *Journal of Biological Rhythms*, **10**, 113-125.

Dujardin, K., Guerrien, A., & Leconte, P. (1990). Sleep, brain activation and cognition. *Physiology and Behavior*, **47**, 1271-1278.

Ebisawa, T., Uchiyama, M., Kajimura, N., Mishima, K., Kamei, Y., Katoh, M., Watanabe, T., Sekimoto, M., Shibui, K., Kim, K., Kudo, Y., Ozeki, Y., Sugishita, M., Toyoshima, R., Inoue, Y., Yamada, N., Nagase, T., Ozaki, N., Ohara, O., Ishida, N., Okawa, M., Takahashi, K., & Yamauchi, T. (2001). Association of structural polymorphisms in the human period3 gene with delayed sleep phase syndrome. *EMBO Reports*, **2**, 342-346.

Espie, C. A., & Tweedie, F. M. (1991). Sleep patterns and sleep problems amongst people with mental handicap. *Journal of Mental Deficiency Research*, **35**, 25-36.

Finkelstein, J. W., Roffwarg, H. P., Boyar, R. M., Kream, J., & Hellman, L. (1972). Age-related change in the twenty-four-hour spontaneous secretion of growth hormone. *Journal of Clinical Endocrinology and Metabolism,* **35**, 665-670.

Gillette, M. U., & McArthur, A. J. (1996). Circadian actions of melatonin at the suprachiasmatic nucleus. *Behavioural Brain Research*, **73**, 135-139.

Horne, J. A. (1988). *Why we sleep: The functions of sleep in humans and other mammals.* Oxford, England: Oxford University Press.

Horowitz, T. S., Cade, B. E., Wolfe, J. M., & Czeisler, C. A. (2001). Efficacy of bright light and sleep/darkness scheduling in alleviating circadian maladaptation to night work. *American Journal of Physiology. Endocrinology and Metabolism*, 281, E384–391.

Ibuka, N., & Kawamura, H. (1975). Loss of circadian rhythm in sleep-wakefulness cycle in the rat by suprachiasmatic nucleus lesions. *Brain Research*, 96, 76–81.

井上昌次郎．(1999)．子どもの睡眠 早寝早起きホントに必要？ 東京：草土文化．

Ishii, T., Takahashi, O., Kawamura, Y., & Ohta, T. (2003). Comorbidity in attention deficit-hyperactivity disorder. *Psychiatry and Clinical Neurosciences*, 57, 457–463.

Jan, J. E., & O'Donnell, M. E. (1996). Use of melatonin in the treatment of paediatric sleep disorders. *Journal of Pineal Research*, 21, 193–199.

Kleitman, N., & Engleman, T. G. (1953). Sleep characteristics of infants. *Journal of Applied Physiology*, 6, 269–282.

Kupfer, D. J. (1976). REM latency: A psychobiologic marker for primary depressive disease. *Biological Psychiatry*, 11, 159–174.

Moore, R. Y., & Eichler, V. B. (1972). Loss of a circadian adrenal corticosterone rhythm following suprachiasmatic lesions in the rat. *Brain Research*, 42, 201–206.

Patzold, L. M., Richdale, A. L., & Tonge, B. J. (1998). An investigation into sleep characteristics of children with autism and Asperger's Disorder. *Journal of Pediatrics and Child Health*, 34, 528–533.

Petre-Quadens, O., & De Lee, C. (1974). Eye movement frequencies and related paradoxical sleep cycles: Developmental changes. *Chronobiologia*, 1, 348–355.

Richdale, A. L., & Prior, M. R. (1995). The sleep/wake rhythm in children with autism. *European Child and Adolescent Psychiatry*, 4, 175–186.

Riemann, D., Berger, M., & Voderholzer, U. (2001). Sleep and depression-results from psychobiological studies: An overview. *Biological Psychiatry*, 57, 67–103.

Riemann, D., König, A., Hohagen, F., Kiemen, A., Voderholzer, U., Backhaus, J., Bunz, J., Wesiak, B., Hermie, L., & Berger, M. (1999). How to preserve the antidepressive effect of sleep deprivation: A comparison of sleep phase advance and sleep phase delay. *European Archives of Psychiatry and Clinical Neuroscience*, 249, 231–237.

Roffwarg, H. P., Muzio, J. N., & Dement, W. C. (1966). Ontogenetic development of the human sleep-dream cycle. *Science*, 152, 604–619.

Skene, D. J., Lockley, S. W., & Arendt, J. (1999). Use of melatonin in the treatment of phase shift and sleep disorders. *Advances in Experimental Medicine and Biology*, 467, 79–84.

Starkey, S. J., Walker, M. P., Beresford, I. J., & Hagan, R. M. (1995). Modulation of the rat suprachiasmatic circadian clock by melatonin in vitro. *Neuroreport*, 6, 1947–1951.

Stephan, F. K., & Nunez, A. A. (1977). Elimination of circadian rhythms in drinking, activity, sleep, and temperature by isolation of the suprachiasmatic nuclei. *Behavioral Biology*, 20, 1–61.

Stephan, F. K., & Zucker, I. (1972). Circadian rhythms in drinking behavior and locomotor activity of rats are eliminated by hypothalamic lesions. *Proceedings of the National Academy of Sciences of the United States of America*, 69, 1583–1586.

谷池雅子．(2007)．心配な眠り③発達障害児における睡眠障害．チャイルドヘルス，10, 16–21.

Thase, M. E. (2000). Treatment issues related to sleep and depression. *Journal of Clinical Psychiatry*, 61, 46–50.

Toh, K. L., Jones, C. R., He, Y., Eide, E. J., Hinz, W. A., Virshup, D. M., Ptácek, L. J., & Fu, Y. H. (2001). An hPer2 phosphorylation site mutation in familial advanced sleep phase syndrome. *Science*,

291, 1040-1043.

Vogel, G. W., Buffenstein, A., Minter, K., & Hennessey, A. (1990). Drug effects on REM sleep and on endogenous depression. *Neuroscience and Biobehavioral Reviews*, **14**, 49-63.

Vogel, G. W., Thurmond, A., Gibbons, P., Sloan, K., Boyd, M., & Walker, M. (1975). REM sleep reduction effects on depression syndromes. *Archives of General Psychiatry*, **32**, 765-777.

Vogel, G. W., Vogel, F., McAbee, R. S., & Thurmond, A. J. (1980). Improvement of depression by REM sleep deprivation: New findings and a theory. *Archives of General Psychiatry*, **37**, 247-253.

Wiggs, L., & Stores, G. (1996). Severe sleep disturbance and daytime challenging behaviour in children with severe learning disabilities. *Journal of Intellectual Disability Research*, **40**, 518-528.

Wu, J. C., & Bunney, W. E. (1990). The biological basis of an antidepressant response to sleep deprivation and relapse: Review and hypothesis. *American Journal of Psychiatry*, **147**, 14-21.

山田尚登．(2004)．高照度光とメラトニン分泌．三池輝久・山手博史（監修），メラトニン研究会（編），メラトニン研究の最近の進歩（pp.82-90）．東京：星和書店．

Zuckerman, B., Stevenson, J., & Bailey, V. (1987). Sleep problems in early childhood: Continuities, predictive factors, and behavioral correlates. *Pediatrics,* **80**, 664-671.

第14章
情動と時間

加藤義信

　精神科医・中井久夫はその書『家族の深淵』の中で,「情動と時間」というテーマにかかわる, とても示唆的なエピソードを紹介している（中井, 1995）。
　十年来, まったく眠れないと訴えて, 引きこもりを続ける少女の家を, 中井が訪問する。まず, 少女の脈をとったところ, 1分間に 120 もある。驚きながら, そのまま中井は脈をとり続ける。以下は, 引用である。

> 時間がたっていった。母親が話しかけようとするたびに私は指を口唇にあてて制止した。私はこの家の静寂を維持しようとした。……じっと脈をとっていると, 私の脈も次第に高まってきた。身体水準での「チューニング・イン」が起こりつつあった。……ついに彼女の脈と私の脈は同期してしまい, 私の脈も一分間一二〇に達した。しかも, ふだん六〇である脈が倍になれば, ふつうならば坂道を登る時のような息切れがあるのに, 今の私には, まったく何の苦痛もなかった。逆に時間の流れがゆっくりになった。眼前の時計の歩みの速さがちょうど半分になった。すべてが高速度写真のようにゆっくりし, すべての感覚が開かれ, 意識が明晰になった。これはおそらく少女が日々体験しているものに他ならないものであった。(pp.18-19)

　感覚の鋭敏さが頂点に達したとき, 静寂の中に突然, 母親が台所でフライパンを上下する音が響く。それが中井には, 信じられないほど耐えがたいものに感じられる。少女が長年, 感じ続けてきた苦痛の一端を中井は初めて理解する。
　それから, さらに不思議なことがおこる。

> 私は突然気づいた。眼前の掛け時計の秒針の音が毎分一二〇であることに。ひょっとすると, 少女の脈拍は時計に同期しているのかもしれない。私はよじ登って時計をとめた。……仮説は当たっていた。彼女の脈拍はしだいにゆっくりとなった。私の脈

も共にゆるやかになった。……一時間半後，頭痛は去り少女は眠気を訴えた。(pp.20-21)

このエピソードの中心には，病んだ少女がいる。少女の病状は，不眠と頭痛と感覚過敏以外に詳しく紹介されていないが，「傍らに魔女がいる」と訴え，抗精神病薬を服用中であることからしても，恐怖や不安をともなう情動の病いがその中心にあることに間違いない。彼女には独特の時間が流れている。中井は自らの脈拍を少女に「チューニング・イン」することによって，初めてその時間を体験することができた。

このエピソードは，少女のかかえる慢性的な情動の不安定と不眠，頭痛などの身体的反応，感覚刺激への閾値の低さとそれにともなって引き起こされる一時的な強い情動体験（苦痛）が，身体リズムと深くかかわって現象していること，そして，その少女には外からは窺い知れない独特の時間が流れていることを教えてくれる。さらには，個の身体リズムは他者の身体リズムと同期すること，その同期を介して時間体験が共有されること，人間の生命活動は身体リズムに環境のリズムを反映させつつ営まれていること，などを教えてくれる。

「時間と情動」をテーマとして扱う本章では，現象学的に記述された上記のエピソードを，最近の心理学的な諸研究に照らしてさらに深く理解することをめざす。したがって，ここで取り上げる「時間」とは，エピソードにあるような現在進行形の時間の持続体験であり，その体験の質的・量的諸相と情動との関係が考察の対象となる。

第1節　リズムを媒介とする「情動と時間」の関係

1　発生論的視点からみた情動

情動とは何だろうか。この問いへの心理学における一般的答え方は，他の心理機能との比較によってその独自性を定義することであろう。とりわけ，情動は認知との関係において，その本性や機能が古くから議論されてきた。現代心理学においては，英語圏を中心にとりわけ両者の機能的関係を問う視点からの情動研究がさかんであり，すでにその現状の優れた解説論文や書物もいくつか存在する（Calkins & Bell, 2010；遠藤，2002；川口，2002；Lazarus, 1999；高橋，2007）。

ただ，一方で，これまでのこうした情動研究に対しては，機能論的見方への偏向，発生的（進化的）視点の欠如，生物に共通の内部維持機構としてのホメオス

タシスという面からのアプローチの不十分さ,情動の神経生理学的基盤理解に際しての「脳中心主義」——「脳は複雑な生物の一部として見られるのではなく,一貫して身体から切り離されて」(訳書,p.62) いる (Damasio, 1999/2003) ——という批判がある。本章のテーマである「情動と時間」について論ずるには,こうした批判的視点を生かす新たな情動の見方が必要であるように思われる。そこで,以下では,ワロン (Wallon, 1938/1983, 1949/1965) と三木 (1983, 1992) からヒントを得て,発生論的,身体論的視点から「情動とは何か」についてまず考えてみる[1]。

情動を発生論的視点からみるとは,まずもってその原点を想像してみることである。人間のように複雑な構造と機能を有する生物となるはるか以前には,生物は太古の海に漂うアメーバのような存在であった。ただ,原初の生物であっても,それが単細胞生物であれ多細胞生物であれ,生命として機能する限り,それ自身を限定する構造的境界を必ず有している。そして,その境界(体表)を通して,外部との間に物質・エネルギー・情報のやりとりを行っている。外部から体表にやってくる刺激は,その生物の内部過程の維持にとって都合のよいものばかりとは限らない。都合が悪い刺激に対しては,生命防御のために弁別的に反応するような仕組みが必要になる。実際,都甲 (2004) によると,粘菌のような単細胞アメーバ生物であっても,酸味のある化学物質を忌避する反応がみられるという。ここでの反応とは,細胞の体形変化のことであり,それは体表での刺激を受けて細胞内部に原形質流動が波のように広がることによって実現する (中垣,2005)。粘菌は自らの体形を変化させることによって,結果として,酸味刺激から遠ざかることができるのである。ここで重要なのは,原始生物においては,刺激の受容・弁別と内部の変化,それにともなう形状の変化が一体となっていることである。

やがて,進化の過程で生物の組織構造は次第に複雑となり,体表面には,外界との交渉にもっぱら携わる2つの器官——つまり,刺激の受容・弁別に特化した感覚器官(外受容感覚器官)と,外界への反応のために特化した運動器官——が分化していく。一方,身体内部では,状態変化と形状変化が分離し,前者の側面は,生命そのものの維持・調節に内部で携わる内臓器官(呼吸器官や消化器官など)として分化し組織されていく。身体の形状変化は,体表面に分化して生まれた運動器官にその外界作用的な役割を譲るが,まったく外界との交渉の舞台から退場してしまうわけではない。運動の背後にあって,身体全体を賦活し,その平

---

[1] 第1節の議論は,加藤 (2008) をさらに発展させたものである。

衡や姿勢の維持を掌る機能として，高等な生物にも残ることになる。また，身体内部には，こうした内臓系の働きと姿勢系の働きをモニターする仕組み（内受容感覚と自己受容感覚）も出来上がっていくことになる。

　この体表面からの感覚・運動器官の発生と，それによって蔵された内部の内臓器官の分化を比較解剖学的な立場から区別して，前者を「体壁系」，後者を「内臓系」と呼んだのは，三木（1983）である。また，前者の器官やその機能を外界とかかわるという意味で「関係（relation）」の器官・機能・活動と呼び，後者を文字通り「臓器的（organique）」あるいは端的に「内臓的（viscéral）」器官・機能・活動と呼んだのは，ワロン（Wallon, 1938/1983）である。

　さて，上記2つの区分はなぜ重要なのだろうか。それは，「体壁系」と「内臓系」を，認知と情動の体組織的基本区分として理解することによって，情動の発生的起源と本性がもっともよく理解できると思われるからである。

　情動発達研究の第一人者であるルイス（Lewis, 2008）は，情動過程を誘発刺激（elicitors），行動（behaviors），状態（states），表出（expressions），体験（experiences）の5つの側面に区別して研究することを提案している。たとえば，ヘビ（誘発刺激）を見て，一目散に逃げる（行動）場合を考えてみる。そのときには，ほぼ同時的に心拍数の増大（情動状態の変化）や顔の表情のこわばり（情動表出）が生じ，かつ，そうした状態や表出の変化が意識に上り，「怖い」という情動体験として実感される。この情動過程を生体の防御という機能的観点からみれば，**誘発刺激**によって生じた**行動**が適応的であるかどうかが最も重要であろうが，反射や自動的反応と区別され，私たち人間にとって情動と名指されるものの中核は，むしろ**誘発刺激**とそれによって生ずる**行動**とをつなぐ内的過程，つまり情動の**状態・表出・体験**にあると言えるであろう。

　このうち，情動体験は，状態と表出のモニターとその意識化であって，これこそ，通常，私たちが情動と名指すそのもののことである。ただ，それはあくまでモニター機能であるので，情動の中核的過程は情動の状態と表出，とりわけ情動状態にあると主張できる（LeDoux, 1996/2003）。改めて情動状態の変化とは何かについて述べれば，それは主に，身体内部の姿勢系，循環器系，呼吸器系，消化器系の状態変化（心拍数，血圧，体温などの変化），さらには内分泌系の状態変化（アドレナリンなどの血流への放出などの変化）のことである。つまり，三木（1983）の言う「内臓系」の突発的・一時的な，あるいはストレス負荷の高い状況下などでの持続的な状態変化こそ，情動の本体であると指摘することができる。実際，私たちの情動体験のほとんどが，こうした「内臓系」の状態変化を表す身体語に

よって表現されていることをみても（腹が立つ，心臓がドキドキする，肝を冷やす，腸が煮えくりかえる，など），このことはうなずけよう[2]。

2　情動とリズム，そして時間持続体験

　情動とは内臓‐姿勢系器官群の突発的・一時的な，あるいは平均的な恒常状態から外れた持続的な状態変化であり，それは外界との交渉にあたる感覚‐運動を掌る器官群とは発生的にも別系統であるとすれば，情動が外界を志向する能動性や随意性といった性質とは別の性質を有することもうなずけよう。フリーダ（Frijda, 2008）が指摘した情動の現象的特徴——受動性，制御困難，突発性，駆動性——は，このことに由来する。

　しかし，情動は外界から切り離された，まったくの自律的な過程なのではない。情動は多くの場合，外部からの誘発刺激によって生ずるし，いったん情動が生まれれば，哺乳類，とりわけ人間においては，表出と一体となってその過程が進行する。そして，表出を介して情動は他者に影響を与え，他者との間に一体感を生みだし，共同的活動の土台を作りだす（de Waal, 2009/2010）。つまり，情動においては，個人のもっとも内的で生理的な過程が，そのまま個人と個人を結び合わせる社会的な過程として立ち現れるのである。このことの発達的意味をもっとも早くから指摘していたのはワロン（Wallon, 1949/1965）であるが，過去30年ほどの間に，同様の視点からの乳児発達研究が理論的にも実証的にも，飛躍的に発展した。

　乳児と養育者との間のコミュニケーションが，情動交流を中心に行われていることは，だれも異論のないところであろう。情動交流は，身体や音声の同調[3]，生理的なリズムの同期と表裏一体となっている。情動伝染（emotional contagion；Hatfield et al., 1994），エントレインメント（entrainment；Condon & Sander, 1974；加藤，1992；渡辺，1999），間主観性（intersubjectivity；Trevarthen, 1977），情動調律（affect at-

---

[2]　本稿のような情動の本質論は，情動の発生機序を説明するかつてのジェームズ‐ランゲ説（末梢起源説）と親近性が高い。ジェームズ‐ランゲ説については，キャノン（Cannon, W. B.）の批判を受けて長らく否定的な評価が一般的であったが，大平（2007）によれば，近年の神経生理学的研究知見は，むしろこの説を支持しているという。ルドゥー（LeDoux, 1996/2003）も，現代におけるジェームズ‐ランゲ説の復活となる神経生理学的な証拠について詳細に論じている。
[3]　表情の映し合いも，身体同調の一形式と考えることができる。新生児における舌出しの原始模倣も，同様であろう。また，久保田（1993）や川田（2007）の報告している，特定の行為にともなって生じた情動表出反応を一定時間後に他者の類似行為の遂行を見るだけで疑似的に再現する反応（レモンを舐めてすっぱそうな表情をしたあと，他者がレモンを口に入れようとするところを見ると，6カ月以上の乳児は自分もすっぱい表情をする）も，他者の行為にともなう情動体験とその表出を先取り的に身体同調させる反応と考えられよう。

tunement；Stern, 1985/1989) などの用語で語られる事実は，多かれ少なかれ，乳児と養育者との間に見られる身体・音声同調やリズム同期を指摘したものである。わが国では，やまだ (1987, 1996) が，同じ事実を「うたう」という詩的な表現で指摘し，この「うたう」と「みる」（知覚・認識）「とる」（行為）との関係の変化から乳児期の発達を描き出した。この「うたう」という表現は，最近トレバーセン (Panksepp & Trevarthen, 2009；Trevarthen, 2009) が自らのこれまでの「間主観性」の概念を発展させて，母子相互作用のリズミックでメロディックな側面をさらに強調した「音楽性（musicality）」という概念と，まさに響き合う。

　身体同調の場合，そこには表情の一致や模倣といったさまざまなレベルがあるので，リズムの同期現象だけに還元できない神経生理学的メカニズムの存在が想定されるが，それでもその基盤に生理的リズムの同期があることは明らかである。それは大人になっても変わらない。したがって，情動の生理的過程と社会的過程は，ともにリズムに媒介されて成立していると言っても過言ではない。

　では，生体のリズムはどのようにして生み出されているのだろうか。人間を含めた哺乳類の場合，その強力なセンター（体内時計）は，視床下部の視交叉上核にあることがわかっている。この核を破壊するとすべての生体リズムが消失するからである（粂, 2003；岡村, 2008）。しかし，心臓，肺，肝臓，腎臓，皮膚などの体内のあらゆる臓器には，それぞれにリズムを刻む末梢の体内時計があることも，近年明らかとなってきた（岩崎, 2006；岡村, 2008）。したがって，生体リズムは，視交叉上核を頂点とする体内の階層構造的なシステムによって，オーケストラのように機能していると，現在では考えられている（柴田, 2008）。ここで興味深いことは，時間シグナルを出力する視交叉上核も，内臓をコントロールしている自律神経の中枢も，扁桃体とともに情動体験や情動表出の作動に深くかかわる神経経路のほとんども，ともに視床下部に見出されることである。この三者の神経組織的な近縁性は，心理学的なレベルでのリズム，内臓系の状態変化，情動体験・情動表出の一体性と整合的と言えよう。

　ここに至ってやっと，情動と時間の関係が見えてきたのではないだろうか。情動の発現は生体リズムの変化として現れ，生体リズムの変化は情動体験に影響する。異なる生体リズムに基づいて活動することは，異なる生理的時間を生きることである（本川, 1992）[4]。したがって，情動によって生体リズムの変化や崩れが

---

[4]　哺乳類の呼吸間隔，心臓の鼓動間隔，腸のぜん動時間などのリズム周期は，種によって異なる。それは，それぞれの種の体重の四分の一乗に比例し，さらには成長のスピードや寿命の長さをも規定している。つまり，少なくとも哺乳類は，種によって異なる生理的時間を生きている。

生まれるとすれば，それは同時に一個体の中にそれまでとは異なる生理的時間が生まれることでもある。

　もちろん，生体リズムが刻まれ，ある生理的時間が生きられることと，時間の持続の意識（awareness of duration）が体験されることとは同じではない。フレス（Fraisse, 1957/1960）も言っているように，「時間の感じは，われわれが現在事態に完全に充足しているときには現れてこないのである」（訳書，p.218）。リズムは反復であり，反復に身を委ねている間は持続の意識は生まれない。具体的にはどういうことか。フレス（Fraisse, 1957/1960）は，持続の意識は「待つ」ことから生まれると述べている。「待つ」ことの最も原初的な形態は，欲求の発生とその充足との間に延滞が生じた場合である。ジャネ（Janet, 1928）は，「待つことは活動の能動的調整」であり，それは活動を準備状態，すなわち緊張の相に保持することであると言ったが，まさにこの緊張の相への移行とその終結との間隔こそが，意識された持続の時間の始まりにほかならない。フランス語の「待つ attendre（アタンドル）」という語の中には「tendre（タンドル）（緊張させる，張り詰める）」という語が含まれていて，まことに「待つ」は語源的にも「緊張の相」であることがわかる。

　「待つ」中で生体リズムが刻まれ，ある生理的時間が生きられること，それが時間の持続意識の前提である。そして，「待つ」とは「緊張の相」であるならば，それは姿勢系が生み出す状態であり，姿勢系はワロンによって内臓－姿勢系として一括されたように，情動と深く結びついている。つまり，「緊張の相」とは，外界と向き合う身体のある賦活状態のことであって，その強度自体は情動によって左右される。

　以上をまとめると次のようになる。

　①情動は生体リズムの変動と関係し，その生体リズムの周期性が生理的時間を規定している。②一方で，生理的時間が時間の持続体験として現象するためには，外界と向き合う身体が「緊張の相」にあることが必要である。③「緊張の相」のあり方自体が，情動による賦活のもとにあり，したがって，時間の持続体験は二重に情動の影響のもとにある。

第2節　情動による時間持続体験の変容

　時間持続体験に情動が影響を及ぼすという指摘は，時間の心理学的研究のパイオニア的存在であったフレス（Fraisse, 1957/1960）もすでに行っている。しかし，フレス以後，半世紀近く，この問題が実証的に研究対象となることは少なかった。

ところが世紀が変わってから,「情動と時間」をテーマとする研究に,にわかに注目が集まるようになってきた感がある。ウィットマン（Wittmann, 2009）は,時間体験に関する広範なレビューの中で,「情動的側面への転回（emotive turn）」という表現を用いて,認知的側面に偏っていたこの分野の研究が,情動的側面へとその焦点をシフトさせつつある現状を指摘している。

　以下では,まず時間持続体験の研究者の多くが仮説生成や結果解釈のベースとして用いている体内時計モデルの概要を述べ,続いて,最近行われている「情動と時間」研究を紹介する。なお,ここで問題として取り上げる「時間持続体験」とは,あらかじめ意識がそこに向けられることを前提とした,現に体験されている時間であって,事後に想起される時間ではない。吉川（1996）は,前者を予期的時間（prospective time）, 後者を追想的時間（retrospective time）と呼び,ブロック（Block, 1989）は同じくそれぞれを,体験する時間（experiencing time）, 思い出す時間（remembering time）と呼んで区別している。この両者は実験的研究では手続き的にも厳密に区別される。また,時間持続体験を比較的短い体験（5秒以内）と長い体験に分けて,前者を時間知覚,後者を時間評価と区別する場合があるが（松田, 1996b）,本稿ではあえてこの区別はしない。

1　時間持続体験の変容を説明する体内時計モデル

　時間知覚や時間評価には,実にさまざまな理論的モデルが提案されている（Block, 1990；Droit-Volet & Wearden, 2003；Grondin, 2004；神宮, 1966；松田, 1996a）。このうち,実証的研究の仮説モデルとしてもっとも一般的に用いられているのは,体内時計としてのペースメーカーとアキュムレーターを仮定するモデルである（Droit-Volet & Gil, 2009）。ペースメーカーとは等間隔のパルスを発生する機構であり,アキュムレーターとはそのパルスを数えて記録する機構であって（橋本・松田, 2007）,わかりやすいイメージで言えば,クォーツ時計と砂時計を組み合わせたような仕組みを人間の内部に仮定する。ここでのペースメーカーとは,すでにその神経生物学的実体が明らかとなっている,睡眠と覚醒などの概日リズム（サーカディアン・リズム）を生みだす体内時計と同一なのか別なのか,アキュムレーターの神経生物学的実体は何なのか等は,今日までのところ十分明らかとなっていない。したがって,この2つはいまだ構成概念の域に留まっていることを忘れてはならない（Droit-Volet & Gil, 2009）。

　現在,ペースメーカーとアキュムレーターに加えて,さらにいくつかの概念装置を仮定して精緻化を図った複数のモデルが提唱されている。ここでは特に,

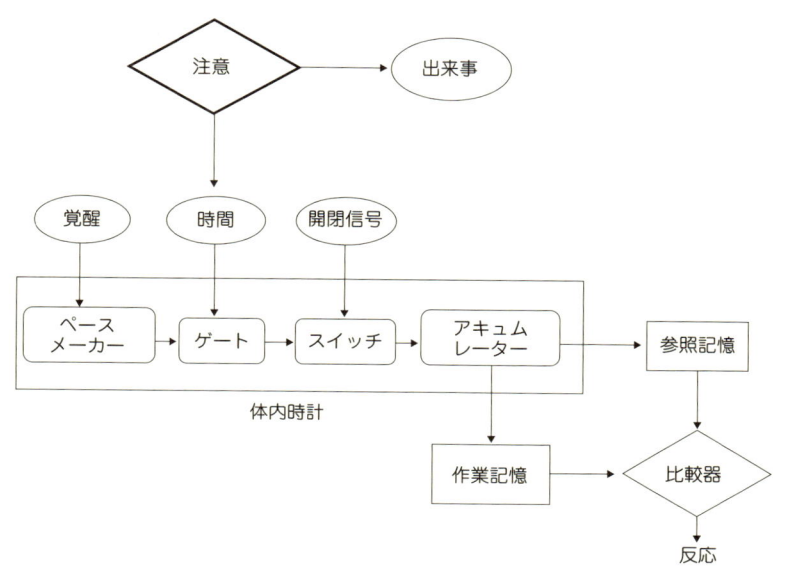

図14-1　時間持続体験の注意ゲート・モデル（Block & Zakay, 2008；Zakay & Block, 1997 を参考に作成）

　もっとも多くの時間研究者に受け入れられているスカラータイミング・モデル（scalar timing model）の発展型モデルである注意ゲート・モデル（attentional gate model）を紹介する（Block & Zakay, 2008；Zakay & Block, 1997）。

　このモデル（図14-1）の特徴点は，スカラータイミング・モデルに注意ゲートを加えた点にある。まず，覚醒水準に応じてペースメーカーが一定の速さでパルスを発振する。パルスはゲートとスイッチが開いていれば，アキュムレーターに達することができる。ゲートは生体が時間に注意を払っている限り開き続け，スイッチは判断対象となる持続単位の開始の合図とともに開き，終結の合図とともに閉じる。つまり，ある出来事や活動の持続がひとつの意味ある単位となってその長さが問われるときに，スイッチはその出来事や活動の始まりと終わりをモニターして切り取る働きをしていると言えよう。日常生活で言えば，この持続の単位の切り取りは外部から強制される場合もあれば，任意に行われる場合もある。しかし，いずれも生体がその切り取りを意識しなければ持続の体験自体が成立しないという意味で，スイッチの働きは重要である。

　さて，こうしてゲートとスイッチを通過したパルスは，アキュムレーターに集積され，一定時点でのその累計がある特定の出来事に対する時間持続体験の表象の原資となる。ここまでが体内時計の内部で起こっていることである。だがさら

第14章　情動と時間　**231**

に，その時間持続体験の再現が必要となる場合には，体内時計外部の決定過程が参与する。ある出来事に対するアキュムレーター内の累計パルスの情報は，その都度，参照記憶内に貯蔵されるので，ここには以前のさまざまな出来事に対するパルス累計情報がストックされている。したがって，時間持続の長さの判断が求められれば，作業記憶内に一時的に保持された当該の出来事の累積パルス情報と参照記憶内のサンプル情報との付き合わせが比較器において行われ，最終的な判断が下される。

　このモデルにおいて，主に時間持続体験の変容に影響を与えるのは，物理的な単位時間当たりのペースメーカーのパルス発振量（速度）の変化と，注意ゲートの開閉によるパルスの通過量の変化である。前者では，生理的な覚醒水準が上昇すると，パルス発振量が増え，結果としてアキュムレーターでの同じ物理的な時間単位当たりのパルス累積量が増えるので，時間の過大評価が引き起こされる（時間は長く感じられる）と考える。この仮定と一致する事実として，覚醒水準の上昇・下降と時間の過大・過小視はおおむね対応していることが知られている。たとえば，体温の上昇・下降（Wearden & Penton-Voak, 1995），ドーパミンの増大・抑制（Rammsayer, 1999）と時間の過大・過小評価との関係，「飽き」と時間の過小評価との関係（Wearden, 2008）が明らかにされており，これらは時間持続体験に対する覚醒水準の関与を示すと考えられている。

　モデルにおける後者の注意ゲートの開閉とは，注意資源が時間処理に向けられるか否かを意味する。向けられなければ，ゲートが閉じ，結果としてアキュムレーターへのパルス累積量が減るので，時間は過小評価される（短く感じられる）と考える。このことは，私たちの日常的経験——仕事や遊びに没頭している間は時間に注意が向かないので，あっという間に過ぎるが，待つ間は時間の経過ばかり気にするので長く感じられる——によく合致していると言えるだろう。

2　「情動と時間」に関する最近の研究

　すでに言及したように，「情動と時間」に関する研究は最近になってやっとさかんになりつつある。とは言っても，前世紀にまったく研究がなかったわけでなく，ストレス条件のもとで心理的時間が長くなることは早くから知られていた。たとえば，マイルドな電気ショックを予期せざるをえない情動的ストレス下では経過時間は長く感じられるし（Falk & Bindra, 1954），危険（高所の崖っぷち）への接近の時間は危険から離れる場合よりも長く感じられる（Langer et al., 1961）。これらと類似の研究は最近も引き続き行われており，話題性のあるところでは，アメリ

カにおける 9.11 テロのビデオクリップ（3 分間）を見た場合，視聴者は他の統制ビデオクリップを見た場合よりもストレスをより感じたと報告し，かつその視聴時間を長く評価したという報告もある（Anderson & Reis-Costa, 2007）。実際の場面での観察から実験室的研究までを含めた，ストレスと時間評価の歪みの関係をめぐって行われた最近までの研究のレビューとしては，ハンコックとウィーヴァー（Hancock & Weaver, 2005）がある。

　ストレスはさまざまな情動喚起につながり，恒常化すれば精神疾患となって現象する。なかでも，時間持続体験との関係では，うつ病患者のそれが際立ってスローダウンする（心理的時間が長くなり，実際の時間はなかなか進まないように感じられる）ことは臨床的によく知られていた。ブショアほか（Bschor et al., 2004）は，この点を躁病患者および健常者との大規模かつ精密な比較研究によって実証的に確かめている。一般に不安が高いほど，時間の経過がスローに感じられることは，他の病態の場合にも当てはまり，血液がんに罹り高い不安レベルにある患者でも同様の事実がみられる（Wittmann et al., 2006）。

　現実場面に近い情動体験の実験的シミュレーションは，いつでも実施可能ではなく，倫理的にも問題がある。また，特定の情動に彩られた病態を示す患者を対象とした研究は，貴重ではあるが範囲が限られる。したがって，これらと異なる「情動と時間」研究の新しい実験パラダイムが必要であろう。このようなパラダイムの先がけとなったのは，アングリリほか（Angrilli et al., 1997）の研究である。彼らは，快−不快の情動価，覚醒水準の高低において異なる対象刺激（①性的興奮につながる対象〔快＋高覚醒水準〕，②赤ちゃんや仔犬〔快＋低覚醒水準〕，③家事道具〔中性刺激〕，④クモやネズミ〔不快＋低覚醒水準〕，⑤負傷して血だらけになった人〔不快＋高覚醒水準〕）のスライドを実験参加者に一定時間（2, 4, 6 秒）提示することによって，情動喚起がその刺激提示時間の評価に及ぼす影響を調べた。その結果，高覚醒水準条件では，不快刺激のほうが快刺激よりも提示時間が長いと判断され，低覚醒水準では，その逆に不快刺激のほうが快刺激よりも短いと判断された。つまり，覚醒水準によって情動価の異なる刺激は時間評価にまったく逆の影響を与えることが見出された。

　このような情動喚起刺激の提示時間評価を行わせる方法は，以後，ひとつの実験パラダイムとして定着し，今世紀になってから多くの類似の研究を生むことになった。中でも，フランスのドゥロワ＝ヴォレのグループは，このパラダイムを用いて，発達的な視点も踏まえた「情動と時間」研究を展開している（Droit-Volet & Gil, 2009）。

彼女たちは主観的な時間持続の測定に一貫して時間折半法（temporal bisection method）を用いている。これは，まず実験参加者に長短2つの標準持続時間刺激の長さをそれぞれ学習させ，続いてその長短2つの間にあるさまざまな時間的長さの比較刺激を提示して，それらが2つの標準刺激のどちらに近かったかを判断させることによって，比較刺激の提示時間の過大視・過小視をみる方法である。標準持続時間刺激としては，通常，400～1,600ミリ秒と600～2,400ミリ秒の組み合わせを用いており，比較的短い時間が研究対象である。
　まず最初の実験（Droit-Volet et al., 2004）では，標準刺激（400～1,600ミリ秒）としてピンクの楕円形，比較刺激として女性の顔写真（怒り，悲しみ，幸せ，ニュートラルの4種類）を大人に提示した。その結果，ニュートラルな顔に対してよりも，情動表出のある顔に対して持続時間の過大視が認められた。特に怒りの顔に対してその効果が大きかった。怒りの表情は悲しみや幸せよりも高い覚醒を引き起こすというこれまでの研究結果（Izard & Ackerman, 2000）を踏まえると，この実験で生じた時間の過大視は，情動価の高い顔の知覚が覚醒水準の上昇を引き起こし，その結果ペースメーカーのパルス発振速度が上昇してパルス累積数が増大したためと解釈されている。
　異なる表情の認知については，発達的には誕生から1年の時点ですでに可能であることが報告されている（Harris, 1989）。また，3歳を過ぎるとすでにかなり正確な時間評価ができることも確かめられているので（松田，1996a；Droit-Volet, 2000），この知見の組み合わせから，上記の怒りの表情に対する時間の過大視効果が発達的にいつぐらいから見られるかは，興味深い問題である。ドゥロワ＝ヴォレらは，3歳，5歳，8歳の子どもに上記の実験と同じ方法を用いてこれを調べている（Gil et al., 2007）。その結果，大人と同様，どの年齢でもニュートラルな表情より怒りの表情の提示持続時間を過大視する傾向が認められた。さらに，表情刺激を7種類（怒り，恐れ，幸せ，ニュートラル，嫌悪，悲しみ，恥じらい）に増やして，5歳児，8歳児，大人で比較したところ（Droit-Volet & Meck, 2007），怒りと恐れについてはどの年齢でもほぼ等しい過大視傾向がみられ発達的な変化は認められなかったが，悲しみの表情に対しては，5歳児のみに著しい過大視傾向がみられた。その理由としては，養育者の世話に依存している幼児では早くから悲しみの表情への感受性が高くなり，その情動伝染も容易に生ずるが，年長の子どもや大人ではこの情動自体の多様な分化と洗練が進み社会的抑制も加わるので，覚醒効果が低下することが考えられる。同様の理由で逆の結果が現れたと思われるのが，恥じらいに対してである。恥じらいは基本情動ではなく，社会的関係の

複雑化の中で生まれる自己意識的な感情である。したがって，5歳児では恥じらいの表情認知は困難であり，その結果，時間評価に歪みは生じなかった。ところが，8歳児と大人では過小視が認められた。この過小視は，体内時計モデルではどのように解釈されるのだろうか。恥じらいに覚醒水準の低下を認めることは困難なので，ペースメーカーのパルス発振レベルでなく，注意ゲートレベルに注目しなければならない。すなわち，もともと恥じらいの感情に囚われるとは，自己意識がその内容や原因帰属へと向かって，他に向かわないことである。したがって，注意資源は経過時間にも向けられない。その結果，注意ゲート・モデルに照らせば，ゲートは閉じてアキュムレーターでのパルス累積が減少するので，時間は過小評価につながると考えられる。

3　情動を共有する，時間を共有する

　以上に紹介したドゥロワ＝ヴォレらの研究では，他者の情動表出写真の提示時間判断を求めており，判断主体の側に刺激写真と同質の情動状態が生まれることを前提にしている。確かに，情動伝染という事実がすでに知られているとしても，彼女たちのような2秒以内の短時間を対象とする実験の場合にも，このような仮定は成立するのだろうか。この疑問に答えて，エフロンほか（Effron et al., 2006）は，上述の実験と同じパラダイム（刺激提示時間も同じ400～1,600ミリ秒）を用いて次のような実験を行っている。

　怒り，幸せ，ニュートラルの3つの顔写真の提示時間判断を，唇にペンをくわえて表情の模擬（facial mimicry）が抑制される条件と自発的な模擬が可能な条件との2つで比較した。それによると，自発的模擬条件では怒りと幸せの表情に対しては提示時間の過大評価が認められたが，模擬抑制条件では情動表出のある顔とニュートラルな顔との間の時間評価には差異が見出されなかった。すなわち，表情の模擬が抑制されると，時間評価の歪みがなくなることが明らかとなった。このことは，逆に言えば，自発的模擬が許される条件では2秒以下であっても怒りや幸せな表情を示す写真の提示に対し表情の模擬が生じ，同型の情動が喚起され，時間知覚に歪みが出たことになる。

　他者の表情の模擬を介して他者の情動が体験されるという事実は，昨今，「情動の身体化（embodiment of emotion）」という用語で語られることが多い（Niedenthal, 2007）。エフロンらの実験は，私たちが身体を基盤として（そしておそらくは生体リズムを基盤として）情動を他者と共有できるだけでなく，その共有によってさらには主観的な時間（の歪み）をも他者と共有できる可能性を示唆している。

本章の冒頭で述べた中井（1995）の臨床報告は，まさにこのような「情動と時間」をめぐる体験の現象記述であったと，改めて理解できる。

4 時間を切り取ることの大切さ──時間持続体験成立の条件

近年，情動刺激を知覚することと同じ情動を体験することとは，共通の神経基盤によって支えられていることもわかってきた（Rizzolatti & Sinigaglia, 2006/2009）。ウィッカーほか（Wicker et al., 2003）は，不快な匂いを実際に嗅いでいるときと，ビデオに映る人が匂いを嗅いで嫌悪の表情を示すところを見たときとでは，どちらもシルヴィウス溝の深部にある島（insula）と称される皮質領域の前部が活性化することを明らかにした。興味深いことに，最近になってこの島は，内臓系の状態をモニターする内受容感覚（introception）の第一次皮質野でもあることが発見された（Craig, 2002）。すでに，島の前部領域は内臓運動の統合中枢であることがわかっており，島を電気的に刺激すると，心拍数の増大や瞳孔散大，むかつきなどの内臓運動性の反応が生ずるという。さらに，島皮質は，時間情報の処理，とりわけリズムの知覚にも関与していると主張する報告もある（Ackermann et al., 2001）。

島皮質の働きを示す上記の一連の知見は，ほとんどが今世紀になってから得られている。したがって，「情動と時間」についての確かな神経基盤の見取り図を描くにはまだまだ時間がかかるであろう。今のところ，島皮質でわかっていることは嫌悪や痛みなどの基本情動に限られており，恐れの場合には島よりも扁桃体が深くかかわる神経回路網の存在が認められている（Rizzolatti & Sinigaglia, 2006/2009）。それゆえ，情動の種類によって異なる脳内処理過程があり，時間情報の処理過程との関係も一様でないかもしれない。しかし，それでも，第1節で示した本章の「情動と時間」の捉え方の基本部分──情動の本体は内臓系の状態変化であり，その変化は生体リズムの変化と密接に関係し，生体リズムを介して人は他者と情動を共有し時間持続体験を共有する──については，有利な知見が確実に積み上げられつつあると言えるだろう。

第1節の最後では，「情動と時間」の関係を巡って，もうひとつ，筆者なりの仮説を提示した。それは，生体リズムの変動による生理的時間の変動が，心理的な時間の持続体験として現象する条件にかかわる仮説であった。その条件とは，ある持続時間を始めと終わりによって切り取る主体の側の構えの問題であり，それをフレスやジャネの時間論のアイデアを借りて，「緊張の相」と表現した。

本章で見たような時間持続体験にかかわる実験は予期的時間についての実験で

あり，そこには実験参加者が提示された時間を注意の対象として（「緊張の相」の身体が向き合う対象として）切り取る手続きがあらかじめ含まれている。注意ゲート・モデルでは，その切り取りそのものの機構がスイッチであり，「緊張の相」の持続を時間体験へと反映させる機構が注意ゲートであったと考えることができる。しかし，日常生活においては，こうした切り取りがいつでも自明のごとく行われるとは限らない。浜谷（2010）は，自閉症児にはいったん始めた行動を際限なく繰り返したり（たとえば，無数に同じ対象を画面からはみ出しても描き続ける），逆に時計の時刻に頼って過剰に区切りを入れたりする現象が見られ，自己の生理的感覚（疲労，空腹など）や他者との社会的なリズムの共有によって区切られた時間を体験することが難しいことを指摘している。このことは，日常生活における時間持続体験の成立にとって，筆者の言う「緊張の相」の身体的構えによる時間の切り取りと，そうした身体的構えの維持が大前提として必要であることを示しているように思われる。

　こうした時間持続体験そのものの成立にかかわる問題が，情動を視野に入れつつ心理学的にも神経生物学的にも今後いっそう深められていくことを期待したい。

引用文献

Ackermann, H., Riecker, A., Mathiak, K., Erb, M., Grodd, W., & Wildgruber, D. (2001). Rate-dependent activation of a prefrontal-insular-cerebellar network during passive listening to trains of click stimuli: An fMRI study. *Neuroreport,* **12**, 4087–4092.

Anderson, M. J., & Reis-Costa, K. (2007). Effects of September 11th terrorism stress on estimated duration. *Perceptual and Motor Skills,* **104**, 799–802.

Angrilli, A., Cherubini, P., Pavese, A., & Manfredini, S. (1997). The influence of affective factors on time perception. *Perception and Psychophysics,* **59**, 972–982.

Block, R. A. (1989). Experiencing and remembering time: Affordance, context, and cognition. In I. Levin & D. Zakay (Eds.), *Time and human cognition: A life-span perspective* (pp.333–363). New York: Elsevier Science Publishers.

Block, R. A. (1990). Models of psychological time. In R. A. Block (Ed.), *Cognitive models of psychological time* (pp.1–35). Hillsdale, NJ: Lawrence Erlbaum Associates.

Block, R. A., & Zakay, D. (2008). Timing and remembering the past, the present, and the future. In S. Grondin (Ed.), *Psychology of time* (pp.367–394). Bingley, UK: Emerald.

Bschor, T., Ising, M., Bauer, M., Lewitzka, U., Skerstupeit, M., Muller-Oerlinghausen, B., & Baethge, C. (2004). Time experience and time judgement in major depression, mania and healthy subjects. A controlled study of 93 subjects. *Acta Psychiatrica Scandinavica,* **109**, 222–229.

Calkins, S. D., & Bell, M. A. (Eds.). (2010). *Child development at the intersection of emotion and cognition.* Washington, D. C.: American Psychological Association.

Condon, W. S., & Sander, L. W. (1974). Neonate movement is synchronized with adult speech. *Science,* **183**, 99–101.

Craig, A. D.(bud).(2002). How do you feel? Introception: The sense of the physiological condition of the body. *Nature Review Neuroscience*, **3**, 655-666.

Damasio, A.(2003). 無意識の脳 自己意識の脳（田中三彦，訳），東京：講談社.（Damasio, A.(1999). *The feeling of what happens: Body and emotion in the making of consciousness*. New York: Harcourt Brace.）

de Waal, F.(2010). 共感の時代へ：動物行動学が教えてくれること（柴田裕之，訳）．東京：紀伊國屋書店．(de Waal, F.(2009). *The age of empathy: Nature's lessons for a kinder society*. New York : Harmony Books.)

Droit-Volet, S.(2000). L'éstimation du temps: Perspective développementale. *L'année Psychologique*, **100**, 443-464.

Droit-Volet, S., Brunot, S., & Niedenthal, P. M.(2004). Perception of the duration of emotional events. *Cognition and Emotion*, **18**, 849-858.

Droit-Volet, S., & Gil, S.(2009). The time-emotion paradox. *Philosophical Transactions of the Royal Society B., Biological Sciences*, **364**, 1943-1953.

Droit-Volet, S., & Meck, W. H.(2007). How emotions color our perception of time. *Trends in Cognitive Sciences*, **11**, 504-513.

Droit-Volet, S., & Wearden, J.(2003). Les modèles d'horloge interne en psychologie du temps. *L'année Psychologique*, **103**, 617-654.

Effron, D. A., Niedenthal, P. M., Gil, S., & Droit-Volet, S.(2006). Embodied temporal perception of emotion. *Emotion*, **6**, 1-9.

遠藤利彦.(2002). 発達における情動と認知の絡み．高橋雅延・谷口高士（編），感情と心理学（pp.2-40）．京都：北大路書房．

Falk, J. L., & Bindra, D.(1954). Judgement of time as a function of serial position and stress. *Journal of Experimental Psychology*, **47**, 279-282.

Fraisse, P.(1960). 時間の心理学（原 吉雄ほか，訳），東京：創元社．(Fraisse, P.(1957). *Psychologie du temps*. Paris: Presses Universitaires de France.)

Frijda, N. H.(2008). The psychologists' point of view. In M. Lewis, J. M. Haviland-Jones, & L. F. Barrett(Eds.), *Handbook of emotions*(3rd ed., pp.68-87). New York: Guilford Press.

Gil, S., Niedenthal, P. M., & Droit-Volet, S.(2007). Anger and time perception in children. *Emotion*, **7**, 219-225.

Grondin, S.(2004). Current issues related to psychological time. In S. P. Shohov(Ed.), *Advances in psychology research*(vol.33, pp.61-85). Huntington, NY: Nova Science.

浜谷直人.(2010). どのように子どもの心の時間は分節化されるのか：自閉症児者の時間の区切りの難しさ．心理科学，**3**，23-30.

Hancock, P. A., & Weaver, J. L.(2005). On time distortion under stress. *Theoretical Issues in Ergonomics Science*, **6**, 193-211.

Harris, P. L.(1989). *Children and emotion*. Oxford, UK: Basil Blackwell.

橋本優花里・松田文子.(2007). 時間評価に関する神経心理学的研究の展望．福山大学人間文化学部紀要，**7**，103-111.

Hatfield, E., Cacioppo, J. T., & Rapson, R. L.(1994). *Emotional contagion*. Cambridge, UK: Cambridge University Press.

岩崎秀雄.(2006). 生命のリズムとパターン形成．バイオニクス，**3**，27-31.

Izard, C. E., & Ackerman, B. P.(2000). Motivational, organaizational and regulatory functions of discrete emotions. In M. Lewis & J. M. Haviland-Jones(Eds.), *Handbook of emotions*(2nd ed., pp.253-264). New York: Guilford Press.

Janet, P. (1928). *L'évolution de la mémoire et la notion du temps*. Paris: A. Chahine.

神宮英夫．(1996)．時間の感覚的処理と認知的処理．松田文子ほか（編），*心理的時間：その広くて深いなぞ*（pp.38-49）．京都：北大路書房．

加藤忠明．(1992)．新生児のエントレインメント：新生児と成人の同調現象．*日本医師会雑誌*, **107**, 1637-1640.

加藤義信．(2008)．発生的視点からみた情動と認知の関係．*現代のエスプリ*, **494**, 147-157.

川口 潤．(2002)．感情と認知をめぐる研究の過去・現在・未来．高橋雅延・谷口高士（編），*感情と心理学*（pp.81-97）．京都：北大路書房．

川田 学．(2007)．乳児は他者の体験を我が事のように感じるか？：他者の摂食場面における疑似酸味反応の検討．*発達研究*, **21**, 101-112.

吉川政夫．(1996)．思い出す時間と予期する時間．松田文子ほか（編），*心理的時間：その広くて深いなぞ*（pp.90-101）．京都：北大路書房．

久保田正人．(1993)．*二歳半という年齢*．東京：新曜社．

粂 和彦．(2003)．*時間の分子生物学*．東京：講談社（講談社現代新書）．

Langer, J., Wapner, S., & Werner, H. (1961). The effect of danger upon the experience of time. *American Journal of Psychology*, **74**, 94-97.

Lazarus, R. S. (1999). The cognition-emotion debate: A bit of history. In T. Dalgleish & M. J. Power (Eds.), *Handbook of cognition and emotion* (pp.3-19). Chichester, England: Wiley.

LeDoux, J. (2003)．*エモーショナル・ブレイン：情動の脳科学*（松本 元・川村光毅ほか，訳）．東京：東京大学出版会．(LeDoux, J. (1996). *The emotional brain: The mysterious underpinnings of emotional life*. New York: Simon & Schuster.)

Lewis, M. (2008). The emergence of human emotions. In M. Lewis, J. M. Haviland-Jones, & L. F. Barrett (Eds.), *Handbook of emotions* (3rd ed., pp.304-319). New York: Guilford Press.

松田文子．(1996a)．時間評価のモデル．松田文子ほか（編），*心理的時間：その広くて深いなぞ*（pp.129-144）．京都：北大路書房．

松田文子．(1996b)．心理的時間の複雑性と多様性．松田文子ほか（編），*心理的時間：その広くて深いなぞ*（pp.7-14）．京都：北大路書房．

三木成夫．(1983)．*胎児の世界*．東京：中央公論社（中公新書）．

三木成夫．(1992)．*海・呼吸・古代形象*．東京：うぶすな書院．

本川達雄．(1992)．*ゾウの時間ネズミの時間*．東京：中央公論社（中公新書）．

中垣俊之．(2005)．粘菌の行動にみる賢さ：そのリズム性運動と網目体形．*科学*, **75**, 1393-1395.

中井久夫．(1995)．*家族の深淵*．東京：みすず書房．

Niedenthal, P. M. (2007). Embodying emotion. *Science*, **316**, 1002-1005.

岡村 均．(2008)．体内時計の新しい理解．*小児科*, **49**, 1357-1364.

大平英樹．(2007)．感情と脳・自律反応．鈴木直人（編），*朝倉心理学講座10：感情心理学*（pp.88-109）．東京：朝倉書店．

Panksepp, J., & Trevarthen, C. (2009). The neuroscience of emotion in music. In S. Malloch & C. Trevarthen (Eds.), *Communicative musicality* (pp.105-146). Oxford, UK: Oxford University Press.

Rammsayer, T. (1999). Neuropharmacological evidence for different timing mechanisms in humans. *The Quarterly Journal of Experimental Psychology*, **52**, 273-286.

Rizzolatti, G., & Sinigaglia, N. (2009)．*ミラーニューロン*（柴田裕之，訳）．東京：紀伊國屋書店．(Rizzolatti, G., & Sinigaglia, N. (2006). *So quel che fai: Il cervello che agisce e i neuroni specchio*. Milano: Raffaello Cortina Editore.)

柴田重信．（2008）．時刻・時間における体内時計機構の役割．*動物心理学研究*，**58**，21-31．
Stern, D. N.（1989）．*乳児の対人世界：理論編*（小此木啓吾・丸田俊彦，監訳）．東京：岩崎学術出版社．(Stern, D. N.（1985）．*The interpersonal world of the infant: A view from psychoanalysis and developmental psychology*. New York: Basic Books.)
高橋雅延．（2007）．感情と認知．鈴木直人（編），朝倉心理学講座 10：感情心理学（pp.36-53）．東京：朝倉書店．
都甲　潔．（2004）．*感性の起源*．東京：中央公論新社（中公新書）．
Trevarthen, C.（1977）．Descriptive analyses of infant communicative behavior. In H. R. Schaffer（Ed.），*Studies in mother-infant interaction*. London: Academic Press.
Trevarthen, C.（2009）．Human biochronology: On the source and functions of "musicality". In R. Haas & V. Brandes（Eds.），*Music that works: Contributions of biology, neurophysiology, psychology, sociology, medicine and musicology*（pp.221-265）．Wien: Springer.
Wallon, H.（1983）．*身体・自我・社会*（浜田寿美男，訳編）．京都：ミネルヴァ書房所収．(Wallon, H.（1938）．Rapports affectifs: Les émotions. In H. Wallon（Ed.），*La vie mentale*. vol.VIII de «L'encyclopédie Française».)
Wallon, H.（1965）．*児童における性格の起源*（久保田正人，訳）．東京：明治図書出版．(Wallon, H.（1949）．*Les origines du caractère chez l'enfant*. Paris: Presses Universitaires de France.)
渡辺富夫．（1999）．エントレインメント（引き込み）と親子の絆．正高信男（編），*ことばと心の発達 1：赤ちゃんの認識世界*（pp.51-74）．京都：ミネルヴァ書房．
Wearden, J. H.（2008）．Slowing down an internal clock: Implications for accounts of performance on four timing tasks. *The Quarterly Journal of Experimental Psychology*, **61**, 263-274.
Wearden, J. H., & Penton-Voak, I. S.（1995）．Feeling the heat: Temperature and the rate of subjective time, revisited. *The Quarterly Journal of Experimental Psychology*, **48**, 129-141.
Wicker, B., Keysers, C., Plailly, J., Rovet, J. P., Gallese, V., & Rizzolatti, G.（2003）．Both of us disgusted in my insula: The common neural basis of seeing and feeling disgust. *Neuron*, **40**, 655-664.
Wittmann, M.（2009）．The inner experience of time. *Philosophical Transactions of the Royal Society B*, **364**, 1955-1967.
Wittmann, M., Vollmer, T., Schweiger, C., & Hiddemann, W.（2006）．The relation between the experience of time and psychological distress in patients with hematological malignancies. *Palliative and Supportive Care*, **4**, 357-363.
やまだようこ．（1987）．*ことばの前のことば*．東京：新曜社．
やまだようこ．（1996）．共鳴してうたうこと・自身の声が生まれること．菅原和孝・野村雅一（編），*コミュニケーションとしての身体*（叢書・身体と文化 2，pp.40-70）．東京：大修館書店．
Zakay, D., & Block, R. A.（1997）．Temporal cognition. *Current Directions in Psychological Science*, **6**, 12-16.

第15章
発達障害と時間

熊谷高幸

　発達障害者の中でも自閉症の人々は，時間に関する特有の問題をもっており，かつ人の時間意識の成り立ちやメカニズムについて多くのことを教えてくれる。まずは自閉症の2ケースを紹介しながら，この章で述べることの概要を示したい。

第1節　発達障害者の時間世界

　Mさんは，40代の自閉症の男性である。彼と最初に出会ったのはもう30年近く前で，彼がまだ中学生のときだった。以来，彼は私が勤務する大学に一人でたまにやってくるようになった。年頃になると，彼は徐々に若い女性に関心をもつようになり，女子学生がいることの多い大学の研究室に姿を現すことが多くなった。中に一人，意中の女子学生がいるようだったが，その後，彼は県外の施設に入り，その間に意中の女子学生も大学を卒業してしまった。

　ところが，3年ほどして彼は突然，研究室にやってきたのである。彼はまったく意外だといった表情で，その学生がいないことを私に訴えてきた。彼女は卒業して，もうここにはいない，と説明してもピンとこないようだった。また，今彼女はどこで何をするようになったかと，彼女のその後を追跡し私に聞いてくる様子も彼には見られなかった。

　3年の間，彼の時間は動いていたが，一方，大学の研究室や女子学生の時間は彼の意識の中では止まっていたことになる。自分の時間と他者の時間が同時並行的に進行しているということを彼は認識しにくいようだった。自閉症者の場合，このようなことがたびたび起きるが，では自閉症でない人々の場合は類似したことがまったく起こらないかというと，そうでもない。

　ある人がある学校を卒業して数十年たって，初めて同窓会に出席したとする。そのとき，同窓生の面影の変化に大きな驚きを感じることも多いのではないだろ

うか。昔の面影のまま同窓生が現れてくることを，こんなとき，私たちは期待してしまうものだ。自分の時間の動きは知っていても他者の時間の動きには気づきにくい傾向は万人の中にある。

　そこで次に，自分の時間というものだけは誰でも正確に把握できるかというと，これもそうとは限らない。Tさんは今30代の自閉症の男性である。もう20年ほど前，彼が小学校高学年の頃，急激に声変わりが始まった。だが，彼は人と話すとき，声変わりした自分の声で話さなかったのである。彼は以前と同じ声の高さとなるよう裏声で話し続け，ときおり，それに失敗して低い地声が出てしまうのだった。

　ほとんどの人は，変声期を迎えても，Tさんのような抵抗はしない。男性はある時期に声変わりし，それは避けがたいことだと了解しているからだ。そこでは，自分以外の多くの人の成長の過程が参照系となっている。つまり，私たちは，他者の時間軸と照合させながら自分の時間軸の構造を理解していくようである。

第2節　同時並行的世界と時間的参照系

　以上のように，私たちのまわりには同時並行的に変化していく多くの事象があって，私たちはそれらを照合し，関連づけながら時間意識を形成していくようである。では，この時間意識というものはどのようにして始まるのだろうか。

　発達心理学的に見ると，ゼロ歳台前半の子どもにとって時間意識というものは存在しないと考えてもよいと思われる。彼らにとって，その時々に現前するのが世界の姿なのであって，それらを過去・現在・未来の時間軸上でつなぐ対象はまだ存在していない。けれども，ゼロ歳台後半になって，ピアジェ（Piaget, 1947/1967）がいうところの対象の永続性が成立するようになると，目の前のものは以前にも以後にも存在していることになり，それを通して時間的なつながりが意識されるようになる。ただし，それは，現れては消える対象物を通して認識される周期の短い時間である。

　だが，その後，時間の周期は，一日，一週間，一カ月，一年というように長いものになっていく。その周期を作るものは太陽の運行や周囲の生活のサイクルである。それらはすべて自分自身の外部にあるものである。もちろん子どもの内部にも時間的変化はある。だが，それは見えにくい。子どもは，自身の活動と同時並行的に進行する外部の対象の動きを参照系としながら時間認知を発達させていると考えられるのである（図15-1）。

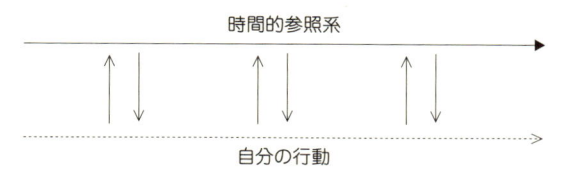

図15-1　自分の行動ラインと時間的参照系

　ただ外部の何を時間的参照系とするかについては，個々によって違いが生じてくる。過去の人類は，生存のために太陽の運行を参照する共通の時間認知を発達させざるをえなかっただろう。だが，現代を生きる人々にとって時間認知に大きな個人差が生じているのではないだろうか。現代の社会的環境は，非常に多くの事象や刺激に満ちている。その中で何が時間的参照系として選ばれるかについては各人の特性や発達の過程が影響してくる。とりわけ，この章で取り上げる発達障害者にとって時間認知は特有のものとなる。

第3節　発達障害の概念と自閉症

1　発達障害とは

　発達障害とは，本来は脳の障害によって何らかの発達上の問題が生じた場合全体を意味する。だからたとえば，ダウン症候群のように発達全般に遅れが生じる場合も，脳性麻痺のように主に運動発達の遅れが生じる場合もこの概念の中に含まれるのである。

　しかし，わが国では，2004年に発達障害者支援法が制定され，その中で，発達障害とはLD，ADHD，高機能自閉症とする，と定められたあと，この概念は急速にこれらの障害，中でも最も深刻な問題を抱える高機能自閉症を意味することが多い概念として用いられるようになった。

　高機能自閉症とはIQ70以上の自閉症を意味し，中には130ほどの高IQを示す場合もある。ただし，高機能自閉症という用語は，DSM-ⅣやICD-10などの診断基準の中にはまだ含まれていない。DSM-Ⅳでは，言語発達の障害，社会性の障害，固執的反復的行動という3要因を含む場合を自閉性障害と呼び，このうち言語発達の障害をともなわない場合をアスペルガー障害と呼んでいる。ただ，以上の障害は完全に別種の障害とは考えにくく，連続性をもつものと見なされる。そのため，英国では自閉症スペクトラムという名の下でこれら全体をとらえている。

2 自閉症にみられる共同注意と心の理論の障害

自閉症については,近年,単なる症状の集合としてでなく,それらを貫く中核的な障害をもつものとして捉えられるようになってきた。その第1が共同注意の障害である。共同注意とは定型発達児において1歳前後に成立する機能であり,大人が提示する対象に子どもが注意を向けたり,あるいは子ども自身が注意を向けている対象に大人の注意を向けさせようとする心理的機能である。マンディほか(Mundy et al., 1990)は,自閉症児ではこの機能の発達に遅れがあることを見いだした。共同注意は子ども・他者・対象という三項関係を成立させるものであり,言語獲得の基礎となるものでもある。自閉症児はこの機能の形成に遅れをもつため,言語獲得に遅れが生じやすく,また,他者と共有空間を構成しにくいため社会性に障害が生じ,特異な単独行動が生じやすいと考えられるのである。

中核的障害として第2に考えられるのは心の理論の障害である。心の理論とは他者の心の状態を推察する心理機能で,定型発達児においては4～5歳で成立すると考えられている。ところが自閉症児の場合は,知能年齢では4～5歳をはるかに過ぎても心の理論テストにパスしにくいことがバロン=コーエンらによって示されたのである(Baron-Cohen et al., 1985)。

ここで,中核的障害といいながら障害を一つに絞り込むことなく,共同注意と心の理論という2種の心理機能を示すことになった。ただ,バロン=コーエンは,心の理論が成り立つためには,基礎となる先駆的な機能が必要で,それが三項関係に基づく共同注意機能である,という趣旨の考えを述べている(Baron-Cohen, 1995/1997)。

3 三項関係と同時並行的関係の認知の障害

共同注意は心の理論の基礎となる認知機能と考えられるが,バロン=コーエンも両者の構造的な共通性については言及していない。共同注意は,自己・他者・対象によって成る三項関係という空間的な構造をもっている。ただ,その構造を構成している三項は時間的に変化するものだから,三項関係に時間軸を入れて描き直すと図15-2に表したように同時並行的な時間的関係としても捉えられるのである。この関係構造は,本章第5節でも述べるように,心の理論にも当てはまるものである。

自己は常に時間軸上の「今・ここ」にとどまるが,他者や対象は常にはそこにとどまらない。このような関係の中で,自閉症者は他者や周りの状況を捉えにくくなっていると考えられる。

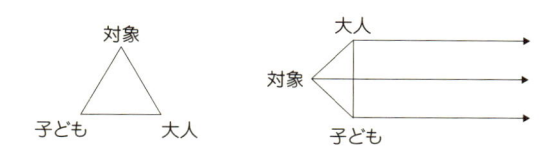

図15-2　三項関係と三項の同時並行的時間進行

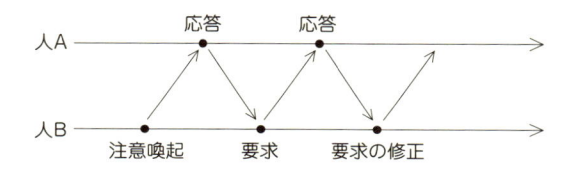

図15-3　コミュニケーションにおけるマルチトラック過程

　自閉症の当事者であるドナ・ウィリアムズ（Williams, 1996）は，自閉症者の認知特性をモノトラックという言葉で表している。自閉症者は自己のトラックの上の事象に注意を集中しやすく，他者や周りの状況を含んだマルチトラックな時間進行の中で行動を進めにくい。そのために社会的な行動を形成しにくいと考えられるのである。

　たとえば，人と人との間の要求的コミュニケーションを例にとってマルチトラックの構造を分析してみよう。図15-3に表したように，相手（人A）に気づくとまず注意喚起があり，その後，要求・応答や質問・答えなどの反復が続くのである。また，自己が発信者で他者が受信者であるとは限らず，その逆の関係となることもある。

　以上の例のように，同時並行的な関係の中で自分のトラックと他のトラックの交渉を維持していくのは簡単なことではない。プロセスの一部が省略されたり中断されるとモノトラックな状態に逆戻りすることになる。関係を再生するにはまた一定の手続きが必要になるのである（熊谷，2006）。

　だが，人と人が共同的な行動を行うということは，このような関係を維持することであり，また，人と人の間に共同の仕事という第3のラインが入ったり，全体の進行の始点・終点などを合わせるために，スケジュールや時計といった第4のラインが必要となったりするのである。それが冒頭で述べた時間的参照系である。

第15章　発達障害と時間　245

4 実行機能と同時並行性の認識

　ところで，自閉症の中核的障害としてはもう一つ，実行機能障害というものも挙げられている（Russell, 1997）。私の自閉症研究も，実は同様の仮説に基づいて始められたのである（熊谷，1984）。実行機能とはプランに基づいて目的を達成する心の働きであり，人の脳の前頭前野にかかわるとされるものである。ここで私は，共同注意や心の理論に加えて第3の中核的障害を加えることになったが，実はこれも以上述べてきた同時並行的な認知の障害という枠組みに収まるものと考えられる。

　たとえば，実行機能の代表的な課題とされる次元変化カード分類テストでは，色・形・数の中から1つ選んでカードを分類することが求められるのだが，被験者は実験者の「はい」と「いいえ」の答えだけを手がかりに分類基準を推察しなければならない。また，分類基準は途中で予告なしに変更されるのである。

　このような状況の下，被験者は自分が実際に行っている行為の系列，自分が立てた分類基準に基づく系列，実験者の分類基準に基づく系列という3種の系列を照合しながら行為を遂行していくことが求められる。「ハノイの塔」のような実行機能を測る他の検査も，課題条件と実際の行為遂行の照合という点で共通している。自閉症者はこれらの行為遂行を苦手とするのである。

　発達障害者の時間認知特性も，このような同時並行的関係の認知障害という大きな枠組みの中で捉えられる現象なのではないだろうか。

　ただし，自閉症者も成長の中で，時間的参照系を見つけるようになる。ただし，それは定型発達者とは異なる形をとる場合がほとんどである。具体的にはどのような形となるだろうか。以下，3例について見ていくことにしよう。

第4節　時間認知に関する発達障害の事例

1　Tくんの事例

　Tくんは，私が主宰する療育教室にもう10年間通い続けている男児である。彼は強度の感覚過敏をもつ児童であり，養護学校の高等部に入った今も，両耳にはイヤーマフをつけ，またときにフードやタオルで頭部を被い，外部からの視覚や聴覚の刺激を和らげている。

　Tくんが保育園に通っていた4歳のときである。保育園は大がかりな改修工事に入り，彼を取り巻く園の環境はすっかり様変わりしてしまった。その頃から，彼は園の活動になかなか参加できなくなった。中でも一番困ったことはまったく

食事をとらなくなったことだった。そのうち，自宅でもほとんど食事をとらなくなり，体もだんだん細くなっていった。わずかな食物を自宅でとっていたようだが，それも変則的な時間に，食卓以外の場所で少量食べるだけだった。このような状況が改善されたのは，彼が養護学校の小学部に入学し，その環境に慣れてきてからだった。

多くの人にとって日常を過ごす建物の内装が変わることはTくんの場合のように決定的な意味をもっていない。内装は変わっても，建物の配置や外観は変わらず，その中にいる人々や日常の流れは変わらないのだから。だが，感覚的印象に強い影響を受けるTくんにとって，その変化は彼の行動をコントロールする基準系のゆらぎのようなものだったのだろう。

16歳となった今，Tくんは立派な体格となり，保育園の頃よりずっと安定した生活を送っている。しかし，今も環境変化によって基準が狂い，前に進めなくなることがある。つい最近も，以下のようなことが起きた。

Tくんも参加している，私が主宰する療育教室では，基本的にTEACCH（ティーチ）プログラムにもとづく，構造化された教室での指導に取り組んでいる。そこでは，第1に自立課題エリアで活動を行い，第2に対面課題エリアでの活動，第3にプレイエリアで自由な遊びをして帰宅する，という順序で教室の活動に参加する。ところが，ある日，Tくんは予定より早い時間に教室に到着し，前にきた児童の活動が続いていたため，急遽スケジュールを変更して，最初にプレイエリアでの活動をして次に課題ということになった。Tくんもかなり安定してきたので，この程度の変更は受け入れてもらえると思ったのである。

そういうわけでTくんはまず，プレイエリアで学生たちといつも通りの様子で20分ほど遊んだ。だが，次に通常通りのスケジュールに戻り自立課題を，と誘ったときに久しぶりのパニックが生じてしまった。彼は学習エリアに向かおうとせず，なおも誘うと近くのロッカーの扉を蹴飛ばしてへこませるなどの抵抗を示したのである。結局，その日，彼はそのまま帰ることになった。そして，翌月の指導日には彼は通常通りの時間に現れ，通常通りの順序で課題を行い，前回のパニックが嘘だったかのように落ち着いて教室の活動を終えたのである。

以上のように，Tくんにとって，教室での課題の順序というものは決して変更してはならない基準系となっているようである。

2　Yくんの事例

Yくんは18歳の自閉症男児で，この春，私の大学の附属養護学校の高等部を

卒業した。彼は学校に入る前から漢字や数字を覚え，よくノートに鉛筆で書き連ねていた。また，彼は電車を見るのが好きで，休みの日には父母に車で電車の見える場所に連れていってもらうのが習慣となった。

そのYくんが小学部高学年になった頃，彼の家はJR北陸線の近くに転居したのである。彼は何時何分にそこを通るのがサンダーバード何号であるか，というようなことを知るようになり，さらには，今，しらさぎ何号が米原駅を出発した，というような，遠方の列車の進行状態まで把握するようになった。

中学部に進むと，彼は列車の運行だけでなく，周りの人の動きも正確に把握するようになった。今日は誰が出席し誰が休んでいるか，また，仕事の時間に誰がいつどの部署についていて，いつその場を離れたか，など，教師が尋ねても答えられる生徒になっていった。その後，私は大学の仕事の傍ら，この附属学校の校長を兼務するようになった。彼は校長が登壇する順序，生徒に賞状を渡す順序などを把握し，予行演習で私が間違えると正してくれるほどになったのである。

以上のように，Yくんは自分以外の人や物の動きをかなり正確に把握するようになっていった。さらにその時間の幅は大きく，たとえば私がいつ附属学校の校長職を終えるか，何年の何月何日に還暦になるか，などまで把握し，親子参加の集まりなどで皆に報告した。情報源はそういうときに彼がいつも持参し記録しているノートであり，自宅には膨大な数のノートが蓄積されている。

3　Sさんの事例

Sさんは，現在，30代後半の自閉症男性である。彼は10歳の頃から，自閉症の人にはよく見られることだが，カレンダーを記憶するようになった。こちらが「何月何日は何曜日？」と聞くと答えることができるのである。私が彼のカレンダー記憶能力に気づいた頃，その記憶範囲はかなり広いものとなっていた。昭和20年代の私の誕生日が土曜日であることを知っていたばかりでなく，昭和10年代の彼の母親が生まれた日の曜日まで当てることができ，母親は「気持ちが悪い」と苦笑していた。

彼はここ数十年前後のカレンダーを記憶していて，たとえば王貞治選手がホームラン記録を打ち立てた日，というようにさまざまな社会の出来事に関連づけていた。また彼は，毎年，プロ野球選手年鑑を買っていて，外出の際にもそれを持ち歩いていた。では，彼自身，野球が得意で野球チームに入っているのかというと，まったくそういうことはなく，運動競技は苦手な方だった。

ある日，ある日にちについて曜日を聞いたあと，どうしてそんなに速く答えら

表15-1　7名の自閉症児のカレンダー記憶検査の結果（1年間10問）

	A1	A2	A3	A4	A5	A6	A7
正答数	4	5	9	10	10	10	10

れるのかと彼に聞いたことがある。すると彼は,「あれがヒントだ」といって,私の研究室の壁に貼ってある,その月のカレンダーを指さした。それは私が聞いたのとは年も月も違っていた。その後の私自身の推理にもとづいて考えると,彼はカレンダー間のズレを手がかりに曜日を発見しているようである。

　一週間は7日で,一年の365日をそれで割ると52余り1となる。だから,一年が終わり翌年になると,曜日は前年と比べて一つずつ後ろにずれていく。だから,ある年のカレンダーを完璧に覚えておけば,各年のカレンダーはそれとのズレで確定できるのである。ただし,4年に一度は閏年があって2月が29日まであり,その日をさかいに曜日がもう一つ後ろにずれていくのでカレンダーのパターンはかなり多くなる。それでも,各年は月曜日から日曜日までのいずれかで始まり,また,それぞれについて閏年が含まれるから合計14パターンのいずれかに当てはまるのである。

　カレンダーを記憶している自閉症児は多い。もう20年ほど前のことになるが,言語的な応答のできる自閉症児10名に対して,その年の任意の日付について曜日を聞いてみた。その結果が表15-1である（熊谷,1993）。

　カレンダーの記憶がまったくない状態で無作為に答えていたら,その正答率は一週間が7日だから7分の1となるはずである。ところが,全員がそれを上回る結果となっている。つまり,かなり正確な答えを出している者が多いのである。

　以上のように,多くの自閉症者にとってカレンダーは非常に強固な時間的参照系となっている。また,給食の月間メニュー表や大相撲の星取り表,さらには先のYくんの場合のように列車のダイヤなどが時間的参照系となることもある。なお,これらの参照系は,彼らが他者から学んでその仕組みを理解したわけでなく,各自閉症者が個別に発見したものである。にもかかわらず,そのようにして獲得した知識は,カレンダー記憶の場合のように,人類が歴史的に築いた暦の体系に相当するものとなることもある。また,自閉症者が構築する,このような知識の体系は,私のまわりにだけ現れたものでなく,外国でも同様のことが報告されているグローバルな現象なのである（O'Connor & Hermelin, 1984）。

第5節　発達障害と時間認知の特性

1　社会的行動の同時並行的な構成

　以上見てきたように，発達障害者が構築する時間的参照系は，スケジュールやカレンダーなど，それ自体は社会で一般に用いられているものと変わりはない。だが，今見てきたように，それらに関する知識の正確さは通常のものではない。また自閉症者の場合は，スケジュールやカレンダーにともなう行動についても通常でない正確さを求める傾向がある。

　前節冒頭のTくんの事例で見られたように，スケジュールの変更が自閉症者に大きな混乱やパニックをもたらすことは多い。また，予定された日程が変更されてパニックが生じるのもよくあることである。自閉症者にはなぜこのような問題が生じてくるのだろうか。

　本章第2節で人の時間の同時並行性について述べたが，私たちが時間を体験する現実世界を構成するのは2本や3本程度の系からなる並行性にとどまらない。社会の多くの構成員が持ち寄る多くの時間的な系を付き合わせながら共有する時間の方向を決定していくのである。カレンダーや時計やスケジュールは個人の系の外部にある安定した時間系列であるため，それと照合させて集団の行動を決定することが多い。しかし，それも共有する行動を首尾よく進行させるための参照系なのだから，行動の手順に変更が生じれば対応するスケジュールや時刻も変更していく必要がある。けれども，自閉症者はこの変更を受け入れようとしないことがよく生じるのである。

　以上の関係を図示すると図15-4のようになるだろうか。図は社会的な行動の同時並行的な進行の関係をかなり単純化して表したものだが，それでも多くのラインから成るものとなっている。人の行動は，他者の行動や天候・交通などの環境条件の変化や仕事のはかどり具合などと照合させながら，その進み方を調整し

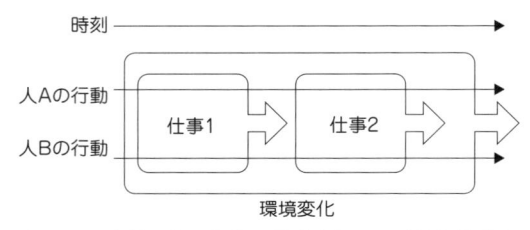

図15-4　時刻・人・仕事・環境変化の同時並行的進行

ていく必要がある。予定された順序や時刻との一対一の対応関係だけでは進められないのである。

本章第3節では，自閉症者の行動特性をモノトラックという言葉で表し，他のトラックを参照せずに自分の行動を進行させる特性と見なした。だが以上見てきたように，自閉症者も自分の行動をスケジュールやカレンダーなどと対応させるようになっていくので，厳密な意味ではモノトラックといえなくなる。ただし，自分のトラックを単一のトラックとだけ固定的に対応させる傾向はあるのである。

2 「心の理論」と同時並行的な行動ラインの認識

先に第3節で，自閉症者には「心の理論」の障害が見られることについて述べた。この障害も，以上述べてきたような，自閉症者における同時並行的な時間の認知に関する障害によって生じるものと私は考えている。

たとえば冒頭で紹介したMさんのように，自分の時間が3年経過しているあいだに，他の人の時間も同じように経過していることに気づかないということは，他の人が置かれている状況や心理を理解しにくいという結果となるはずである。

代表的な「心の理論」検査として知られる「サリーとアンのテスト」は，サリーがビー玉をカゴの中に隠したあと外出し，その間にアンがビー玉を箱の中に移し，戻ってきたサリーはビー玉をどこに探すか，という課題構成である。このテストの課題状況はサリーとアンのあいだの二者間の関係として一般に捉えられていると考えるが，実際には図15-5のような4つの時間ラインによって構成される課題であるところにむずかしさがある，と私は考えている。

4つのラインはビー玉移動の時点を除くとすべてその場を共有している。ビー玉移動の時点でも，子どもはアンと実験者とは場を共有しており，サリーとだけ共有できていないのである。そして，最後に質問される時点では全員がそこにそろい，場を共有しているのである。だから，この課題の問いに正しく答えるには，

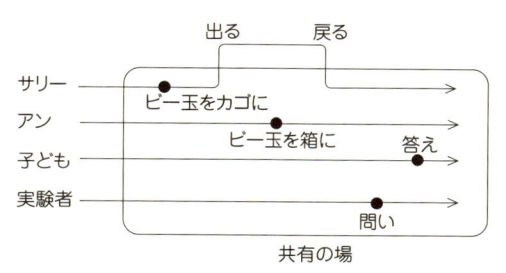

図15-5 サリーとアンテストの同時並行的時間ライン

時間ラインをたどり照合し，どこで誰に非共有の時間が生じていたかをチェックする必要がある。

ビー玉が移動したことは子どもだけでなく，アンも実験者も知っている。だから，「箱」と答えてしまう子どもはアンや実験者の心は読んでいたのかもしれない。場を共有する他者は第二者（あなた）で，共有しない他者は第三者（彼／彼女）と定義できる。実験に参加した子どもにとってアンや実験者は第二者的存在であり，サリーは第三者的存在である，といえるだろう。そして，サリーとアンのテストは第三者の心を理解するレベルを見る課題といえるのである。

以上のように，多くの人や物がその場に参加し，時間ラインが並行して走る場合，それらを各時点について照合し，参加者の心理状態を推測するのは非常に難しくなる。同時並行的な時間の推移を捉えにくい自閉症者にとって心の理論課題がパスしにくいものとなるのは当然のことといえるだろう。

3 感覚過敏と時間認知の困難

では，自閉症者にはなぜ単一のトラックへの過度の注目が生まれるのだろうか。その原因のひとつとして感覚過敏という特性が考えられる。感覚過敏はまだ自閉症の診断基準（DSM-IVやICD-10）には含まれていないものだが，近年，自閉症の主要な特性として認められるようになってきているものである。感覚過敏は視覚・聴覚・触覚・味覚・嗅覚と，五感すべてに現れうるもので，どの感覚にどの程度の強さで現れるかについては自閉症者の間で個人差がある。

感覚過敏とはある時点での感覚的な印象を個人の内部に強く，あるいは長く残すものである。一方，時間認知は，事物の形態的・運動的な変化の把握によって成り立つ。だから，強度の感覚過敏を有すると，特定時点の印象が排他的に強く残ることになる。一方，外界の連続的な変化は捉えにくくなって，結果として時間を止めてしまうことになるのである。

自閉症の当事者で著述家でもあるニキリンコは，かつてテレビ番組の中で，自分が見ているのは紙芝居のような世界で，その一枚一枚の絵は鮮明だが，絵と絵のあいだに潜む世界は不明となる，という意味のことを述べていた。この例にあるように，自閉症者の感覚過敏の特性は時間のもつ連続的変化の側面を捉えにくくさせるのである。

第1に，人は過去のイメージにもとづいて未来のイメージを構成するが，自閉症者の場合，そのイメージが過度に鮮明なものとなる。そのため，未来が現実となると，それとあらかじめ構成したイメージとのあいだに大きな違いを発見する

ことになり，衝撃を受けたり，混乱したりすることになる。

第2に，未来イメージと無関係のところで突然現れる外界の変化は，大きな感覚的負担をもたらす。彼らは到来した多量の刺激を自分の予期の範囲を越えて受け入れざるをえなくなるのである。

第3に，以上のような事情のために，自閉症者は外界の変化，その時間的な進行に非常に強い警戒心を抱くようになる。予期するイメージの世界がいつ起きるか，予定表やカレンダーや時計などと対応させてそれに備えようとする。そして，到来した事態の順序が違っていたり，時刻がずれていたり，イメージと異なるものに変貌していたりすると，大きな衝撃を受けるのである。また，そのような変更がなぜ生じたのか，並行するさまざまなトラックで起きる事柄を点検する余裕はないことが多い。

4　主観的時間・客観的時間

以上のように自閉症者は，過去の視覚や聴覚のイメージを鮮明に記憶することが多い。その結果，時間の遠近感覚も通常の形をとらなくなる。一般には，過去となるほど，そのイメージはぼやけてきて曖昧なものとなる。だが，そのおかげで，人は時間の遠近感覚を保持できている，とも言えるのである。だが，自閉症者の場合，過去のある場面が現在の状況と関係なく鮮明に想起されて，突如，怒りだしたり，笑いだしたりするのはよくあることである。それは，フラッシュバックとかタイムスリップ現象として言及されているものである（杉山・辻井，1999）。

ただし，このような主観的な時間感覚は定型発達者にもある程度見られるものである。昔の出来事を「まるで昨日のよう」と言ったり，長い時間経過を「あっという間だった」などと言い合う状況はよく見られる。ただ，このように語り合う時間は相互が了解し共有する時間感覚のゆがみであり，共同主観的な時間認知といえるだろう。一方，自閉症者の経験する時間世界は感覚過敏性にもとづく鮮明なものだけに他者と共有しにくいものである。自閉症者はこのように孤立した時間体験を蓄積する中で他者の時間と照合しにくい時間の中を生きるようになっていくのではないだろうか。

5　暦的時間・人生的時間

今見てきたように，定型発達者も非常に主観的な時間をもっている。それと較べて前節で紹介したYくんやSさんは，列車のダイヤやカレンダーなどについ

て正確な知識をもっているわけだから，より客観的な時間的参照系をもっているといえる。時刻表やカレンダーは人それぞれの主観的な時間のズレを調節し，人々の行動を合わせる働きをする共有的時間のはずなのである。にもかかわらず時間を共有しにくいのはなぜだろうか。

　YくんやSさんの時間が社会的なものとなりにくいのは，彼らの知識が特定の時間の系に集中したものだからである。多くの人にとって，日々の生活こそ中心的な系であり，時刻表やカレンダーはそれをうまく進めるためにときどき参照する程度の系である。だから，その体系を正確に記憶の中に入れておく必要を感じない。定型発達者がより多く参照する系は他の人々の動きであり，学習の進み具合であり，仕事のはかどり具合である。自閉症者は不規則な動きの多いそれらの進行を捉えにくいために，より規則的な時計的時間を参照するようになったのだろう。

　ただし，自閉症者も成長するにしたがって，他者の動きを理解するようになる。上記のYくんは他者の行動の手順を見ていたし，人ではないが，複数の列車の進行状態を把握していた。Sさんはスポーツ選手の行動を暦や記録と対応させて記憶していた。けれども，Yくんは列車による旅行によく出るわけではないし，Sさんは特にスポーツをするわけではない。自己自身との対応・重ね合わせはほとんどないのである。

　自分自身の姿は見えにくく，その動きも把握しにくい。先ほど自閉症者の感覚過敏性について述べたが，自己やその系は感覚の中に入りにくいため捉えにくいのである。特に自分自身の系が長いスパンにわたると捉えにくくなる。その最たるものが人生という系である。自分の過去については記憶を構成することでそれなりに系を作ることができるが，未来については元となる記憶がない。

　このようなときに参照できるのが他者の人生である。自分自身は青年であっても，他者は中年，老年の人生を見せてくれる。図15-6のように，人生のモデルの各時点へと，まだ来ぬ自分の人生についての情報を問い合わせ，それをもとに自分の人生の輪郭を作るというのが一般的な方法ではないだろうか。もちろん，ここで照合する2つのラインは物理的な暦的時間には対応していない。自分の人生に対応させるのは父親の人生でも過去の偉人の人生でもいいのである。

　リーとホブソン（Lee & Hobson, 1998）は自閉症群と非自閉症群の子どもに，自分というものは変わるか，変わっても同じ自分なのはどうしてか，について質問した。非自閉症の子どもたちの答えは未来に関するものが多かったのに対して，自閉症の子どもたちの答えは過去に関するものが多かったとのことである。この

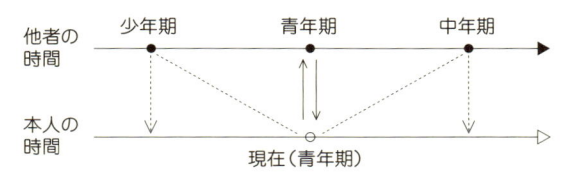

図15-6　他者の時間を参照系とした人生展望の例

ように，自閉症者にとって未来をイメージするのは困難なことのようである。

自閉症者は高機能であっても小説を読むことはほとんどなく，ことわざの理解は困難なことが多い。種々の人生や出来事を文脈的に対応させることがむずかしいのである。1990年代より，ソーシャルストーリーを用いて，具体的な社会的状況の中でどのような行動をとるべきかを学ぶ方法が提起されている（Gray, 1994/2005）。ただし，それはまだミクロな状況に関するストーリーである。今後，マクロな人生的なストーリーについての理解も視野に入れて自閉症者への支援を考えていく必要があるのではないだろうか。

引用文献

Baron-Cohen, S.（1997）．*自閉症とマインド・ブラインドネス*（長野　敬・長畑正道・今野義孝，訳）．東京：青土社．（Baron-Cohen, S.（1995）．*Mindblindness*. Cambridge, MA: The MIT Press.）
Baron-Cohen, S., Leslie, A. M., & Frith, U.（1985）．Does the autistic child have a 'theory of mind'? *Cognition,* **21**, 37–46.
Gray, C.（2005）．ソーシャル・ストーリー・ブック（服巻智子，監訳）．京都：クリエイツかもがわ．（Gray, C.（1994）．*The new social story book*. Arlington, TX: Future Horizons.）
熊谷高幸．（1984）．自閉症児のカード分類反応：前頭葉機能障害仮説の検討．*特殊教育学研究,* **21**，17–23.
熊谷高幸．（1993）．*自閉症からのメッセージ*．東京：講談社（講談社現代新書）．
熊谷高幸．（2006）．*自閉症：私とあなたが成り立つまで*．京都：ミネルヴァ書房．
Lee, A., & Hobson, R. P.（1998）．On developing self-concepts: A controlled study of children and adolescents with autism. *Journal of Child Psychology and Psychiatry,* **39**, 1131–1144.
Mundy, P., Sigman, M., & Kasari, C.（1990）．A longitudinal study of joint attention and language development in autistic children. *Journal of Autism and Developmental Disorders,* **21**, 43–49.
O'Connor, N., & Hermelin, B.（1984）．Idiot savant calendrical calculators: Maths or memory? *Psychological Medicine,* **14**, 801–806.
Piaget, J.（1967）．*知能の心理学*（波多野完治・滝沢武久，訳）．東京：みすず書房．（Piaget, J.（1947）．*La psychologie de l'intelligence*. Paris: Colin.）
Russell, J.（Ed.）．（1997）．*Autism as an executive disorder*. Oxford, UK: Oxford University Press.
杉山登志郎・辻井正次（編）．（1999）．*高機能広汎性発達障害*．東京：ブレーン出版．
Williams, D.（1996）．*Autism: An inside-out approach*. London: Jessica Kingsley Publishers.

第V部
時間認識の発達

第16章
時間概念の発達

松田文子・岡崎善弘

　時間という概念は抽象的なもので，時間を手に取ったり，目で見たりすることはできない。そのような抽象的概念を私たちの文化は多種多様にもっており，その一つひとつを経験と内省の中で子どもは学び，その概念にまつわる知識体系を構成していく。また時間という抽象概念は，正義だとか愛だとかという抽象的概念と異なり，物理的世界の理解のための基本的概念の一つであるという特徴をもっている。時間（t）を含む理科や物理学の公式のいくつかを，読者の皆さんも学んだはずである。そういうわけで，時間概念の発達は，子どもの物理的世界の認識の発達の重要な一側面でもある。

　一般に概念発達の基礎には，能動的あるいは受動的な事物・事象の知覚体験がある。時間についても，時間知覚という心理学用語があるが，特定の受容器への適刺激から始まる視覚，聴覚等の知覚とは，その成立のプロセスとメカニズムをかなり異にする。時間知覚は，事象が連続的に順序をもって生起する，その変化・継起から抽象される，と考えられる。当事者になったつもりで，次の文章を読んでみよう。

　　太陽が照りつけて皮膚が熱い。顔を流れる汗が口に入りしょっぱい。一瞬めまいがして，こちらに向かってくる赤シャツの若い男に軽くあたった。「危ないじゃないか」という男の声と「すみません」という自分の声が，重なって聞こえた。右手の店の看板をみて急いで中に入った。冷たい空気が額をなで，アイスクリームの甘いにおいが漂ってきた。腕時計をみると，駅を出てから15分しか経っていない……30分も歩いた気がするのに……。

　この当事者の脳は，視覚，聴覚，触覚，嗅覚，味覚，平衡感覚などとして得た，この事態から取り込んだ情報をせわしく処理しているが，そのときそれぞれの情

報の変化や生起の順序もしっかりと処理し，事象の連続・変化する表象と時間の長さの感覚を作り上げている。このような，変化・継起する事象からの時間情報の構成が，時間知覚といえるだろう。そして，この世に生まれてからの，時間知覚の積み重ねとそれらに対する内省から，時間の概念が徐々に形成されていくと考えられる。

さて，時間概念は，ある事象（あるいは事象の変化）の起こった時刻，2つの時刻間の隔たり（すなわち，時間の長さ），2つ以上の事象の生起時刻の順序，2つの事象の生起を合わせるタイミング，繰り返される事象のリズムやテンポ，過去の事象を振り返ったり未来の事象の生起を予測したりする時間的展望など，さまざまの心理的時間に関して存在するが，本章では，あらゆる事象の基本にあり，日常生活上最も重要な時間概念である「時間の長さ」の概念に焦点を当てて，幼児期から青年後期に至る長いスパンで，その発達を概観することにしよう。

第1節　ピアジェによる先駆的研究

多くの領域における子どもの認識の発達の科学的研究が，ピアジェ（Piaget, J.）に端を発しているが，時間概念についても例外ではない。ピアジェは，子どもの時間の長さの概念についていくつかの実験課題を用いて検討したが，最も多く追試を呼び起こしたのは，おもちゃの自動車のような2つの動体の走行時間を比較させるという課題であった（Piaget, 1946）。すなわち，図16-1のように，テーブルの上で，2つの自動車を同じ地点から同方向に同時に出発させ，同じまたは違う速さで走らせ，そして同じまたは違う地点に，同時または継時的に止まらせた[1]。そしてそれを観察していた子どもに，「同じ時間走ったか，どちらかが長い時間走ったか」「同時に出発したか，どちらかが先に出発したか」「同時に止まったか，どちらかが先に止まったか」等を，対話しながら尋ねている。その結果，時間概念の発達の3段階を次のように見いだした。

第1段階の子ども（6〜7歳児[2]）では，時間的順序と時間の長さは空間的順序

---

[1] ピアジェ（Piaget, 1946）は，図16-1の3課題の他に，2つの動体が互いに反対方向に走る課題も1つ用いたが，これは，反対方向であれば走行時間の比較判断はやさしいということを示すためだけのものであるので，ここでは省略している。なお動体は，実験者が手で動かしており，運動時間，距離，速さの数値は不明。詳細は，松田（2002）を参照されたい。
[2] これは，ピアジェ（Piaget, 1946）にその言語反応が記されている参加者の子どもの年齢範囲である。ピアジェは，参加者を一定の年齢群ごとにまとめ，各年齢群の平均的反応を求める，というような結果の処理はしない。

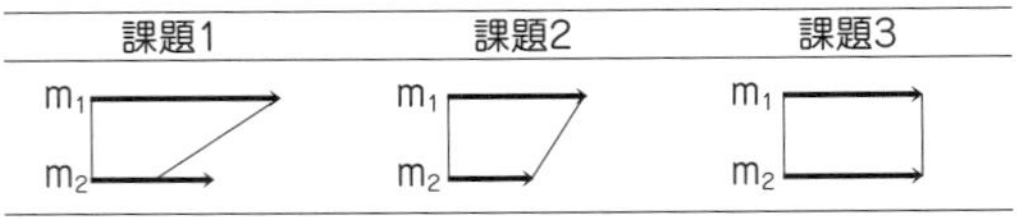

図16-1　ピアジェ (Piaget, 1946) における，走行時間の比較課題（著書に基づき筆者が作成）
m_1, m_2 は 2 つの動体。太線の矢印の向きは 2 つの動体の各々の進行方向，太線は運動の軌跡，細線は同時刻の 2 つの動体の位置。

や距離から未分化で，図16-1の課題1や2では，上の自動車の方が長い時間走ったと誤答した。すなわち，「より時間が長い」は距離的により遠いに等しく，「時間的に先」は空間的な前あるいはときに後を意味し，速さの違いは，同時期に走っている2つの動体のそれぞれの時間の統合を妨げてしまう。これは，この段階の子どもが，時間と距離，距離と速さ，速さと時間の関係のすべてを比例的に捉えていることが原因であると，ピアジェは推測している。

　第3段階の子ども（8～9歳児）は，図16-1の3課題にすみやかに正答する。時間的継起や同時性から時間の長さを演繹することも（たとえば課題1であれば，「同時に出発し，下の自動車があとから止まったので，走った時間は下の自動車が長い」），またその逆も可能である。時間的継起と空間的継起を区別し，時間と速さの反比例関係が理解できるようになるので正答できるのだと，ピアジェは考えた。

　第2段階の子どもは，この中間過程にあり，時間的継起と時間の長さの関係，時間的継起と空間的継起の関係，時間と速さの反比例関係のいずれかから，理解が始まるので，子どもによってその発達の様相は一様ではない。

　ところで，ピアジェの時間研究は，アインシュタイン (Einstein, A.) の質問から始まったと言われている（松田，1996参照）。アインシュタインの相対性理論では，動体はそれぞれ別個の時間をもつ。子どもが最初にもつ運動物体についての時間概念は，ニュートン力学よりも相対性理論に近く，それゆえ速さの異なる2つの動体の時間の比較は大変難しいというピアジェの実験結果は，アインシュタインを大いに喜ばせたに違いない。

第2節　時間と距離と速さの関係概念の発達

　ピアジェが1946年にフランス語で出版した著書の英訳版が1969年に出版されると，多くの国，多様な文化圏で，追試や批判的あるいは発展的な研究が数多くなされた。たとえばウィルケニング (Wilkening, 1981, 1982) が批判して言うように，ピアジェは，時間と距離と速さの関係の理解の発達について多くのことを述べて

いるが，2つの動体の時間の比較というピアジェ課題では，たとえ同じ刺激事態の下で，時間と距離と速さをそれぞれ比較判断させたとしても，それらの概念間の関係を直接捉えることはできない。そうではなくて，時間，距離，速さという3つの変数のうちの2つの変数の情報から第3の変数について推測させれば，3概念の関係の理解を直接調べることが可能になる。このウィルケニングの批判は正しいのだけれども，しかし彼の行った実験では，距離の違いは視覚的に常時提示され，時間の違いは聴覚的に一時的に示され，速さの違いはカメ，ネコなど走る速さの違う動物によって象徴的に示されるなど，課題が時間，距離，速さに関して等価に作られているとは言い難く，これが結果の妥当性を疑わせている。この点をほぼ克服したのは，さらに後になって行われた松田（2002）の研究である。

松田の課題では，1台のおもちゃの電車が直線のレール上を走る（図16-2）。電車には，普通電車（4 cm/秒），特急電車（10 cm/秒），新幹線（25 cm/秒）の3種類があり，それぞれ速さが異なるだけでなく，色と形も異なっていた。駅が，出発する場所の他に3カ所あり，出発駅からの距離は，それぞれ20 cm, 50 cm, 125 cmで，駅の色はそれぞれ異なっていた。電車はスイッチボックスに取り付けられた3つのボタンのいずれかを押すことによってスタートし，同時に汽笛としてのブザーが鳴り始めるようになっていた。ブザーの長さは，ボタンによって2.0秒，5.0秒，12.5秒と異なる。またボタンの色も異なっており，さらに，ボタンの横に，ブザーの長さの違いに応じて長さの異なる波線が引いてあった。このように電車が走る速さ，距離，時間はいずれも3種類あり，かつそれらの違いがいずれも具体的にかつ記憶に負荷をかけない形で提示されていた。

実験手続きであるが，最初に，各変数の真ん中の条件を組み合わせたものを子どもに見せた。すなわち，10 cm/秒で走る特急電車がブザーを5.0秒間鳴らし続

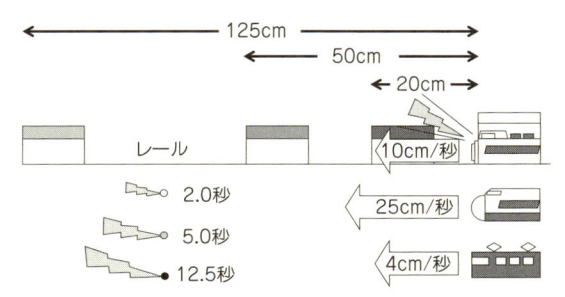

図16-2 松田（2002）における，時間，距離，速さの各3種の値（著書に基づき筆者が作成）
　　　　レール上は基準条件で，これから電車が走る状況。

表 16-1 松田（2002）における実験課題の 6 条件

条件	明らかにされる関係	推測させる変数	変える変数	変えない変数
1	時間－距離	距離	時間（12.5 秒または 2.0 秒）	速さ（10 cm/秒）
2	時間－距離	時間	距離（125 cm または 20 cm）	速さ（10 cm/秒）
3	時間－速さ	時間	速さ（25 cm/秒または 4 cm/秒）	距離（50 cm）
4	時間－速さ	速さ	時間（12.5 秒または 2.0 秒）	距離（50 cm）
5	距離－速さ	距離	速さ（25 cm/秒または 4 cm/秒）	時間（5.0 秒）
6	距離－速さ	速さ	距離（125 cm または 20 cm）	時間（5.0 秒）

注）基準条件：速さ（10 cm/秒），時間（5.0 秒），距離（50 cm）。

けながら 50 cm 移動する場面であり，50 cm 移動し終えると同時にブザーも特急電車も止まる。これを基準条件とし，ブザーが鳴る時間（5.0 秒），電車が走る速さ（10 cm/秒），距離（50 cm）のいずれかひとつを変えないで，残り 2 つの変数の 1 つを大きく（小さく）した場合に，残り 1 つの変数が 3 つの値のどれになると思うかを推測させた（表 16-1）。たとえば，基準条件を見せたあと，「さっきと同じ速さのこの特急電車は，このボタンを押して一番長く（または，一番短く）汽笛が鳴っている間には，どの駅まで行くかな？」（表 16-1 の条件 1）と問えば，時間の距離に対する関係の理解を知ることができるし，「さっきと同じ速さのこの特急電車が，一番遠い（または，一番近い）この駅まで行くのには，どの汽笛を鳴らせばいいかな？」（表 16-1 の条件 2）と問えば，距離の時間に対する関係の理解を知ることができる。そしてこの両者を合わせれば，時間と距離の比例的関係の理解度を知ることができる。

図 16-3 にみるように，時間と距離，距離と速さの比例的関係は，4 歳児でも 80％近い正答率であるのに対し，時間と速さの反比例的関係の理解は 8 歳まで待つ必要があった。さらに，「このボタンを押して一番汽笛が長く鳴っている間に，一番遠いこの駅まで行くには，どの電車を走らせたらいいかな？」というように，基準条件から 2 変数を変えて，第 3 の変数の値を推測させるという課題を行わせると，3 変数の統合の状態が推測できる（正答では，第 3 の変数は基準条件と変わらない値を取る）。その結果，時間＝距離／速さ，距離＝時間×速さ，速さ＝距離／時間のいずれも正答率が 80％を超えるのは 11 歳であった。この年齢の頃，小学生はこの公式を学び，文章題などを解くことになるが，10％あまりの子どもにとっては，まだ定性的な構造が十分できていないので，数量的な計算の意味の把握はなかなか難しいだろう。

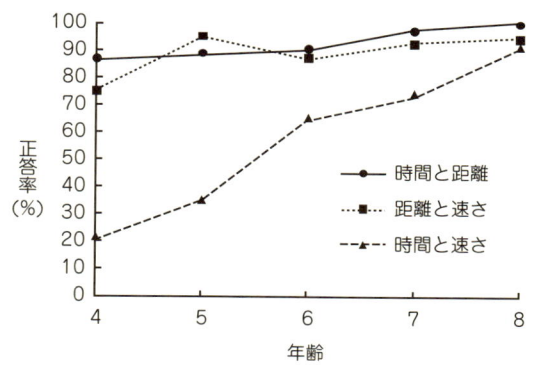

図16-3 時間と距離,距離と速さ,時間と速さの関係の年齢別正答率(%)(著書に基づき筆者が作成)

第3節 「時間＝終了時刻－開始時刻」の知識と「時間＝距離／速さ」の知識の発達

第1節で述べたピアジェの課題では時間,距離,速さの関係概念の発達を直接的に明らかにしえないとしても,ピアジェの課題は時間概念の何を明らかにしうるのだろうか。またそれは第2節で述べた距離と速さで決まる時間の概念の発達とどのような関係にあるのだろうか。

1 時間についての2つの概念構造の形成過程——レヴィンのモデル

レヴィン(Levin, 1992)はこれまでに行われてきた時間概念の研究をレビューしたうえで,時間の長さの概念は,最終的に「時間＝終了時刻－開始時刻」の理解と操作に至る時間的限界構造(temporal limits structure)と「時間＝距離／速さ」(より一般的には,「時間＝産物の量／速さ」)の理解と操作に至る産物構造(production structure)の2つの構造から成っていると考えて,次のように主張している。

ピアジェ課題のように2つの時間の長さを比較するという事態においては,この2種の時間概念の構造は,ともに4歳頃から現れ始めるが,完成はピアジェの主張(第3段階の8～9歳程度)よりかなり遅く,多くの者では青年期になって完成する。中にはもっと遅れる人もいればついに完成しない人もいる。2種の概念構造の発達は,終了時刻と開始時刻,あるいは距離と速さという2次元(変数)の調整という共通点をもっており,いずれも次のような発達過程(4つのステップ)を経る。

第16章 時間概念の発達 **263**

第1ステップ：子どもは，時間を特定の1つの変数とのみ正しく関係づける。すなわち，時間を終了時刻あるいは距離と結びつけるが，開始時刻や速さは考慮外である。したがって，このステップにいる子どもにとっては，終了時刻の遅い方が長い時間であり，距離の長い方が長い時間である。

　第2ステップ：子どもは，どちらの変数とも関係づけるが，両方同時に考慮することはしない。したがって，一方の変数が2つの自動車で等しいときには正答できるが，2つの変数の両方が違っているときには難しい。たとえば，到着時刻が2つの自動車で等しいときは，出発時刻の違いを考慮して正しく判断できるが，出発時刻も到着時刻も2つの動体で異なるときは，判断が難しい。

　第3ステップ：2変数を同時に時間に関係づけられる，ただし質的に。したがって，2つの自動車の一方が，より速くより遠くまで走ったときは，走行時間は同じと判断する。より速い程度とより遠い程度を量的に比較することはしない。同様に，一方が他方よりも早く出発して早く止まれば，開始時刻のずれの程度や終了時刻のずれの程度を考慮することなく，時間は同じと判断する。

　第4ステップ：2変数の量的な統合を行う。

　どちらの概念構造もこのような同質の発達過程をたどるものの，次の2つの点では異なる。(1) 最終的に「時間＝距離／速さ」の知識構造となる産物構造は，時間と速さの反比例関係を含んでいるが，はじめは子どもは時間と速さを比例的に関係づけ，その後反比例的に関係づけるようになる（このことは第2節で紹介した松田（2002）の研究で実証されている）。それに対し，時間と開始時刻の関係や，時間と終了時刻の関係が，発達とともに変わることはない。(2) 最終的に「時間＝距離／速さ」の知識構造となる産物構造は，より一般的には「時間＝産物の量／速さ」であるが，時間判断に関係すると考えられる生産物の次元や手がかり（変数）が，発達とともに変化する。すなわち，時間の比較判断を行う最年少の子どもでも，質的なもの（たとえば色や形）と量的なもの（たとえば大きさ）は区別して量的なもののみを時間の長さの判断に取り入れようとするだろうし，少し年長になれば，量的なものでも時間とともに変化する動的な量（たとえば経過時間中の断続音の数）を手がかりにしようとするが，静的な量（たとえば経過時間中に一定の断続音の大きさ）は問題にしない。時間的限界構造では，このような変化は起こらない。

　さらにレヴィン（Levin, 1992）は，この2つの概念構造の統合について，次のように述べている。時間の比較判断を行う最年少の子どもは，産物の量のない事態でのみ時間的限界構造を用い（たとえば，2つの同じランプの点灯時間の比較），産

物の量のあるときは，それがたとえ静的であっても産物構造を用いようとする（たとえば，明るさの違うランプの点灯時間の比較のときの明るさ）。しかし，静的な量は考慮外にしてよいといったん子どもが気づけば，このような場合には時間的限界構造の知識を用いるようになるし，さらには動的な量（産物の量と速さ）のある場合も，産物の量が複雑であると，もっぱら時間的限界構造の「時間＝終了時刻－開始時刻」の知識を用いるようになる（このことの理由をレヴィンは明確には述べていないが，開始時刻と終了時刻は，動的量より抽象的であるものの，あらゆる事象の変化や継起に付随し汎用性が高いからであろう）。しかし，このような2種の概念構造の変化は同時並行的に起こるので，どちらかを単独で取り出すのは難しい。またこのような発達的変化は，論理操作一般に関する認知発達と時間－空間領域の習熟という両面をもっており，後者についていえば，(1) 時間の概念と(2) 時間と関係したものとして情報処理されるさまざまな手がかりないしは次元（変数）を構成している領域固有の構造である。

　このレヴィンのモデルは，多くの先行研究を丹念に検討した結果にもとづいており，現在のところ，時間概念（正確には時間の長さの概念）の発達に関するもっとも包括的で魅力的なモデルであろう。しかし，レヴィンはこのモデルを直接的に検証する実験を行ってはいないし，2つの構造の統合のメカニズムについても何も述べていない。

　さて，再びピアジェの用いた課題に戻ってみよう。レヴィンは時間についての2つの概念構造とその発達過程について述べたが，これを図16-1のピアジェ課題に当てはめてみると，課題1も2も時間的限界構造を用いれば，たとえ概念構造が第1ステップのレベルであっても，終了時刻で判断するので正答するはずであり，産物構造を用いたのであれば，第1ステップであれば距離で判断するので誤答となる。それどころか産物構造を用いたのでは，距離も速さも異なるこれらの課題は，第2ステップでも第3ステップでも正答は難しい。最終の第4ステップであっても，計測器がないと，時間の違いの程度と速さの違いの程度を比較判断するのはとても難しい。ということは，このピアジェの用いた課題は，時間的限界構造の知識向きの課題であり，これが正答できないということは，時間的限界構造の第1ステップにも達していないか，産物構造を用いているかであろう。レヴィンの予測では，年少児は産物のあるときは好んで産物構造を用いるという。いずれにせよ，年齢とともに用いる構造が変わるかどうかを明らかにするには，もっと多様なピアジェ課題を用いて調べる必要があろう。

2　ピアジェ課題の新展開

　ピアジェの 1946 年の研究以降行われた，同種の実験では，より多様な課題を用いたものも多い。松田（Matsuda, 1996）や松田・日下部（Matsuda & Kusakabe, 2008）は，4～10 歳の子どもに参加してもらって，13 種の課題を用いて実験している[3]。いずれの課題でも，出発時刻，到着時刻，距離，速さのうちの 2 つ以上は，2 つの自動車で同じであり，「時間＝終了時刻－開始時刻」か「時間＝距離／速さ」のどちらかの知識を用いて，あるいはどちらの知識を用いても，論理的に正答できる課題である。その結果，図 16-1 の課題 2 のような，同時出発，同時到着で距離や速さの異なる課題はいずれも大変難しく，4 歳児では 10～35％の正答率，10 歳児でも 30～50％の正答率であった。ピアジェの研究の子どもたちのように，8～9 歳で簡単に正答できる，ということはない[4]。他方，距離と速さが同じで，出発時刻と到着時刻が等しくずれている課題も（ピアジェはこれに類似した課題は使っていない），4 歳児の正答率は 0％に近く，10 歳児でも 60％であった。この課題は，産物構造の「時間＝距離／速さ」知識が使えれば第 1 ステップのレベルでも正答できるが，こちらも難しい。このように，平行走路上を同方向に走る 2 つの動体の走行時間を比較するというピアジェ課題の難しさの原因は，一筋縄ではいきそうにない。

　ところで，「時間＝終了時刻－開始時刻」あるいは「時間＝距離／速さ」の知識やその操作技能を，時間の概念構造の中にもっていたとしても，そもそも，出発・到着時刻の同異だとか距離・速さの同異だとかが正しく認知されていなければ，知識をもっていてそれを正しく用いても誤答になるし，出発時刻や到着時刻の情報を最後の判断時まで正確に記憶しておくことができなければ，これまた知識があっても宝の持ち腐れである。そこで松田ほか（1998）は，これまでの研究で小学校の高学年でも難しいことがわかっている図 16-4 の 3 課題を用いて，小学 1 年生から 6 年生について，出発・到着時刻等の認知の状態と時間判断の関係を調べた。すなわち，参加者には同じ運動刺激を 2 回続けて提示した。子どもは，1 回目の提示では，出発時刻の同異と到着時刻の同異（異の場合は，どちらが先

---

[3]　刺激はパソコンに接続されたディスプレイ上に提示された。画面上の 2 本の平行走路上を走る自動車は，現れると走り出し，止まると消える場合と，走る前後に静止した自動車がディスプレイ上に提示されている場合とあるが，本文中のデータは，前者のものである。この場合，時間の判断時に到着地点のみが目立つという，それまでのピアジェ課題を用いた実験に共通した欠点を克服している。
[4]　なぜ，ピアジェの研究の子どもたちが賢く正答したのかについての理由はいろいろ考えられるが，実験者が，手でおもちゃの自動車を動かしながら，子どもと対話しながら実験したという，実験状況の影響が大きいだろう。

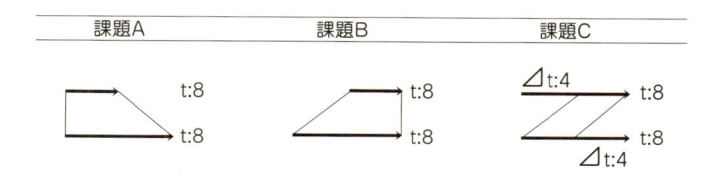

課題A	課題B	課題C
t:8 / t:8	t:8 / t:8	⊿t:4 t:8 / t:8 ⊿t:4

図16-4　松田ほか（1998）の課題
t：2つの自動車の移動時間（秒）；⊿t：出発時刻や到着時刻が2つの動体でずれている時のずれの量（秒）。太線の矢印の向きは進行方向，太線は運動の軌跡（14.5 cm，または10.9 cm），細線は同時刻の位置。

か）を判断してこれを解答用紙に記入した。2回目の提示では，時間の長さを比較判断して同じ解答用紙に記入した。このとき，1回目の自分の判断を見ることができるから，出発・到着時刻の判断を記憶しておく必要はない（記憶負荷がかからない）。課題Cの場合，さらに同じ運動刺激が3回続けて提示されることもあった。1回目の提示では，距離の同異を，2回目の提示では速さの同異を判断して，同じ解答用紙に記入し，3回目の提示で，時間の長さを比較判断して同じ解答用紙に記入した。このとき，1，2回目の自分の判断を見ることができる。このような手続きにより，「時間＝終了時刻－開始時刻」や「時間＝距離／速さ」の知識を用いる前提となる，出発・到着時刻の同異だとか距離・速さの同異だとかが正しく認知されているか，そしてそれらの認知と整合性のある時間判断を行っているかどうかが明らかになる。ちなみに「時間＝終了時刻－開始時刻」については小学2年生で，「時間＝距離／速さ」については小学5年生で，いずれも算数の時間に学習している。ただし，後者は，子どもの大変つまずきやすいところであり（松田，2002），読者の中には，この知識を必要とする文章題がトラウマになっている人がいるかもしれない。

　主要な結果が図16-5である。これを見ると課題AとBの場合，同時出発・同時到着の認知そのものが小学校低学年の子どもには難しいことがわかる。特に，異なる出発地点からの同時出発，異なる到着地点への同時到着の場合，同時の認知が難しい（課題Cで出発・到着時刻の同異を誤るものは小学1年生の段階からほとんどいない）。しかし驚きなのは，同時出発・同時到着を正しく認知しても，時間判断を誤る子ども，すなわち「時間＝終了時刻－開始時刻」の知識を使おうとしない子どもが，小学校高学年にもたくさんいるということである。誤答は，走行距離の長い自動車を走行時間が長いとするものがほとんどであったから，産物構造の第1ステップ，すなわち産物の量（距離）による判断かと思われる。それ

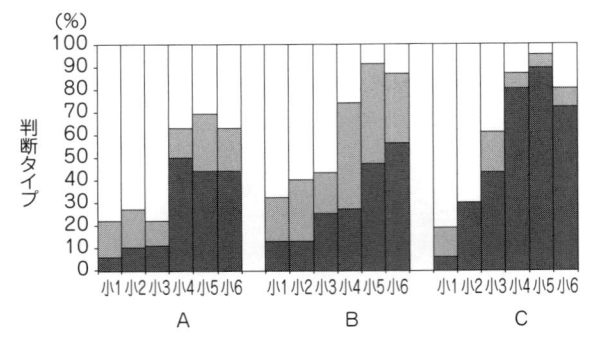

図16-5 松田ほか（1998）の結果（論文に基づき筆者が作成）
■ 課題A, Bの場合：出発・到着時刻をいずれも「同じ」と正しく判断し，時間も「同じ」と正しく判断した者（％）。
課題Cの場合：距離・速さをいずれも「同じ」と正しく判断し，時間も「同じ」と正しく判断した者（％）。
▨ 課題A, Bの場合：出発・到着時刻をいずれも「同じ」と正しく判断し，時間の判断を誤った者（％）。
課題Cの場合：距離・速さをいずれも「同じ」と正しく判断し，時間の判断を誤った者（％）。

に比べると，課題Cで，「時間＝距離／速さ」の知識を使うことはより気づきやすく，距離と速さを正しく等しいと判断しながら時間判断を誤る子どもは比較的少ない。このような結果をレヴィンのモデルに沿った形で解釈するなら，小学生は高学年であっても産物構造が活性化しやすく，時間と比例関係にある距離が2つの自動車で異なる場合はそれに中心化した判断をしやすく，小学生の間には，抽象度は高くなるがより汎用性も高い時間的限界構造へシフトする段階には至らない，ということになろう。「時間＝終了時刻－開始時刻」の知識は，子どもたちは日常的に使っているのであるけれども，運動という動的量があるときには，この知識はなかなか活性化しないらしい。

このことを確かめるために，藍・松田（1998）は，「時間＝終了時刻－開始時刻」の知識で論理的に正答できるピアジェ課題を基本条件にして，自動車の運動中をトンネルで隠す条件（運動を目立たなくした条件），自動車の出発地点，到着地点と同じところに，運動時間と同じだけ時間間隔を隔てて静止した自動車を点滅させ，その時間間隔を比較する条件（運動なし条件）等を作って，幼稚園児から小学6年生までの子どもを参加者として実験している。その結果，運動要因がまったくなければ小学4年生でも85％の子どもが，開始時刻と終了時刻と関連づけて理由をきちんと述べて時間の比較を正しく行うことができるが，同じ子ど

もが基本条件（ピアジェ課題）では6年生でも30〜50％しか，正しく理由づけて時間を比較判断することはできない。さらに，出発地点や到着地点が異なると，出発時刻や到着時刻を正しく「同じ」と認知できないことが年少児ではよく起こるということについてはすでに述べたが，この誤りは訓練によって比較的簡単に克服できるのに対して，「時間＝終了時刻−開始時刻」の論理が，運動刺激のある場合にもない場合とまったく同様に使えることを学習することはなかなか難しく，4年生になるまではまず不可能であった。

　以上のように，高学年の小学生であれば，「時間＝終了時刻−開始時刻」の知識はもちろんもっており，それを使って2つの時間の長さを論理的に比較することができるのだが，運動場面では，「時間＝終了時刻−開始時刻」の知識を中核とする時間的限界構造よりも「時間＝距離／速さ」の知識を中核とする産物構造が圧倒的に活性化しやすく，しかし，「時間＝距離／速さ」の知識も小学生では距離と速さの両方を考慮して使うのはなかなか難しく，特に距離が異なる場合はそれのみを考慮しやすい。

3　「時間＝終了時刻−開始時刻」の知識と「時間＝距離／速さ」の知識の使い分け

　これまでの研究で，幼稚園児や小学校の低学年生は言うに及ばず，小学校の高学年の子どもにとってさえ，ある種のピアジェ課題が決してやさしくないことが明らかになった。高学年の子どもたちは，「時間＝終了時刻−開始時刻」の知識をもち，2つの時間の長さを比較するときそれをどのように使えばよいかという手続き的知識ももっているのだが，運動場面では，これが使えない。それでは，「時間＝距離／速さ」の知識は間違いなく使えるかというと，反比例関係にある速さも考慮して判断するのはなかなか難しい（第2節参照）。では，中学生以降どうなるのだろうか。「時間＝終了時刻−開始時刻」の知識と「時間＝距離／速さ」の知識は，場面に応じて適切に使い分けられるようになるのだろうか。それともレヴィンの言うように，「時間＝終了時刻−開始時刻」の知識の適用を，動的量のある場合にまで広げていくようになるのだろうか。

　谷村・松田（1999, 2000）と岡崎・松田（Okazaki & Matsuda, 2008）は，中学生，高校生，大学生に図16-6に示すような3タイプ（各タイプ3種）のピアジェ課題を行わせている。この課題は次のような構成になっている。課題タイプ$\alpha\beta$は，「時間＝終了時刻−開始時刻」の知識でも「時間＝距離／速さ」の知識でも，論理的に正答できる課題，課題タイプαは，「時間＝終了時刻−開始時刻」の知識

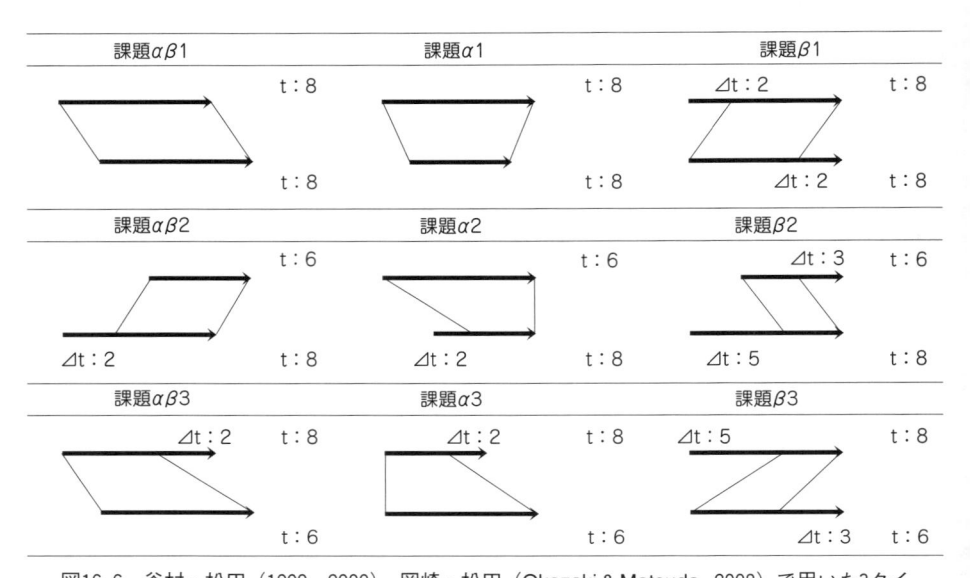

図16-6　谷村・松田（1999，2000），岡崎・松田（Okazaki & Matsuda, 2008）で用いた3タイプの課題（αβ課題，α課題。β課題）の各々に含まれる3つの課題

記号等の意味は図16-4と同じ。ただし，運動の軌跡は，谷村・松田では14.5 cmまたは10.9 cm，岡崎・松田では16.0 cmまたは12.0 cm。

でのみ論理的に正答できる課題，課題タイプβは，「時間＝距離／速さ」の知識でのみ論理的に正答できる課題である。また各課題タイプの1では，2つの自動車の走行時間が等しく，2では下の自動車の方が長く，3では上の自動車の方が長い。9種の課題は1回ずつ提示し，時間の比較判断後，判断の理由を述べてもらう。その判断理由から，各参加者がもっぱらどのような知識を用いて時間を比較判断しているかを明らかにして，参加者を分類したのが表16-2である。参加者は次の6つに分類されている。①課題タイプに応じて「時間＝終了時刻－開始時刻」の知識と「時間＝距離／速さ」の知識をほぼ適切に使い分ける者，②課題にかかわらず「時間＝終了時刻－開始時刻」の知識をほぼ一貫して用いる者，③課題にかかわらず「時間＝距離／速さ」の知識をほぼ一貫して用いる者，④課題にかかわらず「時間＝距離」または「時間＝距離／速さ」でほぼ判断する者，⑤必ずしも課題のタイプに合わない形で2つの知識や「時間＝距離」を混合して使う者，⑥どちらの知識もほとんど使用しない者。

表16-2をみると，青年期に，ピアジェ課題の時間判断の方略に劇的変化があることがわかる。すなわち，「時間＝終了時刻－開始時刻」の知識を用いれば簡

表 16-2　図 16-6 の課題の判断理由に基づく，使用知識からみた参加者の分類（%）(Okazaki & Matsuda, 2008 より)

年齢群	平均年齢	人数	9課題平均正答率	使い分け	「時間＝終了時刻－開始時刻」	「時間＝距離／速さ」	「時間＝距離」＋「時間＝距離／速さ」	混合使用	不使用
中学生	13歳10カ月	77	65.4	4	9	5	31	35	16
高校生	17歳 9カ月	30	69.8	10	27	0	23	37	3
大学生	19歳 7カ月	49	86.4	22	49	4	0	20	4

　単に論理的に正答できる課題であっても，動的量が目立つ場面ではそれを使用せず，では「時間＝距離／速さ」の知識を正しく使うかと言えば，反比例関係の速さの変数も考慮して判断することはまだかならずしも容易とはいえず，しばしば距離だけを頼りに時間の比較判断をしてしまうという，基本的に小学生とあまり変わらない状態から，どの場面でも汎用性の高い「時間＝終了時刻－開始時刻」の知識を用いようとする傾向が強くなり，さらに，「時間＝距離／速さ」の知識を用いればより正確に簡単に時間判断ができる場面ではそちらを使うという使い分けの段階に入る者もいる。この使い分け段階において，レヴィンのいう2つの時間概念の構造の統合がなされたといえるだろう。青年期においては，「時間＝終了時刻－開始時刻」の知識も「時間＝距離／速さ」の知識も，知識としては間違いなくもっているであろう。しかし，それらをどのような事態でどのように使うかという手続き的知識は，ピアジェ課題において結構複雑であることに，ここで読者は気づく必要がある。
　ピアジェ課題において，適切に2つの知識を使い分けて論理的に正答するには，出発時刻の同異（異の場合は，順序を含む。以下同様），速さの同異，到着時刻の同異，距離の同異の情報を，この出てくる順にすべて保持し，時間の同異の判断時に適切な時間の知識を選択して処理すればよいが，これだけの関係を一度に処理するのは認知負荷が大きすぎて普通の大人には無理である（Halford et al., 1998 参照）。そこで出発時刻が同じであればあとで明らかになる到着時刻のみに注目して「時間＝終了時刻－開始時刻」の知識を用いて時間を判断し，出発時刻が異なっておれば次に速さに注目して，速さが同じであれば出発時刻の情報は捨てて最後に明らかになる距離のみに注目して「時間＝距離／速さ」の知識を用いて時間を判断し，……というように方略を立てて課題に対処すれば，認知負荷をかなり下げられるので，知識の使い分けが可能になる。しかしそのような方略を自発

的に立てて課題に向かう者は，大学生でもほとんどいない。松田・谷村（2002）によれば，1, 2度課題を繰り返すうちにこの方略に不完全ながらも気づく大学生が15%程度である。スマートな方略がなかなか見つけ出せないとすると，作動記憶容量の大きい方が上記の多重な関係を含む情報処理を行いやすく，その結果，正答にいたりやすいはずである。岡崎・松田（2009b）は，日本版ウェクスラー記憶テストの視覚性記憶範囲の逆順序とピアジェ課題の正答率の間に.49の相関係数を大学生において見いだしている。さらに，上記のような方略を前もってプランニングしておくことを教え，プランニングレベルと作動記憶容量の間に相補関係のあることを示した。このような作動記憶容量とピアジェ課題の正答率の間の相関関係は，中学生や高校生ではごく弱いものであり（岡崎・松田，2009a），これは，彼らがまだ多くの情報を統合して処理しようとするのではなく，いずれかの知識だけに頼ろうとしていることの傍証である。

　このように青年期における時間概念構造の統合には，時間概念に関する知識（手続き的知識を含む）に加えて，効果的な方略を作り出す論理的能力や作動記憶容量といった一般的な認知能力の発達が大きく貢献しているものと思われる。

　概念あるいは概念構造としての知識をもっているということと，それを適切な状況で適切に使用できる，ということとの間には大きなギャップがある。時間のような抽象的な概念においては特にそうであろう。本章で示したように，状況によっては，青年期になってもそのギャップは簡単には埋まらない。そして時間が物理的世界の認識にとって基本的なものの一つであることは，そのギャップの大きいことが，現実生活の中で大きな意味をもつかもしれない，ということを示唆する。時間の長さを誤って判断して道路を横切り，自動車とぶつかっては困るのである。

引用文献

Halford, G. S., Wilson, W. H., & Philips, S. (1998). Processing capacity defined by relational complexity: Implications for comparative, developmental, and cognitive psychology. *Behavior and Brain Sciences*, **21**, 803–864.
藍　瑋琛・松田文子．(1998)．子どもにおける2つの時間の論理的比較判断の難しさ．発達心理学研究, **9**, 108–120.
Levin, I. (1992). The development of the concept of time in children: An integrative model. In F. Macar, V. Pouthas, & W. J. Friedman (Eds.), *Time, action, and cognition: Towards bridging the gap* (pp.13–32). Dordrecht: Kluwer.
Matsuda, F. (1996). Duration, distance, and speed judgment of two moving objects by 4–10 years olds.

Journal of Experimental Child Psychology, **63**, 286-311.

松田文子．（1996）．トピックス　ピアジェとアインシュタイン．松田文子・調枝孝治・甲村和三・神宮英夫・山崎勝之・平　伸二（編著），*心理的時間：その広くて深いなぞ*（p.376）．京都：北大路書房．

松田文子．（2002）．*関係概念の発達：時間，距離，速さ概念の獲得過程と算数「速さ」の授業改善*．京都：北大路書房．

松田文子・原　和秀・藍　瑋琛．（1998）．２つの動体の走行時間，走行距離，速さの小学生による比較判断：走行時間の判断．*教育心理学研究*，**46**，41-51.

Matsuda, F., & Kusakabe, N. (Eds.). (2008). *Comparison of development between temporal and spatial concepts*. Tokyo: Kazama Shobo.

松田文子・谷村　亮．（2002）．二つの動体刺激の走行時間の比較判断とプランニング．*広島大学大学院教育学研究科紀要*，**51**，181-186.

Okazaki, Y., & Matsuda, F. (2008). Knowledge and strategies used by adolescents to compare duration of movement by two objects. *Perceptual and Motor Skills*, **106**, 609-626.

岡崎善弘・松田文子．（2009a）．時間比較と作動記憶容量の関係．*日本教育心理学会第51回大会発表論文集*，111.

岡崎善弘・松田文子．（2009b）．時間の比較判断に及ぼす解決方略の学習効果及び記憶容量の影響．*心理学研究*，**80**，138-144.

Piaget, J. (1946). *Le développement de la notion de temps chez l'enfant*. Paris: Presses Universitaires de France. (Translated by A. J. Pomerans (1969). *The child's conception of time*. London: Routledge & Kegan Paul.)

谷村　亮・松田文子．（1999）．中学生が二つの動体の時間の比較判断に用いる知識．*発達心理学研究*，**10**，46-56.

谷村　亮・松田文子．（2000）．二つの動体の走行時間の比較判断に用いる知識．*心理学研究*，**71**，128-135.

Wilkening, F. (1981). Integrating velocity, time, and distance information: A developmental study. *Cognitive Psychology*, **13**, 231-247.

Wilkening, F. (1982). Children's knowledge about time, distance, and velocity interrelations. In W. J. Friedman (Ed.), *The developmental psychology of time* (pp.87-112). New York: Academic Press.

参考文献

松田文子（編）．（2004）．*時間を作る，時間を生きる：心理的時間入門*．京都：北大路書房．

第17章
自伝的記憶の発達

清水寛之

　私たちの人生は，人それぞれに，さまざまな思い出に彩られている。楽しく笑いあった日の思い出や悲しくつらかった出来事の思い出など，思い出の多くはなんらかの感情をともなっており，ときには長い歳月を超えて懐かしくよみがえってくる。私たちが日々の暮らしを営んでいくうえで，おそらく個人の精神生活はそうした数多くの思い出によって支えられているにちがいない。思い出をもつことは，人にとってきわめて重要な意味があるのだろう。個人が一人の人間として，ほかの誰でもなく自分は自分であり，これまでもこれからも自分が自分であり続ける，といった自己の同一性や連続性を保つのに，思い出は一つの本質的な役割を果たしているように思われる。

　心理学の立場から個人の思い出に関する実証的研究が本格的に進められるようになったのは，そう遠い過去ではなく，今から30～40年ほど前のことである。それまでも，個人の思い出に対して心理学的な関心が示され，理論的な考察や実験的手法を用いた検討がなされることはあった（Freud, 1901/1970；Galton, 1879；James, 1890など）。しかし，種々の実証的研究法が開発され，多くの研究知見が着実に蓄積されはじめたのは，およそ1970年代後半になってからである。現在，思い出に関する心理学は，実証的研究や理論的研究が精力的に行われ，認知心理学および発達心理学の枠を超えて活況を呈していると言えるだろう（佐藤ほか，2008など）。

　この章では，まずはじめに，自伝的記憶とはどのようなものを指すかについて述べ，その働きや役割といった機能的側面，およびその仕組みや要素間の関係に関する構造的側面を述べる。次に，自伝的記憶の成り立ちと特徴的変化に関連して，その発生および生涯発達の問題を取り上げる。最後に，自伝的記憶における社会・文化的側面について考える。

第1節　自伝的記憶の定義・機能・構造

1　自伝的記憶の定義

　自伝的記憶（autobiographical memory）とは，個人が過去に経験した出来事に関する記憶のことで，自らの人生をふりかえって想起・再現されるものである。自伝的記憶には，過去に経験した出来事についての個人的な意味や意義，なんらかの感情が含まれ，これまでの人生や生き方をどのように捉えているかといった認識が少なからず反映されている。

　一般に，記憶の心理学では，人間の記憶をいくつかの側面に着目して区分して考えることが多い。エピソード記憶と意味記憶という区分もまた，そういった考え方の一つである（Tulving, 1983/1985）。エピソード記憶は個人的な経験や，特定の事物，人物，出来事など，個人がある時間に，ある場所で出会った事柄に関する記憶である。一方，意味記憶は，この世界に関する事実や規則，ことばの意味など，一般化され，抽象化された知識から構成されている。したがって，自伝的記憶はエピソード記憶と重なり合っている部分が大きいと考えられる。しかし，自伝的記憶は，エピソード記憶の中でも，とくに個人の過去の歴史（個人史，自己史）や人生そのものにかかわる出来事の記憶であり，ある程度の確信をもって自分自身が経験したことを自覚しているものをいう。

　個人が経験した出来事の記憶という点では，一度きりの経験をとおして得られた記憶もあれば，何度かよく似た経験を繰り返す中で獲得された記憶もあるだろう。あるいは，鮮明な視覚的イメージをともなって一つの場面や光景が心にしっかり焼き付いている記憶もあれば，そうしたイメージなどは思い浮かばずに自己に関する知識の一部となっている記憶もあるだろう（Brewer, 1986）。つまり，自伝的記憶をやや広く捉えるならば，自伝的記憶の中には，自己にかかわる特定の出来事の記憶が一般化・抽象化され，もはや意味記憶の一部となっているような，自己に関する漠然とした概括的な知識や抽象的な概念も含まれる。ただし，自伝的記憶に関する実証的研究の場合，自己に関連した特定の出来事がある程度鮮明に想起されるような事態での記憶を自伝的記憶と捉えて検討しているものが多い。

2　自伝的記憶の機能

　自伝的記憶が個人にとってどのような働きや役割をもっているかについて，ブルック（Bluck, 2003）は，①自己機能，②社会機能，③指示機能という3つの機

能に分けて，これまでの主要な研究を整理している（佐藤，2008 にも詳しく紹介されている）。

自伝的記憶の自己機能：自伝的記憶の自己機能とは，自伝的記憶が自己の連続性や一貫性の基礎となり，一定の自己像を維持するという働きを指している。ナイサー（Neisser, 1982/1988）は，「あらゆる人間は自分自身を定義づけるのに過去を用いる」（原著，p.13）と述べている。すなわち，個人の自己同一性は多くの自伝的記憶によって構成されていると考えられる。自伝的記憶の中でも，自己をたしかに定義づけ特徴づけるような，とりわけ鮮明で重要な記憶のことを自己定義記憶（self-defining memory）と呼ぶことがある（Singer & Salovey, 1993）。自己定義記憶は，通常は強い感情をともない，繰り返し想起されることで，「自分とはどういう人間であるか」に関する情報を提供する。その際，正確に想起されることが重要ではなく，想起された内容に対してどのような意味づけや解釈がなされるかが重要である。たとえば，子どもの頃にテストに失敗してとてもつらかったときの出来事を自己定義記憶として想起する人は，その記憶に対して「それ以来，宿題はきちんとやろうと心に決め，つまらない事柄に気が散らないようになった」という意味づけを行うかもしれない（Blagov & Singer, 2004）。このような意味づけは，自伝的記憶における自己機能の主要な一つの側面を示している。さらに，とくに成人期以降，自己定義記憶に対する個人的な意味づけが強まり，固定化されていく可能性が高いと考えられる（McLean & Thorne, 2003 など）。

なんらかの理由で一定期間にわたる自己に関する記憶が失われると，個人は自己同一性を保てなくなることが知られている。コット（Cott, 2005/2007）は，自分自身がうつ病治療のために電気ショック療法を受けたことで 15 年間の記憶を失い，それによって自己同一性に深刻な影響が現れたことを報告している。その一方で，自らの人生をふりかえり，自分にとって重要な過去の出来事を想起することが自己同一性の回復や安定化につながることも知られている。回想法（reminiscence therapy；Butler, 1963）は，主に高齢者に対して昔の写真や懐かしい物品を示してこれまでの人生や思い出について語ることを求めるものであるが，自伝的記憶の自己機能に積極的に働きかける心理治療の一つであると考えることができる。

このように，個人の自己同一性は自伝的記憶によって形成・維持されると考えられる。しかし，それとは逆に，現時点での自己同一性によって特定の自伝的記憶が影響を受けることも大いにありうる。つまり，想起時における人生の目標や自己の性格および信念に関する認識（自己認識）によって自伝的記憶が影響を受け，再構成されている可能性が十分に考えられる。ウィルソンとロス（Wilson &

図17-1 自伝的記憶と現在の自己同一性との双方向の関係 (Wilson & Ross, 2003 より)

Ross, 2003）は，こうした自伝的記憶と自己同一性とが双方向に影響を及ぼしあっていることを強調している（図17-1）。個人の記憶が再構成的な性質をもっていることは古くから知られているが（Bartlett, 1932/1983 など），自伝的記憶にはそうした影響が少なからず現れることが容易に推察できる。

自伝的記憶の社会機能：自伝的記憶の社会機能とは，自伝的記憶が対人関係や他者とのコミュニケーションを促進するという働きをもつことである。自分が個人的に経験した事柄を他者に示すことは一種の自己開示であり，親密な対人関係を形成し維持するのに役立つ。日常会話においても，なんらかの個人的記憶を話題に取り上げることによって会話そのものが円滑に進み，話し手と聞き手の間に共感や信頼感が増していく（Pillemer, 1992 など）。あるいは，コミュニケーションの参加者がともに経験した出来事を話題にする場合は，個人的記憶を共有していることを確認しあい，その記憶の細部を修正しあったり，補足しあったりする。たとえば，親と子がアルバムの写真を見ながら以前の出来事を共同で想起するような場面では，ときには相手の思い出せない事柄についてできるだけ適切な想起促進手がかり（reminder）を与えるなどして，豊かなコミュニケーションへと発展していく（Nelson & Fivush, 2000）。

アリーとブルック（Alea & Bluck, 2003）は，自伝的記憶の社会機能には，①親密性（親密な対人関係を形成し，維持し，発展させる），②教示性あるいは情報提供性（他者に関する教示や情報提供を含み，重要な問題や助言を与える），③共感性（他者の共感や安心感を生み出す），という3つの下位機能が含まれると主張した。さらに彼らは，自伝的記憶の社会機能に関する概念的モデルを提唱した（図17-2）。このモデルでは，会話での話し手と聞き手においてそれぞれの個人特性（年齢，性，性格など）や両者間の類似性をもとに特定の自伝的記憶が共有され，それによって記憶自体の特性（細部の情報や感情の強さなど）が左右され（あるいは，記

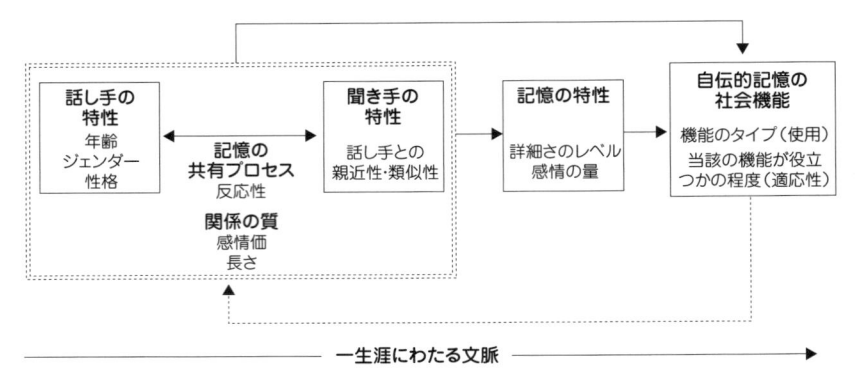

図17-2 自伝的記憶の社会機能に関するモデル（Alea & Bluck, 2003より）

憶特性は関与せずに），自伝的記憶の社会機能が決まるとされている。こうして形成された自伝的記憶の社会機能は，一生涯にわたる文脈の中で元の話し手と聞き手の相互関係に影響を及ぼし，全体として循環的な図式が成り立つと考えられている。

自伝的記憶の指示機能：自伝的記憶の指示機能とは，自伝的記憶がさまざまな問題解決や意思決定，行為の実行・調整を方向づけるという役割を果たしていることである。現在直面している問題を解決したり，所与の課題を遂行したりする際に，問題や課題によっては，過去に経験した類似場面に関する自伝的記憶が非常に有効な手がかりや指針を提供してくれる。自伝的記憶の自己機能のところで述べた記憶の意味づけや解釈についても，具体的な教訓や抽象的な洞察をもたらすという意味では，多くの場合，指示機能を含んでいる。

ゴールドスミスとピルマー（Goldsmith & Pillemer, 1988）は大学生に，親の話した事柄で鮮明に覚えているものを想起するよう求めたところ，助言や指図などの指示機能を含む自伝的記憶が全体の46％を占めていた。また，ピルマーほか（Pillemer et al., 1988, 1996）はアメリカの大学生および大学卒業者（卒業後1～22年経過）に，大学在学中に経験した出来事で，大学生活に影響を及ぼした事柄を想起するように求めた。その結果，アメリカにおいて入学直後にあたる9月に起きた出来事が想起される割合が高かった。したがって，生活状況の移行直後に経験した出来事がとりわけ印象深く記憶に残り，新しい環境にうまく適応するためにそうした自伝的記憶が利用されていたことが示唆される。移行期の記憶は，新しい環境に適応するまでの間，適切な行動を実行するために繰り返し想起・参照されることで，より鮮明な記憶として定着するようになったと考えられる。

この自伝的記憶の指示機能については，とくにネガティブな感情をともなう自伝的記憶が強い影響力をもつとされている（Pillemer, 2003）。危険や失敗に関連した出来事の記憶は，多くの場合，ネガティブな感情をともなっているが，そうした記憶を想起することによって，類似した場面に再び遭遇したときに危険や失敗につながる行動を抑制し，適切な回避行動を導くことができる。人間の進化や適応を重視するという観点から，自伝的記憶の実際的な有効性はネガティブな感情をともなうものにおいて，より顕著にみられると考えられている。

3　自伝的記憶の体制化と構造

　自伝的記憶は，どのようなかたちで心の中にしまわれているのだろうか。これまでの多くの研究から，自伝的記憶は必ずしも出来事に出会った順にきちんと時系列的に貯蔵されているわけではないことが明らかにされている（Williams et al., 2008 など）。そうではなく，なんらかのカテゴリーやテーマ（趣味や病気，転居など）に基づいて，あるいは大まかな時期（小学校4年生のときの夏，大学時代など）ごとにまとめられて体制化されているようである。

　一般に，実験参加者に対して活動や時間，場所に関するさまざまな単語を検索手がかりとして与えて自伝的記憶の想起を求め，自伝的記憶の量および想起検索に要する時間を測定する。すると，検索手がかりによって想起される記憶の量も検索に要する時間も異なることが知られている（Reiser et al., 1985 など）。コンウェイ（Conway, 2005）は，そうした結果に基づいて，自伝的記憶の階層構造モデルを提唱した（図17-3）。このモデルでは，自伝的記憶は大きく概念的自己（conceptual self；図の上半分）とエピソード記憶（図の下半分）に分かれ，概念的自己は，「テーマ」，「人生の時期（life time period）」，「一般的な出来事」（出来事に関する一般的知識），という3つの階層によって体制化されていることが示されている。この図の中で，上にいくほど自伝的記憶の抽象度は高くなり（最上位は「ライフストーリー」），下にいくほど具体的な個々の出来事に関する細部の記憶情報に対応している。一般的な出来事の層では，個々の出来事はネットワーク構造をなしている。一つの手がかりが与えられると，それに合致した特定のエピソードや出来事が想起されるまでに，テーマから人生の時期へと検索が絞り込まれていくことが示されている。あるいは，個別的で詳細な情報に基づいて，関連する自伝的記憶が検索されることもある。すなわち，検索はトップダウン的にもボトムアップ的にも可能である。したがって，このモデルでは，想起時の状況や課題要求に従って検索手がかりにさまざまな意味が付与され，こうした自伝的記憶にかかわ

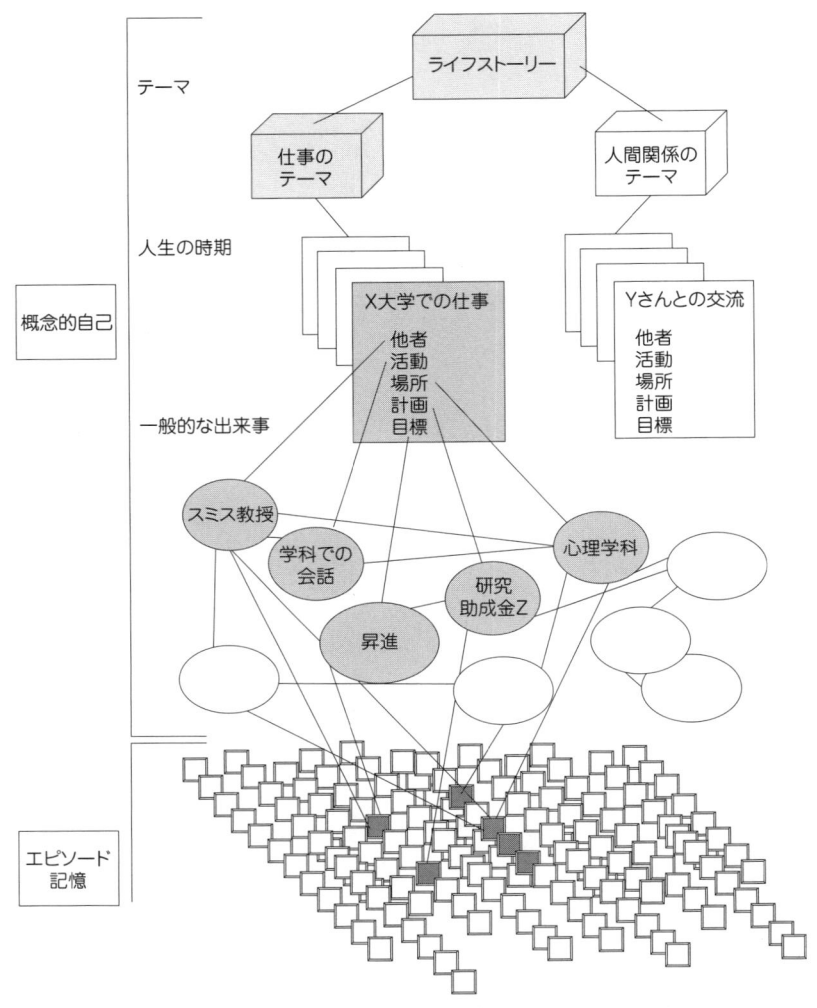

図17-3　自伝的記憶の階層構造モデル（Conway, 2005 より）

る階層的知識構造の一部が局所的・選択的に活性化されると考えられている。この考え方は，個人の想起時の状態によって想起内容が影響を受けることと密接に関連しており，自伝的記憶の再構成的性質を説明する際にも合理的であると言える。

第2節　自伝的記憶の発生と生涯発達

1　自伝的記憶の発生と幼児期健忘

　日常生活の中で子どもの行動を観察していると，子どもなりにさまざまな出来事を記憶にとどめ，後になってそれらを想起している様子がうかがえる。ネルソンとファイバッシュ（Nelson & Fivush, 2004）によれば，子どもは生後18カ月頃になると，過去に起きた出来事についての短い言及がみられはじめる。そうした言及は断片的なものではあるが，いましがた完了した自らの行為やふだんの日課（朝食や入浴など）に関する内容を含んでいる。ただし，それらはまだ，周囲にいる大人が前後の出来事や文脈を考慮したうえでどうにか，子ども自身の記憶に基づいた言動であると解釈されるようなレベルである。生後20〜24カ月になると，子どもは以前に比べて，より遠い過去の出来事について断片的ながらも長く言及できるようになる。2歳児では，大人から，過去に起きた出来事について質問された場合に片言でも答えられるようになる。3歳児では自分から過去の出来事を話題にし，長く筋の通った話ができるようになる。さらに，その後，就学前期から児童期にかけて過去の出来事を語る能力は着実に発達していき，複雑で構造化された豊かな語りへと展開されていく。

　多くの研究から，子どもは2〜3歳くらいになると，エピソード記憶をもちはじめるようである（Fivush et al., 1987）。子どもはその時期から次第に，過去の出来事をより正確に，より豊かに語るようになる。それは単に，子どもの発話能力が発達するからだけではなく，そうした出来事の理解や記憶保持を支えるための意味記憶，すなわち現実世界におけるさまざまな一般化・抽象化された知識（スキーマ：schema）や日常的な一連の出来事や行為に関する知識（スクリプト：script）が獲得されるからこそ過去の出来事の再生が可能になるのだと考えられる。しかしながら，過去の出来事を自伝的記憶として保持するには，もう少しあとの年齢まで待たなければならないようである。というのも，3歳以前では，過去の出来事を経験している自己と現在の想起している自己とを結びつける体制化の能力がまだそなわっていないからである（岩田，2008など）。

　ネルソンとファイバッシュ（Nelson & Fivush, 2004）は，さまざまな研究知見をもとに，自伝的記憶の成立にはいくつかの認知的変数や社会的変数が関与していると主張した。なかでも，自伝的記憶の成立には「自己」の概念が獲得されることが重要であり，その概念が2歳頃までに獲得され，その後にようやく自伝的記

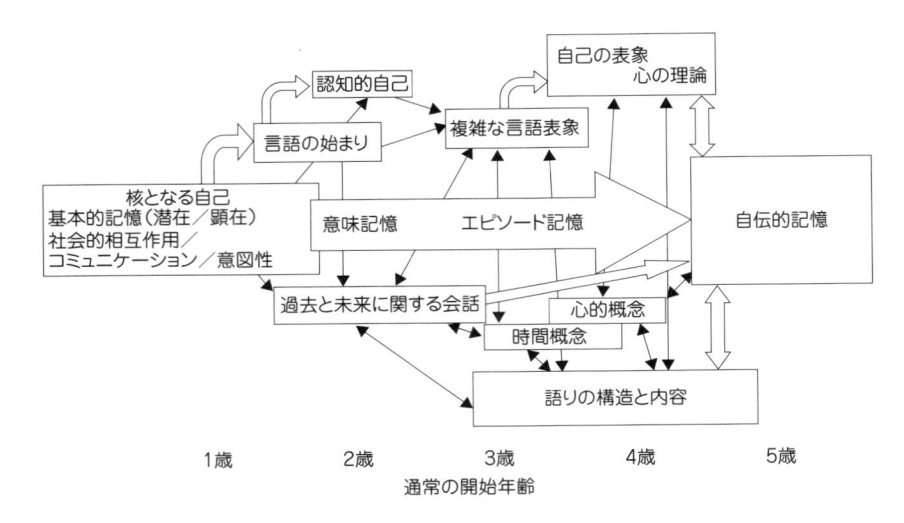

図17-4　1歳から5歳にかけての自伝的記憶の発達（Nelson & Fivush, 2004 より）
太い矢印は直接的な影響を示す。
両端が尖っている矢印は相互に影響を及ぼし合うことを示す。
下端の年齢は通常発達において影響が現われるおよその年齢。
図の上半分は内的要因で，下半分は外的要因。

憶が形成されはじめるとされている（Howe & Courage, 1997）。ネルソンとファイバッシュ（Nelson & Fivush, 2004）は，これらの諸変数を組み入れて，子どもが乳幼児期に徐々に自伝的記憶を獲得するようになるまでのプロセスを記述したモデルを提唱した（図17-4）。

　ところで，成人はふつう，3～4歳以前に経験した出来事をほとんど何も想起できない。この現象は幼児期健忘（infantile/childhood amnesia）と呼ばれるが，その原因として主に，①乳幼児では自伝的記憶の符号化や貯蔵，検索を担う脳の神経構造が未発達である（Nelson, 1995），②乳幼児の言語能力が未発達であるために経験を言語的に符号化できない（Nelson, 1990），③自己概念が形成される2歳頃までは自己と他者との分離に関する認識が不十分なために自伝的記憶が体制化されにくい（Howe & Courage, 1997），④乳幼児期にある出来事を記銘したときの符号化の文脈と成長後の想起時の文脈とが異なるために想起できない（Tulving & Thomson, 1973），⑤幼児期に経験された出来事は自己防衛のために抑圧されやすい（Freud, 1905/1969），などの諸説がある。現在のところ，①～③の説が有力である。その理由は，最近では，幼児期健忘が乳幼児期における脳の発達に基づく記憶機能および認知機能の変化に深く関連しているのではないかと考えられている

からである (Rovee-Collier & Hayne, 2000；Hayne, 2004)。子どもは乳児期から幼児期にかけて，潜在記憶（想起意識をともなわない記憶）に依存していた状態から，しだいに顕在記憶（想起意識をともなう記憶）の能力を身につけはじめ，それによって自伝的記憶を獲得するにいたると考えられる。そして，自伝的記憶の獲得とともに幼児期健忘の時期が終結するのであろう。図17-4に示されるように，認知的・社会的活動を通して自伝的記憶の形成を支えるような仕組み（言語獲得や自己概念の形成など）ができあがっていくという見方は，幼児期健忘の点からも説得力をもっている。

2　自伝的記憶と心の理論の発達

　すでに述べたように，自伝的記憶の成立には自己に関する概念の獲得が欠かせない。なぜなら，自伝的記憶があのときあの場所で特定の出来事に「私」が出会ったというたしかな想起意識をともなうものである以上，なんらかのかたちで客体化・相対化された（過去の）「私」が認識されていなければならないからである（この場合の「自己に関する概念」は，前述のネルソンとファイバッシュ（Nelson & Fivush, 2004）のモデルの中では「認知的自己：cognitive self」として取り扱われている）。つまり，「想起する私」と「想起対象である過去の私」とがある程度分離されており，「想起する私」は主観的な時間の中では過去から現在，未来を自由に行き来すること（「心的時間移動：mental time travel」と呼ばれる）ができなければならない。ここで，他の誰でもなく「私」が過去の出来事を想起しているという意識は，自己認識的意識（または自己体験的意識：autonoetic consciousness）と呼ばれている (Tulving, 2002など)。

　このような自己に関する概念や自己認識的意識は，近年，心の理論の発達との関連性が詳細に検討されている（内藤，2008；Perner, 1991/2006など）。ここでの心の理論とは，人（厳密には生物）が自己または他者の行動に対して心の存在や性質，状態，働きなどを仮定し，理解するための知識や認知的枠組みのことである。ある人が自己および他者の目的や意図，欲求，知識，信念，思考，疑問，推測，ふり，好みなど，直接，外見には現れない心の働きを理解できるのは，心の理論をもっているからであるとされる。また一般に，信念や欲求などを心的表象というが，心的表象そのものを理解し表象する能力はメタ表象 (metarepresentation) 能力と呼ばれている。子どもが心の理論をもち，メタ表象能力を獲得しているかどうかを判定するための指標の一つとして，誤信念課題 (false belief task) があげられる。この課題は，他者が自分とは置かれている状況が異なるために誤った信念

をもっていることに子どもが気づくかどうかを調べるものである。誤信念課題における状況設定を多少変えても、この課題に正答できるようになるのはおよそ4～5歳以降であるとされている（Perner, 1991/ 2006；Povinelli et al., 1996 など）。自伝的記憶の成立に不可欠な自己概念および自己認識的意識の基盤として、心の理論やメタ表象能力の獲得があることは十分に考えられる。しかし、その一方で、幼児を対象とした実験的研究から、心の理論を調べる何種類かの誤信念課題の成績と、自己認識的意識と深くかかわるとされる課題成績との間に必ずしも強い関連性があるわけではないことが見いだされている（木下，2001；Naito, 2003；齋藤，2000 など）。こうした実験結果から、従来、単一の構成概念と捉えられてきた心の理論が課題ごとに異なる多面的な能力から構成され、そのうちのいくつかの限られた側面だけが年齢とともに自己認識的意識をともなう記憶の想起能力と結びついてくるのではないかと考えられている（内藤，2007, 2008 など）。

3　一生涯にわたる自伝的記憶の分布

およそ 40 歳以上の人たちに、検索手がかりとしていくつかの単語を呈示し、その単語から連想される自伝的記憶を想起するよう求める。そして、想起された出来事の数を縦軸に、出来事を経験したときの年代を横軸にとった図を描くと（図 17-5）、主として 3 つの特徴が示される（Rubin et al., 1998；槇・仲，2006）。第 1 の特徴は、すでに述べた幼児期健忘であり、乳幼児期（0～5 歳くらい）の想起量が非常に少ないというものである。第 2 の特徴は、最近起きた出来事ほど多く想起されるという傾向（一種の新近性効果）であり、とくに最近の 10 年間の記憶の

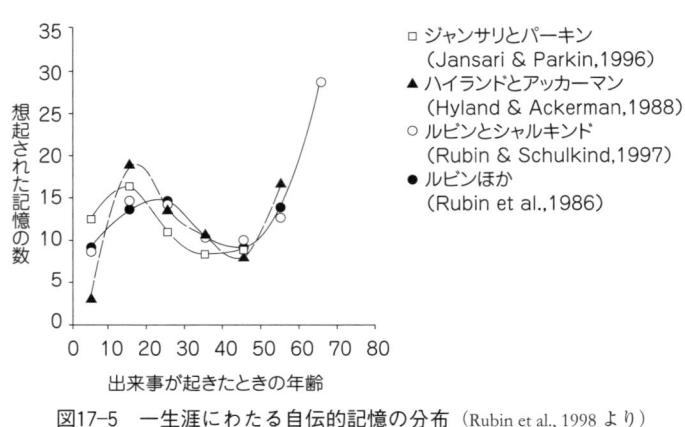

図17-5　一生涯にわたる自伝的記憶の分布（Rubin et al., 1998 より）

想起によくあてはまる。第3の特徴は，想起者が10〜30歳頃の時期（青年期から成人期初期にかけて）に経験した出来事が比較的多く想起されるという現象がみられることである。この現象は，レミニセンス・バンプ（reminiscence bump：想起分布における隆起傾向）と呼ばれている（Rubin et al., 1986）。

　このレミニセンス・バンプがなぜ生じるのかについては，これまでの研究から，いくつかの説明が試みられているが，なかでも次の2つの説明が有力である（Williams et al., 2008）。その一つは，10〜30歳頃の時期には，入学，卒業，就職，恋愛，結婚，出産など，新奇性や示差性の高い出来事が比較的多く起きるために，それらに対する符号化が精緻化され，リハーサルもまた頻繁に行われる，というものである（Jansari & Parkin, 1996 など）。もう一つの説明は，この時期に個人の自己同一性の形成・確立がなされ，出来事に対する自己関与が強まるためであるというものである（Holmes & Conway, 1999 など）。この時期の前半（10〜20歳頃）は主に社会的・世代的な自己同一性が形成され，なんらかの時代精神を反映する社会的な出来事への関心が高まるのに対して，後半（20〜30歳頃）では人間関係に関する自己同一性が形成され，親密な対人関係への関心が高まるとされる。そして，それぞれの関心事となる出来事が選択的に自伝的記憶として保持されるのではないかと考えられている。現在のところ，レミニセンス・バンプに関してどういった要因が強く関与しているかについては不明な点が多く，いくつかの要因が複合的にかかわっている可能性が考えられる。上記の2つの説明についても相互に排反的なものではなく，説明理論を整理して妥当な仮説検証を図るための議論と実証的研究が必要であろう。

4　自伝的記憶と加齢

　一般に，中年期以降，意味記憶に比べてエピソード記憶において加齢にともなう能力減退がより顕著に認められる（Craik, 2000/2004 など）。しかし，こうした知見の多くは，実験室場面でなんらかの刺激材料に対する記銘学習がなされ，その直後または一定時間経過後に再生や再認が求められるという実験の結果から得られたものである。日常生活の中で経験したさまざまな出来事を自伝的記憶として貯え，その後に想起するという能力については，異なる年齢層の実験参加者において想起される出来事の数や種類，正確さ（出来事の起きた日付など）などがどのように違うのかを調べることよりもむしろ，どのような内容の出来事が多く想起されるかということに大きな関心が寄せられる（Rubin, 2000/2004）。

　自伝的記憶の感情的側面に関して，高齢者は若年者よりもポジティブな内容の

出来事を想起しやすいという研究結果はこれまでにいくつも報告されている（Kennedy et al., 2004 など）。また，同一の面接参加者に対して生涯を通じて繰り返し面接調査を行った研究では，高齢になるほど子ども時代が幸福であったという評価がなされることが見いだされている（Field, 1997）。さらに，高齢者は若年者と同じように落胆や失望，怒りなどのネガティブな感情をともなう出来事を経験しても，その後それらの出来事を想起すると以前のネガティブな感情を過小評価する傾向にある（Levine & Bluck, 1997）。つまり，自伝的記憶の内容は，加齢とともにネガティブからポジティブの方向に変容する傾向が広く認められている。

　カーステンセン（Carstensen, 1992）は社会情動的選択性理論（socioemotional selectivity theory）を提唱し，加齢にともなってポジティブな内容の出来事がネガティブな内容の出来事よりも多く想起される，あるいはネガティブからポジティブへと記憶が変容するといった現象について次のように説明している。加齢にともなって人生の残された時間を自覚することの多い高齢者にとっては，新たな知識の獲得よりも，幸福感や満足感などのポジティブな感情状態を安定的に維持することがより重要であるために，物事のネガティブな側面よりもポジティブな側面に選択的に注意が向けられ，自己に関するネガティブな記憶よりもポジティブな記憶が優先的に処理される。そして，新しい出来事の認知や過去の出来事の記憶については，よりポジティブであることに偏った物事の捉え方（ポジティビティ・バイアス：positivity bias）が影響し，それに沿った認知的判断や記憶変容がなされると考えられている。

第3節　自伝的記憶の発達と社会・文化

1　自伝的記憶と親子の想起

　近年，多くの研究から自伝的記憶の発達に社会・文化の影響が大きいことが指摘されている（Fivush, 2009 など）。乳幼児期での原初的な社会的・文化的影響は，子どもと養育者との間のコミュニケーションにおいて認められる。すでに述べたネルソンとファイバッシュ（Nelson & Fivush, 2004）による自伝的記憶の発達に関するモデルにおいても，過去と未来に関する親と子の会話が自伝的記憶の成立に直接影響していることが強調されている。ヘイデンほか（Haden et al., 2001）は，2歳児や3歳児ではキャンプごっこなどの遊びを経験しているときに，母親がその活動を子どもと一緒に行い，母子が語り合うことがその出来事の記憶保持に強く影響することを明らかにしている。

リーズほか（Reese et al., 1993）によれば，北米地域の母親には，子どもとの会話の中で過去の出来事をどのように精緻化するかについての会話スタイルといったものがある。精緻化の程度の高い母親は，子どもと経験を共有した出来事についてさまざまな質問を与え，多くの情報を提示し，子どもの反応から話題を広げようとした。一方，精緻化の程度の低い母親は，同じ質問を繰り返すことで子どもから反応を引き出そうとし，求める反応が得られないとすぐに別の質問に切り替えようとした。リーズほか（Reese et al., 1993）は，子どもが3歳4カ月から5歳10カ月になるまでの期間において縦断的にこうした母子の会話を観察・記録した。その結果，母親の会話スタイルは観察期間中も一貫しており，精緻化の程度の高い母親の子どもは，精緻化の程度の低い母親の子どもに比べて，出来事の想起される量が多いだけでなく，その内容も豊かであった。したがって，子どもは身近な大人との会話を通して過去の出来事を想起することを学習していくことが示唆される。また，この研究では，子どもが3歳4カ月であった時点での母親の会話スタイルから，およそ2年後の子どもの言語反応の質が予測されることも見いだされた。さらに，こうした影響は，親から子への一方的なものではなく，子どもが関心や興味を示すことによって親の精緻化が高まることも示された。

　こうした子どもと養育者とのコミュニケーションが自伝的記憶の発達の基盤の一つであることは広く認められている。グッドマンとメリンダー（Goodman & Melinder, 2007）は，人間の環境への適応という観点から，親と子の愛着が自伝的記憶の発達に深くかかわっており，とりわけネガティブな出来事への理解と記憶を促進するかたちで子どもの発達が進んでいくというモデルを提唱している（図17-6）。たしかに親と子が過去の出来事をともに想起し，その出来事を子どもの自己に関連づけて捉えようとするときは，自伝的記憶の指示機能を十分に高めるような働きかけが親から積極的になされている。親と子の間の密接な親和的関係（愛着）は，過去のネガティブな出来事から何かを学びとることの重要性を伝えるうえで，幼児期の自伝的記憶の形成に大きな役割を果たしているようである。

2　自伝的記憶の文化差

　自伝的記憶には文化差のあることが広く知られている（Williams et al., 2008）。前述のとおり，個人の自伝的記憶と自己同一性とは互いに強く影響を及ぼしあっている。個人の人生の目標や信念，態度などによって自伝的記憶は大きく左右され，かつ自伝的記憶は個人の自己同一性を形成し維持する機能をもっている。ウォンとコンウェイ（Wang & Conway, 2004）は，そうした自伝的記憶と自己同一性との

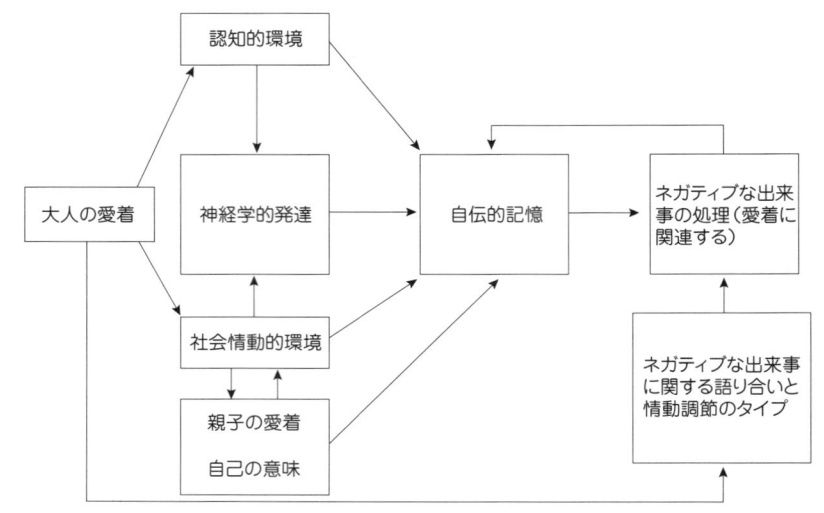

図17-6 自伝的記憶の発達に関する社会・文化的モデル（Goodman & Melinder, 2007 より）

相互作用には個人の文化的背景が深くかかわっていると主張している（図17-7）。
　母子の会話について欧米とアジアを比較したいくつかの研究から，会話の頻度や話題，スタイルなどにおいて文化差が認められることが報告されている（Wang & Fivush, 2005 など）。たとえば，アメリカやカナダの母子は，中国や韓国の母子よりも過去の出来事を語り合う頻度がはるかに多く，会話スタイルも精緻化されている。また，欧米の母親は会話の中で子どもの取り上げる話題（子ども自身の意見や好み，感情など）を重視するのに対して，アジアでは社会規範や期待される行動に関する母親の言及が多く見られる。さらに，西洋文化とアジア文化での自伝的記憶を比較した研究からも，自伝的記憶の文化差はすでに幼児期の早い段階（3～4歳）で出現するとされている（Wang, 2003 など）。それらの研究では広く，個人の捉え方や価値観に関する文化の違いが自伝的記憶の内容に反映されていることが見いだされている。すなわち，欧米文化では個人が他者とは異なる独自性をもち，社会的文脈を超えた唯一無二の性質をそなえた存在であると捉えがちであるのに対して，アジア文化では社会規範や協調性，連帯意識，謙虚性といった点が重視され，社会や他者との関係の中で個人が位置づけられる傾向にある。極端に言えば，欧米文化では独立した自己（independent self）を育てるのに対して，アジア文化は相互依存的な自己（interdependent self）を育てるという。過去の出来事について子どもと語り合うことの中に，こうした文化的な価値観や個人

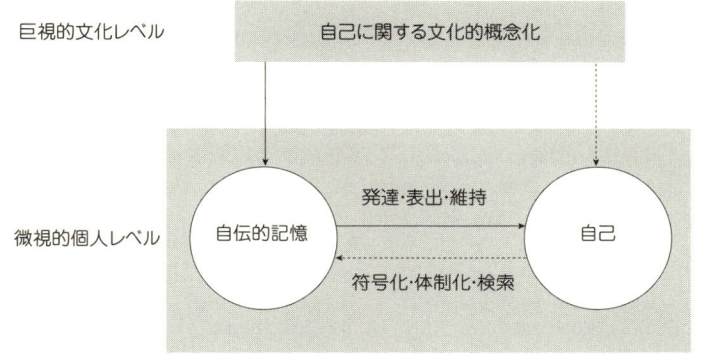

巨視的文化レベル　　自己に関する文化的概念化

微視的個人レベル　　自伝的記憶　発達・表出・維持　自己
　　　　　　　　　　　　　　符号化・体制化・検索

図17-7　文化，自己，および自伝的記憶の関係（Wang & Conway, 2004 より）

の捉え方を次の世代に伝承する仕組みがそなわっていると言えよう。

　個人の成長・発達の過程でその社会の文化に根差した意味記憶（スキーマやスクリプトなど）が形成されていくことは容易に想像できる。そのとき，一つの文化を受け継ぐかたちで学校や職場などで積極的に特定の知識や技能が獲得されていくという側面と，いわば個人が知らず知らずのうちに文化の影響を受けるという側面とがあるだろう（清水，2005 など）。とりわけ後者において，個人が文化を受け継ぐのは必ずしも意味記憶の獲得だけに依っているわけではなく，自伝的記憶の形成を通じても文化は個人に深く影響を及ぼすと考えられる。親や祖父母が子どもに，ともに経験した特定の出来事に関連づけて教訓や戒め，洞察などを与えることは，文化の継承を支える基盤の一つなのかもしれない。

引用文献

Alea, N., & Bluck, S.（2003）. Why are you telling me that? A conceptual model of the social function of autobiographical memory. *Memory*, **11**, 165-178.

Bartlett, F. C.（1983）. *想起の心理学*（宇津木保・辻　正三，訳）. 東京：誠信書房．（Bartlett, F. C.（1932）. *Remembering: A study in experimental and social psychology*. Cambridge, UK: Cambridge University Press.）

Blagov, P. S., & Singer, J. A.（2004）. Four dimensions of self-defining memories（specificity, meaning, content, and affect）and their relationships to self-restraint, distress, and repressive defensiveness. *Journal of Personality*, **72**, 481-511.

Bluck, S.（2003）. Autobiographical memory: Exploring its fuctions in everyday life. *Memory*, **11**, 113-123.

Brewer, W. F.（1986）. What is autobiographical memory? In D. C. Rubin（Ed.）, *Autobiographical memory*（pp.25-49）. New York: Cambridge University Press.

Butler, R. N.（1963）. The life review: An interpretation of reminiscence in the aged. *Psychiatry*, **26**, 65-76.

Carstensen, L. L.（1992）. Social and emotional patterns in adulthood: Support for socioemotional selectivity theory. *Psychology and Aging*, **7**, 331-338.

Conway, M. A.（2005）．Memory and the self. *Journal of Memory and Language*, **53**, 594-628.

Cott, J.（2007）．奪われた記憶：記憶と忘却への旅（鈴木　晶，訳）．東京：求龍堂．（Cott, J.（2005）．*On the sea of memory: A journey from forgetting to remembering*. New York: Random House Inc.）

Craik, F. I. M.（2004）．エイジングにともなう記憶の変化（佐伯恵里奈，訳）．口ノ町康夫・坂田陽子・川口　潤（監訳），認知のエイジング：入門編（pp.73-88）．京都：北大路書房．（Craik, F. I. M.（2000）．Age-related changes in human memory. In D. C. Park & N. Schwarz（Eds.）, *Cognitive aging: A primer*（pp.75-92）．New York: Psychology Press.）

Field, D.（1997）．Looking back, what period of your life brought you the most satisfaction? *International Journal of Aging and Human Development*, **45**, 169-194.

Fivush, R.（2009）．Sociocultural perspectives on autobiographical memory. In M. L. Courage & N. Cowan（Eds.）, *The development of memory in infancy and childhood*（pp.283-301）．New York: Psychology Press.

Fivush, R., Gray, J. T., & Fromhoff, F. A.（1987）．Two-year-olds talk about the past. *Cognitive Development*, **2**, 393-409.

Freud, S.（1969）．性欲論三篇（懸田克躬・吉村博次，訳）．懸田克躬・高橋義孝ほか（訳），フロイト著作集5　性欲論　症例研究（pp.7-94）．京都：人文書院．（Freud, S.（1905/1953）．Three essays on the theory of sexuality. In J. Strachey（Ed. & Transl.）, *The standard edition of the complete psychological works of Sigmund Freud, Vol.7*（pp.130-243）．London: Hogarth.）

Freud, S.（1970）．日常生活の精神病理学（池見酉次郎・高橋義孝，訳）．懸田克躬ほか（訳），フロイト著作集4　日常生活の精神病理学　他（pp.5-236）．京都：人文書院．（Freud, S.（1901/1960）．The psychopathology of everyday life. In J. Strachey（Ed. & Transl.）, *The standard edition of the complete psychological works of Sigmund Freud, Vol.6*（pp.1-290）．London: Hogarth.）

Galton, F.（1879）．Psychometric experiments. *Brain*, **2**, 149-162.

Goldsmith, L. R., & Pillemer, D. B.（1988）．Memories of statements spoken in everyday contexts. *Applied Cognitive Psychology*, **2**, 273-286.

Goodman, G. S., & Melinder, A.（2007）．The development of autobiographical memory: A new model. In S. Magnussen & T. Helstrup（Eds.）, *Everyday memory*（pp.111-134）．New York: Psychology Press.

Haden, C. A., Ornstein, P. A., Eckerman, C. O., & Didow, S. M.（2001）．Mother-child conversational interactions as events unfold: Linkages to subsequent remembering. *Child Development*, **72**, 1016-1031.

Hayne, H.（2004）．Infant memory development: Implications for childhood amnesia. *Developmental Review*, **24**, 33-73.

Holmes, A., & Conway, M. A.（1999）．Generation identity and the reminiscence bump: Memory for public and private events. *Journal of Adult Development*, **6**, 21-34.

Howe, M. L., & Courage, M. A.（1997）．The emergence and early development of autobiographical memory. *Psychological Review*, **104**, 499-523.

Hyland, D. T., & Ackerman, A. M.（1988）．Reminiscence and autobiographical memory in the study of the personal past. *Journal of Gerontology: Psychological Sciences*, **43**, 35-39.

岩田純一．（2008）．記憶と自己の発達．*心理学評論*，**51**，24-36.

James, W.（1890）．*The principles of psychology*. New York: Holt, Rinehart, and Winston.

Jansari, A., & Parkin, A. J.（1996）．Things that go bump in your life: Explaining the reminscence bump in autobiographical memory. *Psychology and Aging*, **11**, 85-91.

Kennedy, Q., Mather, M., & Carstensen, L. L.（2004）．The role of motivation in the age-related positivity effect in autobiographical memory. *Psychological Science*, **15**, 208-214.

木下孝司．（2001）．遅延呈示された自己映像に関する幼児の理解：自己認知・時間的視点・「心の理論」の関連．*発達心理学研究*，**12**，185-194.

Levine, L. J., & Bluck, S.(1997). Experienced and remembered emotional intensity in older adults. *Psychology and Aging*, **12**, 514-523.

槙 洋一・仲真紀子.(2006). 高齢者の自伝的記憶におけるバンプと記憶内容. *心理学研究*, **77**, 333-341.

McLean, K. C., & Thorne, A.(2003). Late adolescents' self-defining memories about relationships. *Developmental Psychology*, **39**, 635-645.

内藤美加.(2007). 心の理論研究の現状と今後の展望. 日本児童研究所(編), *児童心理学の進歩*(2007年版, pp.3-37). 東京：金子書房.

内藤美加.(2008). 時間の旅, "私"の体験, そして語られる文化：自伝的記憶の発生. 仲真紀子(編), *自己心理学4 認知心理学へのアプローチ*(pp.8-29). 東京：金子書房.

Naito, M.(2003). The relationship between theory of mind and episodic memory: Evidence for the development of autonoetic consciousness. *Journal of Experimental Child Psychology*, **85**, 312-336.

Neisser, U.(1988). *観察された記憶*(上, pp.3-23)(富田達彦, 訳). 東京：誠信書房.(Neisser, U.(1982). Memory: What are the important questions? In U. Neisser(Ed.), *Memory observed: Remembering in natural contexts*(pp.3-19). San Francisco: W.H. Freeman.)

Nelson, C. A.(1995). The ontogeny of human memory: A cognitive neuroscience perspective. *Developmental Psychology*, **31**, 723-738.

Nelson, K.(1990). Remembering, forgetting, and childhood amnesia. In R. Fivush & J. A. Hudson,(Eds.), *Knowing and remembering in young children*(pp.301-316). Cambridge, UK: Cambridge University Press.

Nelson, K., & Fivush, R.(2000). Socialization of memory. In E. Tulving & F. I. M. Craik(Eds.), *The Oxford handbook of memory*(pp.283-295). New York: Oxford University Press.

Nelson, K., & Fivush, R.(2004). The emergence of autobiographical memory: A social cultural developmental theory. *Psychological Review*, **111**, 486-511.

Perner, J.(2006). *発達する〈心の理論〉：4歳：人の心を理解するターニングポイント*(小島康次・佐藤 淳・松田真幸, 訳). 東京：ブレーン出版.(Perner, J.(1991). *Understanding the representational mind*. Cambridge, MA: MIT Press.)

Pillemer, D. B.(1992). Remembering personal circumstances: A functional analysis. In E. Winograd & U. Neisser(Eds.), *Affect and accuracy in recall: Studies of "flashbulb" memories*(4th ed., pp. 236-264). New York: Cambridge University Press.

Pillemer, D. B.(2003). Directive functions of autobiographical memory: The guiding power of the specific episode. *Memory*, **11**, 193-202.

Pillemer, D. B., Goldsmith, L. R., Panter, A. T., & White, S. H.(1988). Very long-term memories of the first year in college. *Journal of Experimental Psychology: Learning, Memory and Cognition*, **14**, 709-715.

Pillemer, D. B., Picariello, M. L., Law, A. B., & Richman, J. S.(1996). Memories of college: The importance of specific educational episodes. In D. C. Rubin(Ed.), *Remembering our past: Studies in autobiographical memory*(pp.318-337). New York: Cambridge University Press.

Povinelli, D. J., Landau, K. R., & Perilloux, H. K.(1996). Self-recognition in young children using delayed versus live feedback: Evidence of a developmental asynchrony. *Child Development*, **67**, 1540-1554.

Reese, E., Haden, C. A., & Fivush, R.(1993). Mother-child conversations about the past: Relationships of style and memory over time. *Cognitive Development*, **8**, 403-430.

Reiser, B. J., Black, J. B., & Abelson, R. P.(1985). Knowledge structures in the organization and retrieval of autobiographical memories. *Cognitive Psychology*, **17**, 89-137.

Rovee-Collier, C., & Hayne, H.(2000). Memory in infancy and early childhood. In E. Tulving & F. I. M. Craik(Eds.), *The Oxford handbook of memory*(pp.267-282). New York: Oxford University Press.

Rubin, D. C. (2004). 自伝的記憶とエイジング（渡辺はま，訳）. 口ノ町康夫・坂田陽子・川口　潤（監訳），認知のエイジング：入門編（pp.121-137）. 京都：北大路書房.（Rubin, D. C. (2000). Autobiographical memory and aging. In D. C. Park & N. Schwarz (Eds.), *Cognitive aging: A primer* (pp.131-150). New York: Psychology Press.）

Rubin, D. C., Rahhal, T. A., & Poon, L. W. (1998). Things learned in early adulthood are remembered best. *Memory and Cognition*, **26**, 3-19.

Rubin, D. C., & Schulkind, M. D. (1997). The distribution of autobiographical memories across the lifespan. *Memory and Cognition*, **25**, 859-866.

Rubin, D. C, Wetzler, S. E., & Nebes, R. D. (1986). Autobiographical memory across the life span. In D. C. Rubin (Ed.), *Autobiographical memory* (pp.202-221). Cambridge, UK: Cambridge University Press.

齋藤瑞恵．(2000)．「知っている」ということについての幼児の理解の発達．発達心理学研究，**11**, 163-175.

佐藤浩一．(2008)．自伝的記憶の構造と機能．東京：風間書房．

佐藤浩一・越智啓太・下島裕美（編）．(2008)．自伝的記憶の心理学．京都：北大路書房．

清水寛之．(2005)．文化と記憶．金児曉嗣・結城雅樹（編），文化行動の社会心理学（pp.8-19）. 京都：北大路書房．

Singer, J. A., & Salovey, P. (1993). *The remembered self*. New York: The Free Press.

Tulving, E. (1985). タルヴィングの記憶理論（太田信夫，訳）. 東京：教育出版．（Tulving, E. (1983). *Elements of episodic memory*. New York: Oxford University Press.）

Tulving, E. (2002). Episodic memory and common sense: How far apart? In A. Baddeley, J. P. Aggleton, & M. A. Conway (Eds.), *Episodic memory: New directions in research* (pp.269-287). Oxford, UK: Oxford University Press.

Tulving, E., & Thomson, D. M. (1973). Encoding specificity and retrieval processes in episodic memory. *Psychological Review*, **80**, 352-373.

Wang, Q. (2003). Infantile amnesia reconsidered: A cross-cultural analysis. *Memory*, **11**, 65-80.

Wang, Q., & Conway, M. A. (2004). The stories we keep: Autobiographical memory in American and Chinese middle-aged adults. *Journal of Personality*, **72**, 911-938.

Wang, Q., & Fivush, R. (2005). Mother-child conversations of emotionally salient events: Exploring the functions of emotional reminiscing in European-American and Chinese families. *Social Development*, **14**, 473-495.

Williams, H., Conway, M., & Cohen, G. (2008). Autobiographical memory. In G. Cohen & M. Conway (Eds.), *Memory in the real world* (3rd ed., pp.21-91). New York: Psychology Press.

Wilson, A. E., & Ross, M. (2003). The identity function of autobiographical memory: Time is on our side. *Memory*, **11**, 137-149.

第18章
時間的展望の発達

都筑　学

　私たちは,「今」という時間に生きている。私たちは,「今」という時間に,「ここ」という場所に存在している。

　それでは,「今」とはいったい何なのであろうか。「今」という時間は, 私たちが時計を見て知る時刻のことではない。時計の針は, 時々刻々と時を刻む。時計の針は, 私たちの生の営みとは独立して進んでいく。

　「今」という時間は, 私たちが体験している時間である。満ち足りた時間。空しい時間。楽しい時間。重苦しい時間。私たちは, さまざまな「今」を体験する。「今」は過ぎ去った昔とつながっていることもあれば, すっぱりと途切れていることもある。「今」の連続線上にこれから先の未来が描かれることもあれば, 予想さえ立たないこともある。

　「今」という時間は, このようにさまざまな形で成立する。ときに, 私たちを過去に連れ戻したり, 未来へと誘ったりする。そのような「今」の積み重ねが, 私たちの人生を形作っていくのである。

　心理学において,「今」という時間について研究することは重要な課題である。とりわけ発達心理学においては, 人間発達の根本原理を考察していく際に重要な鍵となる。

　時間的展望研究とは, このような「今」のありようについての心理学的観点からの研究アプローチである。時間的展望研究は,「今」に含まれている過去や未来をトータルにとらえようとする。「今」が成立する時代や社会歴史的背景を組み入れながら, 人生を研究しようとする。

　本章では, こうした時間的展望研究の成り立ちから出発して, 従来の時間的展望研究の到達点をまとめて紹介する。それを通じて,「今」を生きる人間の発達について, われわれの理解を深めていこうと思う。

第 1 節　時間的展望の仕組み

本節では，時間的展望の定義を示すとともに，時間的展望研究が 1920〜30 年代の社会的状況と強く結びついた形で始まったことを紹介する。次に，1950 年代以降の時間的展望の実証研究の流れを整理し，時間的展望研究が他領域といかに関連しながら発展してきたかを明らかにする。

1　時間的展望とは何か

人間の一生は，誕生から死までに区切られたものである。それは，生物としての一生であり，特定の時代や社会の中で繰り広げられていく一生である。さらには，個人としての私たちが経験する他の何物にも置き換えることのできない一生である。

都筑（2007b）は，人間が生きるこのような時間の重層的な構造を，図 18-1 のような形で示した。私たち人間は，このような異なる生物的時間，社会歴史的時間，心理的時間という 3 つの水準から構成される人生を送っていく。人間とは，このような時間的存在なのである。

そうした時間的存在としての人間をとらえる概念が，時間的展望（time perspective）である。レヴィンは，場の理論（field theory）の中に時間を位置づけて論じ（Lewin, 1936），生活空間における目標選択の決断などを正当に研究するには，時間的展望の問題を抜きにはできないと述べた（Lewin, 1938/1956）。さらに，レヴィ

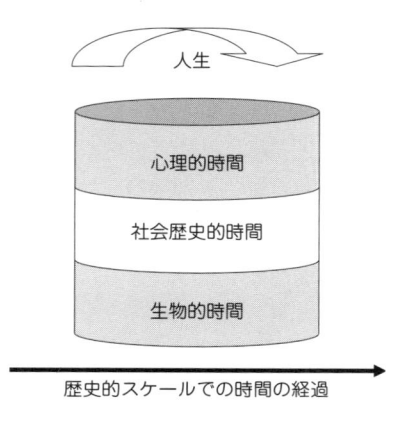

図18-1　人間が生きている時間の重層的構造

ンは，生活空間（life space）には，その個人が現在の状況と考えているものだけでなく，未来や過去も含まれていると述べ（Lewin, 1948/1954），時間的展望を「ある一定の時点における個人の心理学的過去と未来についての見解の総体」（Lewin, 1951/1979）と定義した。

フランクは，レヴィンと互いに影響を及ぼし合いながら時間的展望の理論的考察を深め，過去・現在・未来の関係性について次のように述べている（Frank, 1939）。時間的展望は過去の経験から生み出されるものであり，過去の経験は出来事が生じる連続性についての期待や認識や知識を作り出す。未来は現在を決定し，現在は過去をコントロールする。他方で，過去は未来を創造し，未来における価値を現在に課すのである。

2　時間的展望研究の成り立ち

時間的展望の研究が始まったのは，1930 年代に入ってからである。イスラエリ（Israeli, 1935）はイギリスのランカシャー地方とスコットランドにおける失業中の青年を対象に調査し，彼らが精神病患者と同じ程度に悲観的に将来を展望していることを明らかにした。

イスラエリがこのような研究を実施するに至った背景には，次の 2 つの点が存在している。

第 1 は，ジャネ（Janet, 1929/1955）やミンコフスキー（Minkowski, 1933/1972, 1973）が精神病理学的な視点から時間についての論考を蓄積し，人間が生きることと時間とのかかわりについての考察を深めたことである。

第 2 は，1929 年 10 月のニューヨーク株式市場における株価大暴落に端を発する世界大恐慌が，青年の失業問題を引き起こし，将来への展望をもてない多くの青年を生み出したことである。

このように時間的展望の研究は，その成り立ちからして，時代，歴史，社会の中で生きる人間をとらえようとする志向性を強くもっていたのである。

3　時間的展望研究の流れ

時間的展望に関する実証的研究は，1950 年代からさかんにおこなわれるようになった。ウォリス（Wallace, 1956）は，時間的展望の長さ（extension）を「概念化された将来の時間的範囲の長さ」と定義し，自分の将来に起きると思われる出来事を自由に述べる出来事検査（events test）を用いて検討した。時間的展望の長さは，個人がどれぐらい先の将来まで思い浮かべているかという視点から検討され

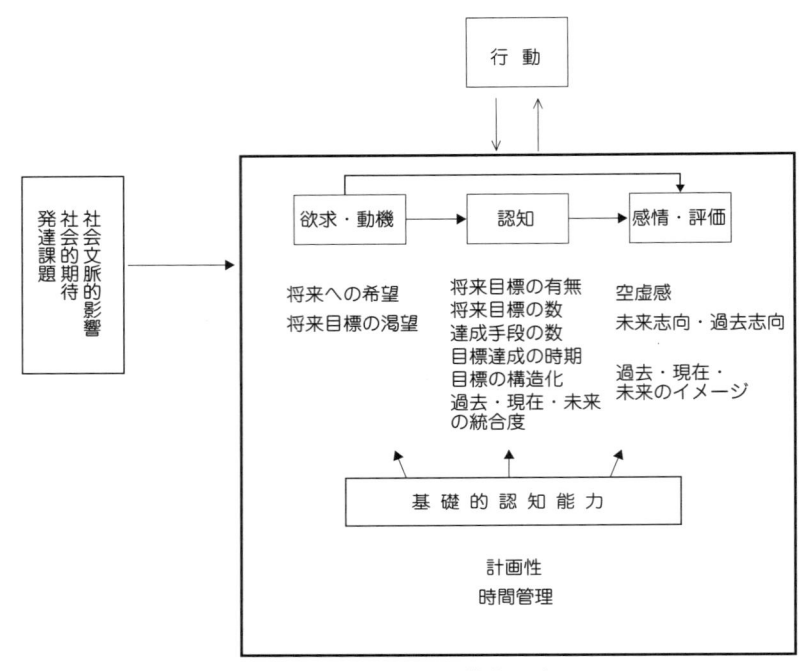

```
                          ┌─────┐
                          │行 動│
                          └─────┘
                           ↓  ↑
┌──────┐    ┌─────────────────────────────────────┐
│発社社 │    │  ┌─────────┐  ┌────┐  ┌─────────┐   │
│達会会 │    │  │欲求・動機│→│認知│→│感情・評価│   │
│的的文 │ →  │  └─────────┘  └────┘  └─────────┘   │
│課期脈 │    │                                     │
│題待的 │    │  将来への希望  将来目標の有無  空虚感        │
│  の影 │    │  将来目標の渇望 将来目標の数   未来志向・過去志向│
│  響  │    │              達成手段の数              │
│      │    │              目標達成の時期   過去・現在・ │
│      │    │              目標の構造化    未来のイメージ│
└──────┘    │              過去・現在・未来            │
            │              の統合度                │
            │                 ↑                   │
            │        ┌─────────────────┐          │
            │        │ 基 礎 的 認 知 能 力 │          │
            │        └─────────────────┘          │
            │              計画性                 │
            │              時間管理                │
            └─────────────────────────────────────┘
```

図18-2 時間的展望の構造モデル

たのである。その後，時間的展望の長さに関して，社会階層，非行経験，精神病理の有無，学業成績などの要因との関連が実証的に示された。発達的には，児童期から青年期にかけて年齢とともに時間的展望が長くなり，青年は老人よりも時間的展望が長いことが明らかにされた。

都筑（1982）によれば，従来の時間的展望研究において，最も研究がなされてきたのは時間的展望の長さについてである。レヴィンやフランクが理論的概念として提起した時間的展望を実証研究のレベルに乗せていくうえで，時間的展望の長さという概念が果たした役割は大きいといえる。その一方で，都筑（1982）が指摘したように，時間的展望の理論と実証研究との間には，まだギャップが存在していた。個人が自分の人生に起こりそうな出来事を思い浮かべることは，その個人にとって意味のある出来事であるかどうかとは，必ずしも一致しない。思い浮かべた出来事（目標や希望）に対して，いかなる意味づけをしているのかを明らかにすることが求められるのである。

そうした研究は，時間的展望の長さだけでなく，時間的展望の内容を検討することによって達成できるものである。1980年代に入ると，将来の目標について

の研究がおこなわれるようになった（Wadsworth & Ford, 1983）。社会心理学の分野からも目標研究が進められていった（Pervin, 1989）。動機づけとの関連においても時間的展望が研究され始めた（Nuttin, 1984, 1985）。その後，1990年代以降には，時間的展望研究者の国際交流も活発におこなわれるようになり，時間的展望の内容や意味に関する研究が幅広く進められてきている（都筑，2007a）。

都筑（1999）は，認知と感情という二分類で捉えられてきた時間的展望について，欲求・動機という第3の視点を含めた時間的展望の構造モデルを提起し，社会文脈的影響や行動との相互作用も組み入れて，時間的展望の全体的な関連性を図18-2のようにあらわした。このようなモデルは，時間的展望の理論がもっている意味に迫ろうとする一つの試みである。

第2節　時間的展望の発達

本節では，乳児期から青年期にかけての時間的展望の発達の道筋を紹介するとともに，生涯発達の視点からみた人生における時間的展望の意義について考察する。

1　時間的展望の発生基盤

生まれて間もない赤ん坊は，周囲の他者と自己との間の境界も曖昧なままに，「今」「ここ」に生きている。自分を世話してくれる大人に身を委ねることで生きていくしかない脆弱な存在である。他方で，そうした社会的養育を受けることで赤ん坊は人間として発達していく。ここに時間的展望が発生していく基盤がある。

第1は，言語の発達である。言語は「今」「ここ」にないものをあらわす。赤ん坊がワンワンやブーブーと言うときには，今ここには存在していない犬や自動車のイメージが頭の中に思い浮かべられている。「今」「ここ」から離れた世界を想像することができるのは，こうした表象の働きによる。人間は言語を用いて，「今」「ここ」から離れた世界について，さまざまな形で思いを巡らすことができる。人間が人間たるゆえんである言語にもとづいて，「今」「ここ」から未来や過去について志向する時間的展望が成立するのである。

第2は，希望の発達である。エリクソンによれば，乳児期の発達的な課題は，基本的信頼対不信である（Erikson, 1982/1989）。赤ん坊は大人の世話を受けることで，周囲の人間に対する信頼感を養うだけでなく，自分自身に対する信頼感をも養っていく。乳児期に育っていく希望という人格的な力によって，未来に対する

自信に満ちた歩みが保障されるのである。

　青年期における時間的展望の確立対拡散は，乳児期の基本的信頼対不信に根をもち，時間的展望は基本的信頼に支えられており，アイデンティティは希望によって確実なものになるといえる。

　フロムが言うように，希望とは決して受動的に待つことではない（Fromm, 1968/1970）。希望をもつということは，「まだ生まれていないもののためにいつでも準備ができているということであり，たとえ一生のうちに何も生まれなかったとしても，絶望的にならないということ」（訳書, pp.27-28）なのである。希望とは，未来に対する能動性を備えた心の状態であるといえる。

2　時間的展望の高次化プロセス

　フレスは，時間の概念を含まない単なる過去や将来の喚起を，時間的視界（horizontal temporal）という概念で説明した（Fraisse, 1957/1960）。動物や人間の幼い子どもにおいても時間的視界は認められる。岩淵（1968）の調査では，2歳半頃から，「キョウ」「アシタ」「キノウ」という言葉の意味と使用が少しずつ分化してくることがわかっているが，この時期はまだ原初的な段階である。

　フレスによれば，出来事の表象が時間的な性質を帯びるようになるのは，ある出来事を他の別の出来事との関係において配列して位置づけ，それらの出来事を継起した順に表象できるようになってからのことである。

　時間や空間の系列化が発達するのは7～9歳頃であり，それによって，筋道を立てて物事を考えたり，これから先に起こりそうな出来事を見通すことができるようになる（近藤, 1989）。この時期には，外界の諸事象を自分が今いる時点で受け止めて整理し秩序立てて組み直す力としての認知的「自己編集能力」が獲得されると考えられている（渡辺, 1993）。

　ザゾ（Zazzo, 1969/1974）は，発達の力動過程検査（赤ん坊，今の自分の年齢，大人という3つの時期の選択・受容・拒否を質問する）を6～12歳の子どもに実施し，自己価値の3つの発達水準を明らかにしている。第1は，自分より下の年齢と比較して自己肯定する段階である。第2は，自分より上の年齢と比較して自己肯定する段階である。第3は，自分より下の年齢と上の年齢の両方を同時に比較して自己肯定する段階である。

　これらの研究から明らかなように，児童期の中頃に，認識能力の発達にともなって，複数の出来事を時間軸上に並べて，相互に比較して理解することができるようになる。9～10歳頃の発達の節を超えると，時間的展望が発達していくと

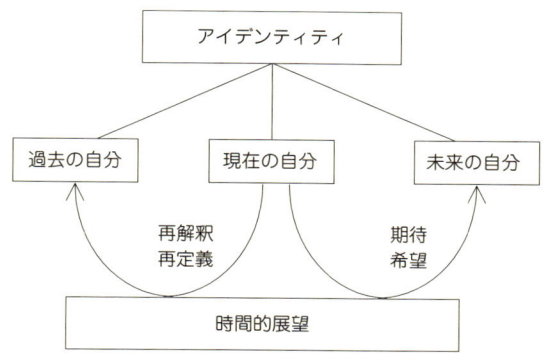

図18-3 青年の時間的展望とアイデンティティとの関連
についての仮説的図式

いえる。そのことにより，レヴィン（Lewin, 1951/1979）が述べているように，児童期から青年期にかけて，時間的展望に関して，より遠い未来や過去の出来事が現在の行動に影響を及ぼすようになるとともに，自分が願望するだけで実現不可能な水準と実際に努力すれば実現可能な水準とが分化していくのである。

エリクソンがアイデンティティ拡散の重篤な臨床像の一つとして，時間的展望の拡散をあげていることから明らかなように，青年期においては，時間的展望の確立対拡散は，アイデンティティの達成対拡散と同じように重要な発達的な課題となる（Erikson, 1959/1973）。この点に関連して，都筑（1999）は，図18-3に示したように，現在の自分が，人生の将来目標を立てるという時間的展望を確立しようとする過程で，過去の自分や経験・出来事を振り返りつつ，それらを再解釈したり，再定義し，同時に，未来の自分や目標・出来事を思い浮かべ，その実現を期待したり，希望することを通じて，過去・現在・未来の自分を統合的にとらえ，アイデンティティを達成するという関連性について述べている。

3 人生における時間的展望

時間軸上に複数の出来事を配列して位置づけることは，時間的展望の成立要件となる。その際に，複数の出来事の間の順序性だけでなく，重要性や緊急性なども大切な点となる。

都筑（1999）は，大学生における将来目標の階層構造について，目標と達成手段との関連から検討し，目標－手段関係が構造化されている場合には，1つあるいは複数の中心的な目標の実現のために行動が動機づけられていることを明らか

にした。それに対して，目標－手段関係が構造化されていない場合には，目標がリストアップされていても，その達成のための手段が少なかったり，手段の内容に具体性が欠けていて，目標が個別分離的に意識され，全体的にまとまりのある構造をなしていないことがわかった。

　これらのことから，次のようなことがいえる。第1に，将来の目標をただ単にあげて，認知的に大まかな予想を立てるだけでは，時間的展望としては十分に機能しないということである。図18-2に示したように，思い描かれた時間的展望が実際に行動レベルで実行されたあとに，その結果がフィードバックされて，さらに時間的展望に修正等が加えられるというプロセスが必要なのである。時間的展望研究では，こうした時間的展望と行動との相互関連を検討するうえでは，同じ個人または集団を追跡する縦断的研究が不可欠となる。

　第2に，目標間の関係性や目標－手段の関係性を明確化し，時間軸上に並べるだけでなく，それを着実に実行していくには，時間をどのように有効に使っていくかという視点が重要である。都筑（2009b, 2010）は，小・中・高校生を対象に，一日の時間の使い方についての100点満点での自己評価にもとづいて，時間の使い方の上手な子どもと下手な子どもを分類した。その結果，時間の使い方の上手な子どもほど，生活時間の組み立て（規則正しい生活を送る，計画的に勉強するなど）ができており，父母に言われなくても自分自身で時間に区切りを入れながら生活を送っていることが明らかになった。

　もともと，未来とは「ここ」にないものであり，未だ来ないものである。そうした未来を時間的展望として表象し，それに沿って未来の時間に何らかの目標を実現するには，時間を組み立てる時間配分や時間に区切りをつける分節化が重要な役割を果たす。それは一日24時間を自分のペースで刻みながら，自分の人生を設計していくことである。

　実際，時間的展望研究は，教育・臨床・司法・福祉等において，さまざまな形で応用され，幸福で健康な人生を送るために役立てられている（白井ほか，2007）。

第3節　現代社会における時間的展望研究の意義と課題

　本節では，現代社会に生きる人々の意識の特徴について考察したあとに，時間的展望研究が人生をとらえる意義や今後の研究課題について述べる。

1 現代社会を生きる人々の時間的展望

2008年9月のサブプライムローンの破綻問題に端を発したリーマン・ショックは世界的な金融危機を引き起こし，100年に一度の大不況と言われた。雇用の悪化や個人消費の減退が生じ，世界経済に多大な悪影響を与えた。時間的展望研究が始まった契機となった1929年の世界大恐慌と同じように，失業や先行き不安の意識が広まっていった。

このような現代社会において，多くの人々が生きづらさを抱えながら生きている。多くのリスクが待ち構えている現代社会において，自分自身の力で切り抜けていくしかないという思いにかられ，競争的な状況の下で，自己責任の呪縛に苦しめられている人々は少なくない。とりわけ青年から大人への移行に際して困難に直面し，自らの時間的展望をもちきれず，不安に陥ったまま生きざるをえない青年たちの存在は世界的にも大きな問題となっている（中西・高山，2009；Furlong & Cartmel, 2007/2009）。

現代社会において，自らの人生に関して明るい希望に満ちた時間的展望をもつことはきわめて難しいことである。一方では，「今」を未来と切り離して，点々とした「今」にだけ生きるような精神的その日暮らしをしている人々がいる。他方では，「今」を未来のための手段としてだけとらえ，未来のために「今」を犠牲にして過ごし続ける人々がいる。いずれも時間的展望をもちきれない点では共通しており，「今」の充実した活動とは無縁である。

このように「今」を過ごしている人々に対して，時間的展望研究は何をなしうるのか。彼らに対して「明るい未来」を提示することは絵空事であり，何ら意味をもたない。フロム（Fromm, 1968/1970）が希望の機能として論じたように，能動的な心の準備性を備えた心の状態こそが，重要であるといえるだろう。時間的展望研究には，そのような態度のもつ意味を検討し，その発達的意義を深めていくことが求められている。

2 時間的展望研究の意義

都筑（2007b）は時間的展望研究のアプローチの特徴について，次のように述べている。

時間的展望研究とは，社会歴史的な存在としての人間の「人生」と呼ばれる時間をとらえることである。「人生」とは一回限りのものであり，誕生から死に至るまでのすべてのプロセスから構成されており，さまざまな紆余曲折が含まれている。このような「人生」の全体性，一回性，力動性を視野に入れながら，時間

的展望研究は「人生」における過去や現在や未来という心理的時間の調和や不調和をとらえようとするものである。個人が過去や現在や未来をどのように分節化してとらえているか，どのように連続させてとらえているかを明らかにしようとするものである。時間的展望研究は，過去，現在，未来を生きる個人の生きる意味を理解することを目指しているのである。

時間的展望には，認知，欲求・動機，感情などの人間行動・心理にかかわるすべての構成要素が含まれている。時間的展望研究は，これまで個別の視点から検討され蓄積されてきた心理学の研究知見を統合していく志向性をもっており，総体としての人間把握を目指すものなのである。

3 時間的展望研究の今後の課題

時間的展望研究は，長さ（extension）の研究から始まり，目標の研究へと発展し，研究領域を拡大してきた。認知と感情の二側面から研究されてきた時期から，欲求・動機の面を含めた研究へと発展してきた。

今後の研究課題として，以下の4点を挙げることができる。

第1は，時間的展望の縦断的研究を進めることである。時間的展望研究は，当初から長い間，レヴィン（Lewin, 1951/1979）の定義（「ある一定の時点における心理学的な過去と未来の総体」）に示されているように，「ある一定の時点」に焦点化して検討されてきた。最近は，そのような「静止的」な時間的展望研究ではなく，複数の時点で調査を継続的に実施し，時間的展望の変化を「動的」にとらえる研究が見られるようになってきた。白井（1999, 2000, 2001, 2003）は，大学から社会への移行にともなう時間的展望の再編成に関して質問紙調査と面接調査を組み合わせた追跡的研究をおこなっている。都筑（2007a, 2008, 2009a）は，大学から社会へ，小学校から中学校へ，中学校から高校へという期間を対象に，その間の時間的展望の変化プロセスを検討する縦断的研究を実施している。こうした縦断的研究は，時間的展望のダイナミズムを明らかにする上で不可欠であるといえる。

第2は，環境移行（トランジション）にともなう時間的展望の変化を明らかにすることである。都筑（2007a, 2008, 2009a）の縦断的研究は，いずれも学校を卒業し，進学あるいは就職する時点の前後の期間を対象にしたものである。図18-2に示したように，異なる社会的な文脈においては，発達課題や社会的期待が違っており，それが時間的展望に影響を及ぼしていく。たとえば，小学生と中学生は同じ義務教育制度の枠内で生活を営んでいるが，小学校と中学校は教育制度や教育内容などの点においてさまざまな差異点をもっており，そうした文脈の違いが

子どもの時間的展望にも影響すると考えられる。都筑（2009a）によれば，中学から高校への進学にともなって高校生活という新たな環境のもとで，自己を肯定的にとらえられるようになったり，あるいは，他者との関係を構築できた生徒は，将来への希望が強くなることがわかっている。このような時間的展望に影響を与える可能性をもつ環境移行には，就職，昇進，結婚，子どもの誕生など，さまざまなものがあるだろう。環境移行に焦点を当て，個人の時間的展望を具体的な状況との関連で検討することは意義深いといえる。

　第3は，時間の展望における個人差の検討である。発達心理学においては，発達的変化を示すために，横軸に時間の経過（たとえば，年齢や学年など），縦軸に検討すべき変数（たとえば，時間的展望など）を置き，時間の経過にともなう変数の値の変化によって検討してきた。年齢や学年にともなう変化は，横断的データや縦断的データを用いて成長曲線や発達曲線としてあらわされてきた。ここでは，対象となった何百人，何千人という子どもの発達が一本の線に集約されて表現されることになる。それは子どもの発達の姿を一般化するうえでは重要な役割を果たしているが，他方で，一人ひとりの子どもには個人差があり，一本の線で表現された発達には当てはまらないような子どもがいることも確かなことである。都筑（2009a）は，中学3年生から高校3年生までの4時点での縦断的データを用いて変化パターンを分類するクラスタ分析をおこない，時間的展望の5下位尺度において，6つのクラスタを見出した。たとえば，将来の希望が一貫して高い群，低い群，高校入学後に将来の希望が弱くなる群，強くなる群，学年とともに少しずつ将来の希望が弱くなる群，強くなる群の6つの変化パターンが見られた。このように時間的展望の変化パターンには明確な違いをもつグループが存在している。そうした個人差がいかなるメカニズムによって生じてくるのかを他の変数との関連を分析することで明らかにしていくことは，重要な課題であるといえる。

　第4は，時間的展望の発達について，複数の発達段階をまたいで検討していくことである。従来，ほとんどの研究においては，児童期，青年期，成人期，老年期というように，それぞれの発達段階における時間的展望のありようについて検討してきた。そのことによって，各発達段階における時間的展望の発達的特徴がかなり明らかにされてきた。その成果をふまえて，次に求められるのは，次のようなことである。たとえば，児童期における時間的展望の発達が，青年期の時間的展望の発達にいかなる影響を及ぼしうるのか，理論的な考察を深め，実証的なデータによって検証することである。これは，一つの発達段階における時間的展望の発達に研究的関心をもつ研究者が，生涯発達という幅広い視野から自分の研

究の意味を問い直すことでもあるだろう。このようにして自らの問題意識を広げていくことは，時間的展望という人間の人生における時間の研究をよりいっそう進展させていくといえよう。

引用文献

Erikson, E. H.（1973）．*自我同一性*（小此木啓吾，訳編）．東京：誠信書房．（Erikson, E. H.（1959）．*Psychological issues: Identity and the life cycle*. New York: International Universities Press.）

Erikson, E. H.（1989）．*ライフサイクル，その完結*（村瀬孝雄・近藤邦夫，訳）．東京：みすず書房．（Erikson, E. H.（1982）．*The life cycle completed: A review*. New York: Norton.）

Fraisse, P.（1960）．*時間の心理学：その生物学・生理学*（原　吉雄ほか，訳）．東京：創元社．（Fraisse, P.（1957）．*Psychologie du temps*. Paris: Presses Universitaires de France.）

Frank, L. K.（1939）．Time perspective. *Journal of Philosophy*, **4**, 293-312.

Fromm, E.（1970）．*希望の革命*（改訂版）（作田啓一・佐野哲郎，訳）．東京：紀伊國屋書店．（Fromm, E.（1968）．*The Revolution of hope*. New York: Harper & Row.）

Furlong, A., & Cartmel, F.（2009）．*若者と社会変容*（乾　彰夫・西村貴之・平塚眞樹・丸井妙子，訳）．東京：大月書店．（Furlong, A., & Cartmel, F.（2007）．*Young people and social change: New perspectives*（2nd ed.）. Maidenhead, UK: Open University Press.）

Israeli, N.（1935）．Distress in the outlook of Lancashire and Scottish unemployed. *Journal of Applied Psychology*, **19**, 67-69.

岩淵悦太郎ほか．（1968）．*ことばの誕生*．東京：日本放送出版協会．

Janet, P.（1955）．*人格の心理的発達*（関　計夫，訳）．東京：慶應通信．（Janet, P.（1929）．*L'évolution psychologique de la personnalité*. Paris: Chahine.）

近藤文里．（1989）．*プランする子ども*．東京：青木書店．

Lewin, K.（1936）．*Principles of topological psychology*. New York: McGraw-Hill Book Company.

Lewin, K.（1956）．*心理学的力の概念的表示と測定*（上代　晃，訳）．東京：理想社．（Lewin, K.（1938）．*The conceptual representation and the measurement of psychological forces*. Durham, NC: Duke University Press.）

Lewin, K.（1954）．*社会的葛藤の解決*（末永俊郎，訳）．東京：東京創元社．（Lewin, K.（1948）．*Revolving social conflicts: Selected papers on group dynamics*. New York: Harper.）

Lewin, K.（1979）．*社会科学における場の理論*（増補版）（猪股佐登留，訳）．東京：誠信書房．（Lewin, K.（1951）．*Field theory in social science*（Ed. by Dorwin Cartwright）. New York: Harper.）

Minkowski, E.（1972, 1973）．*生きられる時間 1・2*（中江育生・清水　誠・大橋博司，訳）．東京：みすず書房．（Minkowski, E.（1933）．*Le temps vécu*. Paris: J. L. L. d'Artrey.）

中西新太郎・高山智樹（編）．（2009）．*ノンエリート青年の社会空間*．東京：大月書店．

Nuttin, J.（1984）．*Motivation, planning, and action*. Leuven, Belgium: Leuven University Press and Hillsdale, NJ: Lawrence Erlbaum Associates.

Nuttin, J.（1985）．*Future time perspective and motivation*. Leuven, Belgium: Leuven University Press and Hillsdale, NJ: Lawrence Erlbaum Associates.

Pervin, L. A.（Ed.）．（1989）．*Goal concepts in personality and social psychology*. Hillsdale, NJ: Lawrence Erlbaum Associates.

白井利明．（1999）．大学から社会への移行における時間的展望の再編成に関する追跡的研究（Ⅰ）：91年度大学入学コーホートにおける時間的展望と自我同一性の5年間の変化．*大阪教育大学紀要*（第Ⅳ部門），**47**，335-342.

白井利明．(2000)．大学から社会への移行における時間的展望の再編成に関する追跡的研究（Ⅱ）：大学卒業2年目における未来と過去の展望の変化に対する知覚．大阪教育大学紀要（第Ⅳ部門），**49**，23–32．

白井利明．(2001)．大学から社会への移行における時間的展望の再編成に関する追跡的研究（Ⅲ）：大卒5年間における初期キャリアの形成．大阪教育大学紀要（第Ⅳ部門），**50**，27–45．

白井利明．(2003)．大学から社会への移行における時間的展望の再編成に関する追跡的研究（Ⅴ）：卒業前後4年間のアイデンティティと時間的展望の規定関係．大阪教育大学紀要（第Ⅳ部門），**52**，23–31．

白井利明・園田直子・大橋靖史・柏尾眞津子．(2007)．時間的展望研究の具体的展開．都筑学・白井利明（編），*時間的展望研究ガイドブック*（pp.135-205）．京都：ナカニシヤ出版．

都筑　学．(1982)．時間的展望に関する文献的研究．*教育心理学研究*，**30**，73–89．

都筑　学．(1999)．*大学生の時間的展望：構造モデルの心理学的検討*．八王子：中央大学出版部．

都筑　学．(2007a)．*大学生の進路選択と時間的展望*．京都：ナカニシヤ出版．

都筑　学．(2007b)．時間的展望研究へのいざない．都筑　学・白井利明（編），*時間的展望研究ガイドブック*（pp.1-10）．京都：ナカニシヤ出版．

都筑　学．(2007c)．時間的展望の理論と課題．都筑　学・白井利明（編），*時間的展望研究ガイドブック*（pp.11-28）．京都：ナカニシヤ出版．

都筑　学．(2008)．*小学校から中学校への学校移行と時間的展望*．京都：ナカニシヤ出版．

都筑　学．(2009a)．*中学校から高校への学校移行と時間的展望*．京都：ナカニシヤ出版．

都筑　学．(2009b)．時間の使い方の上手な子どもと下手な子ども．Benesse教育研究開発センター　放課後の生活時間調査報告書：小・中・高校生を対象に．*研究所報*，**55**，98–109．

都筑　学．(2010)．時間使用は人を表す．*中央評論*，**272**，31–36．

Wadsworth, M., & Ford, D. H. (1983). Assessment of personal goal hierarchies. *Journal of Counseling Psychology*, **30**, 514–526.

Wallace, M. (1956). Future time perspective in schizophrenia. *Journal of Abnormal and Social Psychology*, **52**, 240–245.

渡辺弘純．(1993)．小学校中学年期において認知的「自己編集能力」を獲得する意味を検討する．*心理科学*，**14**，1–16．

Zazzo, R. (Ed.). (1974). 学童の生長と発達（久保田正人・塚野州一，訳）．東京：明治図書出版．(Zazzo, R. (Ed.). (1969). *Des garçons de 6 à 12 ans*. Paris: Presse Universitaires de France.)

人名索引

【A】

安倍淳吉　175, 179, 180, 182, 183
Ackerman, A. M.（アッカーマン）　284
Ackerman, B. P.　234
Ackermann, H.　236
安達智子　109
Adler, S. A.（アドラー）　74, 75
Alea, N.（アリー）　277, 278
Alsaker, F.　104
天谷祐子　99
Anderson, M. J.　233
安藤富士子　63
安藤哲也　168
Angrilli, A.（アングリリ）　233
Antonucci, T. C.　152
青木慎一郎　180
青柳宏　166
Arendt, J.　216
Arieti, S.（アリエティ）　161
アリストテレス　125
浅田稔　81
浅野志津子　160
Atchley, R. C.　134
Augustinus, A.（アウグスティヌス）　122, 123
綾戸智恵　206

【B】

馬場安希　104
馬場久志　162
Baillargeon, R.（ベイラージョン）　76
Bain, A.（ベイン）　34
Baldwin, J. M.（ボールドウィン）　35, 36, 41
Baltes, P. B.（バルテス）　55, 56, 59
Bard, K. A.　19
Barnett, R.　145
Baron-Cohen, S.（バロン＝コーエン）　244
Barr, R.（バー）　80
Bartlett, F. C.　277
Baruch, G. K.　145
Bauer, P. J.　27
Bell, M. A.　224
Belsky, J.（ベルスキー）　146
Benjamin, L. T.　7
Benson, J. B.　22
Bigelow, A. E.（ビグロウ）　79

Bindra, D.　232
Binet, A.（ビネー）　38, 42
Biro, D.　23
Bjorklund, D. F.　27
Blagov, P. S.　276
Block, R. A.（ブロック）　230, 231
Bluck, S.（ブルック）　200, 275, 277, 278, 286
Boulos, Z.　215
Bowersox, S. S.　211
Breguet, A. L.（ルイ・ブレゲ）　3, 4
Bressler, S. L.　27
Brewer, W. F.　275
Brockmeier, J.　200
Bronfenbrenner, U.（ブロンフェンブレンナー）　178
Bschor, T.（ブショア）　233
Buckner, R. L.　27
Bühler, Ch.（シャルロッテ・ビューラー）　99
Bunney, W. E.　219
Busby, J.　27
Butler, R. N.（バトラー）　137, 276
Butterworth, G.（バターワース）　73

【C】

Calkins, S. D.　224
Call, J.　28
Cannon, W. B.（キャノン）　227
Carroll, D. C.　27
Carstensen, L. L.（カーステンセン）　286
Cartmel, F.　301
Carver, L. J.　27
Case, R.　86
Cattell, J. M.（ジェームズ・キャッテル）　7
Chervin, R. D.　219
Chudacoff, H. P.（ハワード・チューダコフ）　13
Cicchetti, D.　102
Claparède, E.（クラパレード）　36
Colombo, J.（コロンボ）　75
Compas, B. E.　103
Condon, W. S.　227
Conway, M. A.（コンウェイ）　279, 280, 285, 287, 289
Cott, J.（コット）　276
Courage, M. A.　282
Craig, A. D.　236

307

Craik, F. I. M.　285
Csibra, G.　20
Cumming, E.（カミング）　140
Cusumano, D. L.　104

【D】

Damasio, A.　225
Danziger, K.　39
Darwin, C. R.（ダーウィン）　34, 43
De Lee, C.　213
de Vries, J. I.　72
de Waal, F.　227
Deacon, S.　216
DeCasper, A. J.　77
Diamond, A.（ダイアモンド）　76
Dijk, D. J.　215
土肥伊都子　145
Donders, F. C.（ドンデルス）　7, 8
Doria, V.　27
Draaisma, D.　114, 116, 117
Droit-Volet, S.（ドゥロワ＝ヴォレ）　230, 233, 234, 235
Dufour, V.　28
Dujardin, K.　219

【E】

海老沢尚（Ebisawa, T.）　217
江田裕介　159
Effron, D. A.（エフロン）　235
江上園子　150, 151
Eichler, V. B.　215
Einstein, A.（アインシュタイン）　260
Elder, G. H. Jr.（エルダー）　176, 177, 178
Elkind, D.　101
Ende, M.（エンデ）　196
遠藤利彦　224
Engleman, T. G.　213
榎本博明　118-120, 124, 125, 127, 200
Erikson, E. H.（エリクソン）　39, 40, 94, 105, 106, 117, 135, 136, 139, 197, 198, 225
Erikson, J. M.（ジョウン・エリクソン）　139
Espie, C. A.　219

【F】

Falk, D.　19
Falk, J. L.　232
Fechner, G. T.（フェヒナー）　34
Ferrari, P. F.　18

Field, D.　286
Fiese, B. H.　205
Finkelstein, J. W.　210, 218
Fitzgerald, J. M.　116
Fivush, R.（ファイバッシュ）　277, 281-283, 286, 288
Fogel, A.　19
Fonagy, P.　19
Ford, D. H.　297
Fraisse, P.（フレス）　117, 118, 124, 229, 236, 298
Frank, L. K.（フランク）　117, 295, 296
Frankl, V. E.（フランクル）　127
Franklin, B.（フランクリン）　196
Freed, A. O.　137
Freud, S.　274, 282
Freund, A. M.　59
Friedman, W. J.　85
Frijda, N. H.（フリーダ）　227
Fromm, E.（フロム）　298, 301
藤井保憲　2
藤本浩二　160
藤村宣之（Fujimura, N.）　87, 92, 95
藤澤伸介　166
藤原直子　167
福川康之　63
福丸由佳　150
Furlong, A.　301
布施光年　161

【G】

Galilei, G.（ガリレオ・ガリレイ）　2
Galton, F.（ゴルトン）　41, 274
Gergely, G.　19, 20, 80
Gergen, K. J.（ガーゲン）　176
Giele, J. Z.（ギール）　176, 177
Gil, S.　230, 233, 234
Gillette, M. U.　216
Goldman-Rakic, P. S.　76
Goldsmith, L. R.（ゴールドスミス）　278
Gómez, J. C.　33
権藤恭之　140
Goodman, G. S.（グッドマン）　287, 288
後藤容子　98
Gottman, J. M.　148
Gray, C.　255
Greenfield, P. M.　22
Greenspan, S. I.　19
Grondin, S.　230

Grotevant, H. D.（グローテヴァント）　106

【H】

Habermas, T.　200
Haden, C. A.（ヘイデン）　286
Haeckel, E.（ヘッケル）　35
萩原俊彦　109
Halford, G. S.　271
Hall, G. S.（スタンレー・ホール）　13, 35, 38
浜田寿美男　158
濱田穣　33
浜谷直人　206, 237
Hampton, R. R.　29
Hancock, P. A.（ハンコック）　233
Hareven, T. K.（ハーベン）　178
Harris, P. L.　234
Harrison, J.（ジョン・ハリソン）　10
長谷川知子　159
橋本優花里　230
蓮香園　150, 152
Hatfield, E.　227
林美里（Hayashi, M.）　21-24
Hayne, H.　283
Hergenhahn, B. R.　7
Hermans, H.（ハーマンス）　40
Hermelin, B.　249
Herzog, C.（ヘルツォーク）　64
日潟淳子　120, 121, 132, 153, 168
開一夫（Hiraki, K.）　77, 78
平田聡（Hirata, S.）　20
平山順子　146-148
広田直行　164
廣田靖子　153
Hobson, R. P.（ホブソン）　254
Hofer, S. M.（ホファー）　58, 60
Holmes, A.　285
Holtgraves, T. M.　204
Hopkins, B.　73
Horne, J. A.　211
Horowitz, T. S.　215
星川瞬　164
細江達郎　175, 178-181, 183, 184, 188, 189
細越久美子　180, 184
Howe, M. L.　282
Hugo, T.　20
Hume, D.（ヒューム）　123
Huygens, C.（クリスチャン・ホイヘンス）　2
Hyland, D. T.（ハイランド）　284

【I】

井深信男（Ibuka, N.）　215
一川誠　116, 133
市川伸一　92
生沢雅夫　89, 91
稲葉昭英　147
伊波和恵　136
Inhelder, B.　88
井上昌次郎　213, 214
入不二基義　123
石原金由　71
石井卓（Ishii, T.）　219
磯村陸二　161
Israeli, N.（イスラエリ）　295
板倉昭二　19, 33, 80
糸田尚史　180, 184
伊藤裕子　146-148
岩淵悦太郎　298
岩崎秀雄　228
岩瀬勝彦（Iwase, K.）　71
岩田純一　196, 281
井山弘幸　26
Izard, C. E.　234

【J】

James, W.（ウィリアム・ジェームズ）　39, 40, 114, 115, 274
Jan, J. E.　219
Janet, P.（ジャネ）　114, 197, 229, 236, 295
Jansari, A.（ジャンサリ）　284, 285
神宮英夫　230
Josselson, R.（ジョッセルソン）　126
Jünger, E.（ユンガー）　113

【K】

香川秀太　158
Kahlenberg, S. M.　26
金井篤子　145
金森修　26
神田孝平　37
金田千賀子　158
嘉志摩佳久（Kashima, Y.）　204
柏尾眞津子　132
柏木惠子　144, 146, 148-150, 152
春日井典子　146
加藤弘通　169
加藤直樹　89
加藤智子　171

人名索引　309

加藤忠明　227
加藤義信（Kato, Y.）　41, 225
川口潤　224
河合千恵子　136
川上清文　18
川村浩（Kawamura, H.）　215
川田学　227
数井みゆき　147
Keller, J. D.　25
Kelly, J.　146
Kennedy, Q.　286
吉川政夫　230
木村敏　126, 196
木下孝司　284
岸洋子　202
北村安樹子　152
北山忍（Kitayama, S.）　109
Kleitman, N.　71, 213
小林江里香　59
小林利宜　101
Köhler, W.（ケーラー）　42
小泉令三　160
小泉智恵　145
小島崇（Kojima, T.）　27
小松栄一　99
近藤文里　298
小西行郎　72, 74
小坂千秋　148
河野寿美代　71
高坂康雅　101, 102
孝徳天皇　12
子安増生　4, 5, 84
久保田正人　227
久保良英　38
熊谷高幸　245, 246, 249
熊崎努　120
粂和彦　228
國吉康夫（Kuniyoshi, Y.）　81
Kupfer, D. J.　219
倉盛美穂子　164
Kurjak, A.（カージャック）　73
日下部典子（Kusakabe, N.）　266

【L】

藍瑋琛　268
Langer, J.　232
Lavelli, M.　19
Lazarus, M.（ラツァールス）　175

Lazarus, R. S.　224
LeDoux, J.（ルドゥー）　226, 227
Lee, A.（リー）　254
Lepage, J-F.　20
Levenson, R. W.　148
Levin, I.（レヴィン）　84, 88, 263-265, 268, 271
Levine, L. J.　286
Levinson, D. J.（レビンソン）　117, 118, 120, 176
Lewin, K.（レヴィン）　93, 117, 175, 179, 294-296, 299, 302
Lewis, C. N.　137
Lewis, M.（ルイス）　226
Lewis, M. I.　137
Lewkowicz, D. J.（ルーコウィッツ）　75
Libet, B.（ベンジャミン・リベット）　8
Liszkowski, U.　21
Locke, J.（ジョン・ロック）　39, 40
Luthar, S. S.　102

【M】

牧野カツコ　151
蒋田晋治　159
槙洋一　284
Mangan, P. A.（マンガン）　114
Mansour, E.　200
Marcia, J. E.　106
マリー・アントワネット　3
Markman, E. M.（マークマン）　91
Markus, H. R.（マーカス）　109, 123
Martin-Ordas, G.　28, 29
Maruna, S.（マルナ）　198
丸山真名美　164
正岡寛司　178
増井幸恵　140
松田文子（Matsuda, F.）　84-86, 115, 116, 133, 136, 230, 234, 259-262, 264, 266-273
松田惺　94
松浪克文　120
松浦素子　145
松沢哲郎（Matsuzawa, T.）　19-26, 33
Mayer, K. U.　59
McAdams, D. P.（マクアダムス）　124, 126, 198, 200
McArthur, A. J.　216
McLean, K. C.（マクリーン）　200-202, 206, 276
Meck, W. H.　234
Melinder, A.（メリンダー）　287, 288
Meltzoff, A. N.（メルツォフ）　80
Menon, V.　27

三木成夫　225, 226
Mill, J. S.（ミル）　37
南博文　167
Minkowski, E.（ミンコフスキー）　295
箕浦康子　153
Mithen, S.　33
三浦香苗　160
宮前淳子　168
宮本みち子　108
宮下一博　101
宮崎美智子（Miyazaki, M.）　78
溝上慎一　98, 105, 109
水間玲子　98, 101, 103-105
水野友有（Mizuno, Y.）　18
Moll, H.　21
百瀬良　146
Moore, P.　139
Moore, R. Y.　215
森岡正芳　169, 203
諸井克英　147
諸隈誠一　70, 71
茂呂雄二　158
本川達雄　228
元森絵里子　167
元良勇次郎　38
Moustakas, C. E.（ムスターカス）　127
Mulcahy, N. J.　28
Mundy, P.（マンディ）　244
村田孝次　35
無藤隆　152
明和政子（Myowa-Yamakoshi, M.）　18, 33, 69, 73

【N】
Nadel, J.　79
永久ひさ子　146, 149, 153
永井暁子　146
長町裕子　162
長島瑞穂　89
内藤美加（Naito, M.）　283, 284
仲真紀子　284
中垣俊之　225
中川織江　26
中井久夫　223, 224, 236
中嶌康之　140
中間玲子　98, 101, 103, 108, 109
中村正直　37
中村尚史　11
中村伸枝　170

中村徳子（Inoue-Nakamura, N.）　23, 33
中西新太郎　301
中里克治　62
中沢正夫　133
ナポレオン　3, 9
Negele, A.　200
Neisser, U.（ナイサー）　28, 70, 276
Nelson, C. A.　282
Nelson, K.（ネルソン）　200, 277, 281-283, 286
Neugarten, B. L.（ニューガーテン）　120, 130
Niedenthal, P. M.　235
新野貴則　158
ニキリンコ　252
西田裕紀子　145
野田一郎　163
野村晴夫　200
野村豊子　137
野矢茂樹　197
Nunez, A. A.　215
Nurius, P.（ニューリアス）　123
Nuttin, J.　297

【O】
落合良行　101, 102
O'Connor, N.　249
小田利勝　140
O'Donnell, M. E.　219
岡林秀樹（Okabayashi, H.）　49, 59
岡部一郎　163
岡田有司　163
岡花祈一郎　42
岡本夏木　90
岡本祐子　120, 121, 132, 149, 153
岡村均　228
岡崎善弘（Okazaki, Y.）　269-272
小野田奈穂　146
小野澤章子　180, 184
大場志津子　166
大橋英寿　178, 180, 183
大橋隆広　170
大日向雅美　149, 151
大平英樹　227
大井鎌吉　37
大久保智生　169
大久保幸夫　109
大隈重信　12
大森荘蔵　126
大森康之　170

大野久　101
大野祥子　148, 150
大澤康二　164
太田慶司　92
太田直道　126
長田由紀子　133
Osborn, A. F.（オズボーン）　161
Osvath, H.　28
Osvath, M.　28
王貞治　248

【P】
Panksepp, J.　228
Parke, R. D.　150
Parker, S. T.　19
Parkin, A. J.（パーキン）　284, 285
Pasupathi, M.（パスパティ）　200, 201
Patzold, L. M.　218
Pellegrini, D.　27
Penton-Voak, I. S.　232
Perner, J.　27, 283, 284
Perrault, C.（シャルル・ペロー）　2
Pervin, L. A.　297
Petre-Quadens, O.　213
Piaget, G. E.（ジョルジュ・エドュアール・ピアジェ）　3
Piaget, J.（ジャン・ピアジェ）　4, 36, 42, 43, 76, 80, 84, 87-89, 93, 242, 259, 260, 265, 266
Picard, M.（ピカート）　127
Pillemer, D. B.（ピルマー）　277-279
Pollock, G. H.（ポロック）　120
Posner, M. I.（マイケル・ポズナー）　7
Poti, P.　25
Povinelli, D. J.　29, 284
Pratt, M. W.　200, 205, 206
Premack, A.　22
Premack, D.（プレマック）　22, 28
Prescott, E. A.　77
Preyer, W. T.（プライヤー）　34-36
Prior, M. R.（プライアー）　218
Proust, M.（プルースト）　115

【R】
Raichle, M. E.　27
Ram, N.（ラム）　64
Rammsayer, T.　232
Rasmussen, J. E.　106
Ray, W. J.　63

Reese, E.（リーズ）　287
Reis-Costa, K.　233
Reiser, B. J.　279
Richdale, A. L.（リッチデール）　218
Richman, W. A.　75
Riemann, D.（ライマン）　219
Rifkin, J.　3, 9
Rilling, J. K.　27
Rizzolatti, G.　236
Rochat, P.（ロシャ）　79
Roffwarg, H. P.　213, 214
Ross, M.（ロス）　276, 277
Rovee, C. K.（ロビー）　77
Rovee, D. T.（ロビー）　77
Rovee-Collier, C.　283
Rubin, D. C.（ルビン）　284, 285
Ruffman, T.　27
Russell, J.　246

【S】
相良順子　147
西岸良平　187
齋藤亜矢　26
斎藤次郎　167
斎藤久美子　104
齋藤瑞恵　284
齋藤誠一　168
坂本篤史　169
櫻井茂男　109
Salovey, P.　276
Sander, L. W.　227
寒川新司（Sangawa, S.）　81
Sartre, J. P.（サルトル）　127
佐々木弘明　168
佐藤浩一　274, 276
佐藤正幸　12
佐藤暢哉　28
サトウタツヤ／佐藤達哉（Sato, T.）　38, 42, 46, 47
佐藤有耕　101, 102, 104
Schaie, K. W.（K・ワーナー・シャイエ）　49-52, 55, 57-60
Schoenfeld, A. H.　92
Schulkind, M. D.（シャルキンド）　284
Shanker, S. G.　19
柴田博（Shibata, H.）　62
柴田重信　228
渋谷美枝子　160
清水亜紀子　99, 100

清水博子　134
清水寛之　289
清水紀子　152
下島裕美　202, 203
下方浩史　63
下村英雄　108, 109
下仲順子　62
下山晴彦　107, 108
塩崎尚美　152
白井利明（Shirai, T.）　93, 105, 117, 119, 121, 125, 134, 135, 174, 197, 203-206, 300, 302
Singer, J. A.　276
Sinigaglia, N.　236
Skene, D. J.　216
Smiles, S.（スマイルズ）　37
Smith, L. B.　74
荘子　207
Spranger, E.（シュプランガー）　99
Starkey, S. J.　216
Stephan, F. K.　215
Stephen, J.　108
Sterck, E. H. M.　28
Stern, D. N.　228
Sternberg, R. J.（ロバート・スタンバーグ）　8
Stores, G.　219
Striano, T.　79
Suddendorf, T.　27
菅原健介　104
杉村和美　106, 107
杉澤秀博（Sugisawa, H.）　59, 134
杉山登志郎　253
住田正樹　167
角谷詩織　163
Swallow, K.　22

【T】

Taine, M.（テーヌ）　34
髙橋雅延　224
髙橋登　164
髙橋美保　145
髙村和代　106
髙山智樹　301
竹村民郎　11
竹下秀子（Takeshita, H.）　19-23, 25, 73
竹下輝和　167
竹内薫　133
瀧野揚三　159
滝沢武久　116

詫摩武俊　103
田村三郎　9
田村節子　170
田村裕子　164
田中昌人　19, 22, 28, 36, 37
田中杉恵　19, 22, 28
谷池雅子　218
谷村亮　85, 269, 270, 272
田野尻七生（Tanojiri, N.）　21
田上健一　171
鑪幹八郎　106
天智天皇　2, 12
寺田ひろ子　89
Terman, L. M.（ターマン）　38
Thase, M. E.（セイズ）　219
Thelen, E.　74
Thomas, W. L.（タマス）　178
Thompson, J.　104
Thomson, D. M.　282
Thorne, A.　200, 206, 276
Toh, K. L.　217
都甲潔　225
德田治子　149
德舛克幸　169
Tomasello, M.　20, 21, 27
富家美那子　168
冨澤公子　140
友永雅己（Tomonaga, M.）　20
Tornstam, L.（トルンスタム）　140
Trevarthen, C.（トレバーセン）　227, 228
津田仙　37
辻井正次　253
塚原政次　38
角山栄　3, 10, 11
都筑学　94, 95, 100, 105, 125, 174, 206, 294, 296, 297, 299-301
Tulving E.（タルビング）　28, 275, 282, 283
Tweedie, F. M.　219

【U】

内田正雄　37
植木丈弘　164
植村恒一郎　122, 123
上野有理（Ueno, A.）　20
上野千鶴子　135
上野恵子　151
馬居政幸　163
宇都宮博　154

人名索引　313

【V】

Valsiner, J.　42, 47
Vogel, G. W.（フォーゲル）　219
Vygotsky, L. S.（ヴィゴツキー）　42, 90

【W】

Wadsworth, M.　297
Wallace, M.（ウォリス）　295
Wallas, G.（ウォラス）　161
Wallon, H.（ワロン）　225-227
Wang, Q.（ウォン）　287-289
Warneken, F.　21
渡辺一功（Watanabe, K.）　71
渡辺弘純　298
渡部匡隆　163
渡辺富夫　227
渡辺恒夫　99
Watson, J. B.（ワトソン）　36, 42
Watson, J. S.　19
Watts, A. G.（ワッツ）　108
Wearden, J. H.　230, 232
Weaver, J. L.（ウィーヴァー）　233
Whiten, A.　23
Whitty, M.（ウィッティ）　123
Wicker, B.（ウィッカー）　236
Wiggs, L.　219
Wilkening, F.（ウィルケニング）　260, 261
Williams, D.（ドナ・ウィリアムズ）　245

Williams, H.　279, 285, 287
Willis, S. L.　49, 52, 59
Wilson, A. E.（ウィルソン）　276, 277
Wittmann, M.（ウィットマン）　230, 233
Wrangham, R. W.　26
Wu, J. C.　219
Wundt, W.（ヴント）　7, 175

【Y】

山田昌弘　146, 152
山田尚登　216
やまだようこ（Yamada, Y.）　20, 41, 228
山形恭子　26
山森光陽　164
山本真也（Yamamoto, S.）　21
山崎剛信　180, 184
柳澤信大　37
横井優子　119
米村耕平　162

【Z】

Zacks, J. M.　22
Zakay, D.　231
Zazzo, R.（ザゾ）　298
Znaniecki, F.（ズナニエッキ）　178
Zucker, I.　215
Zuckerman, B.　220

事項索引

【アルファベット】
ADHD（児）　219, 220, 243
ADL（日常生活動作能力）　135
DMN　27
IADL（手段的 ADL）　135
K 複合波　211, 212
MAMA サイクル　108
PISA　165, 170
rapid eye movement　70, 212
TEM　46
TIMSS　165
UJ ターン　188, 191
WWW 記憶　28

【あ行】
アイコンタクト　19
アイデンティティ　105-109, 121, 124, 153, 197, 198, 200-202, 298, 299
　　──の達成対拡散　299
　　成人期女性の──発達　149
アキュムレーター　230
アスペルガー障害　243
アルバート坊やの実験　36
アルファ波　211
育児不安　151
一次的ことば　90
居場所としての学校　167
イベント・ヒストリー・アナリシス　49, 57
今　301
意味記憶　275, 281, 285, 289
意味形成　200
色積み木積み模倣課題　24, 26
インキュベーション（孵卵期）　160
ウェルビーイング　145, 201, 202
　　心理的──　141
『失われた時を求めて』　115
宇宙的意識　140
うつ　131, 137
　　──病　217, 233
　　──病における睡眠障害　219
ウルトラディアン・リズム（超日リズム）　70, 213
エピソード記憶　27, 29, 275, 279, 281, 285
エマージェンス（創発）　23
延滞模倣　27, 80

エントレインメント　227
横断系列　52
横断研究　49
横断デザイン　50
思い出　274
親からの自立　206
親と子の愛着　287
音楽性　228

【か行】
外言　90
概日リズム　70, 209, 210, 216, 230
回想　200, 203, 206
　　──研究　137
　　──法　137, 276
　　高齢者の──　137
概念的理解　92
解放感　120
開放系　63
カイロス　43, 45
学習障害児　219
確証的因子分析　54
学年比較研究　165
革命暦　9
過去　119-126, 132, 153, 169, 198, 276, 293, 295
　　──・現在・未来の関係性　122, 199, 295
　　──のイメージ　252, 253
　　──を語る　137
数え年　13, 14
家族の個人化　146, 148
語り　197, 198, 200
学校　157
　　──週 5 日制　165
　　──生活満足感　163
　　──の安心　159
　　──の安全　159
　　──の時間割　166
加齢にともなう行動変化　57
加齢変化（の測定）　50, 53
カレンダー記憶　248, 249
カレンダータイム　43, 46
感覚過敏　246, 252-254
眼球運動　210
　　緩速──　71
　　急速──　70, 212

315

間主観性　227, 228
記憶の心理学　275
記憶保持　286
規則的な口唇運動　71
紀年法　12
希望　298, 301
　──の発達　297
基本的信頼対不信　297, 298
キャリア発達　108
九学会連合　179-182
『教育学セミナー』　35
協定世界時　10
共同注意　20, 21, 244
　──の障害　244
協同的探究学習　92
キリスト紀元　12
近代心理学　38, 39
緊張の相　229, 236, 237
筋電図　210, 212
金の卵　189
金融危機　301
具体的操作（期）　84, 88
クラーク大学　35, 38
クリニッジ標準時　10
グルココルチコイド（コルチゾール）　210
グレゴリオ暦　12
クロックタイム　41, 43-47
クロノジェネシス　43, 46
クロノス　43
クロノトポス　42
クロノメーター　10
形式的操作期　87, 93
系列研究　49
系列デザイン　52
ゲシュタルト心理学　42
結婚満足度の低下　146
限界集落　186
元号　12
言語の発達　297
現在　121-126, 132, 153, 169, 198, 199, 295
　高齢者の──志向　132
顕在記憶　283
減算法　7, 8
原始反射　74
高機能自閉症（児）　218, 243
高照度光治療　218
構造主義　42
交代勤務　215, 216

行動主義　42
　──宣言　36
行動療法　36
高度成長　185, 188
コーホート　49, 50
　──系列分析　52
　──効果　50, 51, 53
　出生──　50
国際単位系　9, 10
国際長寿医療センター研究所　59, 63
心の理論　28, 244, 251, 283, 284
　──の障害　244
個人間差　51, 55
個人的神話　124
個人内変化　51, 55, 56
　──の個人間差　55, 56
誤信念課題　283, 284
子ども　84
　──の居場所意識　168
　──の時間的展望　93, 94
　──の睡眠障害　218
　──の発達と睡眠　218
暦　12
コンポーネント分析法　8

【さ行】

サーカディアン・リズム（概日リズム）　70, 71, 209, 212, 213, 215-217, 230
作動記憶容量　272
サリーとアンのテスト　251
三項関係　20, 244
3歳児神話　152
参照系　242
『三丁目の夕日』　187, 189
産物構造　263, 265, 266, 268, 269
シアトル縦断研究　58
シータ波　211
ジェームズ-ランゲ説　227
ジェロトランセンデンス　139
自我　196
　──体験　99, 100
　──同一性　94, 197
　──の発見　99
時隔感　203
時間　2, 174, 196, 258, 293
　──意識　242
　──概念　259, 263
　──概念の発達　84, 258, 265

──概念構造の統合　272
　　──逆転法　54
　　──－距離－速さの関係概念　84, 260, 263
　　──持続体験　229-233, 236, 237
　　──折半法　234
　　──知覚　69, 230, 258, 259
　　──知覚の発達　75
　　──的拡大自己　28, 69
　　──的限界構造　263-265, 268, 269
　　──的参照系　243, 245, 246, 249, 250, 254
　　──的視界　117, 124, 298
　　──的資源の不足　145
　　──的随伴関係　77, 81
　　──的展望　93-95, 117, 121, 133, 135, 149, 152-154, 169, 175, 176, 179, 259, 294, 295
　　　　　──研究　41, 125, 293-297, 300-302
　　　　　──の確立対拡散　298, 299
　　　　　──の構造モデル　296, 297
　　　　　──の個人差　303
　　　　　──の再編　119, 302
　　　　　──の質的変化　105
　　　　　──の縦断的研究　302
　　　　　──の長さ　295, 296
　　　　　──の発達　135, 297, 298, 303
　　　　　環境移行にともなう──の変化　302
　　　　　子どもの──　93, 94
　　　　　成人期の──　117
　　　　　青年期の──　105
　　──と歴史性　193
　　──認識の発達　6
　　──認知　242, 243, 252
　　　　　共同主観的な──　253
　　──の持続の意識　229
　　──の長さ　259
　　──の流れ　125, 133
　　──の分節化　206, 300
　　──評価　115, 116, 230
　　──評価の歪み　235
　　──療法　218
　　アウグスティヌス的──　122
　　アリストテレス的──　122
　　生きられる（た）──　41, 45, 47
　　「今」という──　293
　　宇宙的──　130
　　親子の──　149, 153
　　外在的（な）──　43, 44
　　家事──　144
　　家族の──　144

　　学校の──　157
　　共有的──　254
　　高齢者の──　130
　　個人的──　1
　　こととしての──　126
　　自分の──　241, 242
　　社会的──　1, 174
　　社会歴史的──　294
　　自由──　133
　　主観的（な）──　113-115, 133, 147, 235, 253, 254
　　情動と──　223, 232
　　心的──移動　283
　　心的──旅行　28
　　心理的──　1, 232, 259, 294, 302
　　生活──　45, 167
　　　　　──の組み立て　300
　　成長を待つ──　169
　　青年の──　98
　　生物的──　294
　　生理的──　228, 229
　　他者の──　241, 242
　　立ち上がる──　43
　　時計的──　113, 254
　　流れる──　196
　　発生する──　43, 46
　　反応──　6
　　非可逆的な──　204
　　夫婦の──　147, 148
　　物理的──　1
　　ものとしての──　126
　　「私」個人としての──　144
時空相関（クロノトポス）　42
次元変化カード分類テスト　246
自己　28, 39, 40, 77, 98, 196
　　──意識　98-100
　　──（に関する）概念　281, 283, 284
　　──感　28
　　──嫌悪（感）　101-104
　　──責任　301
　　──定義記憶　200, 206, 276
　　──同一性　39, 276, 277, 285, 287
　　──と出来事の結びつき　200
　　──認識的意識（自己体験の意識）　283, 284
　　──の一貫性　94, 276
　　──の斉一性　197, 201, 202
　　──の疎外　196
　　──の連続性　94, 197, 199-202, 204, 276

事項索引　**317**

──評価　118
　　──への否定的感情　100, 101
　　──物語　124, 125
　　──物語法　124
　　──物語法調査　120
　　──論　197
　概念的──　28, 279
　可能──　123
　現実──　103, 104
　個性としての──　197
　時間的拡大　28, 69
　生態学的──　28
　相互依存的な──　288
　対人的──　28
　対話的──　40
　独立した──　288
　認知的──　283
　否定的──　104
　理想──　103, 104
視交叉上核　70, 116, 210, 215, 216, 228
時刻制度　2
時差ぼけ　214, 216
視床下部　228
自尊感情　100, 103, 146
自尊心　145
実験的デザイン　63
実行機能　246
　　──障害　246
自伝的記憶　200, 274-289
　　──研究　116
　　──の階層構造モデル　279, 280
　　──の自己機能　276
　　──の指示機能　278, 287
　　──の社会機能　277, 278
　　──の発達　286-288
　　──の文化差　287, 288
自伝的推論　200
児童研究運動　35
児童心理学　35, 38
『児童の精神』　35
『児童問題研究』　38
死の不安　136
自発運動　74
自閉症（児）　237, 241, 244-255
自閉症児における睡眠障害　218
自閉症スペクトラム　243
自閉性障害　243
下北半島総合調査　179

地元回帰展望　189
シャイエの最も効率的なデザイン　52, 53, 58, 63
社会情動的選択性理論　286
社会心理学　175, 176
社会的同調　71
社会的微笑　19
自由継続（フリーラン）　213
修正（最適化）　56-58
従属変数　40, 49, 57
縦断系列　52
縦断（的）研究　49, 300
集団就職　186, 187
縦断デザイン　50
主観的健康感　140
主観的幸福感　140, 147, 148
授業時間数　165
受験戦争　188
出身地域回帰　191
馴化－脱馴化法　69
準実験的デザイン　63
生涯発達　55, 207, 297, 303
　　──研究　64, 174
　　──心理学　49
松果体　210, 215
小学校の休み時間　164
条件づけ　36
少子・長寿命化　144, 152
情動　224, 225, 227
　　──交流　227
　　──調律　227
　　──的側面への転回　230
　　──伝染　227, 234, 235
　「──と時間」研究　233
　　──発達研究　226
少人数学級　162
将来：
　　──志向　170
　　──展望　175, 176
　　──のイメージ　157
　　──の目標　296
　　──への希望　94
　　──への逃避　124
職場満足度　147, 148
ジョンズ・ホプキンス大学　35, 36, 38
自律神経　228
自立の遅れ　152
シルバーエッグ　189
進化論　34

新近性効果　284
神経生物学　237
神経生理学　228
人口学的変数　13
新生児：
　　──の睡眠　213
　　──微笑　18
　　──模倣　18
人生半ばの移行期　119
人生の有限性　196, 204, 206
人生の練習時間としての学校　160
身体論的視点　225
信頼性（測定の）　53, 54
睡眠：
　　──・覚醒リズム　210, 212-215
　　──・覚醒リズム障害　217, 219
　　──時間の生後変化　213
　　──相後退症候群　217
　　──相前進症候群　217
　　──単位　214
　　──段階　211
　　──と行動　220
　　──の質　213
　　──パターン　212
　　視覚障害者の──　216
　　自閉症児における──障害　218
　　新生児の──　213
　　胎児期の──パターン　70
　　ノンレム──　70, 71, 210, 212, 214
　　非24時間──・覚醒症候群　217
　　不規則型──・覚醒リズム　217
　　閉塞性──時無呼吸症候群　220
　　レム──　70, 71, 212-214, 218, 219
スカラータイミング・モデル　231
スキーマ　281, 289
救いの系列　198
スクリプト　281, 289
スケジュールの変更　250
鈴木ビネー検査　89
スタンフォード＝ビネー検査　38
生活空間　176, 295
精神的健康　121, 133, 169
精神物理学　38
成人への移行期　118
性成熟の抑制　216
生成的ライフサイクルモデル　41
生態学的発達理論　178
生体リズム（生物リズム）　209, 214, 229, 236

成長曲線　303
成長ホルモン　210, 218
青年期　98, 197
青年の時間　98
生物学的制約　44-46
生物時計　214
生理学　175
西暦　12
世界恐慌（大恐慌，世界大恐慌）　176, 177, 295, 301
世代性　198
説明的研究　56
セレンディピティ　26
線形進歩モデル　41
潜在記憶　283
潜在成長曲線分析　57
潜在的構成概念　53
前操作期　84
洗練　200
相互行為　20, 21
喪失感　120
創造的問題解決　161
相対性理論　260
創発　25
ソーシャルストーリー　255
測定誤差　54
測定の時期　49, 50, 53
速度認知の発達　4
速度の概念　4

【た行】
第一次産業継承時代　186
太陰暦　12
体温の日周リズム　215
胎芽　72
胎児　72
　　──期の睡眠パターン　70
　　──の眼球運動　70, 71
対象の永続性　242
体内時計　70, 116, 228, 230
　　──モデル　230
　　末梢の──　228
タイムスリップ現象　253
対面コミュニケーション　19
太陽暦　12
対話的自己　40
　　──理論　40
他者理解　21

事項索引　319

脱進機　2
脱中心化　89
妥当性（測定の）　53
タブラ・ラサ　39
球探し問題　89
段階説　35, 41
団塊の世代　174, 184, 186, 188, 189, 191
　　──の発達史　193
誕生前後の発達的連続性　73
断眠治療　219
地域産業　185, 186
地域社会　178, 185-191
　　──の安全網　191
知的障害児　219
知能検査　38, 42
中1ギャップ　168
注意ゲート・モデル　231, 235
中間的接近法　178
中卒都市就職　186
中年期（の）危機　120, 153
長期縦断研究　58
超高齢化　186
超高齢期　130, 139
超日リズム　213
チンパンジーの洞察学習　42
ツァイトゲーバー　214-216
詰め込み教育　165
定位操作　21, 22
定年退職　130, 131, 134
出稼ぎ労働者　190
出来事検査　295
手続き的知識　92, 269, 271
鉄道の定時運行　11
鉄道網の発達　10
デフォルト・モード・ネットワーク　27
デルタ波　212
伝統的育児観　152
伝統的母親役割観　152
テンポ　2
動機づけ　297
東京都老人総合研究所　59, 62
統計学　64
統合対絶望　136
島皮質　236
ドーナツ化現象　188
独立変数　40, 49, 57
時計　2
　　──的時間　113, 254

機械──　2
クォーツ──　6, 230
原子──　6
砂──　2, 113, 230
生物──　214
体内──　70, 116, 228, 230
電波──　6
日──　2
振り子──　2
水──　2
都市就職　185
度量衡の統一　9

【な行】
内言　90, 91
内受容感覚　226, 236
内臓系　226
　　──の状態変化　236
ナッツ割り　23
ナノ秒　6
ナラティヴ　41
　　──心理学　126
二次的ことば　90
二重符号化　19
日本教育研究会　38
日本児童学会　38
日本心理学会　179
日本版ウェクスラー記憶テスト　272
ニュートン力学　260
認知的「自己編集能力」　298
認知発達ロボティクス　81
ネガティブ・スピルオーバー　145
年齢　13, 49
　　──意識　13
　　──－コーホート－時代モデル　49, 51
　　──差　50
東アジア──計算法　14
満──　13, 14
脳機能イメージング研究　27
脳機能計測　69
脳波　210-212
ノンレム睡眠　70, 71, 210, 212, 214

【は行】
発生心理学　35
『発生心理学雑誌』　35
発生反復説　35
発生論的視点　225

320

発達　55, 113
　　――曲線　54, 303
　　――障害　243
　　――心理学　36, 38, 196
　　――という概念　36, 64
　　――という語　37
　　――のU字型現象　74
　　――の最近接領域　42
　　――の力動過程検査　298
ハノイの塔　246
場の理論　176, 294
「速さ」の授業改善　85
パラダイム転換　49, 51, 55, 57, 64
反応時間　6
　　――研究　8
ピアジェ課題　261, 263, 265, 266, 268-272
比較発達研究　28
光の照射　214, 215
描画模倣課題　26
標本の代表性　54
夫婦関係満足度　148
夫婦間の衡平性　147
夫婦の時間　147, 148
部活動　163
複数役割　145, 146
複線径路・等至性モデル　46, 47
フラッシュバック　253
フランス革命　9, 12
フリーラン　213, 215
振り子の等時性　2
文化人類学　175
「分」と「秒」の概念　3
平均への回帰　54
閉鎖系　63
ペースメーカー　230
ベータ波　210
ベルリン加齢研究　59
扁桃体　228, 236
紡錘波　211
ポジティビティ・バイアス　286
補償教育　160
補償をともなう選択的最適化理論　59
母性愛　151
母性神話　152
ホメオスタシスリズム　70

【ま行】
マーク・テスト　77, 78

マイクロ秒　6
『マインド』誌　34
待つ　229
マルチトラック　245
満年齢　13, 14
ミラーニューロンシステム　20
未来　121, 125, 126, 132, 153, 169, 199, 255, 293, 295, 300
ミリ秒　6
民族心理学　175
メタ認知　91
メタ表象能力　283, 284
メラトニン　210, 215-218
メンタルマップ　27
網膜　210, 215
文字マッチング課題　7
モノトラック　245, 251
「物の永続性」の理解　76
モロー反射　73

【や行】
薬物療法　218
ゆとり　165, 166
よい人生　198
幼児期健忘　282-284
予期的口開け　73
抑うつ　145
余生　132

【ら行】
ライフコース　177, 192
　　――研究　174, 176
ライフサイクル　136
　　――研究　176
『――の心理学』　176
ライフストーリー　124, 198, 200, 201
ライフヒストリー分析　170
ライフレビュー研究　137
リジリエンス　102
理想自己　103, 104
離脱理論　140
リップスマッキング　18
良質の授業時間　163
ルージュ（口紅）・テスト　77
霊長類の心　18
歴史構造化サンプリング　47
暦法　12
劣等感　102

事項索引　321

レミニセンス・バンプ　116, 285
レム睡眠　70, 71, 212-214, 218, 219
　──の抑制　219
漏刻　2
老年後期　130, 134
老年前期　130
老年的超越　140

──理論　140

【わ行】

ワーク・ライフ・バランス　145
「私」個人としての時間　144
「私」個人の生き方　150

●シリーズ編者
日本発達心理学会
出版企画委員会（2010 年 12 月まで）
委員長　田島信元
委　員　岩立志津夫・子安増生・無藤　隆

●編著者紹介
子安増生（こやす　ますお）【序章担当】
京都大学大学院博士課程中退。博士（教育学）。現在，京都大学大学院教育学研究科教授。主要著書『心の理論——心を読む心の科学』岩波書店，2000 年 他。

白井利明（しらい　としあき）【第 12 章担当】
東北大学大学院博士課程中退。博士（教育学）。現在，大阪教育大学教育学部教授。主要著書『時間的展望の生涯発達心理学』勁草書房，1997 年 他。

●執筆者紹介（執筆順，【　】内は担当章）
竹下秀子（たけした　ひでこ）【第 1 章】
京都大学大学院博士課程中退。博士（教育学）。現在，滋賀県立大学人間文化学部教授。主要著書『赤ちゃんの手とまなざし——ことばを生みだす進化の道すじ』岩波書店，2001 年 他。

サトウタツヤ（佐藤達哉）【第 2 章】
東京都立大学大学院博士課程中退。博士（文学）。現在，立命館大学文学部教授。主要著書『TEM ではじめる質的研究』誠信書房，2009 年 他。

岡林秀樹（おかばやし　ひでき）【第 3 章】
国際基督教大学大学院教育学研究科博士後期課程修了。博士（教育学）。現在，明星大学人文学部心理学科教授。主要翻訳書『成人発達とエイジング（第 5 版）』（K.W. Schaie & S.L. Willis 著）ブレーン出版，2006 年 他。

明和政子（みょうわ　まさこ）【第 4 章】
京都大学大学院博士課程修了。博士（教育学）。現在，京都大学大学院教育学研究科准教授。主要著書『心が芽ばえるとき』NTT 出版，2006 年 他。

藤村宣之（ふじむら　のぶゆき）【第 5 章】
京都大学大学院博士課程学修認定退学。博士（教育学）。現在，東京大学大学院教育学研究科准教授。主要著書『発達心理学——周りの世界とかかわりながら人はいかに育つか』（編著）ミネルヴァ書房，2009 年 他。

中間玲子（なかま　れいこ）【第 6 章】
京都大学大学院博士課程修了。博士（教育学）。現在，兵庫教育大学大学院学校教育研究科准教授。主要著書『自己形成の心理学』風間書房，2007 年 他。

榎本博明（えのもと　ひろあき）【第 7 章】
東京都立大学大学院博士課程中退。博士（心理学）。現在，MP 人間科学研究所代表。主要著書『〈私〉の心理学的探究』有斐閣，1999 年 他。

長田由紀子（おさだ　ゆきこ）【第 8 章】
日本女子大学大学院修士課程修了。家政学修士。博士（保健学）。現在，聖徳大学人文学部心理学科教授。主要著書『よくわかる高齢者福祉』（分担執筆）ミネルヴァ書房，2010 年　他。

永久ひさ子（ながひさ　ひさこ）【第 9 章】
白百合女子大学大学院文学研究科発達心理学専攻博士課程中退。修士（文学）。現在，文京学院大学人間学部教授。主要著書『よくわかる家族心理学』（分担執筆）ミネルヴァ書房，2010 年　他。

馬場久志（ばば　ひさし）【第 10 章】
東京大学大学院教育学研究科博士課程退学。教育学修士。現在，埼玉大学教育学部教授。主要著書『心理科学への招待』（分担執筆）有斐閣，2004 年　他。

細江達郎（ほそえ　たつろう）【第 11 章】
東北大学大学院修士課程修了。文学修士。現在，岩手県立大学社会福祉学部教授。主要著書『新訂 社会心理学特論』（菊池武剋と共編著）放送大学教育振興会，2009 年　他。

松村京子（まつむら　きょうこ）【第 13 章】
大阪大学大学院医学研究科博士課程修了。医学博士。現在，兵庫教育大学大学院連合学校教育学研究科教授。主要著書『情動知能を育む教育——「人間発達科」の試み』（編著）ナカニシヤ出版，2006 年　他。

加藤義信（かとう　よしのぶ）【第 14 章】
名古屋大学大学院文学研究科博士課程中退。博士（心理学）。現在，愛知県立大学教育福祉学部および大学院人間発達学研究科教授。主要著書『ピアジェ×ワロン論争』（共編訳著）ミネルヴァ書房，1996 年　他。

熊谷高幸（くまがい　たかゆき）【第 15 章】
東北大学大学院博士課程中退。教育学修士。現在，福井大学教育地域科学部教授。主要著書『自閉症——私とあなたが成り立つまで』ミネルヴァ書房，2006 年　他。

松田文子（まつだ　ふみこ）【第 16 章】
広島大学大学院博士課程後期修了。文学博士。現在，福山大学人間文化学部教授。主要著書『関係概念の発達——時間，距離，速さ概念の獲得過程と算数「速さ」の授業改善』北大路書房，2002 年　他。

岡崎善弘（おかざき　よしひろ）【第 16 章】
福山大学大学院人間科学研究科修士課程修了。現在，広島大学大学院教育学研究科博士課程後期在学中・日本学術振興会特別研究員。主要著書『Comparison of development between temporal and spatial concepts』の「Summary and conclusion」（分担執筆）風間書房，2008 年。

清水寛之（しみず　ひろゆき）【第 17 章】
大阪市立大学大学院後期博士課程単位取得退学。博士（文学）。現在，神戸学院大学人文学部教授。主要著書『メタ記憶——記憶のモニタリングとコントロール』（編著）北大路書房，2009 年　他。

都筑　学（つづき　まなぶ）【第 18 章】
筑波大学大学院博士課程中退。博士（教育学）。現在，中央大学文学部教授。主要著書『中学校から高校への学校移行と時間的展望』ナカニシヤ出版，2009 年　他。

発達科学ハンドブック 第3巻
時間と人間

初版第1刷発行　2011年4月1日 ⓒ

編　者　　子安増生・白井利明
シリーズ編者　　日本発達心理学会
発行者　　塩浦　暲
発行所　　株式会社新曜社
　　　　　〒101-0051　東京都千代田区神田神保町2-10
　　　　　電話(03)3264-4973(代)・Fax(03)3239-2958
　　　　　E-mail: info@shin-yo-sha.co.jp
　　　　　URL http://www.shin-yo-sha.co.jp/

印刷　　亜細亜印刷　　　　　　　　　　Printed in Japan
製本　　イマヰ製本所
　　　　ISBN978-4-7885-1231-3　C1011

日本発達心理学会 編
発達科学ハンドブック

いまや発達心理学は，隣接の学問分野から影響を受けつつその領域を広げ，発達的視点を中核においた「発達科学」として発展しつつある。1989年の日本発達心理学会発足以降およそ20年間の研究の動向を展望し，今後の新たな研究への足がかりとなるシリーズを目指す。読者対象は卒論執筆者から大学院生，研究者，専門的実践家まで。（A5判上製・各巻約300頁）

第1巻　発達心理学と隣接領域の理論・方法論
　　　田島信元・南　徹弘　責任編集

第2巻　発達心理学の研究法と尺度
　　　岩立志津夫・西野泰広　責任編集

＊第3巻　時間と人間
　　　子安増生・白井利明　責任編集　　　336頁／本体3600円

第4巻　発達の基盤：身体，認知，情動
　　　根ヶ山光一・仲真紀子　責任編集

第5巻　社会・文化に生きる人間
　　　氏家達夫・遠藤利彦　責任編集

第6巻　発達と支援
　　　無藤　隆・長崎　勤　責任編集

＊は既刊

（表示価格は税別です）